Basiswissen
Wirtschaftsinformatik

Wirtschaft

Klaus Mentzel
Basiswissen Betriebswirtschaftslehre
Mit zwei durchgehenden Fallstudien

Rainer Ostermann, Frank Wischmann
Basiswissen Ökonomie
Theorie – Technik – Transfer

Klaus Mentzel
Basiswissen Unternehmensführung
Methoden – Instrumente – Fallstudien

Rainer Ostermann
Basiswissen Internes Rechnungswesen, 2. Auflage
Eine Einführung in die Kosten- und Leistungsrechnung

Frank Wischmann
Basiswissen Externes Rechnungswesen, 2. Auflage
Theorie – Technik – Transfer

Roland Gabriel
Peter Weber
Nadja Schroer
Thomas Lux

Basiswissen Wirtschaftsinformatik

2. Auflage

W3L-Verlag | Dortmund

Autoren:
Prof. Dr. Roland Gabriel
E-Mail: rgabriel@winf.ruhr-uni-bochum.de
Prof. Dr. Peter Weber
E-Mail: weber.peter@fh-swf.de
Dipl. Ök. Nadja Schroer
E-Mail: nadja.schroer@rub.de
Prof. Dr. Thomas Lux
E-Mail: thomas.lux@hs-niederrhein.de

Bibliografische Information Der Deutschen Nationalbibliothek:
Die Deutsche Nationalbibliothek verzeichnet diese Publikation in der Deutschen Nationalbibliografie. Detaillierte bibliografische Daten sind im Internet über `http://dnb.ddb.de/` abrufbar.

1. Auflage: November 2012
2. Auflage: Februar 2014

Gesamtgestaltung: Prof. Dr. Heide Balzert, Herdecke

Herstellung: Andrea Krengel, Miriam Platte, Dortmund

Satz: Das Buch wurde aus der E-Learning-Plattform W3L automatisch generiert. Der Satz erfolgte aus der Lucida, Lucida sans und Lucida casual.

Druck und Verarbeitung: CPI buchbücher.de GmbH, Birkach

Vorwort zur 2. Auflage

Vielen Dank, dass Sie sich für dieses Buch, das nun in zweiter Auflage vorliegt, entschieden haben. Es führt Sie in die faszinierende Welt der Wirtschaftsinformatik ein.

Der Inhalt

Der Inhalt des Buches gliedert sich in zehn Module, die grundlegende Kenntnisse und anwendungsorientiertes Wissen aus elementaren Bereichen der Wirtschaftsinformatik vermitteln. Angefangen mit der Beantwortung der Fragestellungen »Was ist Wirtschaftsinformatik?« und »Was sind ihre Ziele und Aufgaben?«, versucht das Buch auf einfache Weise dem Leser zentrale Grundlagen der Wirtschaftsinformatik wie Rechnersysteme und Rechnernetze, Betriebliche Anwendungssysteme, Datenbanksysteme und Management Support Systeme näher zu bringen. Im hinteren Teil des Buches beschäftigen sich die Module dann mit spezifischen Bereichen, wie dem Geschäftsprozessmanagement, dem *Software Engineering* und dem Informationsmanagement. Auch das Thema Datensicherheit und Datenschutz wird in einem eigenen Modul behandelt.

2. Auflage

Die vorliegende zweite Auflage wurde aktualisiert und erweitert. Dies gilt vor allem für die Kapitel zu den Themen ERP-Systeme und Data Warehouse-Systeme. Im Themengebiet Geschäftsprozessmanagement wurde mit einem Exkurs zu »Ereignisgesteuerten Prozessketten« (EPK) eine Erweiterung vorgenommen. Ebenfalls neu sind die Beschreibungen der verschiedenen Programmiersprachen und die Darstellung der Objektorientierten Systementwicklung im Themengebiet des *Software Engineering*.

Motivation

Das Werk gibt eine erste Orientierung im Fach Wirtschaftsinformatik und sensibilisiert den Leser für die Relevanz der Wirtschaftsinformatik in Wissenschaft und Praxis. Zudem versetzt das Buch den Leser in die Lage, Entwicklungen, Potenziale und Herausforderungen der IT zu verstehen und zu beurteilen. Durch die kompakte Darstellung der Inhalte in Modulen, wie es im Bachelorstudiengang üblich ist, eignet es sich besonders als Begleitwerk für Vorlesungen an Universitäten und Fachhochschulen.

Praxis & Fallbeispiele

Abbildungen, Schaubilder und viele Praxisbeispiele erleichtern dem Leser das Erfassen der Lerninhalte. Kontrollfragen zu den einzelnen Kapiteln ermöglichen eine eigenständige Leistungskontrolle des Lesers.

Für wen? Das vorliegende Buch ist als Lehr- und Arbeitsbuch konzipiert. Es richtet sich an Studierende der Wirtschaftswissenschaft, der Betriebswirtschaftslehre und der Wirtschaftsinformatik. Es bietet einen Einstieg in die Wirtschaftsinformatik und ist somit vorwiegend an Studierende früher Semester, aber auch an Nebenfachstudierende gerichtet.

Neue Didaktik Dieses Lehrbuch verwendet, wie alle W3L-Lehrbücher, eine neue Didaktik. Der Buchaufbau und die didaktischen Elemente sind auf der vorderen Buchinnenseite beschrieben.

Kostenloser E-Learning-Kurs Ergänzend zu diesem Buch gibt es den kostenlosen E-Learning-Kurs »Überblick Wirtschaftsinformatik«. Sie finden den Kurs auf der Website `http://Akademie.W3L.de`. Unter `Startseite & Aktuelles` finden Sie in der Box `E-Learning-Kurs zum Buch` den Link zum `Registrieren`. Nach der Registrierung und dem Einloggen geben Sie bitte die folgende Transaktionsnummer (TAN) ein: `7067568135`.

Kostenpflichtiger E-Learning-Kurs Wenn Sie Ihren Lernerfolg überprüfen wollen, dann sollten Sie den kostenpflichtigen, gleichnamigen E-Learning-Kurs auf `http://Akademie.W3L.de` buchen. Tests und Einsendeaufgaben (Hochladen auf den Server) helfen Ihnen, Ihr Wissen zu vertiefen und zu festigen. Mentoren und Tutoren betreuen Sie dabei. Bei erfolgreichem Abschluss erhalten Sie ein Test- und ein Klausurzertifikat, mit dem Sie Ihren Erfolg dokumentieren können.

Danksagung Bedanken möchten wir uns bei unseren Studentischen Hilfskräften Mareike Josting, Tanja Hansel und Ulrike Sujts für die tatkräftige Unterstützung der Erstellung von zahlreichen Test- und Übungsaufgaben sowie insbesondere bei unserer Studentischen Hilfskraft Eva Angenheister für den engagierten Einsatz bei der technischen Unterstützung und der Gestaltung und Umsetzung des Lehrbuches.

Ans Werk Und nun wünschen wir Ihnen viel Spaß und Erfolg bei Ihrer Einarbeitung in die Wirtschaftsinformatik.

Ihre Autoren

Roland Gabriel
Peter Weber
Nadja Schroer
Thomas Lux

Inhalt

1 Aufbau und Gliederung *

10 Themen

In diesem Buch werden die elementaren Inhalte der Wirtschaftsinformatik erklärt und somit ein Einblick in die grundlegenden Bereiche der Wirtschaftsinformatik gegeben. Zehn wichtige Themen der Wirtschaftsinformatik werden behandelt.

Einführung

Ausgehend von der Fragestellung »Was ist Wirtschaftsinformatik?« werden der Gegenstand, die Ziele und die Aufgaben der Wirtschaftsinformatik erläutert sowie die Chancen, aber auch die möglichen Risiken diskutiert. Die Bedeutung der Wirtschaftsinformatik und auch ihre Berufsfelder werden vorgestellt:

- »Einführung in die Wirtschaftsinformatik«, S. 5

Die technischen Grundlagen der Wirtschaftsinformatik sind Rechnersysteme und Rechnernetze.

Rechnersysteme

Im Mittelpunkt der Betrachtung der Rechnersysteme steht der Aufbau und die Arbeitsweise eines Rechners. Ausgehend von der historischen Entwicklung und seinen Entwicklungssprüngen werden u. a. die unterschiedlichen Rechnertypen erläutert, vor allem wird der PC (Personal Computer) besonders herausgestellt:

- »Technische Grundlagen: Rechnersysteme«, S. 21

Rechnernetze

Nach der Vorstellung des Aufbaus eines Rechnernetzes werden die Ziele und die Vorteile des Einsatzes von Rechnernetzen erläutert. Es folgt die Beschreibung der unterschiedlichen Rechnernetztypen mit den grundlegenden Netzstrukturen und Koordinationsformen. Eine wichtige Rolle der computergestützten Kommunikation spielen das Internet als weltweites Netz und das Intranet als *Inhouse*-Netz, z. B. das Rechnernetz einer Unternehmung:

- »Technische Grundlagen: Rechnernetze«, S. 51

Anwendungssysteme

Erst der Einsatz betrieblicher Anwendungssysteme schafft Nutzen, wobei leistungsfähige IT-Systeme vorausgesetzt werden. Wichtige Voraussetzungen moderner Anwendungssysteme sind die Integration der Softwaresysteme und die darauf aufbauende Prozessorientierung, so z. B. in Form von computergestützten Geschäftsprozessen.

Beispielhaft werden ERP-Systeme als unternehmungsweite Anwendungssysteme vorgestellt:

- »Betriebliche Anwendungssysteme«, S. 87

Datenbanken & *Data Warehouse*

Alle betrieblichen Anwendungssysteme basieren auf leistungsfähigen Datenbanksystemen, in denen die Fülle der Daten verwaltet, gespeichert und kontrolliert wird, sodass ein schneller Zugriff auf die relevanten Daten möglich ist. Der Aufbau und die Funktionsweise eines Datenbanksystems werden erklärt. Weiterhin wird die Gestaltung bzw. die Entwicklung einer Datenbank erläutert, wobei die Datenmodellierung für relationale Datenbanken zugrunde gelegt wird. Abschließend wird das *Data Warehouse*, ein Informationssystem zu Analysezwecken, mit seinem Konzept, seinen Eigenschaften und seinen Einsatzmöglichkeiten vorgestellt:

- »Datenbanksysteme und Data Warehouse«, S. 119

Management Support Systeme und BI

Zur Unterstützung der Fach- und Führungskräfte eines Unternehmens gibt es MSS *(Management Support Systems)* bzw. MUS (Managementunterstützungssysteme) und BI-Systeme *(Business Intelligence)*. Nach einem Überblick werden die bekannten Ausprägungen wie MSS, DSS, EIS und ESS erläutert und in einem Exkurs die Modellierungsmethode der Ereignisgesteuerten Prozessketten behandelt:

- »MSS und BI«, S. 143

Geschäftsprozesse

Geschäftsprozesse und deren Unterstützung durch Informationstechniken bilden das wesentliche Fundament für die Wertschöpfung einer Unternehmung. Nach der Erklärung der Ziele und Aufgaben werden Formen von prozessorientierten Organisationen vorgestellt. Schwerpunkt ist die Modellierung von Geschäftsprozessen. Beispielhaft werden *Workflow Management*-Systeme erläutert. Weiterhin wird ein Überblick über die Programmiersprachen gegeben, die in Sprachgenerationen eingeteilt werden. Anschließend werden die Grundlagen der Objektorientierten Systementwicklung vorgestellt:

- »Geschäftsprozessmanagement«, S. 155

Software Engineering

Wie betriebliche Softwaresysteme gestaltet und entwickelt werden, ist Aufgabe des *Software Engineering*. Im Mittelpunkt steht die Vorstellung des allgemeinen Phasenansatzes des *Software Engineering*, der als Erklärungsmodell des

Gestaltungsansatzes dienen soll. Da diese Gestaltungsaufgaben im Rahmen eines Projektes durchgeführt werden, werden auch die grundlegenden Inhalte des Projektmanagements erläutert:

- »Software Engineering«, S. 189

Datensicherheit & Datenschutz

Voraussetzung für den erfolgreichen Einsatzes betrieblicher Anwendungssysteme ist die Gewährleistung von Datensicherheit und Datenschutz, die in der Praxis immer mehr an Bedeutung gewinnt. Die Ziele und Bedeutung der IT-Sicherheit sowie die wesentlichen Schutzziele und ausgewählten Maßnahmen zur Gewährleistung werden vorgestellt:

- »Datensicherheit und Datenschutz«, S. 229

Informationsmanagement

Das Informationsmanagement (IM) schlägt die Brücke zur Betriebswirtschaftslehre. Es beschäftigt sich mit den Führungsaufgaben (Managementaufgaben), die sich mit der Gestaltung und den Einsatz von IT in Unternehmungen auseinandersetzen. Nach der Vorstellung der Ziele und Aufgaben des Informationsmanagements werden die Themen IT-Outsourcing und das Web 2.0 bzw. Enterprise 2.0 als aktuelle Schwerpunkte des IM behandelt:

- »Informationsmanagement«, S. 257

2 Einführung in die Wirtschaftsinformatik *

In diesem Kapitel wird zunächst grundlegend die Frage geklärt:

- »Was ist Wirtschaftsinformatik?«, S. 5

Weiterhin wird das Fach Wirtschaftsinformatik erläutert:

- »Ziele und Aufgaben«, S. 9

Zur Bewertung des Einsatzes der Informationstechniken (IT) werden die Vor- und Nachteile bzw. die Chancen und Risiken diskutiert:

- »Chancen und Risiken des Einsatzes«, S. 10

Zum besseren Verständnis der Wirtschaftsinformatik müssen die grundlegenden Begriffe geklärt werden:

- »Gegenstand und grundlegende Begriffe«, S. 12

Zusammenfassend wird die Bedeutung der Wirtschaftsinformatik beschrieben, die durch den Einsatz der Informations- und Kommunikationssysteme erreicht wird, um anschließend mögliche Berufsfelder vorzustellen, für die Kenntnisse in der Wirtschaftsinformatik vorausgesetzt werden:

- »Bedeutung und Berufsfelder der WI«, S. 16

2.1 Was ist Wirtschaftsinformatik? *

Die Wirtschaftsinformatik, als Bereich der Angewandten Informatik, ist eine interdisziplinäre Wissenschaft zwischen der Informatik und dem Fachbereich der Wirtschaftswissenschaft. Sie beschäftigt sich mit dem Einsatz der Informatik in der Wirtschaft.

Angewandte Informatik (AI)

Die **Wirtschaftsinformatik** ist eine **Angewandte Informatik** (AI), die sich mit dem Einsatz der Informatik in der Wirtschaft beschäftigt, d. h. in Unternehmungen und Organisationen, aber auch in der öffentlichen Verwaltung. Weitere bekannte Bereiche der AI sind die Ingenieurinformatik (z. B. Maschinenbauinformatik, Bauinformatik), die Medizininformatik und die Rechtsinformatik. Bei all diesen Fachgebieten der AI bietet die Informatik eine Unterstützung der Tätigkeiten in den jeweiligen Anwendungsbereichen. So nutzt

z. B. der Bauingenieur entsprechende Software zum Entwurf von Brücken oder Hochhäusern (CAD-Software), der Mediziner wertet digitale Röntgenaufnahmen mit Software zur Bildanalyse aus, und der Rechtsanwalt dokumentiert seine Gerichtsfälle mit geeigneter Textverarbeitung und greift dabei auf juristische Informationssysteme zu.

Informatik

Die **Informatik**, die seit den 1960er Jahren an deutschen Hochschulen gelehrt wird, lässt sich in die Theoretische Informatik, die Technische Informatik, die Praktische Informatik und die Angewandte Informatik einteilen. Die **Theoretische Informatik** widmet sich der Theorie der Informatik, z. B. der Computertheorie bzw. der Theorie der Programmiersprachen. Die **Technische Informatik**, nicht zu verwechseln mit der Ingenieurinformatik als Angewandte Informatik, setzt sich mit den technischen Komponenten eines Rechners bzw. den Netzen (**Hardware**) auseinander, so z. B. mit der Entwicklung von Prozessoren, Speichermedien, Bildschirmen und Übertragungssystemen. Die **Praktische Informatik** beschäftigt sich mit den Schwerpunkten der Informatik, die in der Angewandten Informatik genutzt werden, so z. B. mit Betriebssystemen, Programmiersprachen, Rechnernetzen, Datenbanksystemen und dem Software Engineering.

Wirtschaftsinformatik (WI)

Die **Wirtschaftsinformatik** (WI) wird seit den 1970er Jahren an deutschen Hochschulen gelehrt und ist i. d. R. den wirtschaftswissenschaftlichen Fakultäten zugeordnet. Viele Hochschulen richten auch eigenständige Studiengänge ein, zunächst mit Diplomabschlüssen, seit einiger Zeit mit Bachelor- und Masterabschlüssen. Die Wirtschaftsinformatik (WI), eine Wortbildung aus Wirtschaft(swissenschaft) und Informatik, setzt sich mit den rechnergestützten IuK-Systemen (Informations- und Kommunikationssystemen) auseinander, die in der Wirtschaft genutzt werden.

Informationssysteme

Informationssysteme sind Systeme, durch die Informationen verarbeitet werden, d. h., Informationen werden beschafft und erfasst, sie werden transformiert (verarbeitet), gespeichert und auch sichtbar gemacht.

Kommunikationssysteme

Mithilfe der **Kommunikationssysteme** werden Informationen weitergeleitet und übertragen. IuK-Systeme dienen also zur Informationsverarbeitung und zur Kommunikation (eine spezielle Art der Informationsverarbeitung).

Ziel der Wirtschaftsinformatik

Ein wichtiges **Ziel der Wirtschaftsinformatik** ist es, die IuK-Systeme in Unternehmungen und Verwaltungen so einzurichten, dass der Einsatz (wirtschaftlichen) Nutzen schafft.

IuK-Systeme

Voraussetzung hierfür ist die **Gestaltung der IuK-Systeme**, d. h. der Aufbau, die Entwicklung oder die Beschaffung von Hard- und Software. Die Wirtschaftsinformatik betrachtet jedoch nicht nur die technischen Komponenten, d. h. Hard- und Software-Techniken (IT-) von Rechnern und vernetzten Systemen, sondern vor allem auch die Aufgaben, die bearbeitet werden müssen. Hierzu zählen z. B. die Aufgaben im Rechnungswesen, im Vertrieb, im Personalwesen oder die Führungs- und Entscheidungsaufgaben (Aufgaben des Managements). Neben den Aufgaben stellen auch die Menschen einen wichtigen Teil der IuK-Systeme dar, die die Aufgaben in einer Organisation ausführen und dabei die Techniken (IT – Informations-Techniken) nutzen. Die Menschen tragen auch die Verantwortung für die Tätigkeiten. Zusammenfassend lässt sich die Frage »**Was ist Wirtschaftsinformatik?**« wie folgt beantworten:

Definition

> Die **Wirtschaftsinformatik** (WI) beschäftigt sich mit der Gestaltung und dem Einsatz betrieblicher IuK-Systeme (Informations- und Kommunikationssysteme).

Gestaltung heißt, dass die Informations- und Kommunikationssysteme aufgebaut, konstruiert bzw. entwickelt werden. Im Mittelpunkt der IuK-Systeme stehen die Anwendungssysteme (vgl. Kapitel »Betriebliche Anwendungssysteme«, S. 87), die die betrieblichen Aufgaben unterstützen. Die ganzheitliche Sicht auf ein IuK-System beinhaltet darüber hinaus auch die Hardwaresysteme (Rechner und Netze, vgl. Kapitel »Rechnersysteme«, S. 21, und »Rechnernetze«, S. 51) und die Menschen, die die Benutzer der Anwendungssysteme sind und die Verantwortung tragen.

Gestaltung von Anwendungssoftware

Gestaltung von Anwendungssoftware heißt nicht nur, diese Systeme zu entwickeln bzw. zu programmieren, sondern schließt auch Beschaffung und Kauf von Software mit ein (z. B. Standardsoftware). Die Gestaltung der Anwendungssoftware bezieht sich auf den gesamten Gestaltungsprozess bzw. *Software Engineering*-Prozess, so vor allem auf die Planung, Analyse, Entwurf, Implementierung und Integration der Softwaresysteme (vgl. Kapitel »Software Engineering«, S. 189).

Schließlich zählen auch die Wartung und Pflege der Systeme während des Einsatzes der Software zur Gestaltung.

In der Abb. 2.1-1 ist ein IuK-System als Gegenstand der Wirtschaftsinformatik in seiner ganzheitlichen Sicht abgebildet.

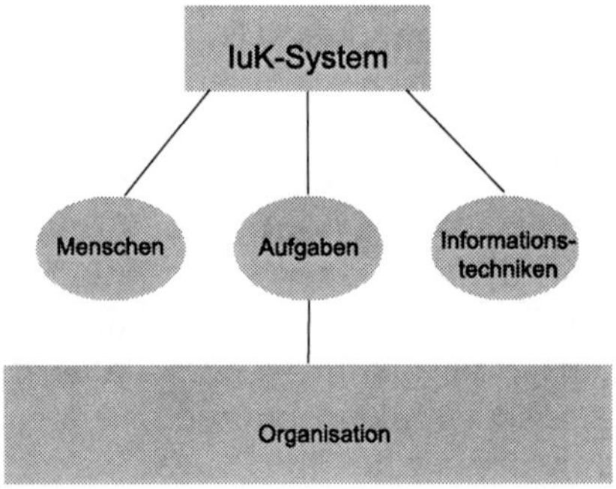
IuK-System
Menschen
Aufgaben
Informations-
techniken
Organisation

Abb. 2.1-1: IuK-System.

Menschen als Teil eines IuK-Systems

Die Menschen als Mitarbeiterinnen und Mitarbeiter einer Unternehmung sind größtenteils die Endbenutzer der Systeme, d.h., sie nutzen die Informationstechniken (IT) bei ihrer Arbeit, so z.B. ein Textverarbeitungssystem, ein E-Mail-System, ein Buchhaltungssystem oder ein Planungssystem. Die Menschen eines IuK-Systems können auch Informatikexperten sein, d.h., sie gestalten z.B. die IuK-Systeme. So entwickeln bzw. programmieren sie z.B. Softwaresysteme, sie richten Rechner ein und bauen große Informationssysteme auf. Es ist in den letzten Jahren zu beobachten, dass der Endbenutzer als Anwendungsexperte immer mehr Informatik-Fachwissen aufweist und einen Teil der von ihm genutzten Systeme selbst entwickelt bzw. in einem IT-Projektteam mitarbeitet.

Dies gilt vor allem für die Mitarbeiterinnen und Mitarbeiter, die in ihrem Studium das Fach Wirtschaftsinformatik gewählt und sich hier in einem Bereich spezialisiert haben, z.B. für Web-Anwendungen, für die Analyse von Informationen, für die Modellierung von Geschäftsprozessen oder für die Konzeption von IT-Strategien.

WI als interdisziplinäre Wissenschaft

Bei der Wirtschaftsinformatik handelt es sich um eine interdisziplinäre Wissenschaft mit wichtigen Verknüpfungen zur Wirtschaftswissenschaft, insbesondere zur Betriebswirtschaftslehre und zur Informatik, hier vor allem zur Praktischen Informatik, zu der z. B. die Gebiete der Datenbanksysteme, der Rechnernetze, des *Software Engineering* und der Programmiersprachen gehören. Die Wirtschaftsinformatik hat auch Schnittstellen zu weiteren Fächern, so z. B. zur Mathematik, zur Ingenieurwissenschaft, zur Arbeitswissenschaft und zum Recht, wo vor allem die Rechtsfragen für IuK-Systeme behandelt werden. Dies sind nicht nur Fragen des Datenschutzes, der sich mit dem Schutz personenbezogener Daten beschäftigt, sondern beispielsweise auch die vielfältigen rechtlichen Problemstellungen zum Betrug und zur Manipulation von Rechnersystemen.

2.2 Ziele und Aufgaben *

Das Hauptziel der Wirtschaftsinformatik ist es, IuK-Systeme in Unternehmungen und Verwaltungen so einzurichten, dass der Einsatz der Systeme Nutzen schafft.

Da durch die Gestaltung der IuK-Systeme Kosten entstehen, und zwar einmalige Kosten (z. B. Entwicklungskosten von Software bzw. Beschaffungskosten von **Hardware**) und auch laufende Kosten (z. B. Kosten der Pflege und der Wartung) muss die Wirtschaftlichkeit der IuK-Systeme beachtet werden, d. h., in einem Controlling müssen stets die Kosten bzw. der Aufwand dem Nutzen bzw. dem Ertrag gegenübergestellt werden.

Ziele

Wichtige Ziele des Einsatzes der IuK-Systeme und vor allem der Hard- und Software-Techniken sind

- die Unterstützung der Fach- und Führungskräfte durch Bereitstellung der richtigen Informationen zur richtigen Zeit am richtigen Ort (Anforderungen des Managements) zur besseren Planung, Entscheidungsvorbereitung und Kontrolle sowie

- die Unterstützung der betrieblichen Abläufe bzw. Prozesse in den operativen Arbeitsbereichen durch Nutzung der Automatisierungspotenziale.

Beim Einsatz der IT (Informations-Techniken) zur automatisierten Informationsverarbeitung und Kommunikation lassen sich weitere Ziele verfolgen, die der Verbesserung

- der Arbeitsgestaltung für den Endbenutzer (Ergonomie),
- der Wirtschaftlichkeit und
- der Leistungsfähigkeit dienen.

Dabei müssen auch konkret formulierte Qualitätsziele beachtet werden, die die Qualität der Arbeitsprozesse und schließlich die der herzustellenden Produkte und Dienstleistungen berücksichtigen.

2.3 Chancen und Risiken der IT *

Der Einsatz der IT bietet zahlreiche Chancen und große Vorteile, wie leistungsfähiges Logistiksystem mit entsprechender Software, die erkannt und gepflegt werden müssen. Mit dem Einsatz sind aber auch eine Reihe von Risiken verbunden, wie mögliche hohe Kosten und Verluste bei Fehlinvestitionen von Hard- und Software.

Aufgaben der Informationsverarbeitung

Um die Ziele zu erreichen, müssen die Aufgaben zur Informationsverarbeitung durchgeführt werden, d. h. die relevanten Informationen müssen

- beschafft und erfasst werden;
- transformiert werden, z. B. durch mathematische und logische Funktionen und Verfahren (Programme);
- gespeichert werden, sodass man wieder auf sie zugreifen kann;
- dargestellt und ausgegeben werden, z. B. über Drucker oder Bildschirm;
- weitergeleitet und übertragen werden, z. B. von Abteilung zu Abteilung einer Unternehmung oder weltweit über ein Rechnernetz.

Der Einsatz der IT bietet zahlreiche **Chancen** und große Vorteile, die erkannt und gepflegt werden müssen, sodass die Potenziale, die die IT bei den Anwendungen bietet, auch genutzt werden können. Leider gibt es auch viele **Risiken** und mögliche Nachteile, die große negative Auswirkungen annehmen und zu hohen Verlusten führen können. Im Rahmen eines **Risikomanagements** müssen daher auch die Risiken erkannt und analysiert werden, sodass geeignete Maßnahmen ergriffen werden können, die die Risiken reduzieren bzw. verhindern.

Beispiele

Beispiele für **Chancen** des IT-Einsatzes sind:

+ bessere Entscheidungen bei der Produktionsplanung durch den Einsatz eines computergestützten Planungssystems;
+ Verkürzung der Lieferzeiten durch ein Online-Bestellverfahren;
+ leistungsfähiges Logistiksystem mit entsprechender Software;
+ bessere und zielgerichtete Auswertung der Massendaten im Vertrieb mithilfe eines leistungsfähigen Datenbanksystems.

Beispiele

Beispiele für **Risiken** des IT-Einsatzes sind:

- mangelnde Transparenz der Arbeitsprozesse durch zunehmende Automatisierung;
- Abhängigkeit von IT durch unflexible Techniken;
- hohe Kosten und Verluste bei Fehlinvestitionen von Hard- und Software;
- nicht erlaubter Zugriff auf Informationen, z. B. auf personenbezogene Daten (Verletzung des **Datenschutzes**);
- Probleme der **Datensicherheit**, z. B. durch Manipulation bzw. Ausspähen der Informationen.

Die Chancen führen zu den Vorteilen des Einsatzes der IT, d. h. zur leistungsfähigen und wirtschaftlichen Informationsverarbeitung und Kommunikation sowie zu einer anerkannten Unterstützung der Arbeitsprozesse für die Anwender (Arbeitszufriedenheit). Risiken können die Arbeitsprozesse stören, sodass Nachteile für die Unternehmung und für die Anwender entstehen können, aber sie können auch zu großen wirtschaftlichen Nachteilen führen.

2.4 Gegenstand der Wirtschaftsinformatik *

Die Wirtschaftsinformatik, als Teildisziplin zwischen der Informatik und der Wirtschaftswissenschaft, beschäftigt sich mit der Gestaltung und dem Einsatz computergestützter Informations- und Kommunikationssysteme und ihren drei Komponenten Mensch, Aufgabe und Technik.

IuK-Systeme

Im Mittelpunkt der Wirtschaftsinformatik stehen computergestützte **IuK-Systeme** mit den Komponenten Menschen, Aufgaben und Techniken. Die **Hard- und Software-Techniken (IT)** sollen die **Menschen** bei der Ausführung ihrer **Aufgaben** unterstützen, wobei die Ziele der Unternehmung zu berücksichtigen sind. Die Aufgaben lassen sich einteilen in Führungsaufgaben (strategische Aufgaben), in Analyse-, Planungs- und Kontrollaufgaben sowie in operative Aufgaben, die den eigentlichen Wertschöpfungsprozess darstellen bzw. die Herstellung von Produkten und die Schaffung von Dienstleistungen. Der Aufbau einer Unternehmung bzw. die Abläufe und Prozesse sind durch die Organisation festgelegt (Abb. 2.4-1).

Die **Menschen** als Mitarbeiterinnen und Mitarbeiter einer Unternehmung nutzen die Techniken zur Verbesserung ihrer Arbeitsabläufe und ihrer Arbeitsergebnisse. Neben dieser Gruppe, **Endbenutzer** genannt, gibt es die **IT-Experten**, z. B. die Wirtschaftsinformatiker, die die Nutzung und den Einsatz der Techniken begleiten und die vor allem die benötigten IuK-Systeme gestalten. Sie sind für die korrekte Informationsverarbeitung verantwortlich.

Zunächst folgen einige grundlegende Begriffserklärungen.

Definition

Grundsätzlich zählt zur **Informationsverarbeitung** *(Information Processing)* jeder Vorgang, der sich auf die Erfassung, Speicherung, Übertragung oder Transformation von Daten bezieht [HaNe09, S. 9].

Definition

Daten *(data)* stellen **Informationen** (das heißt Angaben über Sachverhalte und Vorgänge; *information*) aufgrund bekannter und unterstellter Abmachungen in einer maschinell verarbeitbaren Form dar. Ein Mittel, auf dem Da-

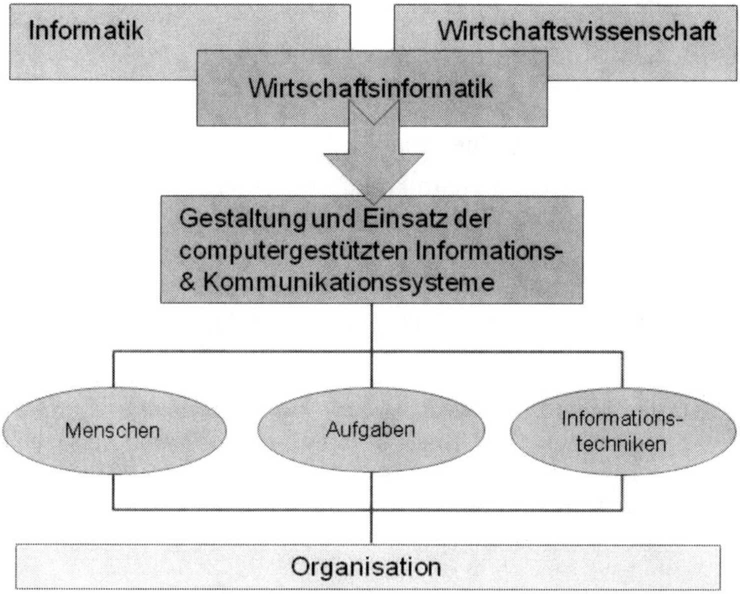
Informatik
Wirtschaftswissenschaft
Wirtschaftsinformatik
Gestaltung und Einsatz der computergestützten Informations- & Kommunikationssysteme
Menschen
Aufgaben
Informations-techniken
Organisation

Abb. 2.4-1: Aufgaben der Wirtschaftsinformatik.

ten aufbewahrt werden können, bezeichnet man als **Datenträger** *(data medium)* [HaNe09, S. 6].

Informationen bzw. **Daten** werden in Informationsverarbeitungssystemen bzw. in Datenverarbeitungssystemen, die auch Rechner genannt werden, verarbeitet.

Definition

Ein **Rechner** bzw. Computer *(computer)* (ist) eine Funktionseinheit zur Verarbeitung von Daten, nämlich zur Durchführung mathematischer, umformender, übertragender und speichernder Operationen [HaNe09, S. 6].

Computer

Als Synonyme für Rechner oder Computer werden auch die veralteten Begriffe Rechenanlage, **Rechensystem** oder auch EDVA (Elektronische Datenverarbeitungsanlage) genutzt. Das Wort Computer hat sich auch im deutschen Sprachraum durchgesetzt, wobei vor allem der **PC** *(Personal Computer)* und der Laptop wegen ihrer Verbreitung sehr bekannt sind.

Kommunikation

Nach der computergestützten **Kommunikation** über lokale Netze (z.B. Netze in einer Unternehmung) hat sich die weltweite Vernetzung sehr ausgebreitet, wobei das Internet mit seinen wichtigen Funktionen E-Mail und Web, bzw. WWW *(World Wide Web)* eine große Bedeutung besitzt.

Mobile Systeme

Die drahtlose Kommunikation in Unternehmungen, aber auch im Privatbereich wird immer häufiger genutzt (Mobile Systeme).

Neben der eigentlichen Datenverarbeitung und der Textverarbeitung lassen sich auch Bilder und Sprache durch Computer verarbeiten, die als Multimediarechner bekannt sind.

Definition

> Unter dem Begriff **Multimedia** *(multimedia)* versteht man die integrierte Verarbeitung mehrerer Informationstypen wie formatierte Daten, Texte, Ton und Bilder (Grafiken, Fotos, Animationen, Videoclips) [HaNe09, S. 7].

Computer werden auch als digitale Datenverarbeitungsanlagen bezeichnet, d.h., sie verarbeiten Daten, die in digitaler Form vorliegen, im Gegensatz zu analogen Daten.

Definition

> **Digitale Daten** *(digital data)* werden durch Zeichen repräsentiert. Ein Zeichen ist ein Element aus einer, zur Darstellung von Information vereinbarten, endlichen Menge von verschiedenen Elementen, dem sogenannten Zeichenvorrat [HaNe09, S. 7].

Zeichen

Beispiele für Zeichen sind große und kleine Buchstaben (Buchstabenalphabet), Ziffern (Ziffernalphabet) und Sonderzeichen. Mit einer Folge von Zeichen lassen sich Wörter bilden, zum Beispiel das Wort »Universität«, oder Zahlen, wie die Zahl 1347. Weiterhin lassen sich Texte, aber auch Tabellen und Grafiken darstellen. Alle zu verarbeitenden Informationen werden im Computer als Zeichen repräsentiert, die technisch umgesetzt werden. Dabei kennt der Rechner nur zwei unterscheidbare Zustände, die Binärzeichen genannt und z.B. als 0 und 1 dargestellt werden (binär: zweiwertig).

Bit & Byte

Ein **Binärzeichen** als kleinste Informationseinheit wird als **Bit** bezeichnet (Bit: ***bi**nary digi**t***).

ASCII-Code

Mit einer Folge von Bit werden die Zeichen dargestellt, häufig eine Folge von 8 Bit = 1 **Byte**. Mit einem Byte (8 Bit) lassen sich $2^8 = 256$ unterscheidbare Zeichen darstellen bzw. codieren (8 Bit-Code). So kennt man den **ASCII-Code** *(American Standard Code for Information Interchange)* als einen 8 Bit-Code. Beispiele und weitere Informationen finden Sie auch im Kapitel »Informationsmanagement«, S. 24, bei den grundlegenden Begriffen.

Informationstechniken

Gegenstand der Wirtschaftsinformatik ist das betriebliche computergestützte **IuK-System**. Neben den **Menschen** und den **Aufgaben** stehen die **Informationstechniken** häufig im Mittelpunkt der Betrachtung. Informationstechniken (IT) lassen sich in Hardwaretechniken und Softwaretechniken einteilen (Abb. 2.4-2).

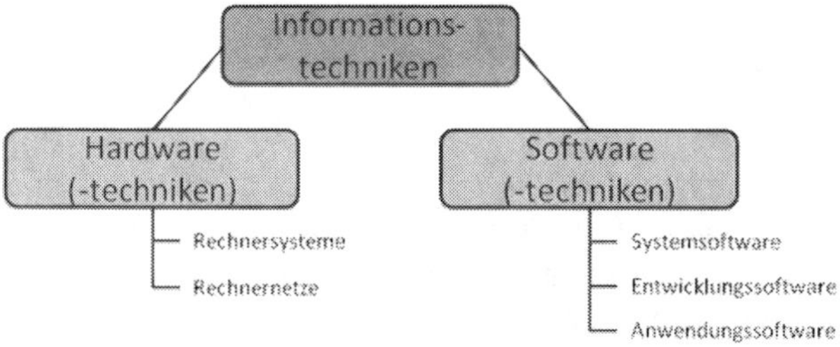
Informations-
techniken
Hardware
(-techniken)
Rechnersysteme
Rechnernetze
Software
(-techniken)
Systemsoftware
Entwicklungssoftware
Anwendungssoftware

Abb. 2.4-2: Informationstechniken: Hardware und Software.

Hardware

Bei der **Hardware** bzw. den Hardwaretechniken betrachtet man vor allem die Rechner (Rechnersysteme bzw. Computer) und die Rechnernetze, die im Kapitel »Technische Grundlagen: Rechnersysteme«, S. 21, bzw. im Kapitel »Technische Grundlagen: Rechnernetze«, S. 51, vorgestellt werden.

Software

Die **Software** bzw. die Softwaretechniken teilt man in Systemsoftware und in Anwendungssoftware ein (vgl. Kapitel »Betriebliche Anwendungssysteme«, S. 87). In der Wirtschaftsinformatik steht die betriebliche Anwendungssoftware im Mittelpunkt, die man auch als betriebliche Informationssysteme bezeichnet.

Definition

> Ein betriebliches **Informationssystem** unterstützt die Leistungsprozesse und Austauschbeziehungen innerhalb eines Betriebes sowie zwischen dem Betrieb und seiner Umwelt [HaNe09, S.132].

Definition

Ein rechnergestütztes Informationssystem *(Computer based information system)* ist ein System, bei dem die Erfassung, Übertragung und/oder Transformation von Information durch den Einsatz der Informationstechnik teilweise automatisiert ist [HaNe09, S.133].

Anwendungssoftware

Die Nutzung **betrieblicher Anwendungssoftware** bzw. Informationssysteme, z. B. Software zur Durchführung der Buchhaltung, zur Berechnung von Lohn und Gehalt, zur Analyse im Controlling oder zur Planung der Produktion und des Vertriebs, setzt eine entsprechende Hardware (Rechner bzw. Rechnernetze) mit entsprechender Systemsoftware, insbesondere einem Betriebssystem voraus.

2.5 Bedeutung und Berufsfelder der WI *

Die Wirtschaftsinformatik ist sowohl in der Praxis als auch in der Wissenschaft als eine wichtige Angewandte Informatik anerkannt, sodass auch die Nachfrage nach Wirtschaftsinformatikern sehr groß ist.

Bedeutung der Informatik

Die zunehmende Automatisierung, Computerisierung und Digitalisierung führt zu einer hohen Bedeutung der Informatik und schließlich auch der Wirtschaftsinformatik, die eine wichtige Verbindung zwischen den betrieblichen Aufgabenstellungen und Lösungsansätzen einerseits und der Informatik andererseits darstellt.

Die Abb. 2.5-1 [TNS08] zeigt die PC- und Internetverbreitung weltweit.

Die PC-Dichte im internationalen Vergleich ist in der Abb. 2.5-2 [TNS08] dargestellt.

Die Abb. 2.5-3 [TNS08] zeigt den Computereinsatz in den verschiedenen Branchen der Praxis.

Neben der flächendeckenden Nutzung der PCs und des Internets breiten sich die multimedialen Anwendungen immer stärker aus, so z. B. bei den Informationssystemen und bei den Web-Anwendungen, bei Spielen und bei Lernsystemen (E-Learning).

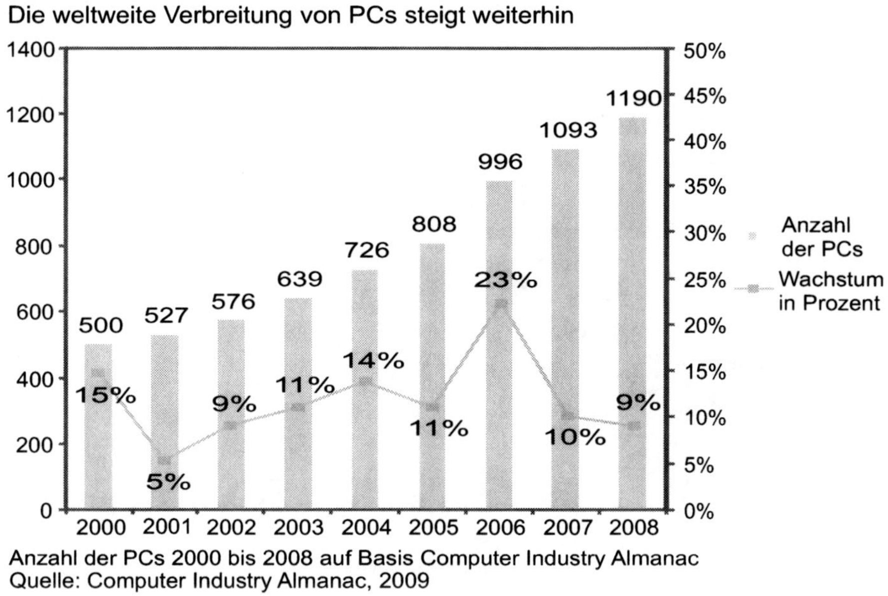
Die weltweite Verbreitung von PCs steigt weiterhin
1400
1200
1000
800
600
400
200
0
50%
45%
40%
35%
30%
25%
20%
15%
10%
5%
0%
500
527
576
639
726
808
996
1093
1190
15%
5%
9%
11%
14%
11%
23%
10%
9%
2000
2001
2002
2003
2004
2005
2006
2007
2008
Anzahl der PCs
Wachstum in Prozent
Anzahl der PCs 2000 bis 2008 auf Basis Computer Industry Almanac
Quelle: Computer Industry Almanac, 2009

Abb. 2.5-1: Die weltweite Verbreitung von PCs [TNS08].

Berufe im Bereich der WI

Die Nachfrage nach Wirtschaftsinformatikern ist sehr groß, da der Bedarf nach IT-Wissen in Unternehmungen steigt. Immer mehr Anwendungen werden durch den Einsatz von IT unterstützt, sodass in den verschiedenen Branchen und Funktionsbereichen der Anwendungsunternehmungen Wirtschaftsinformatiker gesucht werden. Aber auch in Unternehmensberatungen, die mittlerweile auch alle IT-Beratung anbieten, ist ein großer Bedarf festzustellen. Schließlich stellen Unternehmungen der IT-Branche verstärkt Wirtschaftsinformatiker ein. Generell sind stets Kompetenzen sowohl im Anwendungsbereich, so z. B. im Rechnungswesen, im Marketing, in der Produktion oder im Controlling als auch im IT-Bereich, wo vor allem Kenntnisse der Gestaltung von IT-Lösungen gesucht werden, gefragt (Abb. 2.5-4).

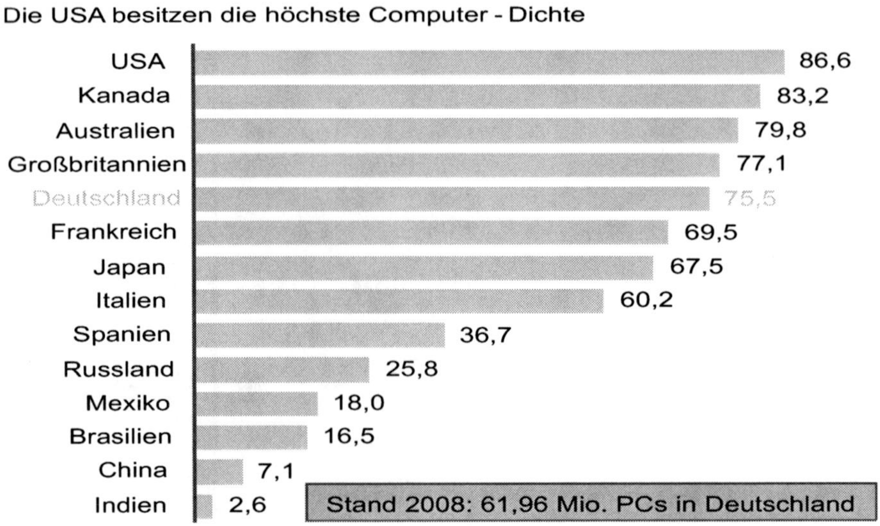
Die USA besitzen die höchste Computer - Dichte
USA 86,6
Kanada 83,2
Australien 79,8
Großbritannien 77,1
Deutschland 75,5
Frankreich 69,5
Japan 67,5
Italien 60,2
Spanien 36,7
Russland 25,8
Mexiko 18,0
Brasilien 16,5
China 7,1
Indien 2,6
Stand 2008: 61,96 Mio. PCs in Deutschland

Abb. 2.5-2: Die Computerdichte weltweit [TNS08].

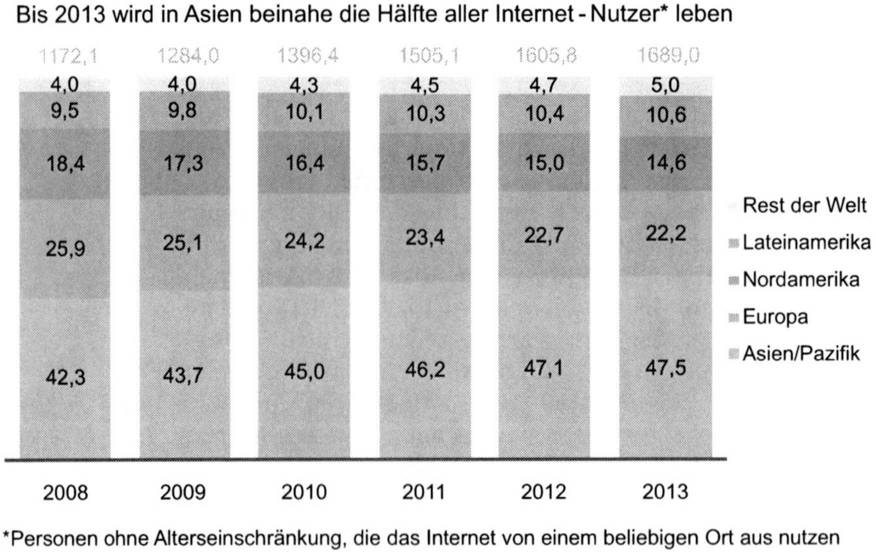
Bis 2013 wird in Asien beinahe die Hälfte aller Internet - Nutzer* leben
1172,1
1284,0
1396,4
1505,1
1605,8
1689,0
4,0 9,5 18,4 25,9 42,3
4,0 9,8 17,3 25,1 43,7
4,3 10,1 16,4 24,2 45,0
4,5 10,3 15,7 23,4 46,2
4,7 10,4 15,0 22,7 47,1
5,0 10,6 14,6 22,2 47,5
Rest der Welt
Lateinamerika
Nordamerika
Europa
Asien/Pazifik
2008
2009
2010
2011
2012
2013
*Personen ohne Alterseinschränkung, die das Internet von einem beliebigen Ort aus nutzen

Abb. 2.5-3: Die Verbreitung von PCs weltweit [TNS08].

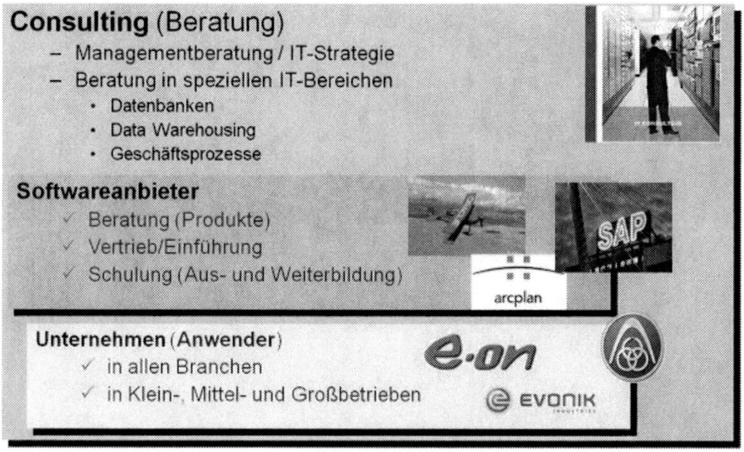
Consulting (Beratung)
– Managementberatung / IT-Strategie
– Beratung in speziellen IT-Bereichen
• Datenbanken
• Data Warehousing
• Geschäftsprozesse
Softwareanbieter
✓ Beratung (Produkte)
✓ Vertrieb/Einführung
✓ Schulung (Aus- und Weiterbildung)
SAP
arcplan
Unternehmen (Anwender)
✓ in allen Branchen
✓ in Klein-, Mittel- und Großbetrieben
e-on
EVONIK

Abb. 2.5-4: Berufsfelder der WI.

3 Technische Grundlagen: Rechnersysteme *

Bei der Entwicklung von Computern bzw. Rechnersystemen und ihrem Einsatz in Unternehmungen lassen sich, ausgehend von der durch Konrad Zuse 1941 entwickelten ersten »programmgesteuerten« Rechenmaschine Z3, einige zentrale Entwicklungssprünge identifizieren.

Erst in den 1960er Jahren etablierten sich Rechnersysteme in Unternehmungen überhaupt, wobei ihr Einsatz anfänglich vor allem durch zentral aufgestellte und betriebene Großrechner, sog. *Mainframes*, geprägt war. Die *Mainframes* wurden in den 1980er Jahren in vielen Bereichen durch dezentrale *Personal Computer* ergänzt und Rechnernetze prägen seitdem das unternehmerische Geschehen. Im Gegensatz zu den zentral betriebenen *Mainframes* erlaubte diese dezentrale Infrastruktur bereits eine wesentlich flexiblere Unterstützung betrieblicher Aufgaben und Abläufe, verursachte jedoch je nach Ausdehnung der Vernetzung und den an das Netz gestellten Anforderungen einen erheblichen Aufwand.

Es folgte in den 1990er Jahren der Siegeszug des Internets, welcher mit der Etablierung weltweiter Standards einherging und die globale Vernetzung von Rechnern und Rechnernetzen einfach und kostengünstig machte. Das Internet stellt also eine konsequente Fortführung der Dezentralisierung dar und ist als wichtige infrastrukturelle Grundlage für die heutige Globalisierung anzusehen.

Seit der Jahrtausendwende lassen sich mit dem Zusammenwachsen ehemals getrennter Medien (Konvergenz) sowie der Verlagerung von Ressourcen und Anwendungen in das Internet *(Cloud Computing)* neue Paradigmenwechsel in der IT beobachten.

Mobiltelefone lassen sich nicht mehr nur beim Telefonieren, sondern auch zur Nutzung von Internetdiensten wie E-Mail oder dem WWW *(World Wide Web)* oder als Navigationsgeräte einsetzen. Fernsehen, Internet und Telefon können gemeinsam über die DSL-Leitung bezogen werden, und im iPod werden u. a. Audio und Videoangebot zusammengeführt.

Entwicklungssprünge der IT

Jeder dieser **Entwicklungssprünge der IT** fasst eine Vielzahl von Detailveränderungen eines eigentlich evolutionären Prozesses in einer Momentaufnahme zusammen und zeichnet sich durch einen grundlegenden Einfluss auf unternehmerische Abläufe aus. Getrieben wurden die Entwicklungssprünge bisher vor allem durch eine kontinuierliche Digitalisierung und Vernetzung von Inhalten, Services und Geräten.

Im ersten Teil des Kapitel werden die einzelnen Entwicklungssprünge genauer erläutert, wobei wir den Schwerpunkt auf den ersten Entwicklungssprung, die Computer, legen:

- »Computer: 1. IT-Entwicklungssprung«, S. 23

Im nächsten Kapitel wird die vor allem in den 1960er und 1970er Jahren maßgeblich geprägte zentralisierte IT (kurz »Z-IT«) behandelt:

- »Zentralisierte IT: 2. IT-Entwicklungssprung«, S. 40

Anschließend folgt eine detaillierte Auseinandersetzung mit Rechnernetzen und dem Internet, also dem dritten und dem vierten Entwicklungssprung:

- »Dezentralisierung der IT: 3. IT-Entwicklungssprung«, S. 43
- »Internet: 4. IT-Entwicklungssprung«, S. 45

Abschließend werden schließlich aktuell zu beobachtende Entwicklungstendenzen mit maßgeblichem Einfluss auf die betriebliche IT vorgestellt:

- »Konvergenz: 5. IT-Entwicklungssprung«, S. 46

Das Kapitel soll damit einen Überblick über die bisherige und aktuell zu beobachtende Entwicklung der IT und ein Gefühl für die daraus resultierenden Veränderungen in der betrieblichen Nutzung vermitteln. Abb. 3.0-1 (in Anlehnung an [GGW09]) fasst die Entwicklungssprünge der IT noch einmal grafisch zusammen.

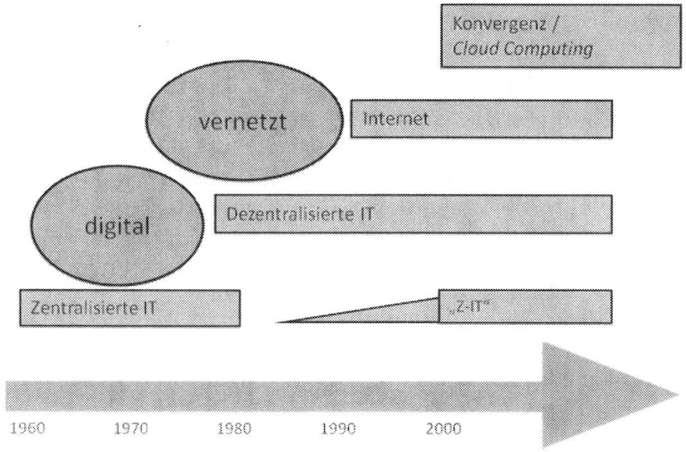
Konvergenz /
Cloud Computing
vernetzt
Internet
digital
Dezentralisierte IT
Zentralisierte IT
„Z-IT“
1960
1970
1980
1990
2000

Abb. 3.0-1: Entwicklungssprünge der IT [GGW09].

3.1 Computer: 1. IT-Entwicklungssprung *

Zur Historie

Den ersten wichtigen Entwicklungssprung stellt der Computer selbst dar. Wenn auch in stark veränderter Form und mit unvergleichlich höherer Leistungsfähigkeit, ist er auch heute immer noch das maßgebliche Instrument zur Informationsverarbeitung in Unternehmungen.

Konrad Zuse (1992) [Quelle: Wolfgang Hunscher, Dortmund, verwendet unter den Bedingungen der GNU Free Documentation License]

Einer der einflussreichen Computer-Pioniere war Konrad **Zuse**. Er entwickelte 1941 in Eigenregie und ohne finanzielle Förderung durch öffentliche Einrichtungen die Z3, die erste funktionsfähige programmgesteuerte Rechenmaschine. Vorläufer der Z3 waren die 1936–1938 erbaute rein mechanische Z1 und das zu Testzwecken nur teilweise fertiggestellte Übergangsmodell Z2, bei denen sich Zuse bereits von der Nutzung des Dezimalsystems löste und über die Zustände »Strom liegt an« (1) und »kein Strom liegt an« (0) ein binäres (zweiwertiges System) entwickelte. Die Z1 bearbeitete Rechenoperationen zudem auch schon in einer zentralen Verarbeitungseinheit, welche als ein erster Prozessor interpretiert werden kann, und zwischen den einzelnen Berechnungsschritten wurden die Werte in einem Rechen- bzw. Arbeitsspeicher zwischengespeichert. Für die Z3 übernahm Zuse diese Struktur mit zentraler Recheneinheit und Speicher, überwand funktionale Probleme der Z1 und ersetzte die mechanische Funktionsweise durch den Einsatz von elektromagnetischen Relais, die er zur Abbildung der Zustände 0 und 1 einsetzte. Gesteuert wurde die Z3 über Lochstreifen sowie eine Spezialtastatur. Sie war somit programmgesteuert und konnte »universell« für verschiedene Berechnungen eingesetzt werden. Die Ergebnisse wurden durch Lampenreihen optisch ausgegeben. Für weitere Informationen zu Konrad Zuse und seinen Z-Rechnern siehe [ZIB11]

Ohne allzu sehr auf technische Details einzugehen, werden im Folgenden die wichtigsten Komponenten von Computern und einige grundlegende Begrifflichkeiten, wie etwa Bits und Bytes, Arbeitsspeicher, Zentralprozessor und Bussystem vorgestellt:

- »Bit und Byte«, S. 24
- »Die Von-Neumann-Architektur«, S. 26
- »Zentralprozessor«, S. 28
- »Zentralspeicher: ROM und RAM«, S. 30
- »Bussystem«, S. 31
- »Interne und externe Speicher«, S. 34
- »Datenträger«, S. 36
- »Klassifikation von Rechnern«, S. 37

Ein aktueller Trend in der Mobilisierung der Informationstechniken wird durch die Einführung der *Tablets* repräsentiert:

- »Exkurs: Tablets als Beispiel für mobile Kleingeräte«, S. 38

3.1.1 Bit und Byte **

Um in der binären Welt des Computers Buchstaben, Ziffern, Sonderzeichen und Steuerzeichen abbilden und verarbeiten zu können, müssen diese Zeichen in Bitfolgen umgewandelt werden, also in Folgen von Nullen und Einsen.

Bit und Byte

Ein **Bit** ***(binary digit)*** repräsentiert in der Informatik den Zustand 0 oder 1 und ist die wesentliche Größe des binären Systems Computer. Die Kombination aus 8 **Bit** wird als 1 **Byte** bezeichnet, einer typischen Einheit zur Darstellung bzw. Codierung eines Zeichens, wie zum Beispiel eines Buchstabens oder eines Sonderzeichens.

- 1 Bit (b) = kleinste Informationseinheit (0 oder 1)
- 1 Byte (B) = 8 Bit (z. B. 0000 0001)

Die Größen Kilo-, Mega-, Giga- und Terabyte sind Vielfache eines Bytes, die sich jeweils um den Faktor 1024 erhöhen. Neben dieser binären Berechnung der Größeneinheiten findet im allgemeinen Gebrauch auch die Berechnung anhand der dezimalen Multiplikation Einsatz, insbesondere um Größenberechnungen zu vereinfachen. Hierbei erhöhen sich die Größen jeweils nur um den Faktor 1000. Um daraus resultierende Unterschiede bei der Größenberechnung zu beenden, erfolgte 1999 die Veröffentlichung einer neuen Norm für Binärpräfix durch die *International Electrotechnical Commission* (IEC) als Ergänzung zur Norm IEC 60027-2. Um die binär berechneten Größeneinheiten (Faktor 1024) von den dezimal berechneten (Faktor 1000) zu unterscheiden, werden bei den binär berechneten Werten der 3. und 4. Buchstabe des Bezeichners durch »bi «ersetzt: also Mebibyte anstelle von Megabyte. Das Kürzel wird in der Mitte durch den Buchstaben »i« erweitert: also MiB anstelle von MB.

Binärpräfixe

Daraus ergibt sich für die binär berechneten Größeneinheiten eines Bytes:

- 1 Kibibyte (KiB) = 2^{10} Byte = 1.024 Byte
- 1 Mebibyte (MiB) = 2^{20} Byte = 1.048.576 Byte
- 1 Gibibyte (GiB) = 2^{30} Byte = 1.073.741.824 Byte
- 1 Tebibyte (TiB) = 2^{40} Byte = 1.099.511.627.776 Byte
- 1 Pebibyte (PiB) = 2^{50} Byte = 1.125.899.906.842.620 Byte

Dezimalpräfixe

Die Berechnung dezimal bestimmter Größeneinheiten erfolgt demnach folgendermaßen:

- 1 Kilobyte (KB) = 10^3 Byte = 1.000 Byte
- 1 Megabyte (MB) = 10^6 Byte = 1.000.000 Byte
- 1 Gigabyte (GB) = 10^9 Byte =1.000.000.000 Byte
- 1 Terabyte (TB) = 10^{12} Byte = 1.000.000.000.000 Byte
- 1 Petabyte (PB) = 10^{15} Byte = 1.000.000.000.000.000 Byte

Trotz der Empfehlung, die dezimal berechneten Größeneinheiten zu nutzen, konnte sich dies bislang allerdings nicht flächendeckend durchsetzen. Insbesondere in der praktischen und theoretischen IT erfolgt meist die Nutzung der binär berechneten Einheiten. Alle Daten und Programme werden in Computern letztlich in Form von Bits verarbeitet.

Verarbeitung von Buchstaben, Steuerzeichen und Sonderzeichen im Binärcode

American Standard Code of Information Interchange (ACSII)

Um in der binären Welt des Computers Buchstaben, Ziffern, Sonderzeichen und Steuerzeichen abbilden und verarbeiten zu können, müssen diese Zeichen in Bitfolgen umgewandelt werden, also in Folgen von Nullen und Einsen. Eine bekannte Codierung ist der **ASCII** *(American Standard Code of Information Interchange)*. Es handelt sich dabei ursprünglich um einen 7-bit Code (Verwendung von 7 Bit zur Repräsentation eines Zeichens), bei dem zum Beispiel ein A durch die Dezimalzahl 65 und damit die Bitfolge 1000001 und der Buchstabe k durch die Zahl 108 bzw. die Bitfolge 1101100 dargestellt wird.

Der ASCII-Code wurde im Zeichensatz der ISO-8859 durch ein achtes Bit erweitert, um eine größere Zahl von Zeichen abbilden zu können. Aber auch bei einer 8-Bit-Codierung ergeben sich maximal $2^8 = 256$ unterschiedliche Kombinationsmöglichkeiten, weshalb mit dem Unicode mittlerweile ein Zeichensatz geschaffen wurde, der mit einer Länge von 32 Bit langfristig alle internationalen Schriftzeichen erfassen und einheitlich codieren soll. (2^{32} = Darstellungsmöglichkeiten).

Suchen Sie im Internet nach der ASCII-Tabelle und übersetzen Sie die folgende Bitfolge bzw. Bytefolge in Buchstaben:

01010110 01101111 01101110 00101101 01001110
01100101 01110101 01101101 01100001 01101110
01101110 00101101 01000001 01110010 01100011
01101000 01101001 01110100 01100101 01101011
01110100 01110101 01110010

Das Lösungswort bezeichnet den bereits in den 1940 Jahren formulierten und noch heute zutreffenden grundlegenden Aufbau von Computern.

3.1.2 Die Von-Neumann-Architektur **

Die 1946 entwickelte Von-Neumann-Architektur stellt auch heute noch den grundlegenden Aufbau von Computern, mit den Komponenten Zentralprozessor, zentraler Speicher, Ein- und Ausgabewerk sowie Bussystem, dar.

Bereits 1946 formulierte der ungarisch-amerikanische Mathematiker John von Neumann die in Abb. 3.1-1 dargestellte und nach ihm benannte **Von-Neumann-Architektur** (auch »Princeton-Architektur« genannt), die auch heute noch den grundlegenden Aufbau von Computern treffend beschreibt. Ein Computer besteht demnach aus einem Zentralprozessor (mit den Komponenten Rechenwerk und Steuerwerk), einem zentralen Speicher, einem Eingabe- und einem Ausgabewerk zur Steuerung der Dateneingabe, Datenausgabe und Datenweitergabe sowie einem Bussystem, welches eine gemeinsam genutzte Datenverbindung zwischen den Komponenten darstellt.

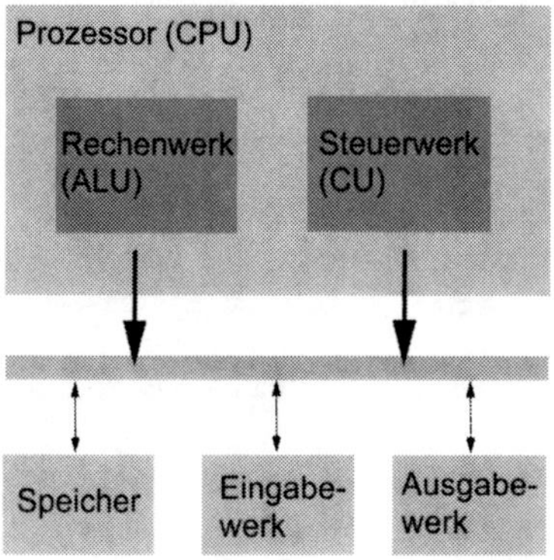
Prozessor (CPU)
Rechenwerk (ALU)
Steuerwerk (CU)
Speicher
Eingabe-werk
Ausgabe-werk

Abb. 3.1-1: Von-Neumann-Architektur.

EVA-Prinzip

Nicht nur die zu verarbeitenden Daten, sondern auch die Programme werden als Verarbeitungsanweisungen in einem gemeinsamen Speicher des Computers abgelegt, sodass sich Programme unabhängig von der Hardware ändern lassen und der Computer universell eingesetzt werden kann. Eine bekannte logische Anordnung der Komponenten der Von-Neumann-Architektur stellt das **EVA-Prinzip** dar, bei dem ausgehend von einer **E**ingabe die **V**erarbeitung der Daten und abschließend die **A**usgabe der Ergebnisse erfolgt (Eingabe – Verarbeitung – Ausgabe).

Das in Abb. 3.1-2 (in Anlehnung an [HaNe05, S. 6]) zusammengefasste EVA-Prinzip (vgl. [HaNe09, S. 23]; [StHa05, S. 21]) gilt heute als Grundschema der Datenverarbeitung. Zunächst erfolgt die Eingabe von zu verarbeitenden Daten bzw. von Verarbeitungsanweisungen über die verfügbaren Eingabegeräte, wie zum Beispiel Tastatur, Maus, Scanner oder Mikrofon. In der Systemeinheit, die aus Zentraleinheit (Hauptspeicher und Zentralprozessor) und externen Speichern besteht, erfolgt anschließend die Datenverarbeitung. Schließlich werden über die verschiedenen Ausgabegeräte wie Bildschirm, Drucker, Kopfhörer usw. die Ergebnisse ausgegeben.

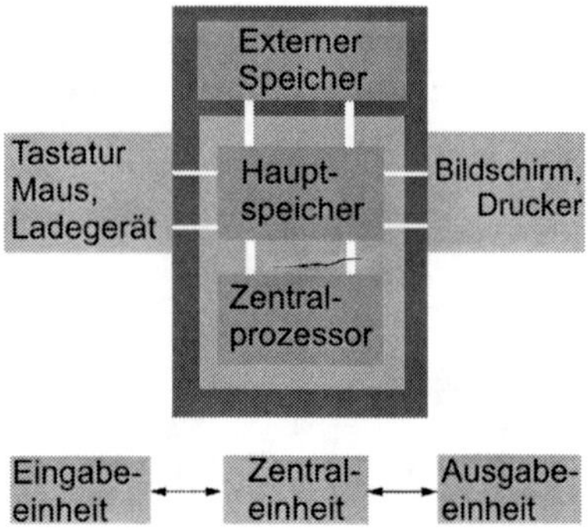
Externer Speicher
Tastatur Maus, Ladegerät
Haupt-speicher
Bildschirm, Drucker
Zentral-prozessor
Eingabe-einheit
Zentral-einheit
Ausgabe-einheit

Abb. 3.1-2: Der grundlegende Aufbau eines Rechners nach dem EVA-Prinzip.

3.1.3 Zentralprozessor **

Die Informationsverarbeitung zu steuern und zu koordinieren sowie logische und arithmetische Rechenoperationen auszuführen ist die Aufgabe des Zentralprozessors, der aus den Komponenten Steuerwerk, Leitwerk sowie Speichern besteht.

Zentral-prozessor

Die Aufgabe des **Zentralprozessors** (*Central Processing Unit*, CPU) besteht darin, die Informationsverarbeitung zu steuern und zu koordinieren sowie logische und arithmetische Rechenoperationen auszuführen. Obwohl moderne CPUs den Eindruck einer integrierten Einheit bilden, bestehen sie immer aus den Komponenten Steuer- und Rechenwerk sowie Speichern, die die kurzfristige Ablage von zu verarbeitenden Daten im Zentralprozessor selbst (Registerspeicher) sowie eine möglichst reibungslose Zusammenarbeit des Zentralprozessors mit dem Arbeitsspeicher über einen Pufferspeicher gewährleisten sollen.

Steuerwerk & Rechenwerk

Das **Steuerwerk**, auch Leitwerk oder CU *(Control Unit)* genannt, legt die Reihenfolge der Befehlsausführungen fest, holt und entschlüsselt Daten und Befehle aus dem Arbeitsspeicher, gibt den Takt für die Abarbeitung der Befehle vor, nimmt Verarbeitungsergebnisse entgegen und überträgt diese wieder zurück an andere Funktionseinheiten, wie z. B. den Arbeitsspeicher (auch Hauptspeicher genannt). Die anschließende Ausführung der eigentlichen Rechenoperationen übernimmt das **Rechenwerk** (ALU, *Arithmetic Logical Unit*) mithilfe einer begrenzten Menge von fest definierten Maschinenbefehlen, die sich in arithmetische Befehle, logische Befehle, Transportbefehle sowie Ein- und Ausgabebefehle unterscheiden lassen.

Ein Prozessor wird als Mikroprozessor bezeichnet, wenn alle Prozessorbestandteile auf einem einzelnen Chip, also nur einem Bauteil, untergebracht sind. Die Leistungsfähigkeit eines Prozessors hängt dabei zum einen von seiner Verarbeitungsbreite ab, verstanden als die Datenmenge, die durch einen einzelnen Befehl verarbeitet werden kann.

Ein 8-Bit-Prozessor erlaubt beispielsweise die Übertragung und Verarbeitung von 8 Bit in einem Takt, während ein 32-Bit-Prozessor die zeitgleiche Übertragung und Verarbeitung von 32 Bit ermöglicht und damit wesentlich schneller arbeiten kann.

Die zweite Leistungsdeterminante eines Prozessors ist seine Taktrate als die Häufigkeit der Befehlsausführung. Die Taktrate aktueller Prozessoren wird in Megahertz (MHz, 1 Million Verarbeitungszyklen pro Sekunde) oder sogar Gigahertz (GHz, 1 Milliarde Verarbeitungszyklen pro Sekunde) angegeben.

Zusammenfassend hängt die Verarbeitungsgeschwindigkeit eines Prozessors also von dem Zusammenspiel aus Verarbeitungsbreite und Taktrate ab, wobei die maßgeblichen Hersteller Intel und AMD vor allem Faktoren wie den Stromverbrauch und die Wärmeentwicklung zur optimalen Bestimmung der beiden Größen heranziehen.

3.1.4 Zentralspeicher: ROM und RAM **

Der Zentralspeicher lässt sich in die zwei Speicherelemente ROM und RAM untergliedern. ROM (Festwertspeicher) speichern Daten auch ohne Strom und können im normalen Betrieb nicht beschrieben, sondern nur gelesen werden. RAM dagegen sind flüchtige Speicher, bei denen jede Speicherstelle über eine eigene Adresse verfügt.

Festwertspeicher

Der Zentralspeicher oder Hauptspeicher umfasst die für den Betrieb des Systems notwendigen Speicherelemente, welche sich in **Festwertspeicher** (**ROM**: *Read Only Memory*) und Arbeitsspeicher (**RAM**: *Random Access Memory*) unterscheiden lassen. ROM (Festwertspeicher) speichern Daten auch ohne Strom und können im normalen Betrieb nicht beschrieben, sondern nur gelesen werden. Es existieren verschiedene ROM-Typen, wie zum Beispiel PROM ***(Programmable ROM)***, EPROM ***(Erasable PROM)***, EEPROM ***(Electrically EPROM)*** sowie Flash-Speicher. Unterschiede bestehen vor allem bei der entgegen der Bezeichnung ROM letztlich doch möglichen Löschung der gespeicherten Inhalte mithilfe spezieller Operationen und Verfahren. Ein zentrales Anwendungsgebiet von ROM-Speichern stellt der Startvorgang eines Computers dar. Im hierfür verantwortlichen sog. BIOS, dem *Basic Input Output*-System, sind Befehle abgelegt, die beim Start eines Computers verfügbar sein müssen. Das BIOS veranlasst zunächst einen Selbsttest, macht anschließend die Hardwarekomponenten nutzbar (sog. Initialisierung) und lädt schließlich das Betriebssystem in den Arbeitsspeicher, um dem Nutzer die Verwendung des Computers zu ermöglichen. Anschließend kann der Nutzer selbst das Kommando über den Computer übernehmen.

Arbeitsspeicher

Der zweite wichtige Speichertyp sind flüchtige, wiederbeschreibbare **Arbeitsspeicher**, die als RAM *(Random Access Memory)* bezeichnet werden. Im RAM verfügt jede Speicherstelle, die jeweils genau ein Byte aufnehmen kann, über eine eigene Adresse, weshalb der RAM als direkt adressierbarer Speicher mit wahlfreiem Zugriff bezeichnet wird. Jede einzelne Speicherstelle kann direkt gelesen und beschrieben werden. Der Arbeitsspeicher enthält laufende Programme und aktuell verwendete Daten und hat somit eine besondere Bedeutung für die Arbeitsgeschwindigkeit eines Computers.

Beim Programmablauf entnimmt der Zentralprozessor seine Befehle und die in den Befehlen adressierten Daten den jeweiligen Speicherstellen des Arbeitsspeichers. Nachdem die Operationen durchgeführt wurden, werden die Ergebnisse zurück an den Arbeitsspeicher übergeben. Die Kapazität eines durchschnittlichen Arbeitsspeichers beträgt aktuell zwischen 4 und 8 Gigabyte bei Zugriffszeiten im Nano-Sekunden-Bereich (0,000 000 001 Sekunden).

Je nach Speichertechnik und Bauform lassen sich eine Reihe verschiedener RAM-Speicherbausteine unterscheiden, wobei die SDRAM *(Synchronous Dynamic* RAM*)* die heute üblichen Speicherchips darstellen.

Sie bestehen aus zwei Speicherbänken, auf die abwechselnd und synchron zum Systembustakt zugegriffen wird. Eingesetzt werden die Speicherchips heute in Form von DDR- *(Double Data Rate)* bzw. DDR2- oder DDR3-Chips, die durch sehr hohe Datenraten die Taktfrequenz und somit auch den Stromverbrauch niedrig halten.

3.1.5 Bussystem **

Der Zentralprozessor, der Arbeitsspeicher, das Ein- und Ausgabewerk sowie alle externen Geräte sind durch verschiedene Übertragungseinrichtungen untereinander verbunden. Hierbei lassen sich dedizierte und gemeinsam genutzte Verbindungen unterscheiden, wobei Letztere als »Bus« bezeichnet werden. In Abhängigkeit der verbundenen Funktionseinheiten und der übertragenen Daten werden verschiedene Arten von Bussen voneinander abgegrenzt, wie zum Beispiel der interne CPU-Bus, der externe CPU-Bus (»*Front Side Bus*«) und der Peripheriebus.

Interner CPU-Bus

Der **interne CPU-Bus** ist zuständig für die prozessorinterne Datenübertragung zwischen Leitwerk, Rechenwerk und den Registern als prozessorinternen Speichern.

Externer CPU-Bus

Der **externe CPU-Bus** verbindet den Prozessor mit dem Arbeitsspeicher und dient auch als Schnittstelle zum Peripheriebus. Abb. 3.1-3 (in Anlehnung an [StHa05, S. 27]) zeigt den internen und den externen CPU-Bus und die durch das Bussystem verbundenen Komponenten.

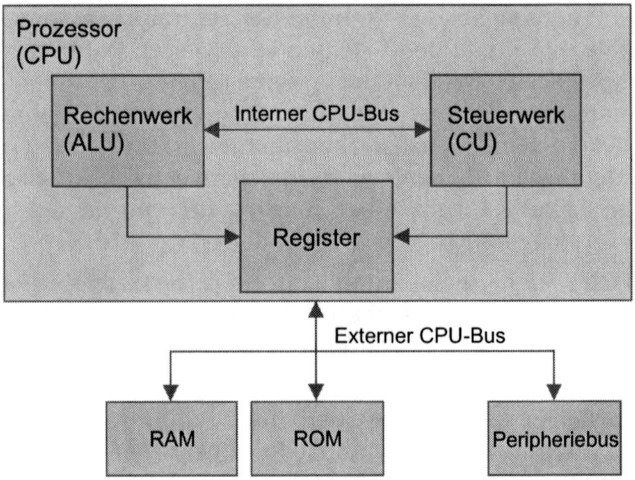
Prozessor
(CPU)
Rechenwerk
(ALU)
Interner CPU-Bus
Steuerwerk
(CU)
Register
Externer CPU-Bus
RAM
ROM
Peripheriebus

Abb. 3.1-3: Das Bussystem mit internem und externem CPU-Bus sowie Peripheriebus [StHa05, S. 27].

In Abhängigkeit der übertragenen Daten wird zudem zwischen Datenbussen, Adressbussen und Steuerbussen unterschieden: Um auf die verschiedenen Speicherstellen des RAM zugreifen zu können, wird für die Verbindung von Prozessor und Arbeitsspeicher beispielsweise neben dem externen Datenbus *(»Front Side Bus«)* auch ein Adressbus benötigt.

Der *Front Side Bus* muss den Prozessor ausreichend schnell mit Daten versorgen, damit dieser überhaupt sein Leistungspotenzial abrufen kann. Die Breite des Adressbusses dagegen begrenzt die adressierbaren Speicherzellen hardwaretechnisch. Ein 32-Bit-Adressbus erlaubt die Adressierung von 4 Gigabyte Arbeitsspeicher.

Neben dem Daten- und dem Adressbus kommt zudem ein Steuerbus zum Einsatz, der die Übertragung von Informationen bzgl. des Buszugriffs, der Bustaktung usw. gewährleistet.

Peripheriebus

Der **Peripheriebus** schließlich bindet periphere Komponenten, also nicht zur Zentraleinheit gehörende Komponenten, wie Festplatten, Laufwerke, Grafikkarten oder mobile Geräte an das System an.

Während der Zentralprozessor und der Arbeitsspeicher die Zentraleinheit bilden, werden alle übrigen Geräte und Komponenten als Peripherie bezeichnet, sodass der Peripheriebus unterschiedlichsten Anforderungen gerecht werden muss. Weitverbreitet als interne Schnittstellen für Erweiterungskarten sind die PCI *(Peripheral Component Interconnect)* bzw. die neueren PCI-Express-Bussysteme, die die flexible Konfiguration des Rechners mit Netzwerkkarten, Soundkarten usw. erlauben. Für die hohen Ansprüche im Bereich der Grafikdarstellung wurde parallel zu PCI mit der AGP-Schnittstelle *(Accelerated Graphics Port)* ein gesondertes Bussystem für Grafikkarten geschaffen, das deutlich höhere Datenübertragungsraten ermöglichte, aufgrund der Entwicklung von PCI-Express aber mittlerweile nicht mehr wirklich benötigt wird.

Massenspeicher und Laufwerke werden in heutigen Computern typischerweise über SATA- *(Serial Advanced Technology Attachment)* oder SCSI-Schnittstellen *(Small Computer System Interface)* angeschlossen. Weitere wichtige Schnittstellen betreffen die externe Anbindung von (mobilen) Geräten, die Sie als Nutzer i. d. R. selber vornehmen. Hierzu zählen beispielsweise USB *(Universal Serial Bus)*, FireWire (IEEE 1394) und Bluetooth (IEEE 802.15.1) sowie VGA *(Video Graphics Array)*, DVI *(Digital Visual Interface)* und HDMI *(High Definition Multimedia Interface)* für Bildschirme und Monitore.

Tab. 3.1-1 (in Anlehnung an [ElKo11]) fasst ausgewählte Schnittstellen hinsichtlich ihrer typischen Verwendung, ihrer Übertragungskapazitäten und ihrer Markteinführung zusammen. Die konkurrierende Einführung von Firewire und USB ist dabei auf den Kampf um einen industrieweiten Standard zurückzuführen, den mittlerweile USB gewonnen zu haben scheint. Inzwischen verwenden nicht nur verschiedenste Eingabegeräte und Speichermedien USB, sondern auch die Anbindung von elektronischen Kleingeräten, wie Mobiltelefonen oder Kameras an den PC, erfolgt i. d. R. über USB. Die neueste, äußerst leistungsfähige Version USB 3.0 wird diesen Trend aufgrund der im Vergleich zu USB 2.0 mehr als 10fachen Übertragungsgeschwindigkeit mit großer Wahrscheinlichkeit weiter forcieren.

Schnittstelle	Anschluss von	Übertragungskapazität	Einführung
PCI 32 Bit	Kartenerweiterungen	133 MByte/Sekunde	1993
PCIe 3.0 x16	PCI Express for Graphics	16 GByte/Sekunde	PCIe ab 2004
AGP 8x (3.0)	Grafikkarte	2 GByte/Sekunde	2002
SATA II	Festplatten	300 MByte/Sekunde	2004
Serial-Attached SCSI	Festplatten	300 MByte/Sekunde	2004
USB 2.0	Peripheriegeräte, mobile Geräte, Massenspeicher	60 MByte/Sekunde	2001
USB 3.0	Peripheriegeräte, mobile Geräte, Massenspeicher	640 MByte/Sekunde	2008
Firewire 2 (IEEE 1394b)	Mobile Geräte, Massenspeicher	100 MByte/Sekunde	2002

Tab. 3.1-1: Schnittstellen im Überblick [ElKo11].

3.1.6 Interne und externe Speicher **

Neben dem Arbeitsspeicher verfügen Computer immer auch über Registerspeicher und verschiedene Pufferspeicher. Zudem erlauben sie den Gebrauch einer Vielzahl weiterer Datenträger und externer Speicher.

Registerspeicher

Registerspeicher dienen der kurzzeitigen Speicherung von Daten während der Verarbeitung, wie z. B. von Zwischenergebnissen, und umfassen nur wenige Bytes. Sie werden über fixe Bezeichner angesprochen und ermöglichen einen deutlich schnelleren Zugriff auf Daten, als es der Arbeitsspeicher leisten kann.

Pufferspeicher

Pufferspeicher gewährleisten dagegen den Ausgleich unterschiedlicher Verarbeitungsgeschwindigkeiten von miteinander verbundenen Bauteilen.

»Cache«-Speicher

Eine sehr wichtige Rolle für die Leistungsfähigkeit eines Computers spielen zum Beispiel die **»Cache«-Speicher** als Pufferspeicher zwischen Zentralprozessor und Arbeitsspeicher. Durch eine geschickte Vorhaltung der in der aktuellen Programmverarbeitung benötigten Daten ermöglichen sie eine hohe Ausreizung der Leistungspotenziale des Prozessors, der ansonsten durch ständige Ladeprozesse ausgebremst würde. Moderne Zentralprozessoren von PCs und Notebooks verfügen i. d. R. über einen sehr schnellen und kleinen L1-Cache *(Level 1)* und einen etwas größeren und etwas langsameren L2-Cache *(Level 2)*, der dem Arbeitsspeicher vorgeschaltet ist. Ziel dieser Speicherhierarchie ist es, den Zugriff auf langsame Speicher möglichst zu vermeiden, um so Ladezeiten kurz zu halten.

Aktuelle L1-Cache weisen Größen zwischen 4 bis 256 KB und L2-Cache zwischen 64 KB und 12 MB auf und sind damit merklich kleiner als der Arbeitsspeicher. Bereits der Arbeitsspeicher stellt in dieser Ordnung folglich auch eine Art Pufferspeicher dar, der Daten von externen Speichermedien (z. B. der Festplatte) und Datenträgern (z. B. CD-ROM) für die Verarbeitung im Zentralprozessor bereithält.

Abb. 3.1-4 (in Anlehnung an [HaNe05, S. 15]) veranschaulicht das Zusammenspiel der verschiedenen Speicher.

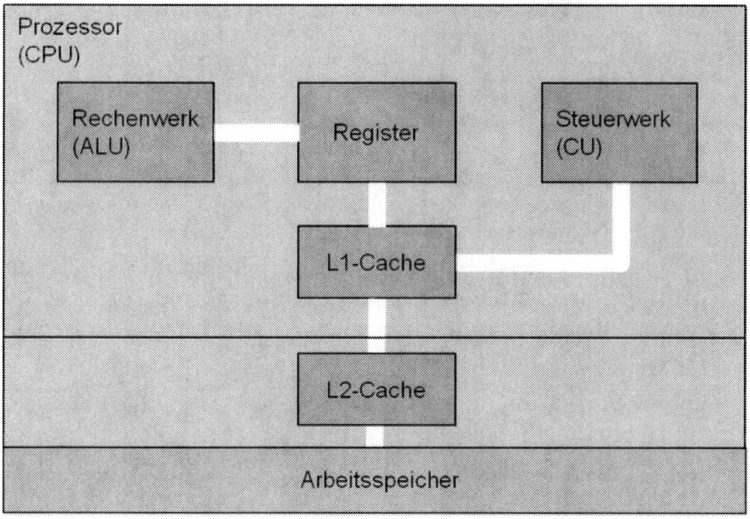
Prozessor
(CPU)
Rechenwerk
(ALU)
Register
Steuerwerk
(CU)
L1-Cache
L2-Cache
Arbeitsspeicher

Abb. 3.1-4: Zusammenspiel von Register-, Puffer- (Cache) und Arbeitsspeicher [HaNe05, S. 15].

3.1.7 Datenträger **

Datenträger und externe Speicher lassen sich grundsätzlich in vier Arten untergliedern. Unterschiede sind vor allem hinsichtlich Speicherprinzipien, Speicherkapazität und Kosten zu finden.

Bei den darüber hinaus nutzbaren Datenträgern und externen Speichern lassen sich grundsätzlich die in Abb. 3.1-5 (in Anlehnung an [HaNe05, S. 98]) dargestellten Arten unterscheiden, die alle der Speicherung bzw. der Archivierung oder dem Transport von Daten und Programmen dienen.

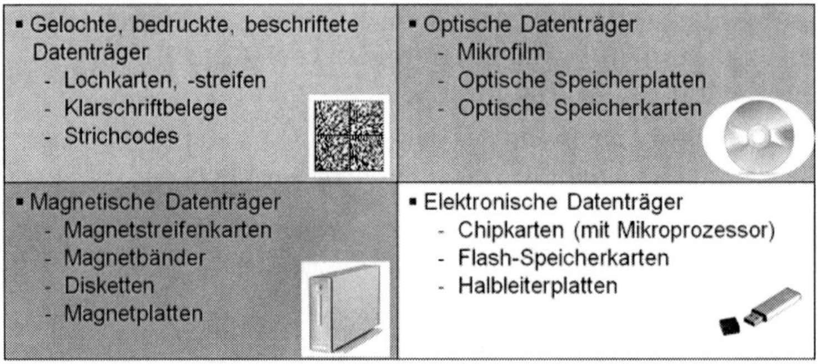
▪ Gelochte, bedruckte, beschriftete Datenträger
- Lochkarten, -streifen
- Klarschriftbelege
- Strichcodes
▪ Optische Datenträger
- Mikrofilm
- Optische Speicherplatten
- Optische Speicherkarten
▪ Magnetische Datenträger
- Magnetstreifenkarten
- Magnetbänder
- Disketten
- Magnetplatten
▪ Elektronische Datenträger
- Chipkarten (mit Mikroprozessor)
- Flash-Speicherkarten
- Halbleiterplatten

Abb. 3.1-5: Arten von Datenträgern und externen Speichern [HaNe05, S. 98].

Unterschiede bestehen sowohl hinsichtlich des Speicherprinzips (sequenzielle Speicherung oder direkt adressierbare Speicherung) als auch insbesondere in Bezug auf Speicherkapazität und Kosten.

Tab. 3.1-2 (in Anlehnung an [HaNe05, S. 61f.]; [ElKo11]) fasst typische Speicher der unterschiedlichen Kategorien mit ihrer jeweiligen Speicherkapazität zusammen.

Medium	Kategorie	Kapazität
EAN *(European Article Number)*	Strichcode	8 oder 13 Ziffern
CD	Optische Speicherplatten	650–900 MB
DVD	Optische Speicherplatten	4,7–17 GB
Blu-ray Disc	Optische Speicherplatten	27–128 GB
(Externe) Festplatte	Magnetplatten	bis zu 1,5 TB
SD-Karte	Elektronische Datenträger	8 MB – 2 TB
USB-Stick	Elektronische Datenträger	32 MB – 128 GB

Tab. 3.1-2: Ausgewählte Speichermedien [ElKo11][HaNe05, S. 61f.].

3.1.8 Klassifikation von Rechnern **

Die dargestellten Komponenten der Von-Neumann-Architektur sind auch heute noch die wesentlichen Bausteine von Computern. Es lassen sich jedoch mehrere Klassen von Rechnern ausdifferenzieren, die sich vor allem im Preis und ihrer Leistungsfähigkeit unterscheiden.

Abb. 3.1-6 (in Anlehnung an [HaNe09, S. 85]) zeigt einen modernen Klassifikationsansatz für Rechner, die auf die Nutzung durch einzelne Benutzer ausgerichtet sind, die aber durch die Anbindung an Server in ihren Möglichkeiten erheblich erweitert werden können. Server sind Computer, die den sogenannten Clients Dienste wie z. B. Datenbanken, Drucker oder E-Mail zur Verfügung stellen, und müssen entsprechend leistungsstark bzw. mit hohen Speicherkapazitäten ausgestattet sein. Workstations sind Hochleistungsarbeitsplätze für besonders rechenintensive Anwendungen oder kommen als Arbeitsgruppenserver, wie zum Beispiel Abteilungsserver, zum Einsatz.

PCs, Notebooks und persönliche Informationshilfsmittel sind weitere in der Größe und Leistungsfähigkeit abnehmende Rechnerklassen, die auch im privaten Umfeld sehr verbreitet sind. Aktuell machen vor allem *Tablets* und *Smartphones* (sehr leistungsfähige Mobiltelefone) als persönliche Informationshilfsmittel durch eine besonders dynamische Entwicklung auf sich aufmerksam. Die verschiedenen Rech-

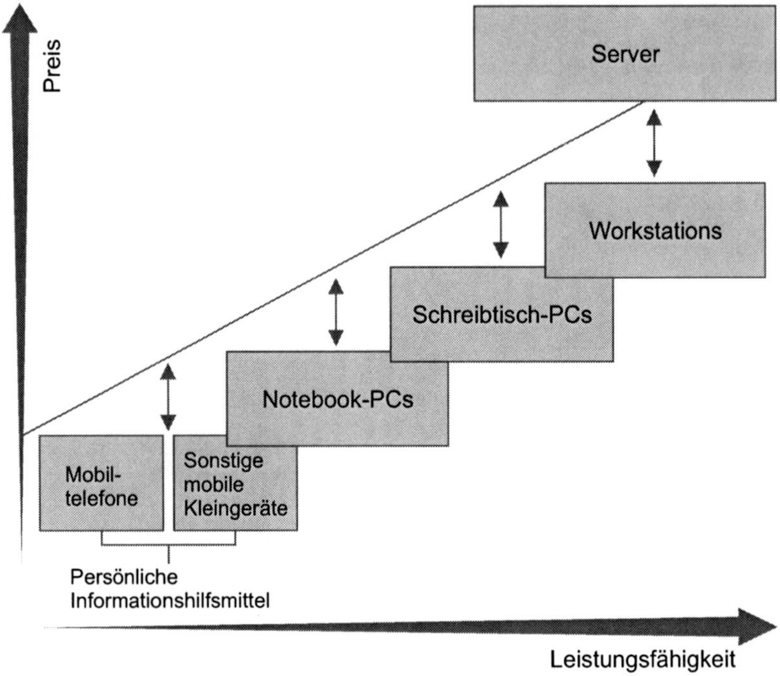
Preis
Server
Workstations
Schreibtisch-PCs
Notebook-PCs
Mobil-
telefone
Sonstige
mobile
Kleingeräte
Persönliche
Informationshilfsmittel
Leistungsfähigkeit

Abb. 3.1-6: Rechnerklassen [HaNe09, S. 85].

nerklassen stehen dabei zumindest teilweise in einem Konkurrenzverhältnis und es bleibt abzuwarten, ob beispielsweise die neuen *Tablets* den Notebooks Marktanteile streitig machen können und welche Rolle PCs in Zukunft spielen werden.

3.1.9 Exkurs: *Tablets* als Beispiel für mobile Kleingeräte ***

Ein aktueller Trend in der Mobilisierung der Informationstechnik wird durch die Einführung der *Tablets* repräsentiert. Diese stellen eine aktive Weiterentwicklung der Smartphones dar und haben das Potenzial, Notebooks bzw. Netbooks zumindest teilweise zu verdrängen. *Tablets* sollen den Nutzern eine intuitive Bedienung ermöglichen und die Einstiegsbarrieren senken.

Auf einem ca. DIN A5 oder DIN A4 großem Display werden bei *Tablets* die Inhalte dargestellt und lassen sich i. d. R. durch Fingerberührung steuern. Dabei können *Tablets* nicht nur Videos oder Musik abspielen, sondern dienen gleichzeitig auch als Notizbuch oder Anzeigegerät für Bücher.

LCD vs. E-Ink

Gerade in Bezug auf die Darstellung von Büchern sind die *Tablets* jedoch von den speziellen E-Book-Readern (E-Readern), wie zum Beispiel dem Kindle von Amazon zu unterscheiden. Während Tablet-Monitore auf der LCD-Technik basieren, verwenden E-Reader die sogenannte E-Ink-Technik. LCDs *(Liquid Chrystal Displays)* kommen auch in Fernsehern und Monitoren zum Einsatz und stellen das Bild mit Hilfe von Flüssigkristallen dar, die durch gezielte elektrische Spannung das durchfließende Licht beeinflussen. E-Ink-Displays dagegen ahmen das Prinzip von Tinte auf Papier nach und sind passive Anzeigegeräte, die von Licht angestrahlt werden müssen. Für den Leser ergeben sich dadurch grundlegende Unterschiede. Während er beim Tablet (mit LCD) in ein von sich aus leuchtendes Objekt schaut, nutzen E-Reader das Umgebungslicht, was für die Augen weniger ermüdend und auch bei sehr hellem Licht möglich ist. Allerdings können die aktuell im Einsatz befindlichen E-Ink-Displays momentan noch keine Farben darstellen, sodass die Darstellungsmöglichkeiten im Vergleich deutlich geringer sind.

Abgesehen von den berührungsempfindlichen Displays basieren *Tablets* jedoch ebenfalls genau auf den Techniken, die in diesem Kapitel beschrieben wurden. Prozessoren führen Operationen durch und verwenden internen Arbeitsspeicher und archivieren Daten in Speichern (in diesem Fall Flashspeicher). Mehrere Busse verbinden die zentralen Komponenten mit Peripheriegeräten, wie etwa Soundkarte, GPS-Empfänger, Funkempfänger (W-LAN), Kompass oder Gyrometer, welches Drehbewegungen des Tablets erfasst. Auch USB, Firewire, Bluetooth und HDMI werden bereitgestellt, wobei die Ausstattung der Tablets unterschiedlich ist.

Betriebssysteme

Wie auch in der Computer- und Smartphone-Industrie können *Tablets* auf unterschiedlichen **Betriebssystemen** aufbauen, die i. d. R. direkte Weiterentwicklungen der Smartphone-Betriebssysteme sind. Während Apples IPad das bereits im IPhone verwendete iOS verwendet, setzen Systeme wie etwa das Motorola Xoom, Samsung Galaxy Tab oder ASUS eee pad auf das Betriebssystem Android von Google. Andere Systeme sind aktuell nur von wenig Relevanz für den Markt, wobei jedoch verschiedene Anbieter, wie z.B. auch Microsoft, bereits tabletgeeignete Betriebssysteme angekündigt haben.

App-Markets

Für die verschiedenen Betriebssysteme existieren jeweils zentrale App-Markets, die die *Applications*, also die auf den *Tablets* nutzbaren Anwendungen, verfügbar machen. Die App-Markets werden dabei von den Betriebssystemanbietern (Apple bzw. Google) betrieben, verwaltet und überwacht.

3.2 Zentralisierte IT: 2. IT-Entwicklungssprung *

Die seit Mitte der 1960er Jahre in Unternehmungen genutzten Großrechner trugen ihren Namen tatsächlich wegen ihrer enormen physischen Größe und stellten sehr spezifische Betriebsanforderungen in Bezug auf Klimatisierung, Sicherheit, Bedienung, und Wartung, was zur Herausbildung der auch heute noch anzutreffenden Rechenzentren führte.

Mainframes

Erst Mitte der 1960er Jahre zogen Computer in Form von Großrechnern ***(Mainframes)*** in die Unternehmungen ein. Sie trugen ihren Namen tatsächlich wegen ihrer enormen physischen Größe und stellten sehr spezifische Betriebsanforderungen in Bezug auf Klimatisierung, Sicherheit, Bedienung, und Wartung, was zur Herausbildung der auch heute noch anzutreffenden Rechenzentren führte. Alle computerunterstützten Prozessabläufe mussten auf die Großrechner und die Abläufe in den Rechenzentren abgestimmt werden. Vorgelagerte Prozesse bereiteten die Daten für die Berechnungen vor, und nachgelagerte Prozesse werteten die Ergebnisse aus. Dementsprechend wurden *Mainframes* ausschließlich für stark formalisierte Aufgaben mit Massendaten eingesetzt und entwickelten sich zu zentralen Dienstleistern für verschiedene Abteilungen der Unternehmungen, z.B. wie der Buchhaltung oder Lohn- und Gehaltsabrechnung.

Proprietäre Anwendungen

Parallel zur Hardware entwickelten Anbieter wie IBM, Siemens, Oracle oder SAP erste proprietäre Anwendungen. **Proprietäre Anwendungen** sind dadurch gekennzeichnet, dass der Hersteller die Spezifikationen seines Systems schützt und als geschlossenes System anbietet. Der Kunde erhält ein aufeinander abgestimmtes IT-Umfeld mit klaren Schnittstellen. Er ist aber auch an den einen Anbieter gebunden (Lock-In-Effekt), was im Kontrast zur Philosophie der heute zunehmend erfolgreichen Open Source-Systeme und industrieweiten Standards steht. Mithilfe der Anwendungen konnten die Unternehmen ihre aufwendigen Warenwirtschaftslager oder Produktionsplanungssysteme zentral betreiben, speichern und die enthaltenen Daten computerunterstützt analysieren. Mit den *Mainframes* und der entsprechenden Anwendungssoftware waren jedoch teilweise sehr hohe Anschaffungs-, Betriebs- und Wartungskosten von bis zu 10.000.000 € verbunden, welche nicht zuletzt auch auf die Festlegung auf einen bestimmten Anbieter und die daraus resultierenden Abhängigkeiten zu erklären waren [HaNe09, S. 87].

Minicomputer

Vor dem Hintergrund dieser enormen Kosten wurden schnell günstigere **»Minicomputer«** entwickelt, die zwischen 10.000 € und 100.000 € kosteten und nach heutigen Vorstellungen immer noch sehr groß waren. Aufgrund der im Vergleich zu den *Mainframes* geringeren Kosten und der einfacheren Betriebsanforderungen waren Minicomputer auch für den Einsatz in kleineren Unternehmungen oder als Abteilungsrechner geeignet. Minicomputer zeugen durch ihre Miniaturisierung und gleichzeitige Leistungsfähigkeit von der äußerst rasanten Entwicklung von Computern in Bezug auf Größe, Kosten und Leistungsfähigkeit, die im sog. Moore'schen Gesetz ihren Ausdruck findet.

Moore's Law (Moore'sches Gesetz)

Der rasante Fortschritt der Informationstechnik veranlasste Wissenschaftler, wie u. a. Gordon Moore, dazu, Gesetzmäßigkeiten für die Entwicklung der IT zu formulieren. Das kontrovers diskutierte Moore'sche Gesetz beispielsweise besagt, dass sich die Anzahl an Transistoren pro Chipfläche und damit letztlich die Leistungsfähigkeit von Computern alle 18 Monate verdoppelt und das gleichzeitig eine Miniaturisierung der Hardware zu beobachten ist. Der von Gordon Moore mitbegründete Hardware-Hersteller Intel sieht das Moore'sche Gesetz, welches eigentlich kein Gesetz, sondern vielmehr eine empirische Beobachtung ist, bis zum heutigen Tage bestätigt und sagt seine weitere Gültigkeit voraus. Anlässlich des 40. Geburtstags des Moore'schen Gesetzes veröffentlichte Intel umfangreiche Informationen im Internet. Darunter einige unterhaltsame Vergleiche, die zeigen, wie schnell und unvergleichlich die Entwicklung im Bereich der Computer tatsächlich war und weiterhin ist. Würde das Moore'sche Gesetz beispielsweise für die Flugindustrie gelten, würde ein Flug von New York nach Paris, der 1978 noch ca. 900 USD gekostet und sieben Stunden gedauert hat, heute lediglich noch einen Cent kosten und weniger als eine Sekunde benötigt (vgl. [Inte11]). Ungeachtet der Diskussionen um die Genauigkeit des Gesetzes zeigt dieses zumindest deutlich, wie eindrucksvoll die IT-Fortschritte sind. Abb. 3.2-1 (in Anlehnung an [Inte11]) zeigt die Entwicklung der Intel-Prozessoren und damit die Gültigkeit von *Moore's Law* für den Zeitraum von 1960 bis 2005.

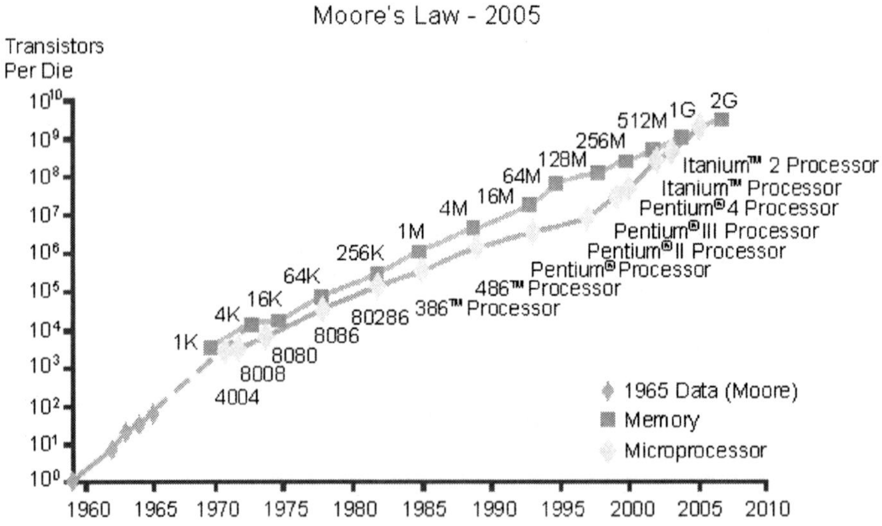
Moore's Law - 2005
Transistors
Per Die
10^{10}
10^9
10^8
10^7
10^6
10^5
10^4
10^3
10^2
10^1
10^0
1960
1965
1970
1975
1980
1985
1990
1995
2000
2005
2010
1K
4K
16K
64K
256K
1M
4M
16M
64M
128M
256M
512M
1G
2G
4004
8008
8080
8086
80286
386™ Processor
486™ Processor
Pentium® Processor
Pentium® II Processor
Pentium® III Processor
Pentium® 4 Processor
Itanium™ Processor
Itanium™ 2 Processor
1965 Data (Moore)
Memory
Microprocessor

Abb. 3.2-1: *Moore's Law* (Moore'sches Gesetz) [Inte11].

3.3 Dezentralisierung der IT: 3. IT-Entwicklungssprung *

Ende der 1970er Jahre kamen die ersten PCs (Personal Computer) auf den Markt, die sich in den 1980er Jahren explosionsartig in Unternehmungen ausbreiteten.

PC

Maßgeblichen Einfluss auf den Erfolg der Kleincomputer hatte IBM, deren System in den folgenden Jahren zum Industriestandard avancierte. Ein ausschlaggebender Erfolgsfaktor war die Öffnung des IBM-Systems für Drittanbieter. IBM fertigte nicht mehr alle Komponenten in eigener Regie, sondern koordinierte die Zusammenführung geeigneter Komponenten über ein kontrolliertes Lieferantennetzwerk. Der Prozessor wurde beispielsweise von Intel produziert und beigesteuert, dem heute bedeutendsten Prozessorhersteller, und als Betriebssysteme kamen mit DOS *(Disk Operating System)* und später Windows die ersten Microsoft-Produkte zum Einsatz.

Durch die rasante Verbreitung von Mikro- bzw. Personal Computern wandelte sich die betriebliche Nutzung von Computern, die zunehmend dezentral bereitgestellt und genutzt wurden. In der Folge entstand die Notwendigkeit der Vernetzung der Computer (vgl. die Ausführungen im Kapitel »Technische Grundlagen: Rechnernetze«, S. 51). Erstmalig wurden quasi-autonome Prozessketten realisiert, die eine automatische Abstimmung und Interaktion zwischen IT-Anwendungen erforderten.

Manager und Mitarbeiter konnten nunmehr ortsunabhängig Daten eingeben, verwenden, auslesen und auswerten, wodurch sich die Flexibilität der gesamten Organisation erheblich erhöhte.

Elektronischer Datenaustausch

Neben der innerbetrieblichen Vernetzung wurden auch über die betrieblichen Grenzen hinaus Netze aufgebaut, um einfacher, schneller und damit effizienter mit Lieferanten und Kunden zusammenarbeiten zu können. Eine hohe Bedeutung hat dabei der **elektronische Datenaustausch** (*Electronic Data Interchange*, EDI) erlangt, der den Austausch von elektronischen, standardisierten Dokumenten ermöglichte und eine postalische Versendung von zum Beispiel Bestellungen und Lagerbestandsinformationen überflüssig machte. Die dadurch ermöglichte zentrale und kurzfristige Koordination reduzierte Liefer- und Lagerzeiten ganz erheblich und ist auch heute noch Grundlage für die effiziente Zusammenarbeit von Unternehmungen, beispielsweise im Kontext von JIT-Konzepten *(Just-In-Time*-Konzepten).

Exkurs: Rechenzentren und Supercomputer

Trotz zunehmender Dezentralisierung existieren auch weiterhin noch große Rechenzentren in Firmen, Universitäten und Forschungseinrichtungen. Zum Einen waren die großen Investitionen in Rechenzentren und Großrechner ausschlaggebend, die sich erst einmal amortisieren mussten. Ein rascher Umschwung auf ein neues Techniknetzwerk war schon aus diesem Grund nicht ohne Weiteres möglich. Zum Anderen bieten Großcomputer und Rechenzentren nach wie vor Größen- und Spezialisierungsvorteile, wenn es um die Verarbeitung und Operationalisierung von großen zentral vorzuhaltenden Datenmengen oder den Betrieb von Servern oder anspruchsvollen Anwendungen geht. Teilweise bestehen Rechenzentren sogar gerade wegen der ansonsten dezentral organisierten IT. So werden beispielsweise Webseiten oder Datenbanken von ERP-Systemen (*Enterprise Resource Planning*-Systeme) auf zentral betriebenen Servern vorgehalten.

Eine besondere Ausprägung zentraler Datenverarbeitung stellen die sogenannten Supercomputer dar. Diese verarbeiten extrem umfangreiche Datensätze und führen besonders komplexe Berechnungen aus, wie sie z. B. bei Wettervorhersagen, der Simulation und Vorhersage von Erdbeben oder der Erprobung neuer medizinischer Wirkstoffe erforderlich sind.

Der aktuell schnellste Supercomputer, »K computer« in Japan, ist dabei in der Lage ca. 10000 TeraFLOPS, also 8000 $* 10^{12}$ Additionen oder Multiplikationen pro Sekunde, auszuführen (FLOPS: ***Floating point operations per second***). Es handelt sich bei Supercomputern um hochskalierte Multiprozessorsysteme. Der »K computer« besteht beispielsweise aus über 80.000 Prozessoren mit über 700.000 Prozessorkernen, die sich Rechenoperationen teilen (Mehrprozessor Systeme).

3.4 Internet: 4. IT-Entwicklungssprung *

Eine umfassende Vernetzung von Forschungseinrichtungen, Unternehmungen und Privatpersonen ermöglichte das Internet. Die ersten Vorläufer des Internet wurden bereits in den 1960er Jahren im militärischen Kontext entwickelt. Im Auftrag des Pentagon hatte damals die ARPA *(Advanced Research Projects Agency)* die Aufgabe, Rechnernetze für die militärische Kommunikation aufzubauen.

Internet

Die erste Präsentation eines funktionsfähigen Großnetzes fand 1972 statt und verknüpfte zunächst vier Universitäten der US-amerikanischen Westküste miteinander. Zum gleichen Zeitpunkt stellte die ARPA auch die heute noch genutzte E-Mail als Kommunikationsdienst vor und es wurde ein Konzept für den paketbasierten Versand von Informationen innerhalb des Rechnernetzes entwickelt.

TCP/IP

Nach dem auch heute noch gültigen **TCP/IP** *(Transmission Control Protocol / Internet Protocol)* werden Daten standardisiert in Datenpakete aufgespaltet und jedes Paket an die vorher definierte Zieladresse, eine sog. IP-Adresse, versendet. Dabei spielt der Weg, den ein Datenpaket nimmt, keine Rolle, sodass auch bei Ausfall einiger Knoten ein Datenaustausch und damit Kommunikation möglich bleibt. Während Mitte der 1970er Jahre auch andere staatliche und private (Forschungs-)Einrichtungen intensiv an der Vernetzung von Computern arbeiteten, sorgten letztlich die offene Architektur und die Etablierung von Standards wie TCP/IP für das rasante Wachstum und den Siegeszug des **Internet** (vgl. weitere Ausführungen im Kapitel »Technische Grundlagen: Rechnernetze«, S. 51).

WWW

Zu den heute gebräuchlichsten Diensten des Internet zählen neben E-Mail auch **FTP** *(File Transmission Protocol)* zur Datenübertragung, VOIP *(Voice over IP)* und vor allem das WWW *(World Wide Web)* – kurz **Web** genannt. Das Web entstand Ende der 1980er Jahre am CERN (Conseil Européen pour la Recherche Nucléaire) in Genf und basiert auf globalen Standards, die das Speichern, Abrufen, Formatieren und Anzeigen von Informationen regeln. Eine besondere Rolle für das Web spielt die Hypertext-Struktur der auf den Webseiten bereitgestellten Inhalte. Das Web basiert auf **HTML** *(Hypertext Markup Language)* und damit auf der Idee, Informationen in Texten netzartig über Hyperlinks zu verknüpfen, was das heute gängige »Surfen im Internet« ermöglichte. Die außerordentliche Bedeutung des Web erkannte das CERN Anfang der 1990er Jahre und erklärte in der Folge die Offenheit des Webs zu seinem vorrangigen Ziel. Die vollständige Übergabe der Lizenzrechte fand Mitte der 1990er mit Gründung des Web-Komitees (W3C) statt, welches seither zuständig ist für alle Standards, die das Web betreffen. Mit diesen Standards ist es jedem Nutzer möglich, plattformunabhängig und ungeachtet geografischer Regionen bei Vorliegen der technischen Voraussetzungen mit anderen Nutzern in Kontakt zu treten.

Die ökonomischen Auswirkungen der globalen Vernetzung sind gravierend und haben zu Schlagwörtern wie *Electronic Business, Electronic Commerce* und Internetökonomie geführt. Viele neue Geschäftsmodelle wie z. B. elektronische Marktplätze oder E-Shops wurden entwickelt und Konzepte wie das SCM *(Supply Chain Management)* oder das CRM *(Customer Relationship Management)* erhielten zusehends eine ausgeprägte technische Dimension. Nach wie vor wird intensiv darüber diskutiert, inwieweit das Internet die Regeln und Rahmenbedingungen für das ökonomische Miteinander grundlegend verändert (hat).

3.5 Konvergenz: 5. IT-Entwicklungssprung *

In der Folge der bisherigen Entwicklungssprünge zeichnet sich aktuell ein Zusammenwachsen von bisher getrennten Branchen, Techniken und Medien ab. Bereits Mitte der 1990er Jahre begann, vor allem durch die Erfolge des Internet, die schrittweise Integration der IT-, der Telekommunikations- und der Medienbranche.

Konvergenz

Digitales Fernsehen, Mobiltelefone, Tablets, Spielekonsolen oder auch **multimediale** Navigationssysteme sind Beispiele für neue Endgeräte, die unterschiedlichste Funktionen vormals getrennter Systeme in sich vereinen. Ein bekanntes Beispiel für **Konvergenz** ist das sogenannte »*Triple Play*«, bei dem Daten-, Sprach- und Videoübertragung auf einer einzigen Netzinfrastruktur, wie beispielsweise DSL, zusammengeführt werden. Den Vorteilen von *Triple Play*, wie zum Beispiel einem Serviceangebot aus einer Hand und resultierenden Kostensenkungspotenzialen, stehen aufgrund der entstehenden Abhängigkeit von einem Anbieter und einer Technik nicht zu verkennende Risiken gegenüber, wie beispielsweise die Gefahr eines totalen Kommunikationsausfalls bei Zusammenbruch der Internetverbindung.

Die zunehmende Konvergenz bringt zudem auch eine Vielzahl neuer Herausforderungen mit sich, wie beispielsweise die erforderlichen Übertragungskapazitäten. Mitte der 1990er Jahre waren in Deutschland durchschnittliche Haushalte mit 56k-Modems an das Internet angeschlossen. Dabei wählte sich das Modem über eine *Dial-Up*-Verbindung in das analoge Telefonnetz ein und konnte Übertragungsraten von regelmäßig 40 kbit pro Sekunde gewährleisten. Solche Verbindungen erlaubten es, Text und Bildmaterialien über das Netz zu verteilen. Größere Datenmengen, wie sie beispielsweise für Audio- oder gar Video-Übertragungen von Nöten sind, konnten aber nicht realisiert werden, sodass die Netze zum Flaschenhals für die Entwicklung multimedialer Inhalte wurden. Telekommunikationsanbieter erweiterten ihre Kapazitäten aber kontinuierlich, zunächst durch die Einführung des ISDN-Standards *(Integrated Services Digital Network)* sowie später durch das heute gebräuchliche DSL *(Digital Subscriber Line)*. Gegenwärtig stellen daher nicht mehr Kapazitätsbeschränkungen der kabelbasierten Internetverbindungen die größte Herausforderung dar, sondern die leistungsfähige Anbindung mobiler Endgeräte, um eine flexible, standortunabhängige Nutzung zu ermöglichen.

Cloud Computing

Mit der Überall-Erreichbarkeit entstand das Bedürfnis, auch überall auf die relevanten Informationen und Services zurückgreifen zu können. Zudem stellen die erforderlichen IT-Investitionen auch weiterhin eine erhebliche Belastung für Unternehmungen dar, sodass kontinuierlich nach Möglichkeiten zur flexiblen und effizienten Vorhaltung bzw. Nutzung von IT-Ressourcen gesucht wird. Ein aktueller Trend, der diese Herausforderungen betrifft und, der das Potenzial für einen erneuten Paradigmenwechsel in der IT aufweist, verbirgt sich hinter dem Begriff **Cloud Computing**. Dabei werden Daten und Programme zentral auf speziellen Servern gespeichert, auf die über das Internet zugegriffen werden kann. ***Cloud Computing*** lässt sich durch die in Abb. 3.5-1 (in Anlehnung an [Weit10, S. 2]) zusammengefassten Eigenschaften charakterisieren.

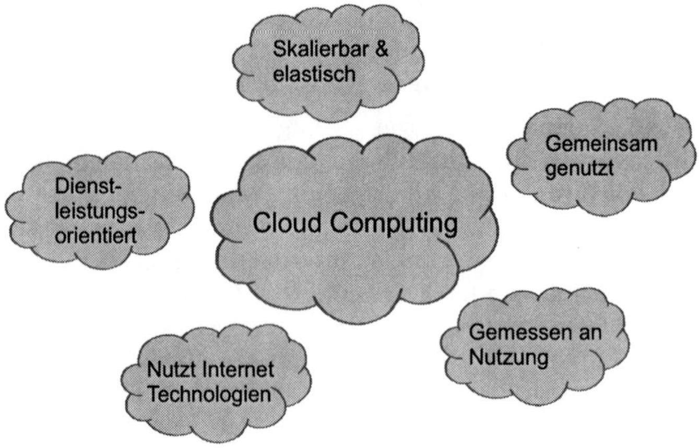
Skalierbar & elastisch
Gemeinsam genutzt
Dienst-leistungs-orientiert
Cloud Computing
Gemessen an Nutzung
Nutzt Internet Technologien

Abb. 3.5-1: Eigenschaften von *Cloud Computing* [Weit10, S. 2].

Die Services sind »*on demand*« nutzbar, d. h. Anmeldung und Zugang können jederzeit und von jedem Ort aus über das Internet erfolgen. Die Ressourcen werden an zentraler Stelle vorgehalten und von mehreren Nutzern gemeinsam genutzt, was z. B. höhere Auslastungsgrade ermöglicht. Des Weiteren bietet die Technik seinen Nutzern enorme Elastizität. Der Umfang der genutzten Services kann je nach Bedarf skaliert werden. Gerade für Unternehmungen, die mit Auslastungsschwankungen zu kämpfen haben, ergibt sich hieraus ein hohes Einsparpotenzial. Fixe Kosten können durch *Cloud Computing* in variable Kosten umgewandelt werden, da der Nutzer nur das zahlen muss, was er an Kapazität und Leistung tatsächlich auch in Anspruch genommen hat.

Bekannte *Cloud-Services* wie die Google Services oder MS Office Web Apps erlauben die Bearbeitung und Speicherung von Texten, Tabellen, Präsentationen, usw. online. Nutzer profitieren durch die zusätzliche Flexibilität, brauchen keine spezifische Software und Hardware zu beschaffen und reduzieren das Verlustrisiko für die eigenen Daten. Allerdings sinkt mit der Nutzung von *Cloud Services* und der Onlineverarbeitung der Daten auf Servern im Internet auch die persönliche Verfügungsmacht über die Daten. *Cloud Computing* wird daher gegenwärtig vor allem unter Sicherheitsaspekten sehr kontrovers diskutiert.

Servicemodelle des *Cloud Computing*

Cloud Computing lässt sich grundsätzlich in drei **Servicemodelle** untergliedern:

1 IaaS *(Infrastructure as a Service)*
2 PaaS *(Platform as a Service)*
3 SaaS *(Software as a Service)*

Bei IaaS wird Infrastruktur bereitgestellt, z. B. in Form von Rechenleistung oder Speicherkapazität. Anstatt Server, Software oder andere IT-Komponenten zu kaufen, werden diese als Service bezogen und können dynamisch an den eigenen Bedarf angepasst werden. PaaS hingegen richtet sich an Entwickler, denen Programmierumgebungen zur Verfügung gestellt werden, in denen Applikationen in einer bestimmten Programmiersprache entwickelt, getestet und veröffentlicht werden können. Bei SaaS werden Anwendungssysteme über das Internet als Service angeboten und anstelle von Lizenzgebühren Nutzungsgebühren für die Software entrichtet, beispielsweise entsprechend der tatsächlichen monatlichen Aktivität. Die Software wird durch den Anbieter bereitgestellt, betrieben und gewartet und muss nicht in die Infrastruktur des Nutzers implementiert werden.

4 Technische Grundlagen: Rechnernetze *

Die Vernetzung von Computersystemen ist aus dem heutigen beruflichen und privaten Alltag nicht mehr wegzudenken. Rechnersysteme sind miteinander vernetzt, der mobile Zugriff auf das Internet ist von (fast) jedem Ort möglich. Das Geschäftssystem vieler Unternehmungen beruht auf dem dezentralen Einsatz vernetzter Computersysteme, wie z. B. Buchungs- oder Bestellsysteme, E-Commerce-Geschäftssysteme basieren z. T. gar auf der globalen Vernetzung. Die (technische) Basis vieler Anwendungen bilden somit der Einsatz und die Nutzung von Rechnernetzen.

Aufbauend auf der grundsätzlichen Darstellung der Datenübertragung werden die Vorteile aufgezeigt, welche der Verbund von Rechnersystemen ermöglicht:

- »Ziele und Verbundvorteile von Rechnernetzen«, S. 52

Ein wichtiges Unterscheidungskriterium für den Einsatz und den Aufbau eines Rechnernetzes ist dessen räumliche Ausdehnung:

- »Rechnernetztypen – lokale und weite Netze«, S. 55

Der Datenaustausch zwischen verschiedenen Rechnern in einem Netzwerk erfordert einen geeigneten Koordinationsmechanismus. Insbesondere das Client/Server-Konzept findet in den meisten Rechnernetzen Einsatz:

- »Koordinationsformen von Client-Server und Peer-to-Peer«, S. 58

Für den Aufbau eines Rechnernetzes stehen unterschiedliche Formen der Anordnung (Topologie) der Systeme zur Verfügung:

- »Topologien von Rechnernetzen«, S. 63

Die eigentliche Verbindung der verschiedenen Komponenten in einem Netzwerk miteinander geschieht über ein physisches Medium:

- »Übertragungsmedien«, S. 68

Eine wichtige Voraussetzung, damit verschiedene Anwendungen, Rechnersysteme und auch Komponenten miteinander Daten austauschen können, sind geeignete Standards in der Datenübertragung. Diese beschreiben den Datenaustausch auf den verschiedenen Schichten, von der Anwendung, über das Betriebssystem bis zur Netzwerkebene. Zur Festlegung dieser Schichten und Definition der Aufgaben und Standards auf den Schichten sind entsprechende Modelle vorhanden:

- »Referenzmodelle der Datenübertragung«, S. 71

Im privaten und beruflichen Umfeld ist die Nutzung des Internet schon alltäglich, in der Unternehmung das Intranet und auch Extranet. Die Darstellung und Abgrenzung dieser Netzwerke bildet einen wichtigen Schwerpunkt:

- »Internet und Intranet«, S. 77

4.1 Ziele und Verbundvorteile von Rechnernetzen *

Die Ziele der Vernetzung resultieren aus den Vorteilen, welche die Verbindung von Rechnersystemen bietet. Dabei spricht man von sogenannten Verbundvorteilen: Verschiedene Rechner werden durch ein Netzwerk zu einem Rechnerverbund. Dabei werden die verbundenen Rechner auch als Knoten bezeichnet.

Datenquelle & Datensenke

Die Einsatzmöglichkeiten eines einzelnen, isolierten Rechnersystems oder auch Großrechners zur Unterstützung der Arbeitsaufgaben und auch in der privaten Nutzung stoßen schnell an ihre Grenzen. Heutzutage ist es selbstverständlich, dass Rechnersysteme miteinander vernetzt sind, so z. B. Zugriff auf das Internet haben oder auf das firmeneigene Netzwerk. Dabei erfolgt die Übertragung von Daten von einem Rechnersystem **(Datenquelle)** auf ein anderes Rechnersystem **(Datensenke)** (vgl. Abb. 4.1-1). Zur Übertragung der Daten wird eine Datenübertragungseinrichtung benötigt und zur Verbindung der Rechner geeignete Übertragungsmedien. Weiterhin sind auf dem Weg der Datenübertragung geeignete Komponenten erforderlich, welche den Datenverkehr lenken und kontrollieren. Geschieht die Verbindung über mehrere Netzwerke hinweg, sind diese über Kopplungseinheiten miteinander verbunden. Auch muss die Anwendung in der Lage sein, Anfragen zu stellen, Daten zu versenden und auch empfangene Daten zu verarbeiten.

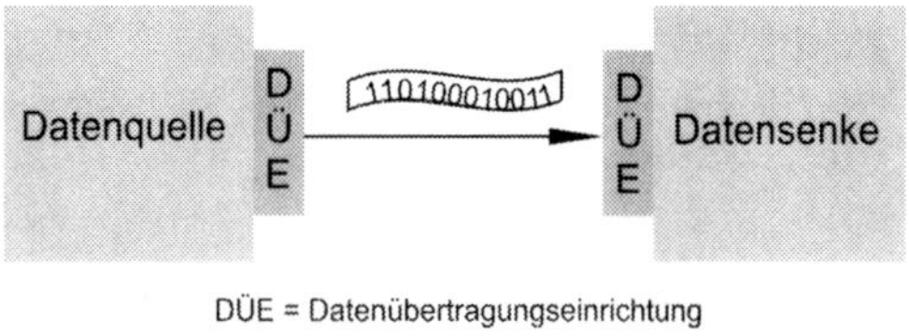
Datenquelle
DÜE
110100010011
DÜE
Datensenke
DÜE = Datenübertragungseinrichtung

Abb. 4.1-1: Grundlegender Aufbau eines Rechnernetzes.

Die wichtigsten Verbundformen sind

- der Kommunikationsverbund,
- der Datenverbund,
- der Funktionsverbund,
- der Lastenverbund und
- der Verfügbarkeitsverbund.

Kommunikationsverbund

Der **Kommunikationsverbund** unterstützt die Mensch-zu-Mensch-Kommunikation. Ziel ist es also, Daten bzw. Informationen von einer Person mittels eines Rechnersystems zu einer (oder auch mehreren) anderen Personen zu senden. Hierbei spricht man auch von sog. technikvermittelter Kommunikation. Entsprechend der Anzahl der beteiligten Personen sind unterschiedliche Kommunikationsbeziehungen möglich: genau eine Person kommuniziert mit genau einer anderen Person (1-zu-1-Beziehung); eine Person kommuniziert mit mehreren Personen (1-zu-n-Beziehung) oder auch mehrere Personen kommunizieren untereinander (n-zu-m-Beziehung). Weiterhin können unterschiedliche Arten von Daten Inhalt des Kommunikationsprozesses sein. Häufig werden Textdaten, Tabellen und Grafiken übertragen, aber auch Ton- bzw. Audio-Dateien, Bilder oder Videos.

Ein großer Vorteil der rechnergestützten Kommunikation liegt nicht nur in der Überwindung räumlicher Entfernungen durch die Vernetzung, sondern auch in der Überwindung zeitlicher Barrieren. So wird neben der synchronen (zeitgleichen) Kommunikation häufig die Möglichkeit der asynchronen (zeitversetzten) Kommunikation genutzt. Vorteilhaft ist, dass der Empfänger im Kommunikationsprozess nicht an den Zeitpunkt des Versendens gebunden ist.

Entsprechend der Zahl der Kommunikationspartner und der zeitlichen Strukturierung des Kommunikationsprozesses ist der Einsatz unterschiedlicher Dienste oder Anwendungen möglich. Dominierende Kommunikationsdienste sind derzeit E-Mail *(electronic mail)* oder Chat (IRC, *Internet Relay Chat*).

Datenverbund

Ziel des **Datenverbundes** ist es, den gemeinsamen Zugriff auf Daten durch mehrere Rechnersysteme zu ermöglichen. Dabei erfolgt die Speicherung der Daten entweder zentral, also an einem konkreten Knoten im Netzwerk oder auch verteilt über mehrere Knoten. Diese dezentrale Form der Datenspeicherung erfordert wiederum geeignete Koordinationsmechanismen, um auf die verteilt gespeicherten Daten zuzugreifen.

Die Vorteile des Datenverbundes sind vielfältig. So erfolgt z. B. die Speicherung der Kundendaten in einer Unternehmung in einem speziell Knoten eines Netzwerks und nicht individuell auf jedem Mitarbeiter-Rechner. Änderungen wirken sich somit auf alle Benutzer aus. Auch weitere Stamm- und Bewegungsdaten, wie z. B. Produktdaten oder Aufträge, sind im Datenverbund zugreifbar und für den Mitarbeiter im entsprechenden Arbeitsschritt verfügbar. Häufig erfolgt hierzu in der Unternehmung der Einsatz von leistungsfähigen Datenbanksystemen. Aber auch die Speicherung von z. B. Text, Bild und Sprache kann in einem Datenverbund erfolgen.

Funktionsverbund

In einem **Funktionsverbund** erfolgt die Nutzung von speziellen Funktionen oder Diensten, welche von einem Knoten innerhalb des Netzwerkes angeboten werden. Damit stehen diese Funktionen allen Rechnern im Netz zur Verfügung. Die angebotenen Dienste können dabei recht unterschiedlich sein. Dabei kann es sich beispielsweise um Anwendungsfunktionalitäten und Programme handeln, aber auch spezielle Dienste wie z. B. Druckdienste, Dateidienste oder Speicherdienste.

Lastverbund

Ziel eines **Lastverbundes** ist es, durch Verteilung von Aufgaben innerhalb eines Netzwerkes eine bessere Auslastung des Netzes bzw. der eingebundenen Rechnersysteme zu ermöglichen. Der Lastenausgleich bezieht sich dabei sowohl auf die Auslastungen von Software-Ressourcen (Anwendungen) als auch Hardware-Ressourcen. Dabei ist ein entsprechender Dienst erforderlich, welcher den Lastenausgleich koordiniert und Ressourcen zuweist.

Meist findet der Lastenverbund bzw. Kapazitäts- oder Ressourcenverbund bei Server-Anwendungen Einsatz, um z. B. Überlastung eines einzelnen Servers bei zu vielen Anfragen zu vermeiden.

GRID-Computing

Auch die Verbindung von Rechnern über das Internet kann im Lastverbund erfolgen. Dabei zielen einige Projekte darauf ab, die Ressourcen von mit dem Internet verbundenen Rechnern, welche wenig ausgelastet sind, für komplexe Berechnung zu nutzen und die Leistungsfähigkeit eines Supercomputers durch die lose Kopplung zahlreicher Computer zu erzeugen. Unter dem Stichwort *GRID-Computing* finden sich zahlreiche dieser Initiativen mit unterschiedlichen Zielen. Auch Hacker nutzen das ***GRID-Computing***, um z. B. verschlüsselte Daten zu entschlüsseln oder binden auch Rechner, ohne das Wissen ihrer Nutzer, in einen Lastverbund ein, um beispielsweise andere Rechner anzugreifen.

Verfügbarkeitsverbund

Im **Verfügbarkeitsverbund** übernimmt ein Knoten die Aufgaben eines anderen, wenn dieser ausfällt. Dies gewährleistet die Verfügbarkeit der entsprechenden Funktion bzw. des Dienstes, auch wenn ein Knoten nicht erreichbar ist. Voraussetzung dafür ist, dass entsprechende Anwendungsdienste oder Hardware-Ressourcen redundant vorgehalten werden, um den Dienst eines anderen Knoten zu ersetzen.

Die Gewährleistung der Verfügbarkeit von Anwendungen (Software) und auch der entsprechenden Hardware ist ein wichtiger Bestandteil des IT-Sicherheitskonzeptes der Unternehmung. Bei geschäftskritischen Anwendungen werden oftmals einzelne Server redundant vorgehalten, bei manchen Unternehmungen sogar komplette Rechenzentren.

4.2 Rechnernetztypen – lokale und weite Netze *

Ein übliches Unterscheidungskriterium für ein Netzwerk ist die räumliche Ausbreitung. Dabei ist insbesondere zwischen lokalen Netzen (LAN), Fernverkehrsnetzen (WAN) und globalen Netzen (GAN) zu unterscheiden.

Lokales Netzwerk

Bei einem innerhalb der Unternehmung eingesetzten Netzwerk handelt es sich meist um ein **lokales Netzwerk** (*local area network*, kurz LAN). Dies ist erreichbar innerhalb der Unternehmensräume, in einem Gebäude oder auf dem Firmengelände. Inhaber und damit Betreiber und auch Nutzer des Netzwerkes ist die Unternehmung. Auf das Netzwerk greifen die Rechner einer Unternehmung zu, und es werden in dem Netz die Anwendungen der Unternehmung zur Verfügung gestellt.

Damit ist die räumliche Ausbreitung des Netzes klar durch die Größe des Unternehmensstandortes definiert. Die Leistungsfähigkeit ist recht hoch, um den performanten Einsatz der Anwendungen in der Unternehmung zu gewährleisten. Als Übertragungsmedium finden häufig **Kupfer**- und **Glasfaserkabel** Einsatz. Funknetze konnten sich bislang aufgrund von Sicherheitsbedenken, aber auch aus Gründen der Performanz und Verfügbarkeit nur wenig durchsetzen.

Einen Überblick über die Vernetzung der Gebäude auf dem Campus der Ruhr-Universität in Bochum liefert Abb. 4.2-1.

Fernnetz

Im Gegensatz zur lokalen Begrenzung lokaler Netze dienen **Fernnetze** (*wide area network*, kurz WAN) der Überbrückung großer räumlicher Entfernungen. Beispielsweise verbinden Unternehmungen ihre räumlich getrennten Firmenstandorte mit einem Fernnetz (vgl. Abb. 4.2-2). Dabei kann die Verbindung über öffentliche Leitungen erfolgen oder auch über speziell gemietete Leitungen. Der Benutzer des Netzes, also die Unternehmung, ist meistens nicht der Betreiber des Netzes.

Nur selten finden eigene Funkstrecken oder Fernkabel Einsatz. Die Leistungsfähigkeit der Übertragungsleitung wird bei gemieteten Leitungen zwischen Netzbetreiber und Nutzer genau definiert und kann sehr unterschiedlich sein. Bei der Nutzung öffentlicher Netze ist die Unternehmung abhängig von den Betreibern der Netze; eine feste Übertragungsleistung ist meist nicht zu gewähren. Häufigstes eingesetztes Übertragungsmedium sind Glasfaserkabel.

Globale Netze

Erdumspannende oder **globale Netze** (*global area network*, kurz GAN) ermöglichen interkontinentale Verbindungen. Die Nutzungsformen sind vergleichbar mit Fernnetzen und der Wirkungskreis entsprechend größer. Netzbetreiber sind hier

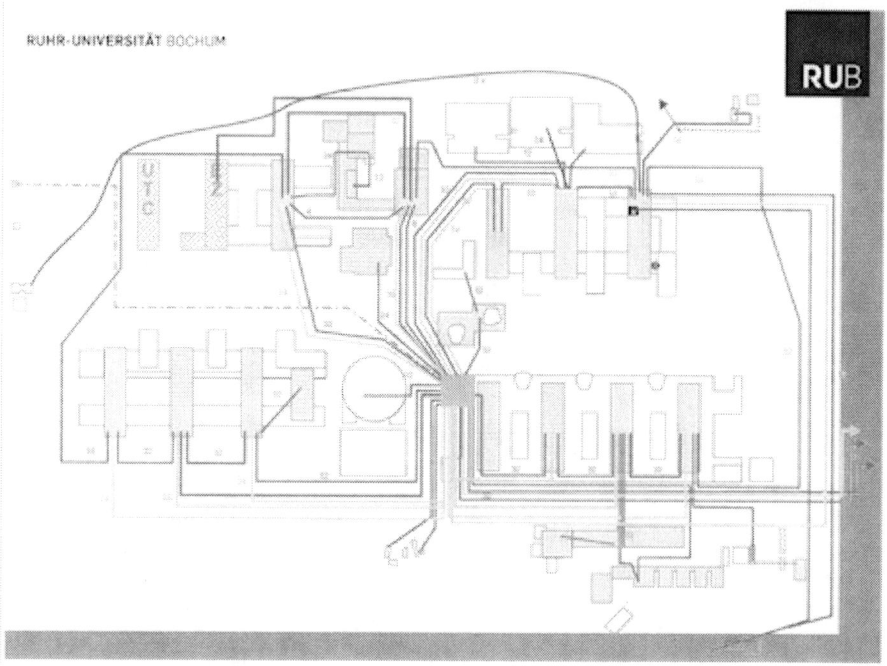
RUHR-UNIVERSITÄT BOCHUM
RUB
UTC

Abb. 4.2-1: Beispiel für ein LAN.

Unternehmungen, welche sich auf den Bereich der Infrastrukturen spezialisiert haben, wie z. B. Telekommunikationsunternehmen. Die Verbindung wird entweder durch interkontinentale Kabelverbindungen realisiert oder durch Funkübertragung über einen Satelliten. Hierbei erfolgt die Verlegung von Glasfaserkabeln auf dem Meeresgrund. Auch finden häufig Satellitenverbindungen Einsatz. Das Internet arbeitet als GAN (vgl. Abb. 4.2-3).

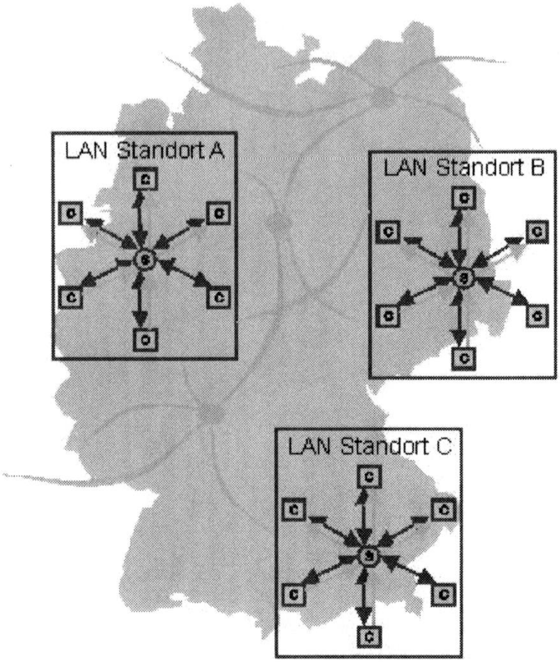
LAN Standort A
LAN Standort B
LAN Standort C

Abb. 4.2-2: Beispiel für ein WAN.

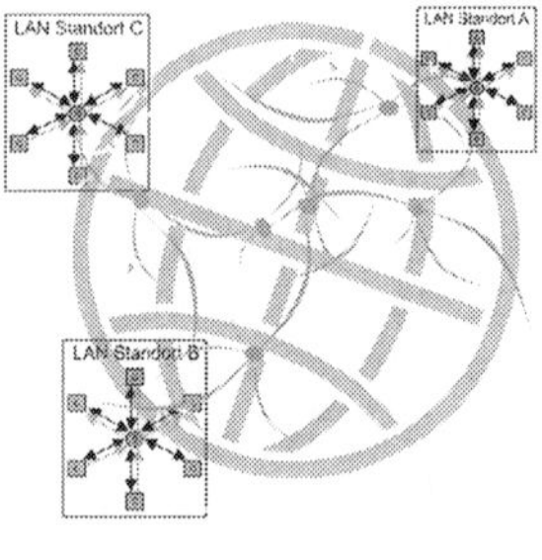
LAN Standort C
LAN Standort A
LAN Standort B

Abb. 4.2-3: Beispiel für ein GAN.

4.3 Koordinationsformen von Client-Server und Peer-to-Peer *

Bei der Verbindung von Rechnern über ein Netzwerk ist eine zentrale Steuerungskomponente notwendig, welche die Aktivitäten koordiniert. Dabei bietet ein Knoten im Netz

einen Dienst an, welcher von einem anderen Knoten nachgefragt bzw. genutzt wird. Entsprechend der an diesem Datenaustausch Beteiligten ist zwischen dem Client-Server-Konzept und dem Peer-to-Peer-Konzept zu unterscheiden.

Das Client-Server-Konzept

Server-Dienste

Häufigste Koordinationsform in der Praxis ist das Client-Server-Konzept. Hierbei werden mehrere Rechner in einem arbeitsteiligen Konzept miteinander verknüpft. Dabei bietet ein Server einen **Dienst** an, welcher von einem Client genutzt wird (vgl. Abb. 4.3-1). Grundsätzlich kann ein Server einen oder auch mehrere Dienste anbieten. Auch kann ein Rechner gleichzeitig Client und Server sein. Typische **Server-Dienste** in der Unternehmung sind Dateidienste, Datenbankdienste, Kommunikationsdienste, Druckdienste oder Datensicherungsdienste (*Backup*-Dienste). Auch werden im Internet Server als Web-Server und als E-Mail-Server eingesetzt [LLS10, S. 345ff.].

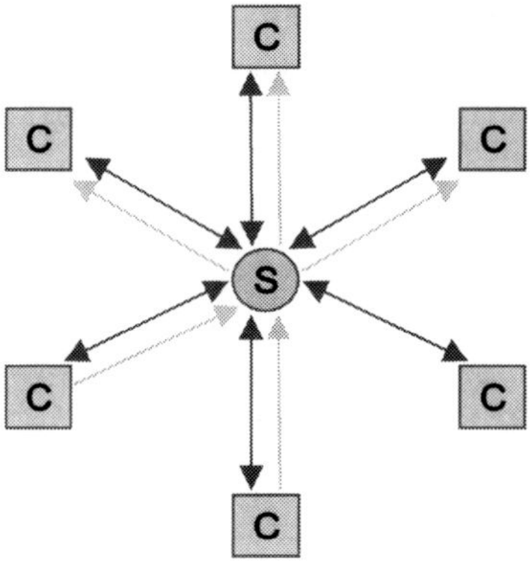
C
C
C
S
C
C
C
C

Abb. 4.3-1: Client-Server-Konzept.

In den meisten Fällen stellt der Client eine Anfrage an den Server, welcher diese bearbeitet. Beispielsweise kann dies die Versendung eines Druckauftrages an den Server sein. Der Client schickt den zu druckenden Auftrag an den Server. Dieser prüft den Auftrag, stellt ihn in eine Reihe von Druckaufträgen ein und führt ihn letztendlich aus. Voraussetzung dafür ist, dass der Client und der Server sowohl geeignete

Anwendungen haben, um den Druckauftrag zu verarbeiten, als auch ein einheitliches Kommunikationsprotokoll, um Daten miteinander auszutauschen.

Aufruf einer Web-Seite

Ein anderes Beispiel für die Zusammenarbeit zwischen Client und Server ist der **Aufruf einer Web-Seite**. Der Aufruf einer HTML-Seite von einem Web-Server läuft dabei folgendermaßen ab. Der Client leitet die Kommunikation ein, indem er eine Anfrage an einen HTTP-Server sendet. Die Adresse des Servers wird durch seine URL *(Uniform Ressource Locator)* angegeben, welche eine eindeutige Identifizierung des Servers ermöglich. Neben der Angabe der Adresse ist der Port-Name des Dienstes anzugeben, welcher angefragt wird, da der gleiche Server auf verschiedenen Ports unterschiedliche Dienste anbieten kann. Standardmäßig wird bei einer HTTP-Anfrage der Port 80 mit übergeben. Der Client sendet eine Anfrage *(Request)* an den Server, welche die Bestandteile *Request*-Zeile, *Header*-Informationen und *Request-Entity* beinhaltet. Die *Request*-Zeile besitzt die Informationen Methode, *Request*-URI und Protokoll. Als Header-Informationen werden optional Informationen über die aktuelle Konfiguration oder akzeptierte Dateiformate gesendet. Als *Request-Entity* können noch zusätzliche Informationen angehängt werden (Abb. 4.3-2).

```
GET  /index.html  HTTP/1.1

User-Agent:  Mozilla/5.0  (Windows  NT  6.1;  rv:5.0)

Gecko/20100101 Firefox/5.0

Accept:       *.* , */*

Language: en-us
```

Abb. 4.3-2: HTTP-Anfrage an einen Web-Server.

Aufgrund der Anfrage an den Webserver liefert dieser als Resultat die darzustellenden Informationen (Daten) an den anfragenden Webbrowser bzw. Client zurück (Abb. 4.3-3).

Web-Browser
Web-Server

Abb. 4.3-3: Anfrage eines Web-Browsers an einen Web-Server.

Dabei gibt die Abbildung nur einen Ausschnitt des gesamten Kommunikationsprozesses zwischen Web-Client und Web-Server wieder. Eine detailliertere Darstellung der Funktionsweise erfolgt im Kapitel »Internet und Intranet«, S. 77.

Das Peer-to-Peer-Konzept

Dezentral

Anders als beim Client-Server-Konzept kommuniziert bei einem *Peer-to-Peer*-Netzwerk (P2P oder PtP) jeder Knoten im Netz direkt mit einem anderen Knoten im Netz, wie die Bezeichnung »Knoten-zu-Knoten«-Netzwerk schon beinhaltet. Daher ist eine zentrale Steuerungskomponente nicht zwingend erforderlich, sondern die Kommunikation erfolgt meist **dezentral**. Daraus ergeben sich neue, innovative Anwendungsmöglichkeiten. Typische Einsatzbereiche sind beispielsweise *Mobile Commerce* oder die (spontane) Vernetzung von mobilen Geräten, um z. B. Dateien auszutauschen.

Ambient Intelligence

Auch bieten PtP-Netzwerke neue Möglichkeiten im Bereich der ***Ambient Intelligence*** (bzw. *Ubiquitous / Pervasive Computing*). Dabei handelt es sich um ein neues Paradigma von Kommunikationssystemen, bei dem sich Gegenstände des Alltags und deren räumliche Umgebungen durch entsprechende technische Ausstattung miteinander vernetzen und über diese Netzwerke Informationen oder Dienste zu jeder Zeit und an jedem Ort in Anspruch nehmen können. Anwendungsmöglichkeiten sind vielfältig, wie z. B. im Bereich der AAL *(Ambient Assisted Living)* oder im Umweltschutz.

AAL

Im Bereich der AAL werden Konzepte, Techniken und Produkte entwickelt und eingesetzt mit dem Ziel, die Lebensqualität in allen Lebensphasen durch den Einsatz von innovativen Techniken zu verbessern. Insbesondere die Entwicklung altersgerechter Assistenzsysteme für ein gesundes und unabhängiges Leben steht oftmals im Mittelpunkt. Beispiel hierfür sind Fußbodenbeläge, welche anhand von Sensoren die Belastung des Bodens messen und an ein zentrales System weiter melden. Aus der Auswertung der Messungen lässt sich erkennen, wenn eine Person beispielsweise bewegungslos auf dem Boden liegt. Auch die Ausstattung von Gegenständen, wie z. B. Schlüsseletui oder Portemonnaie mit Sensoren und die Anbindung an ein intelligentes System, welches im Bedarfsfall bei der Schlüssel- und Geldsuche hilft, zählen zu den Beispielen sinnvoller Technikunterstützung.

RFID Der Einsatz von RFID-Chips *(radio-frequency identification)* erfolgt mittlerweile in allen Bereichen des täglichen Lebens. Um z. B. Messungen der Umweltbelastung in der Fläche zu verbessern und zu vereinfachen, werden RFID-Chips über eine Messfläche gestreut, um Daten zu sammeln und diese durch Messgeräte berührungslos auslesen zu können. Auch erfolgt der Einsatz der RFID-Technik in vielen Bereichen des Alltages, wie der Sicherung von Kleidungsstücken im Geschäft oder zur Zugangskontrolle für Gebäude oder zu Veranstaltungen.

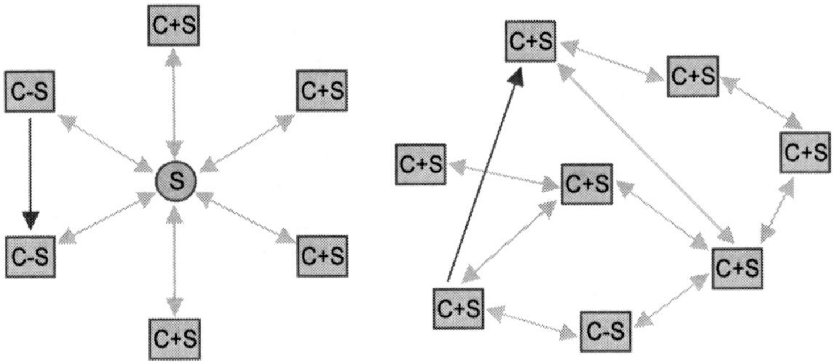
C+S
C-S
C+S
S
C-S
C+S
C+S
C+S
C+S
C+S
C+S
C+S
C+S
C+S
C-S

Abb. 4.3-4: *PtP-Computing* mit zentraler Steuerungskomponente (links) und ohne (rechts).

Zentrale Steuerungskomponente

Neben den völlig dezentral organisierten Netzwerken finden oftmals auch PtP-Netzwerke mit einer **zentralen Steuerungskomponente** Einsatz (vgl. Abb. 4.3-4). Dabei verfügt diese Steuerungskomponente über ein Verzeichnis, z. B. der im Netz aktiven Rechnersysteme und der dort verfügbaren Anwendungen oder Dateien. Ein typisches Beispiel hierfür sind die häufig auch nicht rechtmäßig eingesetzten *File-Sharing*-Netzwerke. Die Beteiligten in diesem Netzwerk haben Dateien auf ihrem Rechner gespeichert, welche in dem PtP-Netzwerk verfügbar sind. Diese Dateien sowie die Rechnerkennung (IP) werden vom Verzeichnis erfasst. Fragt ein Benutzer nun die entsprechende Datei an, erhält er die Information, wo diese herunterladbar ist.

4.4 Topologien von Rechnernetzen **

Die Vernetzung von Rechnern erfolgt in unterschiedlicher Anordnung (Topologie). Darunter ist die physische Form zu verstehen, wie die einzelnen Knoten über ein Übertragungsmedium miteinander verbunden sind. Die wesentlichen Topologien sind das Stern-, Ring- und Busnetz.

In einem Rechnernetz ist oftmals die direkte physische Verbindung der Rechner über das Übertragungsmedium nicht möglich, und daher der Einsatz einer Kopplungseinheit erforderlich. Die einfachste, grundlegende Form wird als *Hub* bezeichnet [HaNe05, S. 564ff.].

Sternnetz

Bei einem **Sternnetz** sind die Rechner über einen zentralen Vermittlungsknoten miteinander verbunden, an welchen jeder Rechner direkt angeschlossen ist (Abb. 4.4-1).

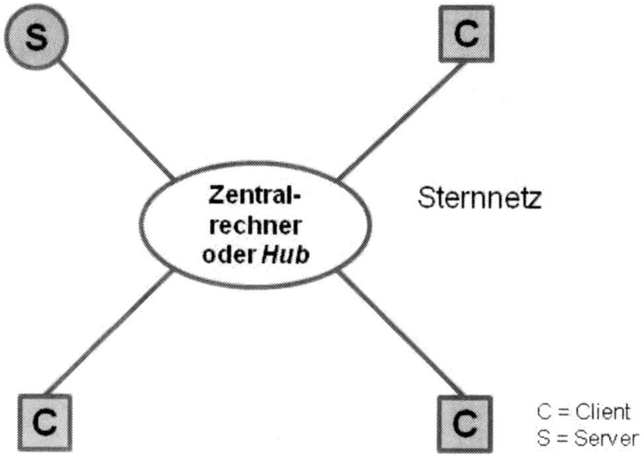
S
C
Zentral-
rechner
oder *Hub*
Sternnetz
C
C
C = Client
S = Server

Abb. 4.4-1: Sternnetz.

Die Vorteile dieser Netzwerktopologie liegen insbesondere in der Zuverlässigkeit und der Ausfallsicherheit. Sollte ein Rechner im Netz ausfallen, sind die verbleibenden Systeme davon nicht beeinflusst. Als zentrale Komponente findet heutzutage meist ein *Hub* oder *Switch* Einsatz. Während ein *Hub* nur die Verbindung zwischen den Rechnern ermöglicht, umfasst ein *Switch* auch vielfältige Funktionalitäten, den Netzwerkverkehr effektiv und effizient zu steuern. So werden beispielsweise bei einem *Hub* alle übertragenden Daten an alle Rechner weiter geleitet. Der empfangende Rechner wählt aus, ob die Daten für ihn relevant sind. Ein *Switch* hingegen ermöglicht die gezielte Weiterleitung an den adressierten Rechner.

Ein weiterer Vorteil liegt in umfassenden Möglichkeiten des Netzwerk-Managements. Durch die physikalische Verbindung des *Switches* mit der Netzwerkdose und durch Anschluss eines Rechnersystems an die Netzwerkdose ist stets nachzuvollziehen, wo welcher PC angeschlossen ist. Fehler, welche im Netzwerk auftreten, können exakt identifiziert werden. Auch beeinflussen die Aktivitäten eines Rechners nicht die Netzwerk-Performanz *(Performance)* der anderen. Ein Nachteil gegenüber anderen Netzwerktopologien sind die Kosten, welche für die Installation der Infrastruktur entstehen. Vom zentral aufgestellten Knoten ist eine physische Verbindung zu jedem Rechner erforderlich. Entsprechend ist die Verlegung eines Netzwerkkabels zu jeder Netzwerkdose bzw. zu jedem Rechner erforderlich.

Busnetz

Bei einem **Busnetz** sind alle Rechner mit einem gemeinsamen Übertragungsmedium (Bus) miteinander verbunden. Abb. 4.4-2 visualisiert den Aufbau eines Busnetzes mit vier Rechnersystemen.

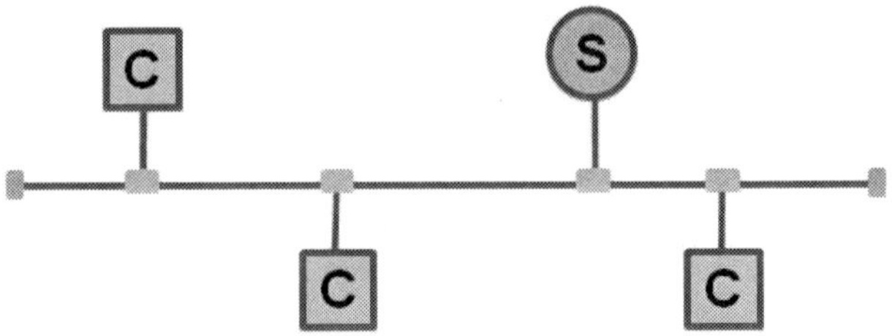
C
S
C
C

Abb. 4.4-2: Busnetz.

Der Nachrichtenaustausch findet in beiden Richtungen des Busnetzes statt. Die Enden sind jeweils physikalisch definiert. Anders als bei einem Sternnetz, wo die zentrale Komponente auch Steuerungsfunktionalitäten des Datenverkehrs übernehmen kann, ist bei einem Busnetz jeder angebundene Knoten selbst gefordert zu entscheiden, ob die Daten für ihn bestimmt sind. Die Vorteile eines Busnetzes liegen insbesondere in den günstigen Installationskosten.

Es ist nur eine physische Verbindung erforderlich, um alle beteiligten Rechner miteinander zu konnektieren. Eine weitere zentrale Steuerungskomponente wie beim Sternnetz ist nicht erforderlich. Daher wird ein Busnetz oftmals auch als *cheaper-net* (Billignetz) bezeichnet. Allerdings überwiegen die Nachteile den Vorteil der günstigen Investitionskosten. Insbesondere ist das Busnetz sehr störungsanfällig. Fehlfunktionen eines einzelnen Knoten können das gesamte Netz beeinflussen. Auch stehen die Datenübertragungsleistungen der einzelnen Rechner in Abhängigkeit zueinander.

Ringnetz

Bei einem **Ringnetz** handelt es sich um eine gerichtete Punkt-zu-Punkt-Verbindung, bei der jeder Knoten genau mit einem Vorgänger und einem Nachfolger verbunden ist, wie Abb. 4.4-3 visualisiert.

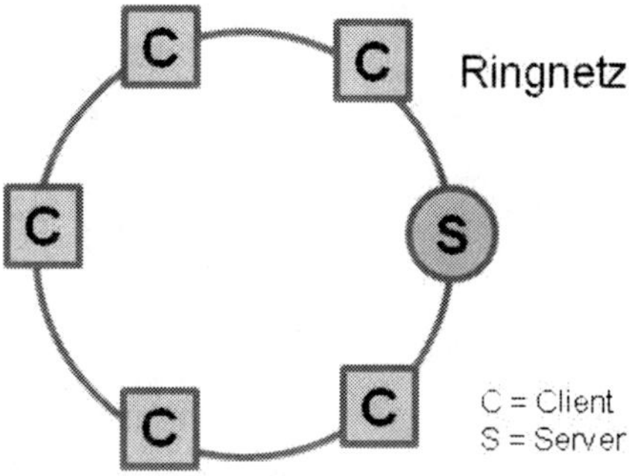
C
C
Ringnetz
C
S
C
C
C = Client
S = Server

Abb. 4.4-3: Ringnetz.

Dabei ist die Übertragungsrichtung innerhalb des Rings meist vorgegeben. Ein *Token*, d. h. eine Folge von Bits, wird in einem Ringnetz zum Transport und zur Adressierung der zu übertragenden Daten eingesetzt. Dabei durchlaufen ein bzw. mehrere *Token* ständig das Ringnetz. Die beteiligten Rechner übergeben die zu übertragenden Daten zusammen mit der Zieladresse an ein freies *Token*, welches diese bei dem Zielrechner abliefert.

Häufig findet man in der Praxis auch eine Kombination von Netzen wieder, so z. B. ein Ring- mit einem Busnetz (Abb. 4.4-4).

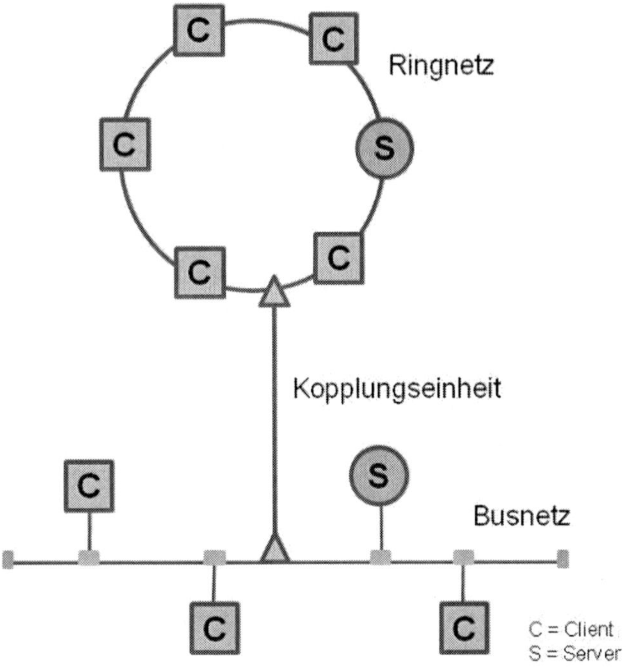
C
C
Ringnetz
C
S
C
C
Kopplungseinheit
C
S
Busnetz
C
C
C = Client
S = Server

Abb. 4.4-4: Verbindung von Ring- und Busnetz.

Auch existieren Netze, die aus mehreren miteinander verbundenen Busnetzen bestehen (Abb. 4.4-5).

Maschennetz

Bei einem **Maschennetz** sind mehrere Knoten des Netzwerkes direkt miteinander verbunden. Dabei hat jeder Knoten mindestens eine und beliebig viele direkte Verbindungen mit anderen Knoten im Netzwerk. Die Abb. 4.4-6 gibt ein Beispiel für die Topologie eines Maschennetzes.

Das Maschennetz bietet insbesondere den Vorteil, Ausfallsicherheit und Performanz besser steuern zu können. Ist die Verfügbarkeit der Netzwerkverbindung für einen der Rechner besonders wichtig, z. B. für einen Server, so ist die Verbindung mit mehreren Knoten sinnvoll. Fällt ein Knoten aus, so ist die Datenübertragung über die anderen weiterhin möglich. Auch ist in einem Maschennetz die direkte Verbindung von zwei Knoten sinnvoll, wenn der Datenaustausch zwischen den beiden Knoten sehr hoch ist.

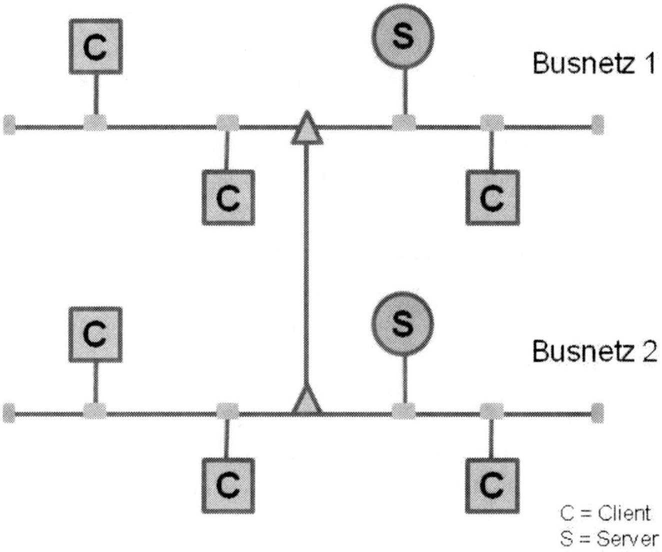
C
S
Busnetz 1
C
C
C
S
Busnetz 2
C
C
C = Client
S = Server

Abb. 4.4-5: Verbindung von zwei Busnetzen.

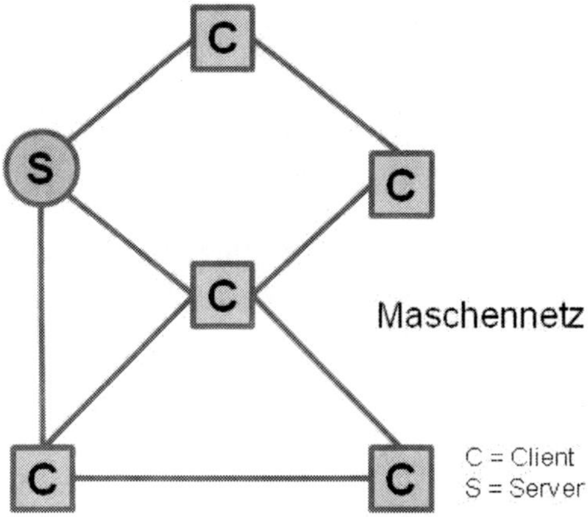
C
S
C
C
Maschennetz
C
C
C = Client
S = Server

Abb. 4.4-6: Maschennetz.

Damit lässt sich, im Gegensatz zur Verbindung über mehrere Knoten hinweg, der Datendurchsatz zwischen den beiden Knoten verbessern und die Belastung des verbleibenden Netzes reduzieren.

Vermaschtes Netz

Auch die Funktionsweise des Internet entspricht grundlegend der Topologie des Maschennetzes. Allerdings sind im Internet nicht nur mehrere Rechner, sondern auch viele unterschiedliche Netzwerke mit wiederum unterschiedlichen Topologien miteinander verbunden. Diese Form der Topologie wird als **vermaschtes Netz** bezeichnet.

4.5 Übertragungsmedien **

Zur Übertragung der Daten in einem Netzwerk ist auf der physikalischen Ebene ein geeignetes Übertragungsmedium erforderlich. Typische eingesetzte Medien sind Kupfer- und Glasfaserkabel und auch Funkverbindungen. Die Wahl des Übertragungsmediums ermöglicht unterschiedliche Übertragungsleistungen (Bandbreiten der Datenübertragung) und auch Übertragungsverfahren.

Kupferkabel

Insbesondere in lokalen Netzen findet der Einsatz von Kupferkabeln statt. Die Datenübertragung erfolgt mittels elektrischer Wellen und ermöglicht eine Übertragung von mehreren Kilometern. Überwiegend wird ein **Kupferkabel** mit verdrillten Adernpaaren eingesetzt (*twisted pair*, TP, Abb. 4.5-1), welche in verschiedenen Ausführungen und Übertragungsleistungen verfügbar sind. Die Leistungsfähigkeit ist in verschiedenen Kategorien definiert und auch in entsprechenden Normen standardisiert. Die derzeit häufig eingesetzte Kategorie 6 (Cat6-Kabel) ermöglicht Bandbreiten von bis zu 10 Gigabit auf einer Entfernung von bis zu 100m. Häufig erfolgt daher die Verbindung eines Rechners mit einem *Switch* über ein Cat6-Kabel.

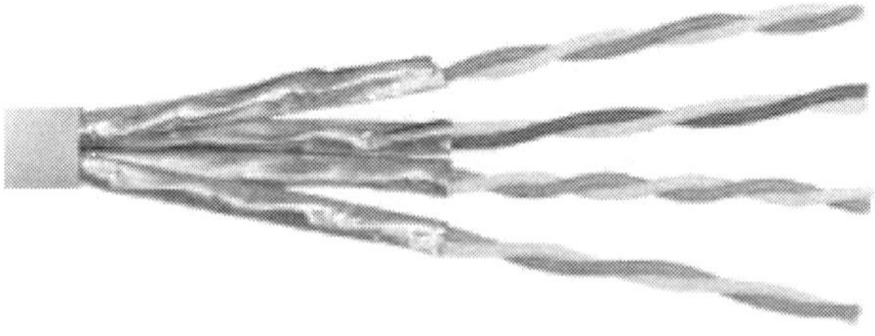

Abb. 4.5-1: Twisted-Pair Kabel, Typ S/UTP.

Die Datenübertragungsleistung von **Glasfaserkabeln** ist wesentlich höher. Die Übertragung von Daten erfolgt in Form von Lichtimpulsen über das Kabel (Abb. 4.5-2). Daher wird es auch als Lichtwellenleiter (LWL) oder Optischer Leiter bezeichnet. Ein Glasfaserkabel besteht aus einem Verbund von mehreren Lichtwellenleitern. Die maximale Übertragungsleistung über eine Strecke von 580 km liegt derzeit bei 114 Gigabit/s. Bei der Bündelung von 320 Kanälen ermöglicht dies eine Leistung von bis zu 32 Terabit/s. Aufgrund der hohen Übertragungskapazität und der relativ geringen Verluste auch auf weiten Strecken werden Glasfaserkabel bei **Fernnetzen** und globalen Netzen eingesetzt. Organisationsintern eignet sich Glasfaserkabel besonders gut zur Verbindung von verschiedenen Netzwerkkomponenten (z. B. *Switches*) miteinander.

Glasfaserkabel

Neben den konventionellen, leitungsgebundenen Netzwerken gewinnen Funknetzwerke zunehmend an Bedeutung und bergen eine Menge neuer Nutzungsmöglichkeiten. Insbesondere **Wi-Fi**, welches in der IEEE-Norm 802.11 standardisiert ist, zählt zu den etablierten und in der Praxis verbreiteten Verfahren. Diese Techniken genügen unternehmungsorientierten Anforderungen und finden auch im privaten Bereich Einsatz.

Wi-Fi

Entsprechend der geplanten Einsatzmöglichkeit eines Funknetzes lassen sich zwei grundsätzliche **Basistopologien** unterscheiden. Einerseits eine **Infrastrukturlösung**, welche das bestehende herkömmliche Unternehmungsnetzwerk um schnurlose Zugangspunkte *(access points)* erweitert. Andererseits **Ad-hoc-Lösungen**, welche ähnlich einem *Peer-to-Peer*-Netzwerk (P2P) der **Direktverbindung** von einigen wenigen Computern dienen.

Bei der Infrastrukturlösung dient der W-LAN-Access-Point als Brücke zwischen dem leitungsgebundenen und schnurlosen Netzwerk und gleichzeitig als zentraler Netzwerkmanagementcontroller für das schnurlose Netz. Er koordiniert die Datenübertragung verschiedenster schnurloser Komponenten innerhalb seiner Reichweite sowie die An- und Abmeldung der Komponenten. Gewöhnlich sind in einer W-LAN-Infrastrukturlösung mehrere *Access-Points* zu finden, welche z. B. in den Büros, Korridoren oder im Freibereich der Unter-

Infrastrukturlösung

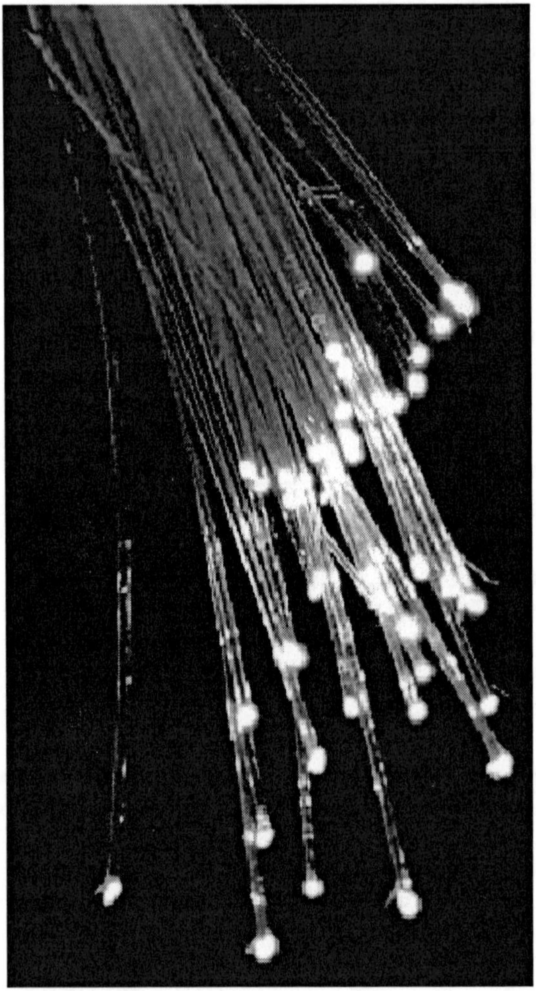

Abb. 4.5-2: Glasfaserkabel.

nehmung installiert sind. Kleinere Gebäude oder abgegrenzte Bereiche nutzen einzelne schnurlose Zugangspunkte, oft auch in Verbindung mit einem DSL-Router oder anderen Zugangsmöglichkeiten zum Internet. Die maximal technisch erreichbare Datenübertragungsleistung beträgt derzeit 600 Mbit/s. Häufig werden Geräte mit bis zu 54 Mbit/s eingesetzt.

Weiterhin teilen sich mehrere gleichzeitig verbundene Geräte die Bandbreite und reduzieren die Leistung damit entsprechend. Neben dem Einsatz von W-LANs in der Unternehmung erfolgt zunehmend auch die Nutzung in öffentlichen Gebäuden oder an öffentlichen Plätzen.

Ad-hoc-W-LAN-Netzwerk

Der Aufbau von Ad-hoc-**W-LAN**-Netzwerken benötigt keinen zentralen *Access-Point*. Vielmehr erfolgt der Aufbau eines kleinen Netzwerkes, bestehend aus zwei oder mehreren Computern, die direkt miteinander kommunizieren. Die Topologie ähnelt der eines P2P-Netzwerkes, da ein zentraler Netzwerkmanagementcontroller für den Betrieb nicht notwendig ist. Jeder Knoten im Netz kommuniziert direkt mit einem anderen. Sinnvoll ist die Nutzung von W-LAN-Ad-hoc-Netzwerken bei der Unterstützung kooperativer computergestützter Arbeiten in räumlicher Nähe, z. B. die gemeinsame Arbeit an Dokumenten oder der Dateiaustausch zwischen Rechnersystemen.

Richtfunk

Zur Verbindung räumlich entfernter Unternehmungsstandorte bietet sich auch der Einsatz von **Richtfunk** an. Hierbei erfolgt der Aufbau einer Punkt-zu-Punkt-Verbindung räumlich entfernter Stationen, welche einen direkten Sichtkontakt miteinander haben mit dem Ziel der Datenübertragung. Die maximale Entfernung zwischen den Funkknoten beträgt 30km, was den Einsatznutzen räumlich beschränkt. Auch die Datenübertragungsleistung ist mit 2MBit/s relativ gering, lässt sich aber durch mehrere parallele Systeme noch stark erhöhen.

Weiterhin sind globale Funkverbindungen auch durch den Einsatz eines Satelliten möglich. Dabei werden die Daten an einen Satelliten übertragen, welcher diese innerhalb eines abgegrenzten Bereiches sendet. Damit die Daten nur vom Adressaten empfangen werden, erfolgt die Verschlüsselung mit einer benutzerbezogenen Kennung.

4.6 Referenzmodelle der Datenübertragung **

Zur Ermöglichung der Übertragung von Daten in einem Netzwerk, insbesondere zwischen heterogenen Systemen und in heterogenen Netzen, spielen Standards eine wesentliche Rolle, um unterschiedlichsten Systemen und Anwendungen eine einheitliche Schnittstelle zur korrekten Übertragung von Daten anzubieten. Hier haben sich zwei Referenzmodelle etabliert.

Das **ISO/OSI**-Modell, welches als Referenzmodell zur Kommunikation zwischen heterogenen Systemen dient, ist unabhängig von den eingesetzten Architekturen, Protokollen und Anwendungen:

- »Das OSI-Referenzmodell«, S. 72

Als zweites verbreitetes Modell gilt das **TCP/IP**-Referenzmodell, das die standardisierte Kommunikation zwischen Systemen, Diensten und Anwendungen ermöglicht, die als grundlegendes Übertragungsprotokoll das TCP/IP nutzen:

- »Das TCP/IP-Referenzmodell«, S. 75

4.6.1 Das OSI-Referenzmodell ***

Das OSI-Refernzmodell der Internationalen Standardisierungsorganisation (ISO) ist eines der bedeutenden Modelle, welches der Beschreibung der Kommunikation von verschiedenen Rechnersystemen dient. Aufgrund der Einteilung in sieben Ebenen wird es häufig auch als *seven-layer-model* bezeichnet.

Das OSI-Referenzmodell *(Open System Interconnection)* der ISO (Internationalen Standardisierungs-Organisation) wurde ab 1977 als Grundlage für die Bildung von Kommunikationsstandards entworfen.[1] Das Ziel des Modells liegt in der Gestaltung offener Systeme zur Kommunikation zwischen heterogenen Umgebungen, insbesondere verschiedener Rechnernetze, auf der Basis anwendungsunterstützender Grunddienste. Mögliche Grunddienste sind z. B. die Dateiübertragung, das virtuelle Terminal, der Fernzugriff auf Dateien und der Austausch elektronischer Post [HaNe05, S. 572ff.].

7-Schichten-Modell

In dem **ISO/OSI-Referenzmodell** wird die Kommunikation zwischen zwei Systemen in die nachfolgend aufgelisteten sieben abstrakte **Schichten** *(layer)* unterteilt.

[1] Das Modell wurde 1984 als ISO-Norm 7498 verabschiedet und vom CCITT (Comité Consultatif International Télégraphique et Téléphonique – heute International Telecommunication Union (ITU)) als Norm für digitale Schnittstellen X.200 sowie vom DIN (Deutsches Institut für Normung e.V.) als DIN ISO 7498 übernommen.

Jede Schicht ist derart definiert, dass von ihr eine klar abgegrenzte Funktion während der Kommunikation erfüllt wird:

- Schicht 1: Bitübertragungsschicht *(physical layer)*
- Schicht 2: Sicherungsschicht *(data link layer)*
- Schicht 3: Vermittlungsschicht *(network layer)*
- Schicht 4: Transportschicht *(transport layer)*
- Schicht 5: Sitzungsschicht *(session layer)*
- Schicht 6: Präsentationsschicht *(presentation layer)*
- Schicht 7: Anwendungsschicht *(application layer)*

Transport- & anwendungsorientierte Schichten

Die Schichten 1 bis 4 umfassen dabei **transportorientierte Funktionen** und die Schichten 5 bis 7 **anwendungsorientierte Funktionen**. Die einzelnen Schichten sind hierarchisch aufgebaut und übereinander angeordnet. Die unterste, erste Schicht bildet die Bitübertragungsschicht und die oberste, siebte Schicht die Anwendungsschicht (auch als Verarbeitungsschicht bezeichnet).

Die Kommunikation, d.h. der Datenaustausch zwischen jeweils benachbarten Schichten in einem System, erfolgt nur über exakt definierte **Schnittstellen**. Nur über diese Schnittstellen stellt die jeweilige Schicht der nächsthöheren Dienstleistungen *(services)* zur Verfügung und nimmt ihrerseits die Dienste in der nächstniedrigeren in Anspruch.

Die Kommunikation über mehrere Systeme wird innerhalb einer Schicht über Protokolle gesteuert. Diese **Protokolle** legen Regeln und Formate für die Kommunikation fest. Um dies zu verdeutlichen, wird im Folgenden der Weg der Daten zwischen zwei Anwendungen, die auf zwei über ein Kommunikationsmedium verbundenen Systemen A und B ausgeführt werden, erläutert (Abb. 4.6-1).

Sendet eine Anwendung A auf dem System A an eine zweite Anwendung B auf einem entfernten System B eine Nachricht, so findet in einem ersten Schritt die Einbettung der Daten in der Schicht 7 in ein entsprechendes Anwendungsprotokoll statt, um über seine Schnittstelle als Nutzdaten *(payload)* an die nächst tiefer liegende Schicht 6 weitergereicht zu werden. Um den Weg, den die Daten im Weiteren bis zum System B nehmen, kümmert sich die Schicht 7 nicht mehr, da ihr nur die Schnittstelle zu der nächst tiefer liegenden Schicht 6 bekannt ist.

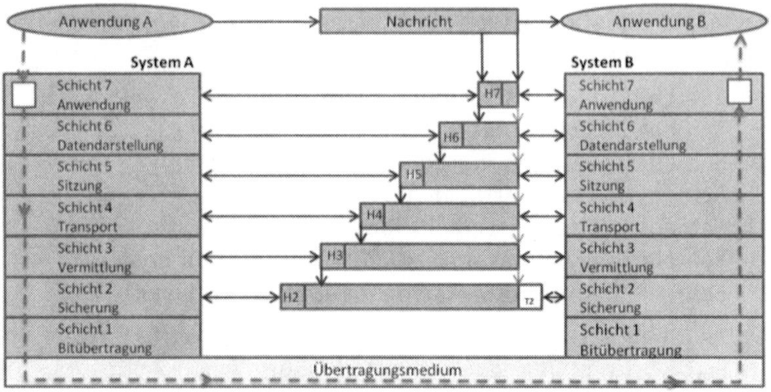
Anwendung A
Nachricht
Anwendung B
System A
System B
Schicht 7
Anwendung
Schicht 6
Datendarstellung
Schicht 5
Sitzung
Schicht 4
Transport
Schicht 3
Vermittlung
Schicht 2
Sicherung
Schicht 1
Bitübertragung
H7
H6
H5
H4
H3
H2
T2
Schicht 7
Anwendung
Schicht 6
Datendarstellung
Schicht 5
Sitzung
Schicht 4
Transport
Schicht 3
Vermittlung
Schicht 2
Sicherung
Schicht 1
Bitübertragung
Übertragungsmedium

Abb. 4.6-1: Kommunikation zwischen zwei Systemen im ISO/OSI-Referenzmodell.

Innerhalb der Schicht 6 erfolgt die Verarbeitung der im weiteren Sinne unveränderten Nutzdaten entsprechend der Vorschriften des Kommunikationsprotokolls. Die dabei gewonnenen Informationen werden als Anweisungen für die empfangende Schicht 6 des Systems B im *Header* (H6 in der Abb. 4.6-1) gesammelt. Ein Protokoll definiert das Format des in einem Bitmuster vorliegenden *Headers*. Dem *Header* der Schicht 6 wird die *Payload* vorangestellt und gemeinsam mit dieser an die tiefer liegende Schicht 5 weitergereicht. Analog verfahren auch die weiteren Schichten 5 bis 2. In Schicht 2 wird neben dem *Header* noch ein der Fehlerkontrolle dienender *Trailer* an das Datenpaket angehängt. Das zusammengesetzte Datenpaket, der vollständige Rahmen *(frame)*, wird dann in der Schicht 1 als Bitstrom an das physikalische Kommunikationsmedium (z. B. Koaxialkabel) übergeben und von diesem zu System B transportiert. Nach dem Eintreffen am System B durchläuft das Datenpaket erneut die einzelnen Schichten, aber in umgekehrter Richtung (von Schicht 1 nach Sicht 7). In den jeweiligen Schichten werden dann die für sie bestimmten *Header* bzw. *Trailer* von den Daten abgetrennt und ausgewertet. Anschließend werden die Nutzdaten an die jeweils höher liegende Schicht in der Form weitergereicht, wie sie die entsprechende Schicht von System A abgeschickt hat. Für die einzelnen Schichten auf dem System B sind bei diesem Prozess die tiefer liegenden Schichten bis auf die Schnittstellen unbekannt. Es erfolgt quasi eine direkte Verbindung mit der jeweils entsprechenden Partnerschicht auf System A. Nach dem Durchlaufen sämtlicher Schichten wird die Nachricht letztlich in Schicht 7 an die Anwendung B weitergeleitet.

Für die einzelnen Schichten stellt sich der geschilderte Kommunikationsprozess, obwohl er vertikal durch die Schichten läuft (physikalisch), als direkte horizontale Kommunikation mit der gleichen Schicht des anderen Systems dar (logisch). Diese Kommunikation in horizontaler Richtung bezeichnet man auch als *Peer-to-Peer*-Kommunikation. Entsprechend der Aufgaben der verschiedenen Schichten lassen sich auch die Funktionsweisen unterschiedlicher Netzwerkkomponenten erläutern. Ein *Router* arbeitet z. B. auf der Schicht 3 des ISO/OSI-Modells. Er ermöglicht Verbindungen zwischen ggf. physikalisch getrennten Netzwerken, die zwar unterschiedliche logische Adressräume, aber dieselben Adressierungsmechanismen verwenden.

Gateway

Ein *Gateway* verbindet Netzwerke mit völlig unterschiedlichen Protokollen und logischen Adressierungen oberhalb der Vermittlungsschicht. Es kann daher als eine Art Überbegriff für jegliche Form der Verbindung zwischen ggf. auch inkompatiblen Netzwerksegmenten und Netzwerken aufgefasst werden. Aufgrund der üblichen Verwendung des Begriffes »*Gateway*«, z. B. in Microsoft Windows-Betriebssystemen für das System, das an der Grenze zwischen LAN *(Local Area Network)* und WAN *(Wide Area Network)* Einsatz findet, wird *Gateway* in der Bedeutung damit oft gleichgesetzt.

Dienst, Schnittstelle & Protokoll

Als wichtiger praktischer Beitrag des ISO/OSI-Referenzmodells wird die beschriebene explizite Unterscheidung zwischen den drei Konzepten **Dienst**, **Schnittstelle** und **Protokoll** angesehen. Diese Aufteilung findet sich in vielen gebräuchlichen Kommunikationsprotokollen wieder.

4.6.2 Das TCP/IP-Referenzmodell ***

Aufgrund der offenen und dezentralen Organisation des Internets kommt hier insbesondere das TCP und das IP-Protokoll zum Einsatz. Das TCP/IP-Referenzmodell beschreibt formal die verschiedenen Ebenen des Kommunikationsprozesses auf Basis dieser Protokolle.

Die Ziele der Entwicklung des **TCP/IP-Referenzmodells** (TCP/IP=*Transmission Control Protocol/Internet Protocol*) liegen in der Unabhängigkeit von der Architektur der *Host*-Rechner und von der verwendeten Netzwerk-Technik, in den universellen Verbindungsmöglichkeiten im gesamten Netzwerk, einer Ende-zu-Ende Quittung und in der Standardisierung der Anwendungsprotokolle [LLS10, S. 341ff.].

Vier-Schichten-Modell

Ebenso wie das ISO/OSI-Modell besteht auch das TCP/IP-Referenzmodell aus mehreren Schichten. Die gängige Einteilung erfolgt in vier Schichten, in die Anwendungs-, Transport-, Internet- und Netzwerk-Schicht. Eine Gegenüberstellung zwischen dem ISO/OSI-Modell und dem TCP/IP-Modell erfolgt in der Abb. 4.6-2.

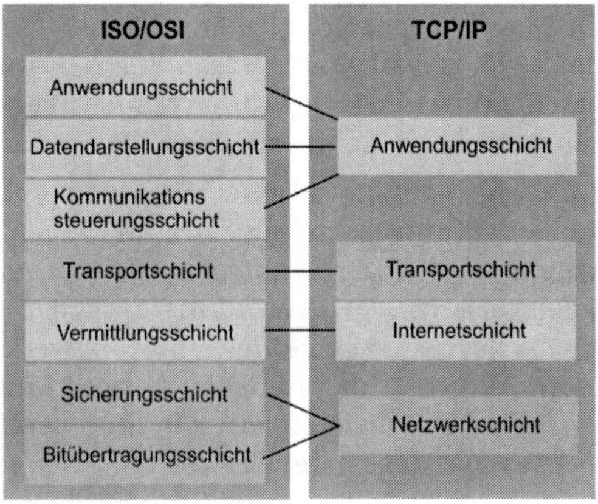
ISO/OSI
TCP/IP
Anwendungsschicht
Datendarstellungsschicht
Kommunikations steuerungsschicht
Transportschicht
Vermittlungsschicht
Sicherungsschicht
Bitübertragungsschicht
Anwendungsschicht
Transportschicht
Internetschicht
Netzwerkschicht

Abb. 4.6-2: Vergleich zwischen den Schichten des TCP/IP und ISO/OSI-Referenzmedells.

Wie beim ISO/OSI-Modell handelt es sich bei dem TCP/IP-Modell um einen Stapel mehrerer aufeinander aufbauender Schichten mit ihren jeweiligen unabhängigen Protokollen und Datenstrukturen. Die Unabhängigkeit der Schichten voneinander geht soweit, dass jede Schicht eigene Termini für die eigenen Datenstrukturen aufweist. Das bei ISO/OSI beschriebene Prinzip, dass jede Schicht der jeweils übergeordneten Dienste anbietet, die Kapselung der Aufgaben in den Schichten und die Übertragung von Kontrollinformationen für die empfangende Schicht in Form von *Headern* erfolgt, ist ebenfalls wieder zu finden.

Die verschiedenen Protokolle, welche die Basis für die Dienste und Anwendungen der verschiedenen Schichten bilden, sind innerhalb der vier Schichten definiert. In jeder einzelnen Schicht werden mehrere Protokolle angeboten, wie die Abb. 4.6-3 verdeutlicht.

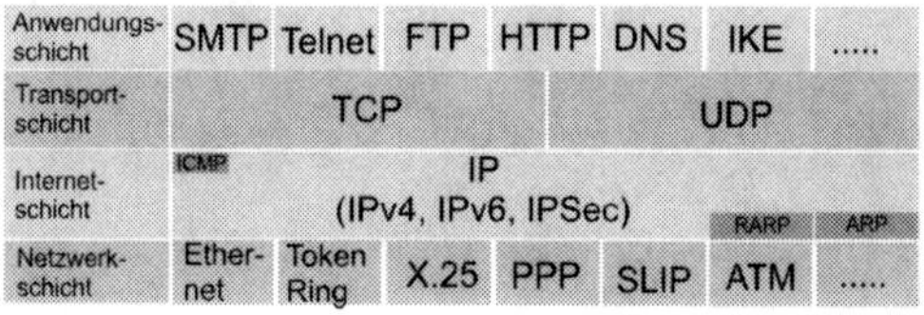
Anwendungs-schicht
SMTP
Telnet
FTP
HTTP
DNS
IKE
.....
Transport-schicht
TCP
UDP
Internet-schicht
ICMP
IP
(IPv4, IPv6, IPSec)
RARP
ARP
Netzwerk-schicht
Ether-net
Token Ring
X.25
PPP
SLIP
ATM
.....

Abb. 4.6-3: Die TCP/IP Protokolle.

4.7 Internet und Intranet **

Die schnelle Entwicklung und Verbreitung des Internet als weltumspannendes, leistungsfähiges und allgemein verfügbares Netz hat zu vielfältigen Veränderungen der Einsatzmöglichkeiten von IuK-Techniken in der Unternehmung und auch im privaten Umfeld geführt [Lux05, S. 15ff.].

Obwohl die technische Entwicklung des Internet und der angebotenen Dienste noch vergleichsweise jung ist, schreitet die Verbreitung der Nutzung rasend schnell voran. Das Internet wird in Unternehmungen und vielen privaten Haushalten, insbesondere in den Industrieländern, bereits als infrastrukturelle Grundausstattung betrachtet. Dem gegenüber stehen viele neue Probleme und Herausforderungen, welche oftmals den Nutzen des Mediums infrage stellen und nicht organisationsintern, sondern allein **unternehmungsübergreifend** oder gar länderübergreifend lösbar scheinen, wie beispielsweise Hacker-Angriffe oder die kriminelle Nutzung von Bank- oder Kreditkartendaten (vgl. zu den IT-Sicherheitsrisiken auch Kapitel »Datensicherheit und Datenschutz«, S. 229).

Web

Einen wichtigen Meilenstein für die Verbreitung des Internet bildet der von Mitarbeitern im **CERN**[2] 1992 entwickelte Dienst ***World Wide Web*** kurz **WWW** oder **Web**.

[2] CERN, die Europäische Organisation für Nukleare Forschung (Conseil Européen pour la Recherche Nucléaire), hat ihren Hauptsitz in Genf (Schweiz).

Der von Timothy Berners-Lee entwickelte Dienst diente ursprünglich dem Informationsaustausch zwischen den verschiedenen Forschungseinheiten des CERN.

Durch seine Hypermedialität und daher intuitive Nutzbarkeit mit einem Web-Browser hat dieser Dienst wesentlich zur heutigen Verbreitung und Nutzung des Internet beigetragen. Bis zum Januar 2010 ist die Zahl der Internet-Domänen auf über 800 Mio. gestiegen (Abb. 4.7-1).

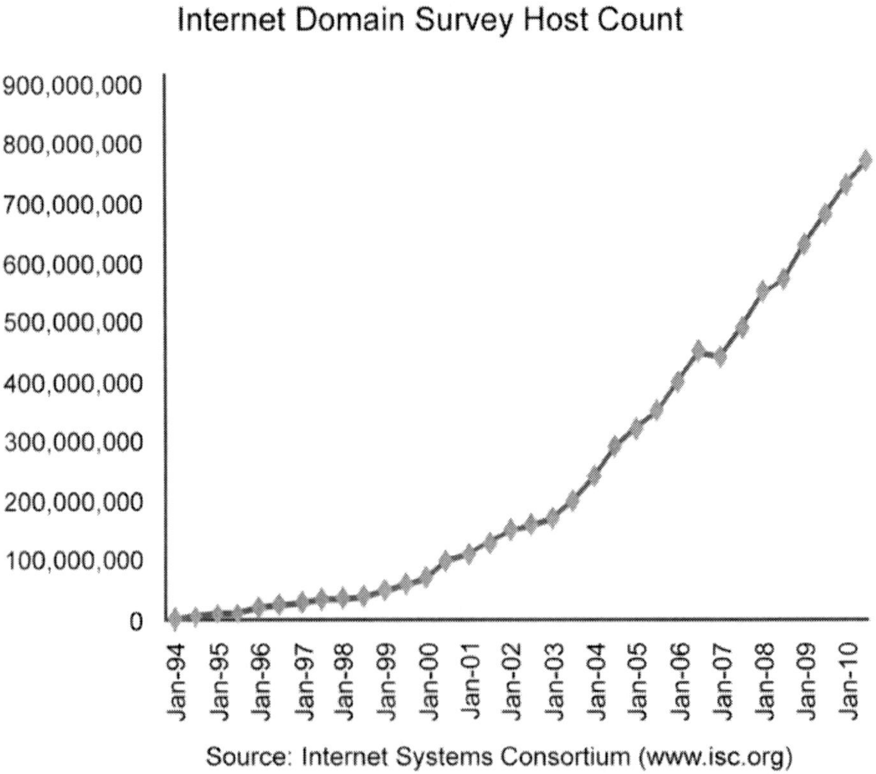
Internet Domain Survey Host Count
900,000,000
800,000,000
700,000,000
600,000,000
500,000,000
400,000,000
300,000,000
200,000,000
100,000,000
0
Jan-94
Jan-95
Jan-96
Jan-97
Jan-98
Jan-99
Jan-00
Jan-01
Jan-02
Jan-03
Jan-04
Jan-05
Jan-06
Jan-07
Jan-08
Jan-09
Jan-10
Source: Internet Systems Consortium (www.isc.org)

Abb. 4.7-1: Entwicklung der Internet-Hosts, Quelle: www.isc.org.

Um einen grundlegenden Überblick über die Potenziale und Funktionalitäten zu geben, erfolgt zunächst die Darstellung der grundlegenden Internet-Dienste:

- »Standarddienste und Anwendungen im Internet«, S. 79

Als einer der am meisten genutzten Funktionalitäten dient das HTTP-Protokoll zum Aufruf bzw. Übertragung einer Web-Seite. Exemplarisch wir daher aufgezeigt, wie der Ablauf des Aufrufes einer Web-Seite verläuft:

- »Aufruf einer Web-Seite«, S. 81

Die Potenziale des öffentlichen Netzes »Internet« finden längst auch im Unternehmen in Form des Intranet-Einsatzes Anwendung:

- »Aufbau und Einsatzmöglichkeiten des Intranet«, S. 83

Auch nutzen Unternehmen die Internet-Technik, um Kunden- und Lieferantenbeziehungen zu verbessern:

- »Ziele und Einsatz des Extranet«, S. 84

4.7.1 Standarddienste und Anwendungen im Internet *

Die wichtigsten Dienste lassen sich in die vier Bereiche Kommunikationsdienste, Informationsdienste, Dateiübertragungsdienste und Remotedienste unterteilen. Weiterhin sind auch mobile Dienste kaum noch aus dem beruflichen und privaten Alltag wegzudenken.

Kommunikationsdienste

Unter den im Internet verfügbaren **Kommunikationsdiensten** ist der zeitgleiche oder zeitversetzte Informationsaustausch mit an einem oder verschiedenen Orten in der Unternehmung befindlichen bekannten oder anonymen Personen oder Gruppen zu verstehen. Die grundlegenden genutzten Dienste sind **E-Mail**, **Internet Relay Chat** in verschiedenen Ausprägungen und **Diskussionsgruppen**, wie beispielsweise in sozialen Netzwerken.

Informationsdienste

Der Internet-Server einer Organisation oder auch einer privaten Person hält **Informationen** meist in der Form von HTML-Seiten vor und stellt diese über das **HTTP**-Protokoll zur Verfügung. Grundlegend ist hierbei zwischen statischen und dynamischen Seiten zu unterscheiden. Während bei statischen Web-Seiten das Layout und der Inhalt in HTML-Code erstellt sind, ist bei dynamischen Seiten nur das Layout fest hinterlegt. Der Inhalt wird aufgrund der Anfrage an die Web-Seite z.B. aus einer Datenbank abgefragt und mit den Layout-Informationen zusammen als HTML-Code ausgegeben.

Der Client nutzt zum Zugriff auf diese Informationen und zu deren Darstellung einen Web-Browser, der durch den Aufruf einer konkreten HTML-Seite eine Anfrage an den Web-Dienst des Internet-Server stellt und die empfangenen Daten entsprechend der dem genutzten Protokoll zugrunde liegenden Syntax auswertet und darstellt.

File Transfer Protokoll

Das **FTP** *(File Transfer Protokoll)* bezeichnet das Protokoll zur Übertragung von Daten zwischen zwei Rechnersystemen sowie die zur Übertragung notwendigen Anwendungen, wie den FTP-Server, der den Dienst bereithält und den FTP-Client als Dienstenutzer. Der Server prüft die Notwendigkeit einer namentlichen Anmeldung für die Nutzung des Dienstes oder die Möglichkeit des anonymen Zugriffs sowie die Rechte des Nutzers, ob er nur Dateien lesen, herunterladen, ausführen, manipulieren, löschen oder ob er auch Dateien auf dem Server ablegen kann.

Remotedienste

Die Besonderheit bei **Remotediensten** liegt in der Nutzung eines fremden Systems, welches einen oder mehrere Befehle abarbeitet und das Ergebnis an den Client zurücksendet. Der bekannteste Dienst, welcher als Basis zahlreicher Anwendungen in diesem Bereich dient, ist **Telnet**. Telnet ist ein Terminalemulationsprogramm und bietet die Möglichkeit, zwischen einem (meist leistungsstarken) *Host*-Rechner eine Verbindung aufzubauen und diese aufrechtzuerhalten, um anschließend Befehle an den *Host* zu senden. Anwendungen, welche Telnet-Dienste nutzen, sind z. B. Fernsteuerungskonsolen, die den Zugriff auf ein anderes Rechnersystem zur Wartung oder Reparatur ermöglichen. Häufig sind Fernsteuerungskonsolen in andere System- und Anwendungssoftware integriert, wie z. B. in das Betriebssystem Microsoft Windows. Die Nutzung von Telnet-Anwendungen bietet große Vorteile für die Wartung und Pflege von Rechnern im Rahmen der Fernwartung. Andererseits können über eine Terminalserver-Architektur wie z. B. *Citrix-Acces-Gateway* leistungsfähige Rechnerressourcen und Anwendungen kostengünstig für mehrere Mitarbeiter zur Verfügung gestellt werden.

Mobile Dienste & Anwendungen

Der Einsatz mobiler Anwendungen im privaten und beruflichen Umfeld gewinnt zunehmend an Bedeutung. Dazu werden insbesondere Smartphones oder andere mobile Endgeräte (z. B. *Handhelds*) genutzt, welche sich u. a. durch eine nur geringe Bildschirmgröße mit Touchscreen-Bedienung und eingeschränkten Funktionalitäten auszeichnet. Die Anbindung an das Internet erfolgt gewöhnlich über eine UMTS- oder W-LAN-Verbindung. Bei den für mobile Endgeräte im Internet angebotenen Diensten lassen sich zwei unterschiedliche Entwicklungen beschreiben. Einerseits werden die Inhalte und Navigationsmöglichkeiten einer Web-Seite an die Verwendung auf dem mobilen Gerät angepasst *(mobile web)*. Wie beim normalen PC erfolgt die Betrachtung über einen Web-Browser. Eine weitere Entwicklung ist die Bereitstellung von mobilen Anwendungen (Apps). Diese sind abhängig von dem jeweiligen Betriebssystem auf dem mobilen Endgerät. Als technischerer Vorteil des App-Einsatzes wird die Möglichkeit der Anbindung weiterer, auf dem mobilen Endgerät verfügbarer Dienste (z. B. GPS) genannt. Darüber hinaus ist es allerdings auch die Strategie der Endgeräte-Anbieter, hier ein Alleinstellungsmerkmal durch ein breites Angebot mobiler Anwendungen zu schaffen.

4.7.2 Aufruf einer Web-Seite **

Beim Aufruf einer Web-Seite über ein Web-Browser laufen Hintergrund eine Vielzahl komplexer Prozesse ab.

Der Aufruf einer Web-Seite beginnt durch eine Anfrage an einen Web-Server. Dabei wird die Adresse des Servers durch dessen **URL** angegeben, und der Client sendet eine Anfrage an den Server. Aufgrund der Anfrage an den Web-Server liefert dieser als Resultat die darzustellenden Informationen (Daten) an den anfragenden Web-Browser bzw. Client zurück (Schritt 1, Abb. 4.7-2).

Entsprechend der Beschreibung prüft der Client zunächst das Vorhandensein der gesamten Seite oder eines Teiles der Seite im lokalen ***Cache***-Speicher (Schritt 2+3) oder auf dem im Web-Browser konfigurierten ***Proxy***-Server (Schritt 4+5). Bei fehlender Verfügbarkeit der Seite im *Proxy* erfolgt die Anfrage über den Web-Server (Schritt 6). Abhängig von der Art der angefragten Seite ergeben sich ggf. Anfragen an zusätzliche Webanwendungen und/oder Datenbanken, um die Inhalte der Web-Seite an den Client zu übertragen.

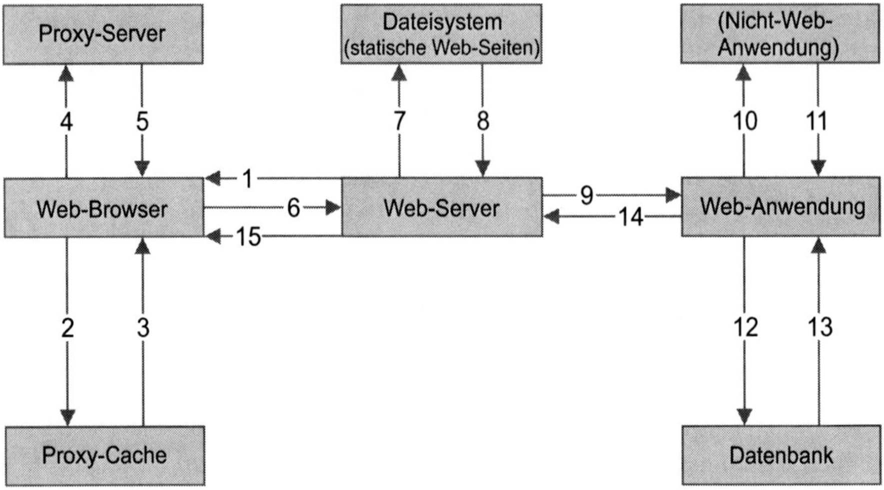
Proxy-Server
Dateisystem
(statische Web-Seiten)
(Nicht-Web-
Anwendung)
4
5
7
8
10
11
1
Web-Browser
6
Web-Server
9
14
Web-Anwendung
15
2
3
12
13
Proxy-Cache
Datenbank

Abb. 4.7-2: Funktionsweise des Aufrufs einer Webseite.

Entsprechend der Konfiguration des Clients wird das Ergebnis der Abfrage ebenfalls auf dem *Proxy*-Server und/oder im *Proxy-Cache* des Client gespeichert.

Auf diese Weise bereitgestellte Web-Seiten auf einem Web-Server werden gewöhnlich in der Beschreibungssprache **HTML** *(Hypertext Markup Language)* in statischer Form (als HTML-Datei) vorgehalten.

Dann ist lediglich der Abruf der entsprechenden Dateien erforderlich (Schritt 7+8). Komplexere Web-Seiten werden zum Zeitpunkt der Anfrage dynamisch generiert. Dazu ist ein Anwendungsserver erforderlich (Schritt 9). Dieser stellt z. B. an eine Datenbank (Schritt 12) oder an eine weitere Anwendung (Schritt 10) eine Anfrage und erhält die Ergebnisse der Anfrage zurück (Schritte 11+13). Diese Daten setzt der Anwendungsserver mit den Informationen über Gestaltung und Layout in eine HTML-Seite um und liefert sie an den Web-Server aus (Schritt 14), welcher die HTML-Seite an den Web-Client weiter gibt (Schritt 15).

XHTML

Aufgrund der starken Verflechtung der Seiteninhalte und der Inhaltsdarstellung bei der Nutzung von HTML wurde die Beschreibungssprache **XHTML** *(Extended Hypertext Markup Language)* entwickelt, welche eine Integration von **XML** in

HTML ist und damit die Trennung von Inhalt und Formatierung bei der Erstellung, Wartung und Pflege von Web-Seiten erlaubt.

Zeitgemäße Web-Seiten integrieren die unterschiedlichsten Multimedia-Inhalte und interagieren mit ihren Benutzern. Um diese Anforderungen zu erfüllen, werden schrittweise die bisherigen Web-Sprachen HTML und XHTML abgelöst durch den noch in Entwicklung befindlichen neuen Standard **HTML5**.

HTML5

4.7.3 Aufbau und Einsatzmöglichkeiten des Intranet **

Grundsätzlich finden im Intranet dieselben Techniken Einsatz wie im Internet. Dies bezieht sich auf die Client-Server-Architektur, auf die genutzten Übertragungsprotokolle, auf die bereitgestellten Dienste und auf die genutzten Anwendungen. Auf Basis dieser Techniken erfolgt die Nutzung der Dienste und Anwendungen im Intranet. Die netzwerktechnische und anwendungsorientierte Architektur ist daher mit dem Internet vergleichbar.

Das Intranet ist ein **organisations-** oder **unternehmungsinternes Netz**. Es dient also lediglich der **intraorganisationalen Vernetzung**. Dabei kann ein Intranet durchaus global vernetzt sein, z. B. wenn die Unternehmung weltweite Niederlassungen besitzt und in den einzelnen Niederlassungen jeweils eigene Intranetserver betreibt. Ebenso kann ein Intranet weltweit über eine Verbindung aus dem Internet erreichbar sein. Die intraorganisationale Vernetzung ist nicht als physische Isolation des Intranet gegenüber anderen Netzen zu verstehen, sondern als logische Architektur, welche verschiedene technische Konzepte zur Zugriffsverwaltung bereitstellt.

Organisations- oder unternehmungsinternes Netz

Weiterhin ist das Intranet ein **geschlossenes Netzwerk**. Der Zugang zum Intranet ist nicht öffentlich, sondern nur einer bestimmten, klar definierten Nutzergruppe möglich. Zugangsberechtigte sind gewöhnlich die Organisations- oder Unternehmungsmitglieder. Öffentliche oder externe Nutzer oder Nutzergruppen sind explizit von der Nutzung ausgeschlossen. Die Zugriffsverwaltung der Nutzer auf das Intra-

Geschlossenes Netzwerk

net kann von rein räumlich-technischen Kriterien abhängen oder durch Identifizierung und Authentifizierung erfolgen. Häufig werden auch kombinierte Verfahren genutzt.

Zusammengefasst lässt sich daher folgende Definition für ein Intranet festhalten:

Definition

Ein **Intranet** ist ein organisations- oder unternehmungsinternes **geschlossenes**, nicht-öffentliches Computernetzwerk auf der Basis der Internet-Techniken und -Anwendungen, welches den Mitarbeitern einer Unternehmung als Informations-, Kommunikations- und Anwendungsplattform zur Verfügung steht.

4.7.4 Ziele und Einsatz des Extranet **

Die grundsätzliche Architektur eines Extranet ist der des Intranet sehr ähnlich. Auch hier werden dieselben Techniken wie im Internet genutzt, sowohl in der Architektur, bei den genutzten Übertragungsprotokollen als auch für die bereitgestellten Dienste und genutzten Anwendungen.

Ziel des Extranet

Der Unterschied zwischen dem Intranet und dem Extranet liegt in der Zielsetzung des Einsatzes. Während das Intranet nur den Mitgliedern einer Organisation für die Nutzung zur Verfügung steht, liegt das **Ziel des Extranet** in der Unterstützung der Beziehungen zu den Geschäftspartnern, z. B. Lieferanten und Kunden. Dabei steht überwiegend die Beziehung zwischen Geschäftspartnern (*Business-to-Business* oder **B2B**) im Vordergrund. Neben der Bereitstellung von Informations- und Kommunikationsmöglichkeiten können im Extranet z. B. neue Aufträge generiert, Preis- und Artikelinformationen erfragt, offene Aufträge geprüft oder Umsätze und Außenstände eingesehen werden. Die hierzu bereitgestellten Anwendungen sind meist speziell für diesen Zweck entwickelt und werden im Intranet nicht genutzt. Andererseits handelt es sich bei den genutzten Datenbeständen meist um integrierte Systeme, um die effiziente Weiterverarbeitung von z. B. Aufträgen zu gewährleisten oder dem Geschäftskunden einen stets aktuellen Überblick über die Verfügbarkeit der Produkte zu geben. Die Ziele des Extranet-Einsatzes sind vielfältig und reichen von der Übertragung kleiner Datenbestände sowie der **Informationsversorgung** der Geschäftspartner bis hin zur Unterstützung unternehmensübergreifender Geschäftsprozesse mit der Nutzung einheitlicher und integrierter Datenbestände.

Für das Extranet lässt sich daher folgende Definition festhalten:

Definition

> Ein **Extranet** ist ein **geschlossenes**, nicht-öffentliches Computernetzwerk auf der Basis der Internet-Techniken und -Anwendungen, welches den Geschäftspartnern der Unternehmung als Informations-, Kommunikations- und Anwendungsplattform zur Verfügung gestellt wird.

Abgrenzung von Internet, Intranet und Extranet

Die Abb. 4.7-3 verdeutlicht den Zusammenhang zwischen Internet, Intranet und Extranet.

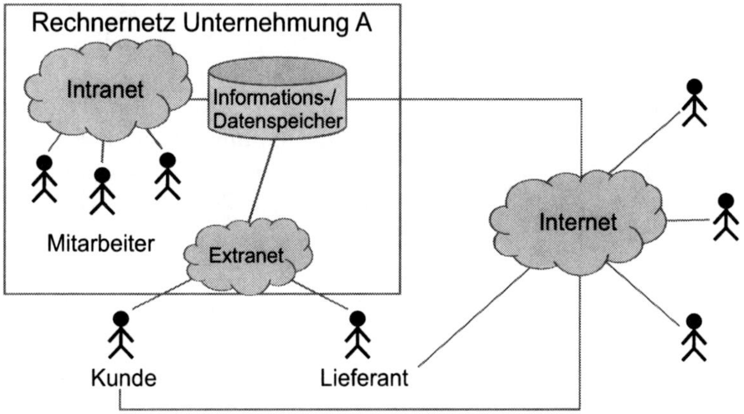

Rechnernetz Unternehmung A
Intranet
Informations-/
Datenspeicher
Mitarbeiter
Extranet
Internet
Kunde
Lieferant

Abb. 4.7-3: Logische Abgrenzung zwischen dem Internet und den Konzepten Intranet und Extranet.

Die Abb. 4.7-3 beschreibt die unterschiedlichen Konzepte Intranet und Extranet, wobei die Vernetzung innerhalb der Unternehmungen und zwischen Unternehmungen hier als logisches Konzept zu verstehen ist sowie die Zugriffsmöglichkeiten zwischen den verschiedenen Elementen. Dabei stellt die Unternehmung A innerhalb ihres Rechnernetzes ihren Mitarbeitern ein Intranet bereit und ihren Partnern ein Extranet. Weiterhin stellt die Unternehmung Informationen im Internet bereit, z. B. Produkt- oder Serviceinformationen. Sowohl die im Internet als auch die im Intranet und Extranet genutzten Daten stammen aus dem gleichen Informations- bzw. Datenspeicher und symbolisieren die Integration des Datenbestandes der Unternehmung. Dabei kann es sich um »Datenbanksysteme«, S. 119 (relationale oder objektorientierte), dokumentenorientierte Speichersysteme, »Data Warehouse-Systeme«, S. 119, oder auch »ERP-Systeme«, S. 110, handeln. Entscheidend ist die Nutzung eines integrierten Datenbestandes. Entsprechend der Einsatzziele der verschiedenen Anwendungen werden im Informations- und Datenspeicher nur die notwendigen Informationen bzw. Daten bereitgestellt. So kann eine Internet-Anwendung z. B. nur auf Produkt- und Supportinformationen zugreifen, nicht aber auf operative Daten wie z. B. Warenbestände oder Kundenumsätze. Im Extranet kann der einzelne Kunde auf seine eigenen Umsätze oder Aufträge zugreifen und auch Verfügbarkeiten, Lieferzeiten und Preise (ggf. Mengenrabatte) der Produkte abfragen. Die Bereitstellung von Supportinformationen im Extranet ist meist ausführlicher als im Internet. Der Intranet-Nutzer hat die umfangreichste Zugriffsmöglichkeit auf die Unternehmungsdaten. Er kann alle Kunden-, Auftrags- und Umsatzdaten einsehen und weitere Anwendungen, wie Analyse- oder Planungswerkzeuge, nutzen, sofern er hierzu berechtigt ist.

5 Betriebliche Anwendungssysteme *

Der Einsatz von computergestützten Anwendungssystemen in Unternehmungen und (öffentlichen) Verwaltungen ist heute nicht mehr wegzudenken. Mit Beginn der zunehmenden Nutzung von Computern in Industrieunternehmungen in den 1960er Jahren entstanden auch die ersten Softwaresysteme für betriebliche Anwendungsbereiche. In den Jahren ihres Einsatzes sind Qualität, Einsatzmöglichkeiten und Ausprägungen dieser Systeme stetig gestiegen. Jeder Wirtschaftswissenschaftler, Wirtschaftsinformatiker und auch Informatiker wird in seinem Beruf mehr oder minder mit Anwendungssystemen in Berührung kommen, sei es in Form der Nutzung, zur Durchführung seiner Aufgaben, als Teammitglied bei der Planung, Umsetzung und Einführung solcher Systeme oder bei der Konzeption und Programmierung. Aus diesem Grund ist ein grundlegendes Wissen über diese Systeme unabdingbar. Das folgende Kapitel soll dieses Grundlagenwissen vermitteln.

Zunächst werden die Anwendungssysteme, als Sammelbegriff für die Gesamtheit der Anwendungsprogramme, mit den grundlegenden Begriffen und einigen Klassifikationsmöglichkeiten beschrieben:

- »Anwendungssysteme«, S. 88

Anwendungssysteme lassen sich unter anderem nach ihrem Verwendungszweck, d. h. den tatsächlichen Einsatzbereichen in der Unternehmung oder Verwaltung, klassifizieren. Demnach unterscheidet man drei Arten von Anwendungssystemen, die hier vorgestellt werden:

- »Arten von Anwendungssystemen«, S. 94

Unter dem Begriff Informations- und Kommunikationssysteme wird häufig ein Synonym für Anwendungssysteme verstanden. Allerdings ist dieser Begriff nicht immer synonym verwendbar, sondern kann viel mehr an einigen Stellen als Oberbegriff oder Ausprägung eines Anwendungssystems verstanden werden:

- »Informations- und Kommunikationssysteme«, S. 100

Lange Zeit entwickelten sich Anwendungssysteme als Insellösungen für einzelne Teilbereiche, Abteilungen oder Problemstellungen innerhalb einer Unternehmung. Mit dem Fortschritt der technischen Möglichkeit und einhergehend mit der immer höheren Komplexität der zu lösenden Problemstellung erfuhr die Entwicklung dieser Anwendungssysteme eine neue Richtung, hin zu der Integration dieser einzelnen Systeme und zu möglichst großen, einheitlich arbeitenden Systemen:

- »Integrierte Anwendungssysteme«, S. 102

Abschließend wird eine integrierte Systemvariante der Anwendungssysteme vorgestellt, wie sie heute in fast jeder mittelständischen oder großen Unternehmung Einsatz findet und von zahlreichen namenhaften Softwarehäusern angeboten wird:

- »ERP-Systeme«, S. 110

5.1 Anwendungssysteme *

Im engeren Sinne wird unter dem Begriff Anwendungssysteme die Gesamtheit aller Anwendungsprogramme verstanden, die zur Lösung einer konkreten Problemstellung innerhalb von Unternehmungen und öffentlichen Verwaltungen eingesetzt werden. Zunächst bleibt also zu klären, was Software und Anwendungssoftware bzw. -programme sind, bevor die Definition des Begriffs Anwendungssoftware sowohl im engeren als auch im weiteren Verständnis ausreichend erklärt werden:

- »Grundlegende Begriffe«, S. 89

Die Vielzahl der eingesetzten Anwendungssysteme und die Anzahl der Unterschiede zwischen den Systemen ist hoch. Aus diesem Grund ist eine Einordnung dieser Systeme in Klassen sinnvoll. Eine Klassifizierung von Anwendungssystemen kann nach unterschiedlichen Gesichtspunkten, wie der Art der Erstellung der Systeme oder ihrem Verwendungszweck vorgenommen werden:

- »Klassifikation von Anwendungssystemen«, S. 92

5.1.1 Grundlegende Begriffe *

Software gliedert sich in System-, Entwicklungs- und Anwendungssoftware. Anwendungssysteme im engeren Sinne umfassen die Gesamtheit dieser Anwendungssoftware und der dazugehörigen Daten einer Unternehmung. Im weiteren Sinne zählen auch die IT-Infrastruktur und verantwortliche Personen dazu.

Software

Um den Begriff des Anwendungssystems mit Inhalt zu füllen, wird zunächst verdeutlicht, was unter Software bzw. unter Anwendungssoftware zu verstehen ist. **Software** dient als Sammelbegriff für in Programmiersprachen (eine oder auch mehreren Programmiersprachen) verfasste Programme. Dabei wird zwischen Anwendungssoftware, Systemsoftware und Entwicklungssoftware unterschieden (vgl. [HaNe09, S. 35ff.]) (Abb. 5.1-1).

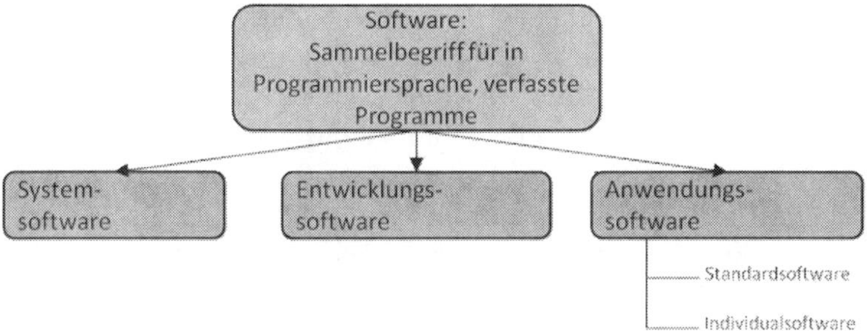
Software:
Sammelbegriff für in Programmiersprache, verfasste Programme
System-
software
Entwicklungs-
software
Anwendungs-
software
Standardsoftware
Individualsoftware

Abb. 5.1-1: Drei Arten von Software.

Systemsoftware

Aufgabe der **Systemsoftware** ist es, die grundlegenden Dienste für andere Programme zur Verfügung zu stellen. So wird z. B. die Hardware durch Einsatz von Betriebssystemen und Treibern für den Anwender nutzbar gemacht (vgl. [Mer+10, S. 17f.]). Betriebssysteme sind Programme, die die grundlegende Infrastruktur für die Ausführung von Anwendungssoftware bilden (in Anlehnung an [HaNe09, S. 34]). Das Betriebssystem *(Operating System)* hat die Aufgabe, die Ausführung der Software zu planen, zu steuern und zu kontrollieren.

Entwicklungssoftware

Die **Entwicklungssoftware** setzt auf dem Betriebssystem auf und dient der Erstellung und Umgestaltung von Programmen. Durch Werkzeuge und Methoden wird der Entwickler bei der Erstellung, Ausführung und Fehlerkorrektur von Programmen unterstützt. Dabei ist es die Entwicklungsumgebung, die die wesentlichen Softwarewerkzeuge (wie Editor und Übersetzer), eine Ausführungsumgebung und Fehlerbehebungssoftware zur Verfügung stellt (vgl. [HaNe09, S. 38ff.]). Entwicklungssoftware und -umgebung sind meist für spezielle Programmiersprachen entwickelt, wie z. B. für die Sprachen C, Visual Basic, C++ und Java.

Anwendungssoftware

Die **Anwendungssoftware**, die sich in Standard- und Individualsoftware untergliedern lässt, unterstützt den Benutzer bei der Lösung bzw. Verrichtung seiner Aufgaben bzw. Tätigkeiten. Die Bezeichnung trägt der Tatsache Rechnung, dass diese Software, im Gegensatz zur System- und Entwicklungssoftware, anwendungsspezifisch ist, d. h., sie ist auf einen bestimmten Anwendungs- bzw. Einsatzbereich (meist Abteilungen und Organisationseinheiten innerhalb einer Unternehmung oder einer öffentlichen Verwaltung) spezialisiert. Beispielsweise existieren Anwendungssysteme für den Bereich des Rechnungswesens (z. B. Finanzbuchhaltungssysteme), der Lagerhaltung, der Produktions- und Vertriebsplanung.

Standardsoftware

Eine Softwarelösung »von der Stange« bietet die sogenannte **Standardsoftware**. Dabei handelt es sich um fertige Programme, die allgemeingültig in Unternehmungen für dieselben oder ähnliche Problemstellungen einsetzbar und auf häufige Nutzung mehrerer Anwender ausgelegt sind [HaNe09, S. 152]. Dazu zählen z. B. Basissoftware, wie E-Mail-Programme, Virenscanner und Internetbrowser, aber auch Standardbürosoftware wie Textverarbeitungs- und Tabellenkalkulationsprogramme (z. B. aus den Microsoft Office-Anwendungen) (vgl. [Mer+10, S. 22f.]). Standardsoftware bietet Unternehmungen eine große Abdeckung der funktionalen Anforderungen an eine Anwendungssoftware zu deutlich geringeren Anschaffungskosten als individuale Lösungen. Zudem verspricht sie kürzere Lieferfristen und ist häufig mit einer anschließenden Wartungs- und Weiterentwicklungsgarantie versehen. Im Gegenzug muss dafür aber auf eine Anpassung der Software an spezielle Anforderungen der Unternehmung meist gänzlich verzichtet werden. Eher ist es so, dass die Modalitäten der Unternehmung zum Teil auf den durch die Software festgelegten Rahmen abgestimmt werden müssen.

Individualsoftware

Individuale Softwarelösungen sind für die Bewältigung spezieller betrieblicher Problemstellungen konzipiert. Häufig wird Individualsoftware eigens zur Lösung einer speziellen Problemstellung entwickelt und birgt demnach einen höheren finanziellen Aufwand als die Standardsoftwarelösung (vgl. [HaNe09, S. 152f.]; [Mert12, S. 24]). Die Entwicklung von **Individualsoftware** kann entweder in Eigenfertigung (»*make*«, durch die IT-Abteilung der Unternehmung), in Fremdfertigung (»*buy*«, z. B. durch ein Softwarehaus) oder in Teamarbeit zwischen der eigenen IT-Abteilung und einem externen Anbieter erfolgen.

Immer häufiger kommen Lösungen zum Einsatz, die ein Standardsoftwareprodukt als Basis enthalten, welches anschließend individuell an die Strukturen und Anforderungen einer Unternehmung angepasst wird. Ein Beispiel für diese hybride Form von Software ist ein ERP-System, das im Kapitel »ERP-Systeme«, S. 110, näher erläutert wird. Dem höheren finanziellen Aufwand und der längeren Entwicklungsdauer (im Vergleich mit einer Standardlösung) steht dabei eine vollständige Abdeckung aller speziellen Anforderungen sowie eine große Akzeptanz und Zufriedenheit der Benutzer gegenüber.

Anwendungssystem i. e. S.

Im engeren Sinne ist unter dem Begriff des Anwendungssystems die Gesamtheit aller Anwendungsprogramme (-software) und der zugehörigen Daten zu verstehen, die zur Lösung einer konkreten betrieblichen Problemstellung benötigt werden (vgl. [StHa05, S. 344]).

Anwendungssystem i. w. S.

Wird der Begriff der Anwendungssysteme im weiten Sinne ausgelegt, ist darunter zudem die entsprechende IT-Infrastruktur (benötigte Hardware, Systemsoftware und erforderliche Kommunikationssysteme) sowie die verantwortlichen Personen wie Benutzer und Entwickler der Systeme zu verstehen [LLS10, S. 17]. Diese Teile lassen sich in einem Informations- und Kommunikationssystem (IuK-System) zusammenfassen (vgl. »Informations- und Kommunikationssysteme«, S. 100).

Einsatzgebiete

Zu den **Einsatzgebieten** von Anwendungssystemen zählen alle Branchen und Bereiche einer Unternehmung, wie die

Beschaffung, die Produktion, der Vertrieb, die Verwaltung sowie das Finanz- und Rechnungswesen. Beispielhaft finden sie sowohl Verwendung bei der Verarbeitung von Massen- und Routinearbeiten in operativen Bereichen einer Unternehmung als auch zur Unterstützung bei der Lösung analytischer Aufgaben im Planungs- und Entscheidungsprozess sowie in strategischen und Führungsbereichen.

5.1.2 Klassifikation von Anwendungssystemen *

Anwendungssysteme unterstützen die Ausführung der unterschiedlichsten Tätigkeiten und Aufgaben einer Unternehmung. Sie sind in den unterschiedlichsten Branchen, wie z. B. in der Automobil- oder Pharmazieindustrie, zu finden, und ihre Einsatzbereiche sind in jedem Funktionsbereich denkbar. Für die Vielzahl der dadurch entstandenen Anwendungssysteme bildeten sich im Laufe der Zeit einige Typologien heraus, die sinnvoll zur Klassifizierung solcher Systeme beitragen.

Art der Erstellung

Zunächst lassen sich die Anwendungssysteme nach der **Art ihrer Erstellung** in Standard- und Individualsoftware untergliedern (siehe auch »Grundlegende Begriffe«, S. 89). Die Standardsoftware als allgemeingültige, vielfach einsetzbare Software-Lösung »von der Stange« steht dabei der Individualsoftware – häufig als »Maßanzug« bezeichnet – gegenüber.

Automatisierungsgrad

Der **Automatisierungsgrad** von Anwendungssoftware bietet eine weitere Möglichkeit der Klassifizierung. Unterschieden wird zwischen Vollautomatisierung und Teilautomatisierung. Im Sinne der Vollautomatisierung erfüllt die Software die zu leistende Aufgabe (meist Routineaufgaben wie Bestellungen) selbstständig. Teilautomatisiert arbeiten Benutzer und Software gemeinschaftlich in einem Dialog (Dialogsystem) an der Erfüllung der Aufgaben. Ein Beispiel für teilautomatisierte Systeme sind die sogenannten Frühwarnsysteme, welche innerhalb der Produktion Einsatz finden. Hierbei würde bei Teilautomatisierung eine Systemmitteilung an den Benutzer gesendet, wenn es zu Engpässen (z. B. fehlendes Material, zu lange Bearbeitungszeiten an den Maschinen) innerhalb der Produktion kommt. Entscheidung und Umsetzung entsprechender Maßnahmen geschehen allerdings nicht mehr automatisch durch das System (vollautomatisch), sondern müssen entsprechend vom Benutzer entschieden und eingeleitet bzw. diese Entscheidung an das System zurückgegeben werden.

Anwendungsbereich

Nach dem **Anwendungsbereich**, in dem die Systeme Verwendung finden, kann man zudem zwischen Branchen- und Funktionssystemen unterscheiden. Während Branchenprogramme Lösungen für spezielle Probleme einer bestimmten Branche bieten (z. B. Softwarelösungen für Banken, Versicherungen, für den Handel oder für die Patientenverwaltung in Arztpraxen), offerieren Funktionsprogramme Software-Lösungen für einzelne Funktionsbereiche einer Unternehmung (z. B. Finanzbuchhaltungs-, Lagerhaltungs- und Produktionssysteme).

Ebenen der Unternehmung

Aus wissenschaftlicher Sicht hat es sich durchgesetzt, Unternehmungen gemäß Ihren Aufgaben, Zielen und der Komplexität Ihrer Problemstellung in **drei Ebenen** – die operative, die taktische und die strategische Ebene – zu gliedern (Abb. 5.1-2). Während auf operativer Ebene relativ einfache, häufig anfallende, das Tagesgeschäft betreffende Problemstellungen gelöst werden müssen (z. B. Bestellung und Vertrieb), sind die zu bearbeitenden Aufgaben im taktischen und strategischen Bereich eher schlecht strukturiert (z. B. Planung von Produktionsstandort oder Produktpaletten). Im taktisch-strategischen Bereich einer Unternehmung erhöhen sich zudem die Komplexität der zu lösenden Probleme sowie der Planungshorizont (von weniger als einem Jahr im operativen Bereich bis hin zu mehr als 3 Jahren im strategischen Bereich). Anwendungssysteme lassen sich ebenfalls nach den Ebenen ihres Einsatzgebietes klassifizieren.

Verwendungszweck

Der **Verwendungszweck** des Anwendungssystems stellt eine weitere Klassifizierungsmöglichkeit dar. Man kann unterscheiden zwischen Administrations- und Dispositionssystemen, Analyse-, Planungs- und Kontrollsystemen sowie Querschnittsystemen.

Diese Einordnung führt zu einer Einteilung der Anwendungssysteme in Systemgruppen, deren Bezeichnungen in Theorie und Praxis häufig genutzt werden.

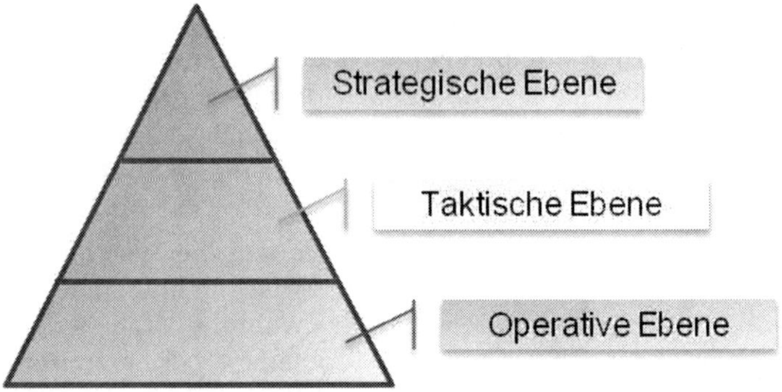
Strategische Ebene
Taktische Ebene
Operative Ebene

Abb. 5.1-2: Ebenen der Unternehmung.

5.2 Arten von Anwendungssystemen **

Gemäß dem Zweck ihrer Verwendung lassen sich Anwendungssysteme in die drei Bereiche Administrations- und Dispositionssysteme, Analyse-, Planungs- und Kontrollsysteme sowie Querschnittssysteme gliedern (Abb. 5.2-1).

Die sogenannten Administrations- und Dispositionssysteme sind Anwendungssysteme, die die operativen Bereiche einer Unternehmung sowohl bei der Verarbeitung von Massendaten, als auch bei der Berechnung und Simulation von Entscheidungen auf operativer Ebene unterstützen:

- »Administrations- und Dispositionssysteme«, S. 95

Im Bereich des Managements einer Unternehmung finden dagegen die Analyse-, Planungs- und Kontrollsysteme Anwendung. Hier unterstützen sie im strategisch-taktischen Bereich die Führungskräfte bei der Lösung eher schlecht strukturierter Probleme:

- »Analyse-, Planungs- und Kontrollsysteme«, S. 97

Eine Ausnahme bilden die Querschnittssysteme, da sie unabhängig von der Unternehmensebene und somit von der Komplexität der Problemstellung sind. Hierzu zählen Anwendungen im Bereich der Büro- und Workflowsysteme:

- »Querschnittssysteme«, S. 98

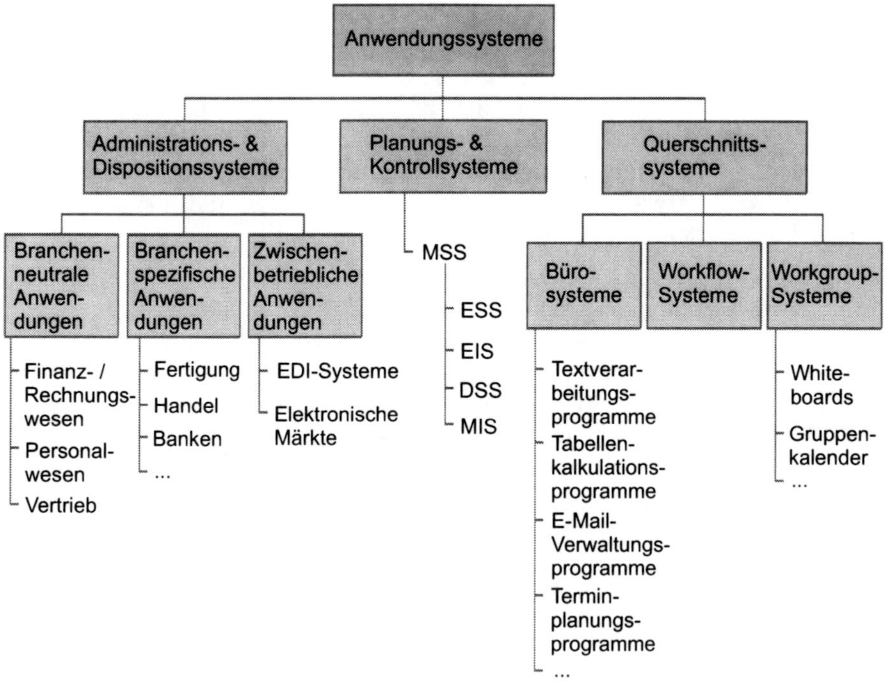
Anwendungssysteme
Administrations- & Dispositionssysteme
Planungs- & Kontrollsysteme
Querschnitts-systeme
Branchen-neutrale Anwen-dungen
Branchen-spezifische Anwen-dungen
Zwischen-betriebliche Anwen-dungen
MSS
Büro-systeme
Workflow-Systeme
Workgroup-Systeme
Finanz- / Rechnungs-wesen
Personal-wesen
Vertrieb
Fertigung
Handel
Banken
...
EDI-Systeme
Elektronische Märkte
ESS
EIS
DSS
MIS
Textverar-beitungs-programme
Tabellen-kalkulations-programme
E-Mail-Verwaltungs-programme
Termin-planungs-programme
...
White-boards
Gruppen-kalender
...

Abb. 5.2-1: Klassifizierung von Anwendungssystemen [StHa05, S. 345].

5.2.1 Administrations- und Dispositionssysteme **

Die Administrations- und Dispositionssysteme sind die Systeme der operativen Ebene einer Unternehmung. Administrationssysteme unterstützen die automatisierte Verarbeitung von Massendaten, wohingegen die Dispositionssysteme über die reine Administration hinausgehen und durch einfache Modelle und Methoden Entscheidungen direkt unterstützen. Administrations- und Dispositionssysteme lassen sich untergliedern in branchenneutrale, branchenspezifische und zwischenbetriebliche Anwendungen.

Die Administrations- und Dispositionssysteme sind auf der untersten, der operativen Ebene einer Unternehmung angesiedelt.

Administrationssysteme

Auf dieser Ebene sind die automatisierte Verarbeitung von Massendaten sowie die effiziente Verwaltung von Beständen, mit dem Ziel, Prozesse zu beschleunigen und Durchlaufzeiten zu verkürzen, Aufgabe der **Administrationssysteme**. Beispiele sind das Finanzbuchhaltungs- und Kostenrechnungssystem des Rechnungswesens oder das Bestandsverwaltungssystem eines Lagers (vgl. [StHa05, S. 344f.]; [Mert12, S. 13]).

Dispositionssysteme

Der Anwendungsbereich der **Dispositionssysteme** geht hingegen über die reine Administration hinaus (vgl. [Mert12, S. 13]). Diese Systeme unterstützen – durch mathematische Berechnungen und Simulationen – Entscheidungen mit relativ einfachen Planungsaufgaben im Falle klar strukturierter Entscheidbarkeit und Delegationsfähigkeit (vgl. [GaBe03, S. 175]). Anwendung finden diese Systeme zum Beispiel bei der Vorbereitung kurzfristiger, dispositiver Entscheidungen (vgl. [StHa05, S. 346]) im Rahmen der Bestellabwicklung oder bei der Planung von Liefertouren im Vertrieb.

Zu den häufig eingesetzten Anwendungssystemen im Bereich der Produktion zählen die **PPS-Systeme** (Produktionsplanungs- und -steuerungs-Systeme) als branchenspezifische Lösung. Anwendungssysteme können aber auch für mehrere Einsatzbereiche einer Unternehmung eine gemeinsame Lösung anbieten. Zu diesen Systemen gehören beispielsweise die ERP-Systeme *(Enterprise Resource Planning-System)* (siehe »ERP-Systeme«, S. 110).

Klassifizierung

Eine weitere Klassifizierung der Administrations- und Dispositionssysteme erfolgt hauptsächlich in branchenneutrale, branchenspezifische und branchenübergreifende Anwendungen. **Branchenspezifische** Anwendungen sind für die Lösungen von Aufgaben einzelner Branchen entwickelt worden, wie etwa spezielle Software-Lösungen für Arztpraxen oder Kreditinstitute. **Branchenneutral** dagegen sind Anwendungen in Bereichen, die in jeder Unternehmung – unabhängig von der Branche – eingesetzt werden können, wie Software-Lösungen im Bereich der Finanzbuchhaltung oder des Personalwesens. Zu Anwendungsfeldern, die **branchenübergreifende** Lösungen erfordern können, gehört beispielsweise die Pharmaindustrie, bei der Anwendungssysteme eine Kommunikation zwischen Pharmaunternehmen, Pharmagroßhandel, Krankenhäusern, Ärzten und Apotheken ermöglichen können. Zwischenbetriebliche Anwendungssysteme, sogenannte B2B-Systeme (***Business-to-Business*-Systeme**) verbinden die Systeme mehrere Unternehmen miteinander. EDI-Systeme *(electronic data interchange)*, die den Datenaustausch zwischen zwei oder mehreren Unternehmungen – vom elektronischen Austausch der Bestellungen, Rechnungen etc. bis hin zu gemeinsamen Informationssystemen – unterstützen, zählen zu diesen Systemen (vgl. [HaNe09, S. 143]).

5.2.2 Analyse-, Planungs- und Kontrollsysteme **

Analyse-, Planungs- und Kontrollsysteme unterstützen das Management einer Unternehmung bei der Entscheidungsfindung im taktisch-strategischen Bereich. Die benötigten Daten werden aus den operativen Bereichen einer Unternehmung gewonnen und zum Zweck einer späteren Planung, Kontrolle und Analyse in Datenbanken gespeichert. Dabei werden i. d. R. anspruchsvolle Modelle und Methoden genutzt, so z. B. Optimierungs- und Simulationsverfahren.

Im Gegensatz zu den Administrations- und Dispositionssystemen auf der operativen Ebene einer Unternehmung finden sich auf den oberen (taktisch-strategischen) Managementebenen einer Unternehmung die **Analyse-, Planungs- und Kontrollsysteme** (auch »Management Support Systeme«, S. 143). Es handelt sich hierbei sowohl um Informations- als auch um Analysesysteme, die das Management der Führungsebene durch Bereitstellung und entsprechende Aufbereitung von unternehmensinternen und -externen Daten bei der Entscheidungsfindung unterstützen (vgl. [ScKr10, S. 13f.]). Die benötigten unternehmensinternen Daten werden aus den operativen Bereichen der Unternehmung gewonnen und in »Datenbanksystemen«, S. 119, gespeichert. Bei externen Daten kann es sich beispielsweise um Statistiken des Marktes und der Branche, Bevölkerungsstatistiken, Steuervorschriften der Finanzverwaltung oder Patentdaten handeln (vgl. [Mert12, S. 14f.]).

Planungs-systeme

Planungssysteme helfen dem Management bzw. der Geschäftsführung bei der Strukturierung und Planung in eher schlecht strukturierten, nicht routinierten und anspruchsvollen Entscheidungssituationen mit langfristigem Planungscharakter (vgl. [GaBe03, S. 175]). Der Bereich der Planung kann hier von einzelnen Abteilungen der Unternehmung bis zu bereichsübergreifenden oder sogar internationalen Unternehmungslösungen reichen.

Kontrollsysteme

Die **Kontrollsysteme** dienen der Überprüfung der Realisierung geplanter Vorgaben (Berichts- und Warnsysteme). Aufgabe ist aber nicht nur die Aufstellung eines Soll-Ist-Vergleichs, sondern ebenso die Generierung von Vorschlägen zu möglichen Maßnahmen, die im Falle von Abweichungen ergriffen werden können (vgl. [GaBe03, S. 175]) (Expertisesystem).

Subsumiert werden diese Systeme unter dem Begriff der **Management Support Systeme**, welche sich in vier weitere Ausprägungen gliedern lassen: die **MIS** *(Management Information System)*, die **EIS** *(Executive Information System)*, die **DSS** *(Decision Support System)* und die **ESS** *(Executive Support System)*. Ihre Unterstützung reicht von einer einfachen Aufbereitung der Informationen aus den operativen Bereichen, in Form von periodisierten Berichten zur Versorgung des Managements mit detaillierten, verdichteten Information, bis zur interaktiven IT-Unterstützung, bei der der Entscheidungsträger mit Hilfe von Modellen und Methoden bei der Lösung von Teilaufgaben in komplex strukturierten Entscheidungssituationen unterstützt wird (vgl. [GGP09, S. 18ff.]). Mehr Informationen zu Arbeitsweise und Ausprägung der einzelnen Systeme finden Sie hier:

- »MSS und BI«, S. 143

5.2.3 Querschnittssysteme **

Querschnittssysteme sind Anwendungssysteme, deren Einsatz unabhängig von der Unternehmenshierarchie oder der -branche ist und die in nahezu allen betrieblichen Arbeitsbereichen Einsatz finden. Sie gliedern sich in Büro-, *Workflow-* und *Workgroup-*Systeme.

Bürosysteme

Bürosysteme unterstützen Tätigkeiten und Kommunikation sowie Kooperation im Büro, weshalb sie häufig auch als Bürokommunikationssysteme (bzw. Büroinformations- und Kommunikationssysteme) bezeichnet werden. Ihr Einsatz beginnt schon mit Basisfunktionalitäten wie Textverarbeitung, Tabellenkalkulation, Verwaltung von E-Mails, Terminen und Kontakten sowie Erarbeitung von Präsentationen, die unter dem Begriff *Office*-Paket zusammengefasst und zum Beispiel von Microsoft angeboten werden.

Workflow-Systeme

Während die einzelnen Bürosysteme weitgehend unabhängig voneinander arbeiten und von einzelnen Benutzern bedient werden, liegt der Fokus sogenannter **Workflow-Systeme** auf der Interaktion und Zusammenarbeit dieser Systeme sowie mehrerer Benutzer. Ziel ist es, durch Koordination asynchroner Tätigkeiten, zusammenhängende, strukturierte Arbeitsschritte in eine logische Reihenfolge zu bringen, um so die Abfolge dieser Tätigkeiten als durchgängigen Arbeitsfluss zu gestalten. Dabei stehen die automatische Weitergabe der Tätigkeiten und erforderlichen Dokumente sowie Informationen nach vordefinierten Paradigmen, unter Beachtung von Fristen und Ausnahmesituationen, an den nächsten Bearbeiter bzw. Arbeitsplatz im Vordergrund. Diese prozessorientierte Ausrichtung der Tätigkeiten rückte in den 1980er Jahren in den Fokus der Betrachtung und ersetzte die bis dahin vorherrschende funktionsorientierte Sichtweise einer Unternehmung (vgl. hierzu auch den Abschnitt »Prozesse aus organisationstheoretischer Sicht«, S. 163). Erreicht werden sollte eine Verringerung der Komplexität und der Arbeitsschritte und somit der Durchlaufzeiten sowie eine Erhöhung der Transparenz von Arbeitsprozessen und der Parallelisierung von Arbeitsschritten. Gefördert werden zudem sowohl Koordination als auch Kommunikation zwischen den Mitarbeitern und Teams.

Workgroup-Systeme

Beim **Workgroup-System** steht dagegen die gemeinsame Arbeit, d. h. die gemeinsame Erstellung, Strukturierung, Sammlung, Kommentierung, Auswertung u. ä. von Informationen im Vordergrund. Dabei sollen diese Systeme vor allem Dynamik und Flexibilität bei der Gruppenarbeit unterstützen bzw. fördern. Neben einer Plattform zum gemeinsamen Brainstorming, geteilten Anwendungen zum gemeinsamen Schreiben und Zeichnen und einem Gruppenkalender zur besseren gemeinsamen Terminkoordination, stehen je nach Ausprägung verschiedene Komponenten zur Aufgabenunterstützung zur Verfügung. In der Klassifikationsmatrix in Abb. 5.2-2 (in Anlehnung an [HaNe09, S. 569]) sind weitere Beispiele aufgeführt. Als Kriterien zur Klassifikation der sogenannten Groupware dienen hier die Unterscheidung zwischen synchroner und asynchroner Zusammenarbeit sowie die Unterscheidung zwischen der Zusammenarbeit am gleichen Ort (lokal) und der Zusammenarbeit an verschiedenen Orten.

	Zusammenarbeit zur gleichen Zeit (synchron)	Zusammenarbeit zu verschiedenen Zeiten (asynchron)
Zusammenarbeit am gleichen Ort (lokal)	Präsentationen Brainstorming Abstimmungen	Geteilte Anwendungen, wie z.B. gemeinsames Schreiben, Zeichnen
Zusammenarbeit an verschiedenen Orten (entfernt)	Shared Whiteboards Videokonferenzen Chat, Instant Messaging	Gruppenkalender E-Mail, Postlisten Diskussionsforen Wikis, Weblogs

Abb. 5.2-2: Groupware-Komponenten [HaNe09, S. 569].

5.3 Informations- und Kommunikationssysteme *

Im Bereich der Anwendungssysteme spielen Informationen und Kommunikation eine entscheidende Rolle. Systeme, die neben der Verarbeitung und Bereitstellung von Informationen auch den Austausch dieser zwischen Menschen, Mensch und Computer oder den Computern ermöglichen, werden unter dem Begriff Informations- und Kommunikationssysteme zusammengefasst.

IuK-Systeme

Um den Hintergrund der Informations- und Kommunikationssysteme (IuK-Systeme) genauer erläutern zu können, soll zunächst das Begriffsverständnis der Bestandteile Information und Kommunikation im Kontext dieser Systeme definiert werden.

Informationen sind zweckbezogenes Wissen. Zeichen, wie Buchstaben (»a«, »A«), Ziffern (»1«, »30«) oder Sonderzeichen (»!«, ».«) bilden die kleinste Einheit einer Information. Zum Zweck der Verarbeitung werden sie zu Daten zusammengesetzt (z. B. »1,30«).

Informationen

Ein einzelnes Datum wie »1,30« gewinnt jedoch erst im Kontext an Aussagekraft und wird so zu einer Information. Ohne Kontext könnte das Datum »1,30« viele Aussagen haben, wie eine Größenangabe, einen Preis oder einen Umrechnungskurs. Erst wenn man das Datum in einen Zusammenhang einordnet, beispielsweise »1,30 Euro« wird die Aussage deutlich und das Datum zu einer Information. D. h., Informationen sind situations- und kontextabhängig, sie können in verschiedenen Situationen für Adressaten unterschiedliche Bedeutung bzw. Relevanz besitzen (vgl. [ScKr10]). Vergleichen Sie hierzu auch »Informationsmanagement«, S. 257.

Unter **Kommunikation** wird der Austausch von Informationen verstanden. Dieser kann vor dem Hintergrund der Verständigung zwischen Menschen, zwischen Mensch und Computer oder zwischen Computern stattfinden.

Kommunikation

Der Begriff Computer umfasst in diesem Zusammenhang sowohl Hardware- als auch Softwarekomponenten bzw. -anwendungen. Der Übermittlungsprozess der Informationen erfolgt über mindestens einen Sender (Mensch oder Computer) und einen Empfänger (Mensch oder Computer) (vgl. [GaBe03, S. 36]).

Informations- und Kommunikationssysteme (kurz: Informationssysteme) vereinen beide Aspekte in einem System. Ihr Ziel ist es, technische Möglichkeiten anzubieten, die eine wirtschaftlich »optimale« Informationsbereitstellung und die dafür notwendigen Kommunikationsmöglichkeiten zur Verfügung stellen, um so die Erfüllung der betrieblichen Aufgaben effektiv und effizient zu unterstützen (vgl. [Krcm10, S. 25]). Zu den Aufgaben zählen die Erfassung, Übertragung, Transformation, Speicherung und Bereitstellung von Informationen. Bei IuK-Systemen handelt es sich um soziotechnische Systeme, die sowohl menschliche als auch maschinelle Aspekte umfassen.

Informations- & Kommunikationssystem

Häufig erfolgt auch bei den IuK-Systemen eine Einteilung in Administrations-, Dispositions-, Planungs- und Kontrollsysteme (vgl. [Mert12, S. 1]). Mehr Informationen zu den IuK-Systemen finden Sie in den Kapiteln »Gegenstand, Aufgaben und Ziele der WI«, S. 5, und »Informationsmanagement«, S. 257.

5.4 Integrierte Anwendungssysteme *

Abgeleitet aus dem Lateinischen von »integrare« für »wiederherstellen/erneuern« steht der Begriff Integration für die Schaffung oder Wiederherstellung eines Ganzen, d. h. das Zusammenfügen und in Beziehung setzen von vormals voneinander isolierten Elementen. In der Informatik bedeutet Integration z. B. die Verknüpfung von »[...] Menschen, Aufgaben und Technik zu einem sozio-technischen System« [GaBe03, S. 5].

Die Informationssystem-Pyramide stellt die verschiedenen Arten von Anwendungssystemen gemäß ihren Aufgaben und der zu unterstützenden Ebene innerhalb einer Unternehmung dar. Anhand dieser grafischen Aufbereitung der verschiedenen Systeme lässt sich die Integration von Anwendungssystemen verdeutlichen:

- »Die Informationssystem-Pyramide«, S. 103

Die Integration selbst lässt sich nach verschiedenen Aspekten klassifizieren. So lässt sich beispielsweise nach dem zu integrierenden Gegenstand, zwischen Datenintegration, Funktionsintegration, sowie die Integration der Prozesse, der Methoden und Programme unterscheiden:

- »Ausprägungen der integrierten Informationsverarbeitung«, S. 104

Von den zahlreichen Vorteilen der Integration von Anwendungssystemen, wie einer effizienteren Gestaltung von Geschäftsprozessen und einer höheren Informationstransparenz, sind eine Reihe von Nachteilen abzugrenzen:

- »Vor- und Nachteile integrierter Anwendungssysteme«, S. 108

5.4.1 Die Informationssystem-Pyramide *

Eine von zahlreichen Möglichkeiten der Klassifikation von Anwendungssystemen ist die nach den Ebenen der Unternehmungen, in denen die Systeme eingesetzt werden. Demnach lassen sich Anwendungssysteme dem operativem, dem taktischem oder dem strategischem Aufgabenfeld einer Unternehmung zuordnen. Eine Zuordnung ist aber nicht immer so einfach möglich, da Systeme auch mehrere Ebenen bedienen können oder die einzelnen Ebenen sich nochmals untergliedern lassen. Eine Darstellungsform der verschiedenen Klassen von Anwendungssystemen, angeordnet nach den Einsatzbereichen in einer Unternehmung, bietet die Informationssystem-Pyramide.

Ebenen der Pyramide

Die Informationssystempyramide, dargestellt in der Abb. 5.4-1, beschreibt den Aufbau einer Unternehmung, der sich in fünf Ebenen gliedert. Die beiden untersten Ebenen stehen für die **operativen Bereiche** einer Unternehmung mit den Administrations- und Dispositionssystemen.

Auf der untersten Ebene sind die **mengenorientierten operativen Bereiche** einer Unternehmung zu finden, von der Forschung und Entwicklung über die Produktion bis zum Kundendienst sind sie gemäß ihrem zeitlichen Ablauf in der Unternehmung angeordnet (vgl. [Mert12, S. 1]). Auf der zweiten Ebene befinden sich die **wertorientierten operativen Bereiche** einer Unternehmung, wie das Rechnungswesen und die Finanzbuchhaltung, die auch als Transaktionssysteme bezeichnet werden. Diese Systeme dienen der Unterstützung alltäglicher Leistungsprozesse (vgl. [HaNe09, S. 141]). Die drei obersten Ebenen (Ebene 3 bis 5) geben den **taktisch-strategischen Bereich** einer Unternehmung wieder.

Die dritte Ebene beinhaltet die **Controllingbereiche** der in der ersten Ebene vertretenen operativen Abteilungen, die durch die Kontrollsysteme unterstützt werden. Die vierte Ebene beinhaltet **Analysesysteme** zu den einzelnen Bereichen der Unternehmung. Die fünfte Ebene, die der Unternehmens(gesamt-)führung, wird durch **Systeme zur Unternehmungsplanung und -führung** unterstützt.

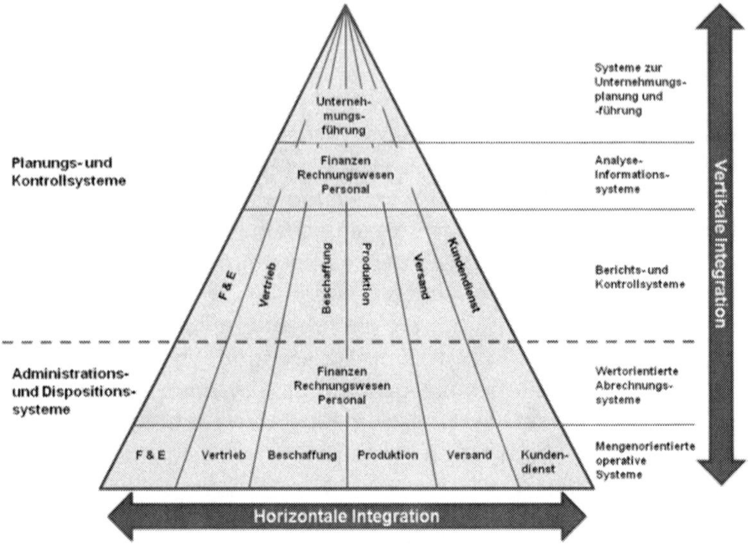
Unterneh-
mungs-
führung
Systeme zur
Unternehmungs-
planung und
-führung
Planungs- und
Kontrollsysteme
Finanzen
Rechnungswesen
Personal
Analyse-
Informations-
systeme
F&E
Vertrieb
Beschaffung
Produktion
Versand
Kundendienst
Berichts- und
Kontrollsysteme
Vertikale Integration
Administrations-
und Dispositions-
systeme
Finanzen
Rechnungswesen
Personal
Wertorientierte
Abrechnungs-
systeme
F & E
Vertrieb
Beschaffung
Produktion
Versand
Kunden-
dienst
Mengenorientierte
operative
Systeme
Horizontale Integration

Abb. 5.4-1: Die Informationssystem-Pyramide [Mert09, S. 1].

Alle Bereiche der dritten bis fünften Ebene werden durch die Planungs- und Kontrollsysteme unterstützt (vgl. [Mert12, S. 6]). Mehr Informationen zu den Planungs- und Kontrollsystemen sind im Kapitel »MSS und BI«, S. 143, zu finden.

Die Pyramide stellt nur einen Ausschnitt der tatsächlichen Abteilungen einer Unternehmung dar, doch wird gerade dadurch sehr gut deutlich, wie viele unterschiedliche Bereiche und somit Systeme eine Unternehmung beherbergen kann.

5.4.2 Ausprägungen der integrierten Informationsverarbeitung *

Die Möglichkeiten der Klassifizierung von Integrationsarten sind zahlreich. Eine Klassifizierung, die sich im Laufe der Zeit herausgebildet hat, ist die nach den fünf Dimensionen Gegenstand, Richtung, Reichweite, Automationsgrad und Zeitpunkt, welche sich jeweils in weitere Unterkategorien gliedern lassen.

Eine Klassifizierung der Integration ist in die fünf Dimensionen Gegenstand, Richtung, Reichweite, Automationsgrad und Zeitpunkt möglich. Diese Kategorien und eine weitere Gliederung in Unterkategorien werden im Folgenden näher erläutert (Abb. 5.4-2).

Gegenstand

Zu den Gegenständen der Integration zählen Daten, Funktionen, Objekte, Prozesse, Methoden und Programme (Abb. 5.4-2; vgl. [LLS10, S. 464f.]).

Datenintegration

Gibt es für die verschiedenen Anwendungsbereiche einer Unternehmung ein einheitliches, logisches Datenmodell, welches den Zugriff mehrerer Nutzer auf einen gemeinsamen Datenbestand ermöglicht, wird dies als **Datenintegration** bezeichnet. Dies ist beispielsweise bei einem Anwendungssystem für mehrere Abteilungen einer Unternehmung der Fall. Die Daten werden hier nicht mehrfach angelegt, sondern jede Abteilung greift über das Programm auf denselben Datenpool zu. Grundlage bildet hier ein Datenbanksystem (vgl. hierzu auch »Datenbanksysteme und Data Warehouse«, S. 119). Das Problem redundanter Daten (Mehrfachspeicherung derselben Daten) und inkonsistenter Daten (gleiche Datensätze mit unterschiedlichen Werten) wird vermieden. Eine weitere Variante der Datenintegration ist die automatische Datenweitergabe. Die Programme sind dabei so aufeinander abgestimmt, dass sie an den Schnittstellen die relevanten Daten an die folgende Funktion weitergeben können.

Funktionsintegration

Die Bündelung ähnlicher Aufgaben (Funktionen) in einem Anwendungssystem wird mit dem Begriff der Funktionsintegration beschrieben. Voraussetzung für eine sinnvolle **Funktionsintegration** ist die Integration der Daten. Greifen die unterschiedlichen Funktionen auf denselben Datenbestand zu, so kann beispielsweise ein Mitarbeiter des Einkaufs bei Materialbestellungen direkten Einblick in den aktuellen Lagerbestand nehmen. Ohne eine Integration der Funktionen und Daten würde eine manuelle Abfrage (E-Mail, Anruf) notwendig sein.

Prozessintegration

Die **Prozessintegration**, auch Vorgangsintegration genannt, beschreibt die Zusammenführung und Abstimmung

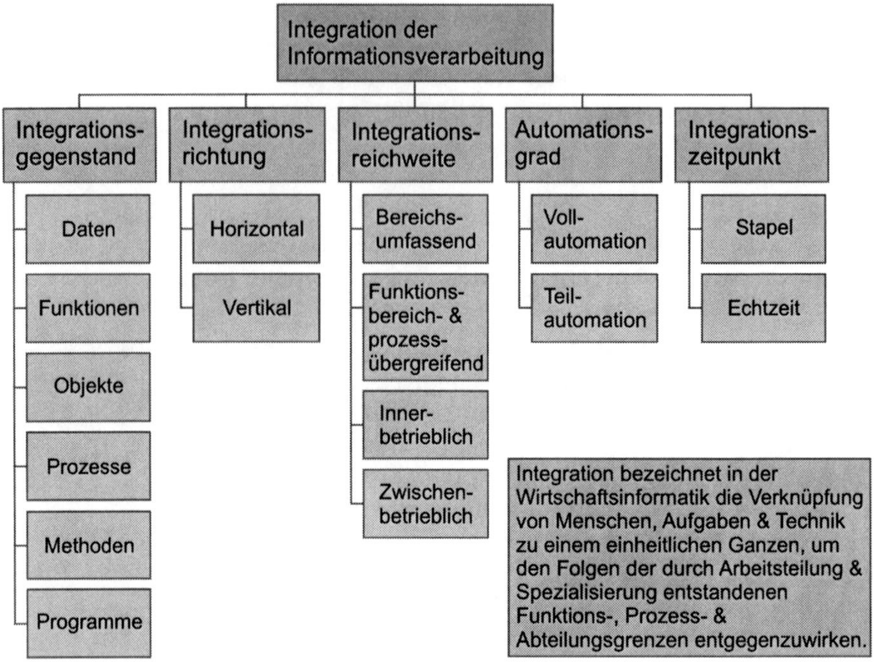
Integration der Informationsverarbeitung
Integrations-gegenstand
Daten
Funktionen
Objekte
Prozesse
Methoden
Programme
Integrations-richtung
Horizontal
Vertikal
Integrations-reichweite
Bereichs-umfassend
Funktions-bereich- & prozess-übergreifend
Inner-betrieblich
Zwischen-betrieblich
Automations-grad
Voll-automation
Teil-automation
Integrations-zeitpunkt
Stapel
Echtzeit
Integration bezeichnet in der Wirtschaftsinformatik die Verknüpfung von Menschen, Aufgaben & Technik zu einem einheitlichen Ganzen, um den Folgen der durch Arbeitsteilung & Spezialisierung entstandenen Funktions-, Prozess- & Abteilungsgrenzen entgegenzuwirken.

Abb. 5.4-2: Dimensionen der Integration [LLS10, S. 466].

der in der Unternehmung vorherrschenden Geschäftsprozesse über Abteilungsgrenzen hinweg. Voraussetzung ist eine detaillierte Beschreibung der Prozesse mit dem Ziel, Brüche zwischen einzelnen Organisationen zu überbrücken. Die Prozessintegration steht mit der »Optimierung «bzw. Verbesserung von Geschäftsprozessen in einem engen Kontext, die im Kapitel »Geschäftsprozessmanagement«, S. 155, näher behandelt wird.

Methoden-integration

Methodenintegration meint die Kombination und Abstimmung der in der Unternehmung in unterschiedlichen Abteilungen eingesetzten Methoden, vor dem Hintergrund einer besseren Koordination wichtiger Unternehmenskennzahlen.

Programm-integration

Die Programme bzw. die eingesetzte Software einer Unternehmung aufeinander abzustimmen, ist unter dem Begriff der **Programmintegration** zusammengefasst. Ziel ist es, die Funktionen einzelner Programme in einer Anwendungssoftware zu integrieren und so Schnittstellen zu vermeiden. Weiterhin unterscheidet man zwischen der Integration unterschiedlicher Geräte (Hardwareintegration), eingesetzter Medien (Medienintegration) und vorhandener Benutzungsschnittstellen (vgl. [Mert12, S. 1ff.]; [LLS10, S. 464ff.]).

Richtung

Vertikale & horizontale Integration

Gemäß der Richtung der Integration unterscheidet man zwischen vertikaler und horizontaler Integration. Unter **horizontaler** Integration ist die Verknüpfung von Informationssystemen einer Unternehmensebene entlang des Wertschöpfungsprozesses zu verstehen. **Vertikal** dagegen werden Teilsysteme des gleichen Funktionsbereichs über die unterschiedlichen Ebenen einer Unternehmung hinweg verknüpft (vgl. [HaNe09, S. 140]).

Reichweite

Integrationsreichweite

Die Reichweite der Integration kann lediglich kleine Bereiche einer Unternehmung umfassen (einen zusammengehörigen Bürokomplex) oder ganze Abteilungen (wie bspw. Einkauf, Vertrieb, Konstruktion), sie kann funktions- bzw. prozessübergreifend (z. B. ein **CRM**-System) stattfinden. Darüber hinaus kann man gemäß der Reichweite zwischen innerbetrieblicher (z. B. **ERP-Systeme**) und überbetrieblicher Integration unterscheiden (vgl. [Mert12, S. 6]).

Automationsgrad

Automationsgrad

Gemäß dem Automationsgrad unterscheidet man zwischen Vollautomatisierung und Teilautomatisierung. **Vollautomatisierung** bedeutet, dass das System die nächsten Arbeitsschritte vollautomatisiert auslöst und der Mensch nur eine untergeordnete Funktion einnimmt. Beispielsweise kann beim Unterschreiten einer bestimmten Lagerbestandsgrenze für Materialien eine automatische Bestellung ausgelöst werden. Unter **Teilautomatisierung** versteht man hingegen jede Form der Arbeitsteilung, die durch eine Kommunikation und Arbeitsteilung zwischen Mensch und Maschine geprägt ist. Unterschieden wird bei der Teilautomatisierung noch danach, wer der Aktion auslöst, d. h., von wem die Initiative ausgeht, von Mensch oder Computer (vgl. [Mert12, S. 8]).

Integrationszeitpunkt

Integrations-zeitpunkt

Stapel- und Dialogverarbeitung sind zwei Ausprägungen gemäß des Zeitpunktes der Integration. Im Sinne der **Stapelverarbeitung** werden anfallende Aufgaben zunächst auf einem Stapel gesammelt und anschließend in Teilen, sogenannten Losen (Jobs) abgearbeitet (vgl. [LLS10, S. 470]). Anders bei der **Dialogverarbeitung**: Hier werden die anfallenden Aufgaben im Dialog zwischen Mensch und Computer abgearbeitet, d. h., es findet ein dauernder Wechsel zwischen einer Bearbeitung der Aufgabe durch das Programm und einer Aktion (z. B. in Form einer Eingabe) durch den Benutzer statt.

5.4.3 Vor- und Nachteile integrierter Anwendungssysteme *

Neben der Überwindung von Schnittstellen und somit der Abschaffung sogenannter Insellösungen sowie der Schaffung eines gemeinsamen Datenbestandes birgt die Integration von Anwendungssystemen weitere zahlreiche Vorteile. Sie ist aber auch mit einer Reihe von Nachteilen bzw. Herausforderungen, wie der enormen Komplexität solcher Systeme, verbunden, die es zu überwinden gilt.

Der durch die Erstellung der Unternehmungsleistung bedingte, häufige Wechsel zwischen den Organisationseinheiten birgt neben zusätzlichem Arbeitsaufwand die Gefahr von hohen Transport-, Warte- und Liegezeiten. Die hohe Anzahl an Schnittstellen zwischen den einzelnen Systemen stellt zum einen technisch eine Herausforderung dar, und zum anderen bedingen Schnittstellen einen Häufungspunkt von Fehlern (z. B. Übertragungsfehlern, denn viele voneinander unabhängige Systeme bedeuten eine vielfache Erfassung derselben Daten). Ist eine Kommunikation zwischen den einzelnen Systemen aus technischen Gründen nicht möglich, kommt es zu sogenannten Insellösungen (Abb. 5.4-3). Die Wartung und Pflege einer solchen Vielzahl von unterschiedlichen Anwendungssystemen ist sehr aufwendig. Darüber hinaus geht die mehrfache Erfassung derselben Daten meist mit einer zeitlichen Verzögerung der Verfügbarkeit der Informationen einher. Die Integration der Informationssysteme soll diese Probleme überwinden.

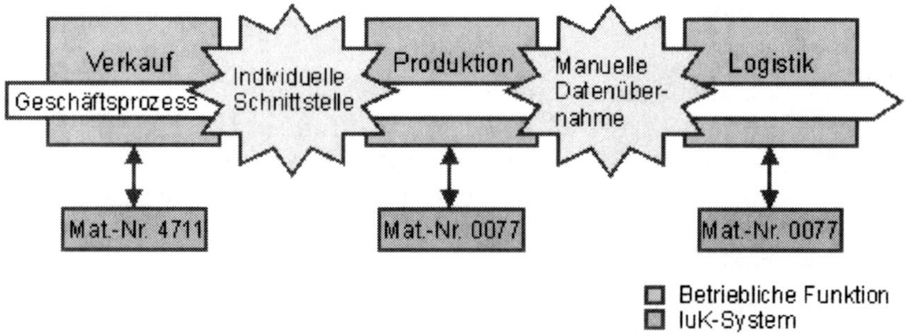
Verkauf
Individuelle Schnittstelle
Produktion
Manuelle Datenübernahme
Logistik
Geschäftsprozess
Mat.-Nr. 4711
Mat.-Nr. 0077
Mat.-Nr. 0077
Betriebliche Funktion
IuK-System

Abb. 5.4-3: Nicht-Integrierte Anwendungssysteme .

Integration von Anwendungssystemen

Zur Überwindung dieser Probleme rückte die **Integration von Anwendungssystemen** in ein einziges bzw. in wenige kleine Systeme mit einem gemeinsamen Datenbestand in den Vordergrund. Im Mittelpunkt steht hier nicht die Orientierung an Organisationseinheiten, sondern vielmehr die Ausrichtung des Systems am Geschäftsprozess, d. h. am Ablauf der Leistungserstellung durch die Unternehmung (vgl. Abb. 5.4-4).

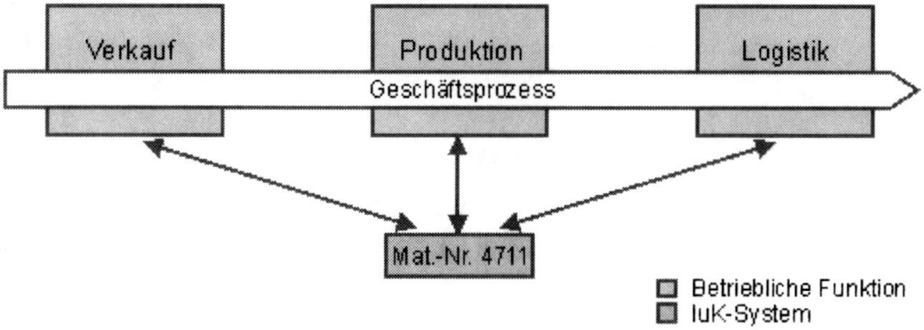
Verkauf
Produktion
Logistik
Geschäftsprozess
Mat.-Nr. 4711
Betriebliche Funktion
IuK-System

Abb. 5.4-4: Integrierte Anwendungssysteme.

Vorteile integrierter Anwendungssysteme

Dies ermöglicht, neben effizienteren Geschäftsprozessen, eine bessere und vor allem kostengünstigere Wartbarkeit. Durch die Verteilung von Zugriffsrechten auf bestimmte Bereiche und Funktionen des Systems und somit auch auf die zugrunde liegenden Daten sind eine höhere Informationstransparenz und ein einfacheres **Knowledgemanagement** möglich. Integrierte Währungsumrechnung und Mehrsprachigkeit des Systems erleichterten zudem eine globale Integration der Unternehmung.

Nachteile integrierter Anwendungssysteme

Nachteile sind vor allem in der Herausforderung an die hohe Komplexität solcher Systeme zu finden. Diese wird besonders durch die gegenseitigen Abhängigkeiten einzelner Systembestandteile und die daraus möglicherweise resultierenden Kettenreaktionen bedingt. Zudem gibt es immer noch Sonderfälle, bei denen eine Integration in die bestehende Systemlandschaft erschwert wird und somit eine Automation im Betriebsablauf nur schwer möglich ist. Diese Sonderfälle führen nicht nur zu einem mangelhaften Integrationsergebnis, auch erhöhen sie im Nachhinein häufig den Test- und Pflegeaufwand der Systeme. Aufgrund der erhöhten Komplexität und bedingt durch die Einmaligkeit bzw. Seltenheit einer solchen Integration (ist eine Systemlandschaft einer Unternehmung einmal integriert, müssen neue Systeme nur mit aufgenommen werden) sind lange Realisierungs- und Investitionslaufzeiten keine Seltenheit. Nicht zuletzt liegt ein weiterer Nachteil in den häufig eingesetzten Standardsoftwarelösungen (z. B. ERP-Systemen). Hier ist eine vollständige Anpassung auf die vorherrschenden Unternehmensstrukturen häufig unmöglich. Vielmehr müssen die Abläufe (Geschäftsprozesse) der Unternehmung bis zu einem bestimmten Grad den Vorgaben der Anwendungssoftware angepasst werden.

5.5 ERP-Systeme **

Unter dem Begriff der ERP-Systeme (Enterprise Resource Planning-Systeme) sind umfangreiche betriebswirtschaftliche Standardanwendungssoftware-Pakete zur Ressourcenplanung einer Unternehmung zusammengefasst. Diese Software-Pakete bilden eine Systemunterstützung für nahezu alle Aufgabenbereiche und Prozesse, die innerhalb einer Unternehmung anfallen. Ihr Schwerpunkt liegt in der Integration der verschiedenen Aufgaben einer Unternehmung auf Grundlage einer zentralen Datenbank.

ERP-Systeme

Die Entwicklung der **ERP-Systeme** begann in den 1990er Jahren. Wirft man einen Blick auf die Informationssystempyramide nach [Mert12], so lassen sich die ERP-Systeme in Form einer Software-Lösung zunächst für die erste und zweite Ebene betrachten. Diese Systeme bieten somit eine unternehmungsweite, integrierte Software-Lösung zur Koordination der wichtigsten internen, operativen Prozesse einer Unternehmung (vgl. [LLS10, S. 99]).

Sie helfen, Geschäftsprozesse über die verschiedenen Unternehmensbereiche hinaus zu koordinieren und effizient abzuwickeln, was insbesondere in international aufgestellten Unternehmungen eine große Herausforderung darstellt. So müssen hier beispielsweise in produzierenden Unternehmungen häufig Produktionsprozesse, Beschaffungsprozesse und Verkaufsprozesse an verschiedenen Standorten über verschiedenen Länder hinweg mit unterschiedlichen Währungen, unterschiedlichen Steuersystemen und in mehreren Sprachen aufeinander abgestimmt werden. Die Bedeutung von ERP-Systemen hat in den letzten Jahren kontinuierlich zugenommen, und sie wurden auch für Planungs- und Kontrollaufgaben erweitert (vgl. obere Ebenen der Informationssystempyramide nach [Mert12]). Die Unternehmungen investieren große Summen in die Planung, Implementierung und Weiterentwicklung ihrer ERP-Systeme. Mit der Vermeidung von Siloeffekten isolierter Einzelsysteme streben sie dabei insbesondere die Realisierung von Effizienzpotenzialen hinsichtlich ihrer Geschäftsprozesse an, arbeiten aber gleichzeitig durch die gewonnene Transparenz, die resultierende bessere Überwachbarkeit und Auswertbarkeit ihrer Prozesse auch einem effektiveren Prozessmanagement zu (vgl. [MaWo12, S. 3]).

Die zentrale Datenbank gewährleistet dabei Datenkonsistenz und Echtzeitverfügbarkeit sowohl der Stammdaten als auch der Transaktionsdaten in der gesamten Unternehmung. So werden beispielsweise Kundendatensätze vom Vertrieb angelegt, dieselben Datensätze von der Debitorenbuchhaltung genutzt und gegebenenfalls um Angaben ergänzt. Ein neuer Kundenauftrag ist im System auch direkt für die Produktionsplanung erfasst, und andersherum kann vor einer Zusage etwa eines Liefertermins die aktuelle Lagerbestandssituation für ein Produkt und die aktuelle Produktionsplanung berücksichtigt werden. Im Idealfall bedeutet dies tatsächlich ein einziges System für die gesamte Unternehmung, dem auch genau eine gemeinsame Datenbank zugrunde liegt. Praktisch stellt genau dies aber auch die

Schwierigkeit für die Unternehmung dar. Denn in der Ausgangssituation verfügen die einzelnen Bereiche einer Unternehmung meist über einzelne Software-Lösungen, die in einem System integriert werden müssen. Dabei orientieren sich ERP-Systeme an der Ausrichtung der Geschäftsprozesse einer Unternehmung und durchlaufen oft mehrere Abteilungen. Die Implementierung von ERP-Systemen stellt daher einen einschneidenden und meist sehr aufwändigen Prozess dar, der oft mit sehr grundsätzlichen Änderungen in den betroffenen Teilbereichen einer Unternehmung einhergeht. Zur Abfederung dieser Herausforderung ermöglicht der i. d. R. modulare Aufbau von ERP-Systemen eine schrittweise Einführung von Teillösungen, was jedoch einen geringeren Integrationseffekt bedeutet (vgl. [HaNe09, S. 660ff.]).

ERP-Funktionsbereiche

Zu den typischen **Funktionsbereichen** von ERP-Systemen zählen

- die Materialwirtschaft mit Abteilungen wie der Beschaffung, der Lagerhaltung, der Disposition usw.,
- die Produktion,
- das Finanz- und Rechnungswesen,
- das Controlling,
- die Personalwirtschaft,
- die Forschungs- und Entwicklungsabteilung,
- die Stammdatenverwaltung sowie
- das Marketing und der Verkauf bzw. Vertrieb.

SAP R/3

Die umfassendste und am weitesten fortgeschrittene Software-Lösung eines ERP-Systems bietet die SAP AG mit ihrem Produkt SAP ERP. Die SAP AG (SAP: Software, Anwendungen und Produkte in der Datenverarbeitung) wurde 1972 von fünf ehemaligen IBM-Mitarbeitern mit dem Ziel der Erstellung einer modularen betrieblichen Standardsoftware gegründet. Typischerweise setzten Unternehmungen bis dahin eine Reihe von nicht integrierten funktionsbereichsspezifischen Informationssystemen ein, die zudem individuell für jede Unternehmung erstellt wurden. Das Ergebnis waren teure Individual- und Insellösungen, die im Kontext der sich über die Grenzen der einzelnen Funktionsbereiche hinaus erstreckenden Geschäftsprozesse datentechnisch aufwändig synchronisiert werden mussten und die im Zusammenspiel dennoch regelmäßig zu Verzögerungen und Fehlern führten. Zudem ähnelten sich die Informationssysteme und die damit verbundenen Probleme in den verschiedenen Unternehmungen sehr stark. Das vor diesem Hintergrund für einen Kunden entwickelte System »R/1« stellte in den 1970er Jahren ein erstes modulares, integriertes Informationssystem dar, welches als konfigurierbares Standardsystem auch anderen Kunden angeboten werden konnte. Bereits im Namen des Systems verankerten die Gründer mit dem „R“ damals den zentralen Wert des Systems, welches durch die Prozess- und Datenintegration eine „Real Time“, also Echtzeitumgebung schaffte. Das erste kommerziell erfolgreiche System der SAP AG als dem Pionier und heutigen Marktführer im Bereich ERP-Systeme stellte das 1982 auf den Markt gebrachte und auf die sich rasch entwickelte Mainframe-Technologie abgestimmte System „R/2“ dar. Der endgültige Durchbruch gelang der SAP AG schließlich ab 1992 mit dem Client-Server-basierten und auf verschiedenen Plattformen lauffähigen System „R/3“, welches als offene Architektur auch ergänzende Entwicklungen von Partnerunternehmungen einbinden kann (vgl. [MoWa13, S. 25]). Nach einer ersten Umbenennung zunächst in „mySAP ERP“ stellt nun „SAP ERP“ mit den in der Solution Map in Abbildung 5.5.1 dargestellten Funktionen und unterstützten Geschäftsprozessen das Hauptprodukt der SAP AG dar, welches durch einen Wechsel von der Client-Server-Architektur zur Anwendungs- und Integrationsplattform SAP NetWeaver gekennzeichnet ist.

Hinter jedem Schlagwort der Solution Map verbergen sich ganze Geschäftsprozesse in Verbindung mit den sie unterstützenden Funktionen des ERP-Systems. Im Bereich „Operations: Sales and Customer Service“ ermöglicht das SAP ERP-System beispielsweise eine integrierte Durchführung aller in Abbildung 5.5–2 dargestellten Schritte eines Kundenauftragsprozesses (Sales Order Management) ([WaWe08, S. 18]):

Anwendungsbeispiele

- Vorverkaufsaktivitäten werden durch Basisfunktionalitäten aus dem Bereich Customer Relationship Management unterstützt, wie etwa einem Kundenkontaktmanagement, oder auch Funktionen zur Durchführung und Verfolgung von E-Mail- oder Internetkampagnen. Die richtigen Informationen sollen den richtigen Personen

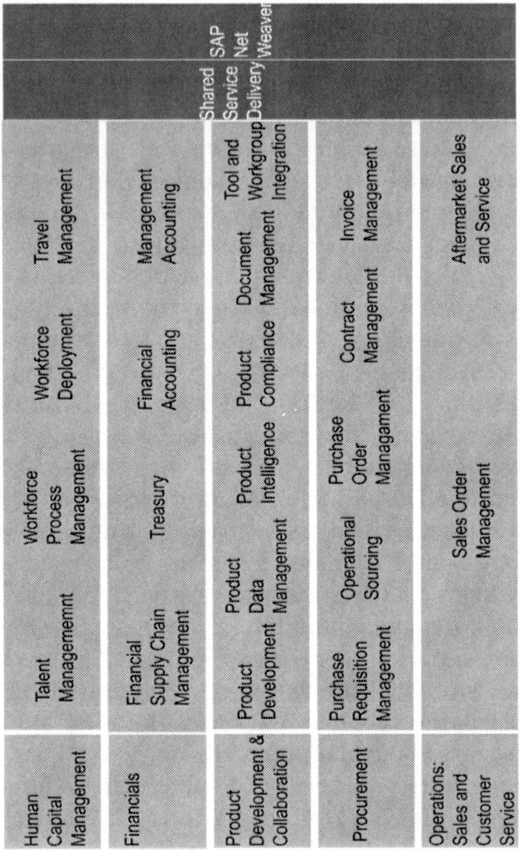
Human Capital Management
Talent Managememnt
Workforce Process Management
Workforce Deployment
Travel Management
Financials
Financial Supply Chain Management
Treasury
Financial Accounting
Management Accounting
Product Development & Collaboration
Product Development
Product Data Management
Product Intelligence
Product Compliance
Document Management
Tool and Workgroup Integration
Procurement
Purchase Requisition Management
Operational Sourcing
Purchase Order Managament
Contract Management
Invoice Management
Operations: Sales and Customer Service
Sales Order Management
Aftermarket Sales and Service
Shared Service Delivery
SAP Net Weaver

Abb. 5.5-1: Solution Map SAP ERP.

zum richtigen Zeitpunkt zur Verfügung stehen, um erfolgreiche Vertragsabschlüsse mit Kunden zu ermöglichen. Zu den wichtigsten Dokumenten zählen hier die (unverbindlichen) Anfragen der Kunden und die darauf aufbauenden (verbindlichen) Angebote der agierenden Unternehmung.

- Die sich anschließende Auftragsabwicklung, die ggf. auch durch eine direkte Bestellung eines Kunden ausgelöst oder auf bereits geschlossenen Rahmenverträgen beruhen kann, basiert auf einem Kundenauftrag als internem Steuerungsdokument. Hier werden alle erforder-

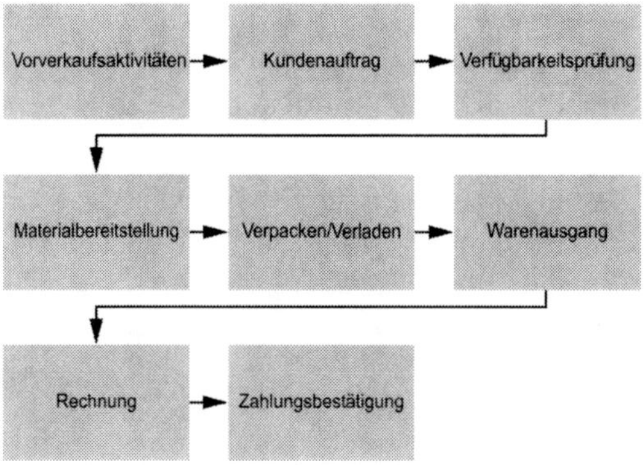
Vorverkaufsaktivitäten
Kundenauftrag
Verfügbarkeitsprüfung
Materialbereitstellung
Verpacken/Verladen
Warenausgang
Rechnung
Zahlungsbestätigung

Abb. 5.5-2: Kundenauftragsprozesse.

lichen Informationen ermittelt bzw. zusammengeführt, wie etwa relevante Termine, Produkte, Preise usw.
- Durch die Integration mit anderen Modulen folgen automatisierte Kontrollen und Berechnungen, wie etwa eine Verfügbarkeitsprüfung, die wiederum die Grundlage für die vom System ausgegebenen Liefermethodenvorschläge darstellt.
- Ein Lieferbeleg startet und steuert anschließend den Materialbereitstellungsvorgang, einschließlich Kommissionierung und Warenausgang. Dazu gehören zahlreiche Einzelschritte, wie etwa auch die Überprüfung der Einhaltung von Außenhandelsanforderungen, die Ermittlung von Gesamtgewichten oder ggf. das Auslösen von Liefersperren aufgrund von Verfügbarkeitsbeschränkungen. Der Warenausgang stellt den Eigentumsübergang auf den Kunden dar, wodurch es zu entsprechenden Buchungen kommt.
- Es folgt die Rechnungsstellung auf Basis der Daten aus dem Kundenauftrag und des Lieferscheins, was u. a. eine Aktualisierung des Kreditstatus des Kunden nach sich zieht.
- Abgeschlossen wird der Kundenauftragsprozess schließlich durch die Verbuchungen des Zahlungseingangs.

ERP-Module

Obwohl sich Unternehmungen zunehmend einer solchen prozessorientierten Betrachtung zuwenden, bleibt die funktionsorientierte Sichtweise dennoch ebenfalls weit verbreitet. In der Folge werden auch ERP-Systeme sehr häufig über funktionsorientiert angegrenzte Module charakterisiert. Das System SAP ERP besteht entsprechend u. a. aus den Modulen (vgl. [MaWo12, S. 26]):

- Production Planning (PP)
- Materials Management (MM)
- Sales and Distribution (SD)
- Plant Maintenance (PM)
- Project System (PS)
- Quality Management (QM)
- Financial Accounting (FI)
- Management Accounting / Controlling (CO)
- Human Resources (HR)
- Business Intelligence (BI)

Bereits aber das obige Beispiel des Kundenauftragsprozesses lässt an vielen Stellen die Integration der verschiedenen Module im Kontext der Geschäftsprozesse erkennen, wie etwa hier das Zusammenspiel von Sales and Distribution (SD), Materials Management (MM) und Financial Accounting (FI).

SAP Business Suite

Mit der rasanten Verbreitung von ERP-Systemen und dem in vielen Branchen wachsenden Wettbewerbsdruck entwickelte sich zunehmend auch das Bestreben einer auch unternehmensübergreifenden Vernetzung der auf unternehmensinterne Effizienz ausgerichteten ERP-Systeme. Die SAP AG wie auch der Hauptkonkurrent Oracle bieten vor diesem Hintergrund ihre ERP-Systeme als Teil einer Application Suite, bei der SAP AG „Business Suite" genannt, an. Im Kontext der Beschaffungs- und Produktionsprozesse stellen hier insbesondere Supply Chain Management-Systeme und Supplier Relationship Management-Systeme erweiterte Funktionalitäten im Miteinander mit den eigenen Lieferanten (Supplier Relationship Management) bzw. mit den Partnern der gesamten Wertschöpfungskette (Supply Chain Management) bereit. Auf der anderen Seite bieten Customer Relationship Management-Systeme (CRM-Systeme) umfangreiche Funktionen in den Bereichen Marketing, Vertrieb und Kundenservice, die die rudimentären CRM-Funktionalitäten des SAP ERP-Systems ergänzen. Das Product Lifecycle Management zielt auf eine unternehmungsweit und auch mit Entwicklungspartnern koordinierte Erstellung, Sammlung und Bereitstellung der Produktinformationen über alle Phasen des Produktlebenszyklus hinweg an. Abbildung 5.5–3 veranschaulicht das Zusammenspiel der Einzelsysteme, die erst durch eine konsequente Prozess- und Datenintegration ihren besonderen Wert entfalten können ([MaWo12, S. 27]). In Bezug auf die Informationssystempyramide steht die Business Suite für eine horizontale Integration über die Unternehmensgrenzen hinweg.

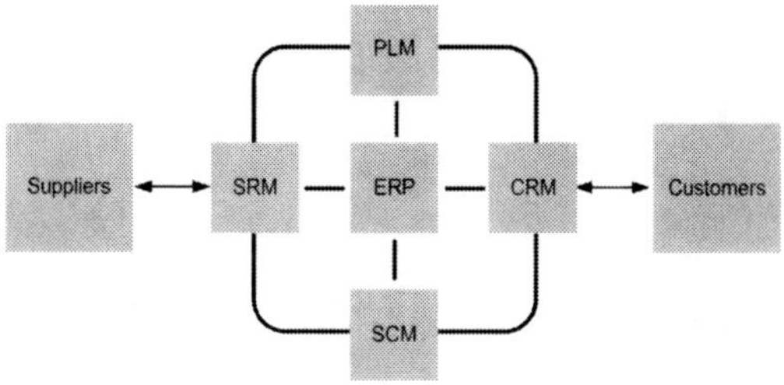
PLM
Suppliers
SRM
ERP
CRM
Customers
SCM

Abb. 5.5-3: ERP-Systeme als Teil einer Application Suite.

6 Datenbanksysteme und *Data Warehouse* *

Datenbanksysteme sind Softwaresysteme in denen umfangreiche Datenmengen gespeichert und verwaltet werden. Viele Benutzer und Anwendungsprogramme können gleichzeitig auf die Daten zugriefen und diese sichtbar machen. Datenbanksysteme sind i. d. R. Bestandteil eines betrieblichen Anwendungssystems. Zunächst erfolgt eine Einführung sowie Beschreibung und Funktionsweise eines Datenbanksystems:

- »Einführung in Datenbanksysteme«, S. 120

Um die Ziele des Einsatzes in der betrieblichen Praxis besser zu verstehen, werden die zu speichernden und zu verarbeitenden Daten klassifiziert und erörtert:

- »Klassifizierung von Daten«, S. 123

Zur Nutzung eines Datenbanksystems muss dieses zunächst aufgebaut werden, d. h., die Strukturen des Systems müssen festgelegt und die Daten eingegeben werden. Einen Schwerpunkt der Gestaltung von Datenbanken bildet die Datenmodellierung, d. h., die Abbildung des Anwendungsproblems in ein Datenmodell:

- »Gestaltung und Modellierung von Datenbanken«, S. 125

Das meist genutzte Datenmodell ist das relationale Modell, das sich durch Tabellen veranschaulichen lässt. Die entstehenden Datenbanken werden als relationale Datenbanken bezeichnet. Um Datenbanken aufzubauen und mit ihnen zu arbeiten, benötigt man eine Kommunikationsschnittstelle mit geeigneten Sprachen:

- »Relationale Datenbanken und SQL«, S. 129

Zum besseren Verständnis des Aufbaus eines Datenbanksystems werden Beispiele gegeben:

- »Beispiel zur Datenmodellierung«, S. 132

Abschließend werden *Data Warehouses* behandelt, welche als »spezielle Datenbanksysteme« vor allem zur Analyse genutzt werden:

- »Data Warehouse – Aufbau und Nutzungsmöglichkeiten«, S. 136

6.1 Einführung in Datenbanksysteme *

DBS (Datenbanksysteme) bilden eine wichtige Komponente betrieblicher Anwendungssysteme. Sie enthalten die Daten, die durch Programme bzw. direkt durch den Benutzer verarbeitet werden, d. h. die Daten werden in Datenbanken abgelegt und gespeichert, und sie können zur weiteren Verarbeitung von dort wieder abgerufen werden.

Datenbanksysteme lassen sich sehr gut über ihre Anforderungen beschreiben, sodass sich hieraus einige Definitionen und Eigenschaften ableiten lassen.

So werden Datenbanksysteme in allen Branchen genutzt, z. B. in Banken und Versicherungen, bei Reiseunternehmungen und bei Handels- und Produktionsunternehmungen, aber auch in allen betrieblichen Funktionsbereichen, so in der Beschaffung und im Vertrieb, im Rechnungswesen, im Controlling, im Marketing und im Personalwesen (vgl. Abb. 6.1-1). Einsatz finden sie sowohl in operativen als auch in strategischen Anwendungsbereichen.

Große Informationssysteme, auf die viele Benutzer gleichzeitig zugreifen können, benutzen Datenbanksysteme, so z. B. im Web. Beispiele hierfür sind in der Abb. 6.1-1 gegeben.

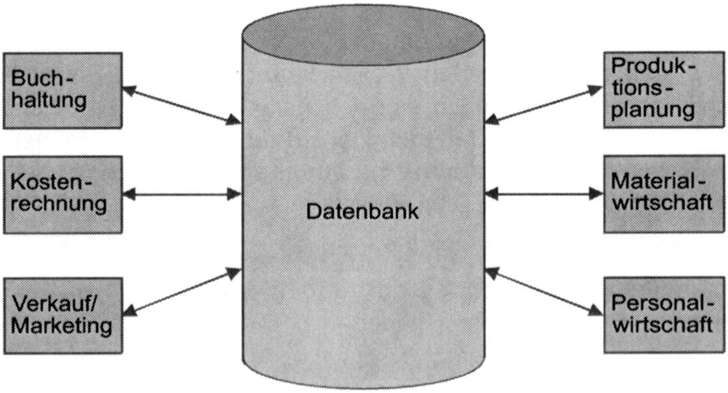
Buch-
haltung
Kosten-
rechnung
Verkauf/
Marketing
Datenbank
Produk-
tions-
planung
Material-
wirtschaft
Personal-
wirtschaft

Abb. 6.1-1: Das Datenbanksystem zur zentralen Speicherung großer Informationsmengen [HaNe09, S. 295].

Anforderungen an ein DBS

Welche **Anforderungen** lassen sich an Datenbanksysteme stellen?

- **Grundlegende Anforderungen**, die das Einsatzziel der Datenbanksysteme beschreiben:
  - Speicherung, Verwaltung und Kontrolle umfangreicher Datenbestände;
  - Zugriff durch viele Benutzer und Programme gleichzeitig, von verschiedenen Orten.
- **Notwendige Anforderungen**, die charakteristische Eigenschaften von Datenbanksystemen beschreiben:
  - Redundanzarmut/-freiheit der Daten;
  - Unabhängigkeit der Daten von Anwendungsprogrammen;
  - Datenintegrität, d.h. Datensicherheit und Datenkonsistenz.
- Anforderungen, die sich aus der **konkreten Anwendung** ergeben (z.B. Einsatz eines Datenbanksystems im Marketing, im Rechnungswesen oder in der Produktion).
- **Wünschenswerte Anforderungen**, die sich auf die Leistungsfähigkeit und Benutzungsfreundlichkeit des Systems ergeben (Anforderungen, die für jedes Softwaresystem gelten, z.B. schnelle Ausführung und Robustheit eines Programms).

Aus den Anforderungen lässt sich eine erste Definition eines Datenbanksystems ableiten:

Definition

> Ein **DBS** (Datenbanksystem) ist ein Softwaresystem zur Verwaltung, Beschreibung, Speicherung, Kontrolle und Wiedergewinnung von umfangreichen Datenmengen, die von mehreren Benutzern bzw. deren Anwendungsprogrammen unabhängig voneinander genutzt werden können.

Eigenschaften eines DBS

Wichtige **Eigenschaften** eines Datenbanksystems, die sich auch aus den Anforderungen ergeben, sind:

- die Daten werden möglichst redundanzfrei gespeichert, d.h., sie werden nur einmal gespeichert;
- die Daten sind von den Anwendungsprogrammen unabhängig, d.h., es gibt nur einen Datenbestand für alle Anwendungen, die sich auf diese Daten beziehen;

- die Daten sollen sicher gespeichert sein, d.h., die **Datensicherheit** und der **Datenschutz** (Schutz personenbezogener Daten) sollen gewährleistet sein;
- die Daten sollen korrekt und vollständig sein.

Bereits schon in den 1960er Jahren die ersten kommerziellen Datenbanksysteme angeboten, zunächst die hierarchischen Systeme und die Netzwerksysteme, die hier nicht weiter behandelt werden. Leistungsfähige Systeme, die in den 1970er Jahren entwickelt wurden und heute nach vielfältigen Leistungsverbesserungen immer noch den Markt beherrschen, sind die relationalen Systeme. Neben diesen Systemen spielen heute auch die objektorientierten und XML-Datenbanksysteme eine große Rolle in Forschung und Praxis.

Eine wichtige Anforderung an Datenbanksysteme ist die Datensicherheit bzw. der Datenschutz, der sich auf personenbezogene Daten bezieht. Diese Aspekte werden im Kapitel »Datensicherheit und Datenschutz«, S. 229 behandelt.

Ein DBS besteht aus mehreren Komponenten (Abb. 6.1-2).

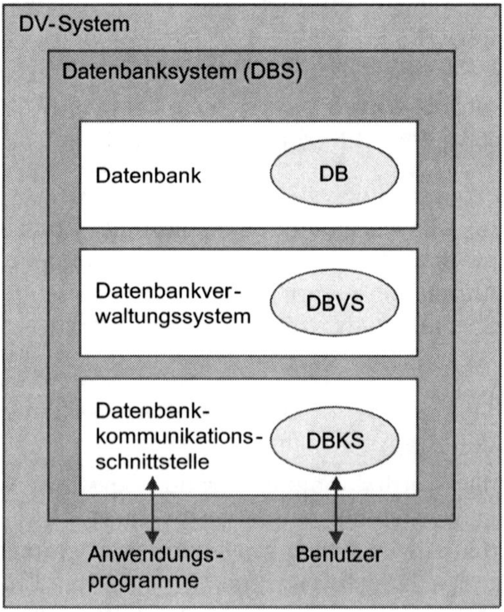
DV-System
Datenbanksystem (DBS)
Datenbank
DB
Datenbankverwaltungssystem
DBVS
Datenbank-kommunikations-schnittstelle
DBKS
Anwendungs-programme
Benutzer

Abb. 6.1-2: Komponenten eines Datenbanksystems [GaRö03, S. 14].

Komponenten eines DBS

Ein DBS enthält die eigentliche DB (Datenbank), in der die Daten gespeichert werden. Die Verwaltung der Datenbank übernimmt das DBVS (Datenbankverwaltungssystem), das die Speicherung und den Zugriff auf die Daten und die Kontrolle des Systems beinhaltet. Die Kommunikation mit der Datenbank läuft über die DBKS (Datenbankkommunikationsschnittstelle), über die die Benutzer bzw. die Programme mit der Datenbank arbeiten. Das gesamte DBS (Datenbanksystem) ist in ein IT-System eingebunden, d. h., es hat Schnittstellen zum Betriebssystem des IT-Systems (vgl. [GaRö03, S. 13ff.], [HaNe09, S. 295ff.], [StHa05], [Schw00]).

Über die DBKS lässt sich eine Datenbank aufbauen, d. h. ihre Struktur festlegen, und die Daten speichern. Dies geschieht über eine **Datenbanksprache**, die als **DDL** *(Data Definition Language)* bezeichnet wird. Die eigentliche Nutzung der Datenbank wird über die **DML** *(Data Manipulation Language)* durchgeführt. Als Standardsprache für die DBKS gilt **SQL** *(Structured Query Language)*.

Es gibt zahlreiche Datenbanksysteme am Markt, so z. B. das System ORACLE der Firma ORACLE, DB2 von IBM oder MS-ACCESS von Microsoft. Kauft man ein DBS, so erwirbt man das Datenbankverwaltungssystem und die Datenbankkommunikationsschnittstelle. Diese Software erlaubt es, eine Datenbank aufzubauen, d. h. die Struktur zu definieren und mit Daten zu füllen (mithilfe der DDL). Die aufgebaute Datenbank, die zur Durchführung vielfältiger Aufgabenstellungen genutzt wird, befindet sich schließlich auf externen Speichern, z. B. auf Festplatten bzw. Plattensystemen.

6.2 Klassifizierung von Daten **

Daten lassen sich nach unterschiedlichen Kriterien klassifizieren, sodass man ihre Verarbeitung besser verstehen kann. Für eine erfolgreiche Nutzung des Datenbanksystems ist auch das Wissen über die Struktur bzw. den Aufbau eines Systems wichtig.

Bei den zu speichernden Daten in einer Datenbank handelt es sich um zu verarbeitende Daten, wie z. B. Kundendaten, Produktdaten, Personaldaten oder Absatzdaten.

Zwei Begriffspaare, die die Daten klassifizieren, sind wichtig:

Stammdaten und Änderungsdaten

Die **Stammdaten** werden nicht durch die operativen Prozesse verändert. Es handelt sich hierbei um Daten, die über einen längeren Zeitraum konstant bleiben, so z. B. die Adressen der Kunden, die Beschreibung der Produkte oder die Daten der Mitarbeiter. Falls Änderungsbedarf entsteht, z. B. bei Änderung der Adresse eines Kunden oder einem Wechsel eines Mitarbeiters in eine andere Abteilung, so wird dies durch **Änderungsdaten** vorgenommen.

Bestandsdaten und Bewegungsdaten

Die **Bestandsdaten** werden durch die operativen Prozesse verändert, d. h. durch die Bewegungsdaten. So wird der aktuelle Bestand eines Artikels im Lager (Bestandsdaten) durch Daten über Zugänge und Abgänge (Bewegungsdaten) geändert. Weitere Beispiele lassen sich bei Kontobewegungen einer Bank beschreiben, d. h. der Kontobestand eines Girokontos (Bestandsdaten) wird durch Überweisungen auf das Konto bzw. vom Konto (Bewegungsdaten) geändert.

Daten lassen sich weiterhin nach der Zeit klassifizieren in **zustandsorientierte Daten**, die über eine bestimmte Zeit konstant sind, und **aktionsorientierte Daten**, die Ereignisse beschreiben und Veränderungen der zustandsorientierten Daten auslösen. Ebenso zeitlich betrachtet, lassen sich **statische Daten**, die in einem Zeitraum konstant sind, und **dynamische Daten**, die sich in einem Zeitraum verändern, unterscheiden. Um die Struktur bzw. den Aufbau einer Datenbank besser zu verstehen, soll diese im Folgenden erläutert werden.

Struktur einer Datenbank

Eine **Datenbank** besteht aus **Dateien**, die sich auf ein konkretes **Datenobjekt** beziehen, so z. B. Kunden (Kundendatei), Produkte (Produktdatei) oder Personal (Personaldatei). Die einzelnen Dateien bestehen aus **Datensätzen**. Die Datensätze einer Datei haben alle die gleiche Struktur und enthalten die Ausprägungen der Datei. So sind in der Kundendatei alle Kunden gespeichert, so z. B. Frau Maria Müller, Herr Peter Meier und Frau Klara Schmidt. Bei 1000 Kunden besitzt diese Datei 1000 Datensätze mit gleicher Struktur, d. h. mit gleichen **Datenfeldern**. Eine Kundendatei enthält z. B. folgende vier Datenfelder: Kundennummer, Kundenname, Kundenanschrift und Telefonnummer. Der Kundenname besteht aus zwei Datenfeldern Nachname und Vorname, die Kundenanschrift aus den fünf Datenfeldern Länderkennzeichen, Postleitzahl, Ort, Straße und Hausnummer. Das Datenfeld bildet die kleinste logische Einheit. Jedes Datenfeld besteht, wie wir bereits wissen, aus einer Zeichenkette, z. B. der Name Meier aus fünf Buchstaben. Jedes Zeichen ist binär codiert, z. B. in einem 8-bit-Code. In der Abb. 6.2-1 ist die Struktur bzw. der **Aufbau einer Datenbank** skizziert.

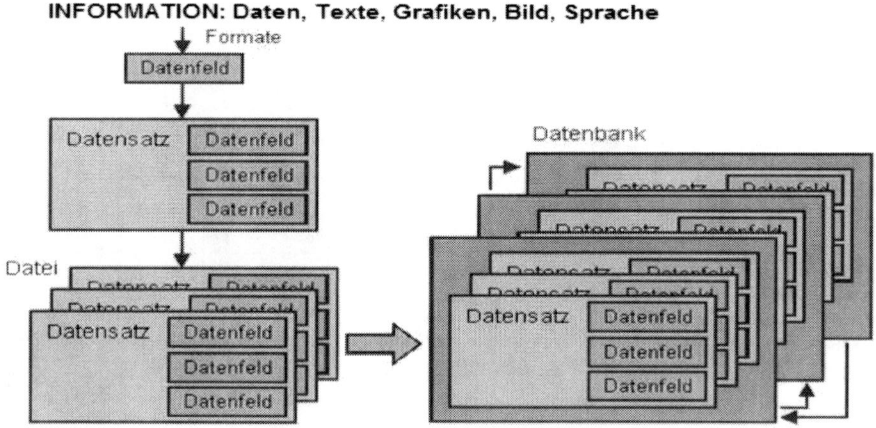
INFORMATION: Daten, Texte, Grafiken, Bild, Sprache
Formate
Datenfeld
Datensatz
Datenfeld
Datenfeld
Datenfeld
Datei
Datensatz
Datenfeld
Datenfeld
Datenfeld
Datenbank
Datensatz
Datenfeld
Datenfeld
Datenfeld

Abb. 6.2-1: Prinzipieller Aufbau einer Datenbank.

6.3 Gestaltung und Modellierung von Datenbanken **

Die Gestaltung bzw. der Aufbau einer DB (Datenbank) stellt einen Entwicklungsprozess dar, den man auch als *Data Base Engineering* bezeichnet (in Anlehnung an das *Software Engineering* zur Gestaltung bzw. Entwicklung von Software). Dieser *Engineering*-Prozess lässt sich durch ein Vorgehensmodell erklären, das aus mehreren Phasen besteht. Ziel ist die Gestaltung eines Datenbanksystems, das in der Praxis erfolgreich genutzt wird.

Gegeben ist eine betriebliche Problemstellung, die sich vor allem durch die Verarbeitung vieler **Informationen** bzw. **Daten** auszeichnet, die zur Weiterverarbeitung gespeichert und verwaltet werden müssen. Ziel ist es, eine Datenbank zu gestalten, die in einem geeigneten Datenbanksystem für eine Anwendung (z. B. Buchhaltung) genutzt werden kann.

In Abb. 6.3-1 sind die einzelnen sechs **Phasen des Gestaltungs- bzw. Entwicklungsprozesses** dargestellt, die anschließend kurz erläutert werden [GaRö03, S. 30ff.].

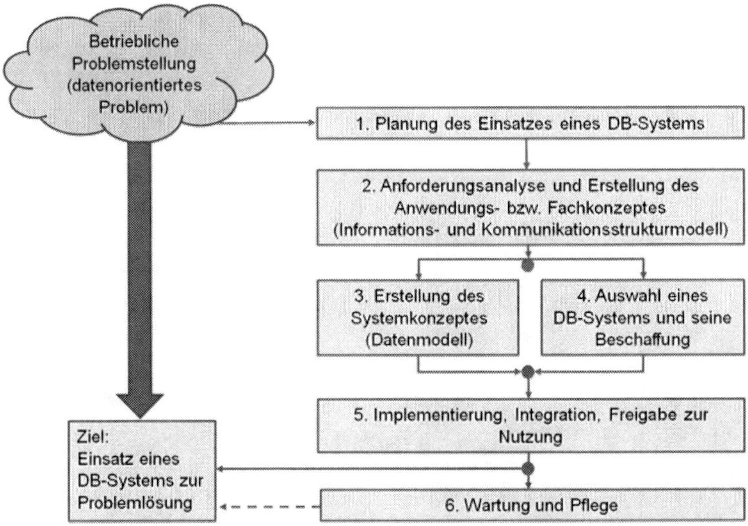
Betriebliche Problemstellung (datenorientiertes Problem)
1. Planung des Einsatzes eines DB-Systems
2. Anforderungsanalyse und Erstellung des Anwendungs- bzw. Fachkonzeptes (Informations- und Kommunikationsstrukturmodell)
3. Erstellung des Systemkonzeptes (Datenmodell)
4. Auswahl eines DB-Systems und seine Beschaffung
5. Implementierung, Integration, Freigabe zur Nutzung
6. Wartung und Pflege
Ziel: Einsatz eines DB-Systems zur Problemlösung

Abb. 6.3-1: *Data Base Engineering.*

Phasen des Gestaltungsprozesses

1 **Planung des Einsatzes eines Datenbanksystems**
Der Bedarf eines DB-Systems führt zur Planung, wobei das allgemeine Ziel konkretisiert wird. Neben einer **Machbarkeitsstudie** wird auch vor allem die **Wirtschaftlichkeit** des zu entwickelnden Systems analysiert, d. h. die Kosten und der Nutzen werden gegenübergestellt. Da die Gestaltung i. d. R. im Rahmen eines Projekts abläuft, wird auch eine Projektplanung vorgenommen, wobei vor allem das Projektteam, das Projektcontrolling und das Budget im Rahmen eines **Projektmanagements** festgelegt werden.

2 **Anforderungsanalyse und Erstellung des Fachkonzeptes**
Wird das Projekt genehmigt, so ist der erste Schritt die Anforderungsanalyse mit dem Ziel der Gestaltung eines Anwendungs- bzw. Fachkonzepts. Aufgabe ist es, die relevanten Informationen durch ein Informationsstrukturmodell (**semantisches Datenmodell**) zusammenzustellen, aus dem im nächsten Schritt das entsprechende konzeptionelle Datenmodell gebildet wird.

3 **Erstellung eines Datenmodells**
Aus dem Informationsstrukturmodell als Fachkonzept wird das entsprechende konzeptionelle Datenmodell als Systemkonzept erstellt.

4 **Auswahl und Beschaffung bzw. Bereitstellung eines Datenbanksystems**
Parallel zur Modellierung kann bereits ein entsprechendes Datenbanksystem beschafft werden, sofern es nicht vorhanden ist. D. h. das kommerzielle Softwaresystem, das das DBVS (Datenbankverwaltungssystem) und die DBKS (Datenbankkommunikationsschnittstelle) enthält, wird zur Verfügung gestellt. Bei der Auswahl des Systems müssen bestimmte Anforderungen erfüllt sein, die eine erfolgreiche Nutzung gewährleisten.

5 **Implementierung, Integration, Freigabe des DBS**
Nachdem das Datenmodell erstellt und ein entsprechendes Datenbanksystem verfügbar ist, kann die Implementierung vorgenommen werden, d. h., das Datenmodell wird auf einem Rechner eingerichtet. Das gesamte System wird getestet und in die betriebliche Organisation integriert. Danach kann es für die Nutzung freigegeben werden.

6 **Wartung und Pflege des DBS**
Auch während der Nutzung des Datenbanksystems in der Praxis muss es weiterhin gewartet und gepflegt werden. So muss das Datenbanksystem stets auch an neue Anforderungen angepasst werden.

Im Mittelpunkt des Gestaltungsprozesses einer Datenbank steht die **Modellierung einer Datenbank** bzw. die Datenmodellierung. Ein Datenmodell beschreibt die Daten und ihre Zusammenhänge.

Die Datenmodellierung wird in zwei Schritten vorgenommen: die semantische Datenmodellierung und die konzeptionelle Datenmodellierung.

1 **Semantische Datenmodellierung**
Das semantische Datenmodell ist das Ergebnis der Anforderungsanalyse und stellt das Fachkonzept des Datenbankentwurfs dar, das auch als Informationsstrukturmodell bezeichnet wird. Das semantische Datenmodell beschreibt die Daten und ihre Zusammenhänge unabhängig von einem bestimmten Datenbanksystem bzw. einer Implementierung in ein technisches System. In der ausgewählten Datenwelt werden Datenobjekte definiert und durch ihre Merkmale beschrieben. Weiterhin werden die Zusammenhänge bzw. Beziehungen der Objekte festgelegt, die auch durch Merkmale beschrieben werden können.

Beispiel

So lassen sich z. B. für eine Vertriebsdatenbank die beiden Datenobjekte Produkte und Kunden definieren. Merkmale für Produkte sind z. B. Produktnummer, Produktbezeichnung und Produktpreis. Merkmale für das Datenobjekt Kunde sind z. B. Kundennummer, Kundenname und Kundenadresse. Zwischen den beiden Datenobjekten lässt sich beispielsweise die Beziehung »Kunde kauft Produkt« festlegen. Eine Möglichkeit, die semantischen Datenmodelle darzustellen, bietet das **ER-Modell** (**Entity-Relationship-Modell**), das eine Beschreibungssprache darstellt. Dabei sind die *Entities* die Datenobjekte und die *Relationships* die Beziehungen. Das kleine Beispiel lässt sich in der Abb. 6.3-2 in einer ER-Notation darstellen. Die Beschreibungen bzw. Merkmale der Datenobjekte wie Kundennummer oder Produktpreis werden als Attribute bezeichnet, wobei ausgewiesene Attribute als identifizierende Attribute bezeichnet werden können, wie z. B. die Kundennummer oder die Produktnummer (sie stellen eindeutige Attribute dar). Die Beziehung »kauft« lässt sich auch wieder durch Attribute beschreiben, so z. B. durch das Kaufdatum. In praktischen Anwendungsbeispielen lassen sich i. d. R. viele Objekte *(entities)* mit Attributen definieren, wobei auch komplexe Beziehungen *(relationships)* entstehen können.

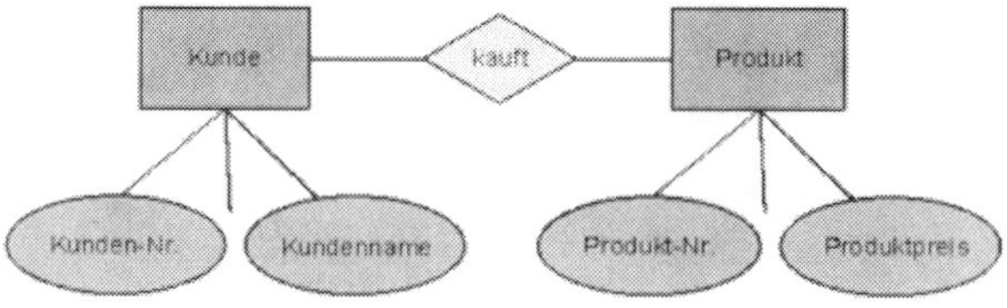
Kunde
kauft
Produkt
Kunden-Nr.
Kundenname
Produkt-Nr.
Produktpreis

Abb. 6.3-2: Beispiel für ein ER-Modell.

2 **Konzeptionelle Datenmodellierung**
Ziel der konzeptionellen Datenmodellierung ist es, aus dem semantischen Modell (ER-Modell) ein Systemkonzept zu erstellen, das mithilfe eines Datenbanksystems implementiert werden kann. Hier stehen mehrere technische Datenmodelle zur Verfügung. Wichtigste Vertreter sind das relationale Datenmodell und das objektorientierte Datenmodell.

6.4 Relationale Datenbanken und SQL **

Relationale Datenbanken, die auf einem relationalen Datenmodell basieren, stellen das in der Praxis dominierende System dar. Hier werden die Daten in Form von Relationen repräsentiert, die sich mathematisch definieren und als Tabellen darstellen lassen.

Relationale Datenbank

Ein Datenbankobjekt (z.B. Kunde) lässt sich als Relation bzw. Tabelle darstellen. Jede Relation bzw. Tabelle hat einen Namen, z.B. Kunde. Eine Tabelle besteht aus Zeilen und Spalten. Die Spalten einer Relation bzw. Tabelle stellen die Attribute dar, die in der Kopfzeile bezeichnet werden. Ein Objekt mit fünf Attributen hat somit fünf Spalten. In den Zeilen der Relation bzw. Tabelle stehen die konkreten Ausprägungen der Objekte, z.B. die einzelnen Kunden. Das identifizierende Attribut wird als Primärschlüssel bezeichnet.

Beispiel

Die Abb. 6.4-1 zeigt die Relation bzw. Tabelle Kunde mit vier Attributen und vier Beispiel-Kunden.

Kunde	Kunden-Nr.	Kundenname	Kundenvorname	Kundenadresse
	18041	Meier	Peter	44801 Bochum
	19711	Schmidt	Paul	37404...
	20810	Mueller	Werner	87137...
	24880	Meyer	Gerd	66773...
	...	...	...	...

Abb. 6.4-1: Beispiel einer Relation.

Die dargestellte Relation mit dem Namen Kunde hat vier Attribute, die in der ersten Zeile gekennzeichnet sind. Die Kunden Meier, Schmidt, Müller und Meyer sind vier Beispiele von möglicherweise 1000 Kunden, die in den einzelnen Zeilen der Relation bzw. Tabelle eingetragen sind.

Datenbanksprachen

Um mit den Daten zu arbeiten, benötigt man eine **Datenbanksprache**, die über die Datenbankkommunikationsschnittstelle mit der Datenbank kommuniziert. Man unterscheidet hierbei zwei Arbeitsformen, die durch Datenbanksprachen unterstützt werden: den Aufbau einer Datenbank, d.h. die Festlegung der Relationen bzw. der Tabellen mit der Speicherung der Daten und die Nutzung der Datenbank über eine geeignete Datenbanksprache.

1. Aufbau einer Datenbank

Zunächst muss die Datenbank aufgebaut werden, d.h., die einzelnen Relationen bzw. Tabellen mit ihren Attributen müssen definiert werden (vgl. Kapitel »Relationale Datenbanken und SQL«, S. 129). Ausgehend von den ER-Modellen werden mit einer geeigneten Datenbanksprache, die als **DDL** (*Data Definition Language*; Datendefinitionssprache) bezeichnet wird, die Strukturen im Rahmen der relationalen Datenmodellierung festgelegt. Mithilfe geeigneter DDL-Befehle lassen sich die Namen der einzelnen Relationen und ihre Attribute festlegen. Anschließend lassen sich die Tabellen mit den entsprechenden Daten füttern.

Beispiel

So z.B. die Relation Produkte mit den 10.000 vorhandenen Produkten, die jeweils mit 10 Attributen gekennzeichnet sind. Bei diesem Beispiel ergibt sich eine Tabelle mit 10 Spalten und 10.000 Zeilen. Voraussetzung ist hierfür entsprechender Speicherplatz (z. B. auf einer Festplatte).

2. Nutzung der Datenbank

Der Nutzen der Datenbank ergibt sich bei der operativen Arbeit, die sehr vielfältig sein kann und mithilfe geeigneter Datenbankbefehle durchgeführt wird. Diese Datenbanksprache wird als **DML** (*Data Manipulation Language*; Datenmanipulationssprache) bezeichnet. So lassen sich mithilfe einer DML z. B. folgende Funktionen ausführen: Daten der Datenbank können geändert werden. So können Daten gelöscht, neu aufgenommen oder verändert werden, so z. B. zur Aufnahme eines neuen Kunden oder zur Adressänderung bei einem bestehenden Kunden.

Daten lassen sich nach unterschiedlichen Kriterien sortieren und anzeigen bzw. ausgeben. So können die einzelnen Kunden nach ihrem Namen alphabetisch sortiert werden oder nach der Postleitzahl. Auswahl und gezielter Zugriff auf die Daten. So können Daten ausgewählt werden, z. B. Produktdaten, die bestimmte Kriterien erfüllen, so z. B. alle Produkte, die in einem bestimmten Preisintervall liegen oder die einen Mindestumsatz im letzten Quartal erfüllten.

Für das Arbeiten mit einer Datenbank wurde eine Standardsprache entwickelt, **SQL** *(Structured Query Language)*, mit der sehr umfangreiche, logische Abfragen durchgeführt werden können. Ein SQL-Standardbefehl lautet:

```
SELECT (Daten) FROM (Relation) WHERE (logische Bedingungen)
```

Beispiel

Ein Beispiel hierfür ist:

```
SELECT (Kundenname, Kundenadresse) FROM KUNDEN
 WHERE (Kunden-Postleitzahl = 44800)
 AND (Kunden-Umsatz >= 1000)
```

Mit dieser Anweisung werden alle Kunden aus der Relation KUNDEN ausgewählt, und zwar mit ihren Namen und ihrer Adresse, die die Bedingung erfüllen, dass sie die Postleitzahl 44800 besitzen und einen Umsatz größer oder gleich 1000 Geldeinheiten (z. B. EURO) aufweisen.

6.5 Beispiel zur Datenmodellierung ***

Im Folgenden wird der Prozess der Datenmodellierung, d. h. die Erstellung eines ER-Diagramms und dessen Transformation in ein Relationenmodell anhand eines einfachen Beispiels erläutert.

Im Folgenden wird der Prozess der Datenmodellierung, d. h. die Erstellung eines ER-Diagramms und dessen Transformation in ein Relationenmodell anhand eines einfachen Beispiels erläutert.

Sachverhalt

Eine mittelständische Speditionsunternehmung möchte ein Datenbanksystem zur Fuhrparkverwaltung einsetzen. Der Fuhrpark umfasst etwa zwanzig Fahrzeuge. Jedes dieser Fahrzeuge kann von jedem angestellten Fahrer gefahren werden. Die einzelnen Fahrzeuge lassen ich jeweils eindeutig einer Niederlassung zuordnen. Insgesamt hat die Speditionsunternehmung vier Niederlassungen.

Entwicklung des ER-Diagramms

Um aus der oben genannten Beschreibung des Sachverhaltes ein ER-Diagramm zu erstellen, lässt sich wie folgt vorgehen:

Zunächst werden aus den Substantiven im Text sowohl *Entity*-Typen (Fahrzeug, Fahrer, Niederlassung) als auch deren Attribute abgeleitet. Sind, wie in diesem Fall, keine identifizierenden oder beschreibenden Attribute explizit angegeben, so sind diese frei zu wählen und den jeweiligen *Entity*-Typen zuzuordnen. Für die Bildung von Beziehungen gilt prinzipiell das Gleiche. Beziehungen werden jedoch nicht aus den Substantiven, sondern aus den Verben im Text abgeleitet (Steuern, Besitzen) und benötigen im Gegensatz zu den *Entity*-Typen keine identifizierenden Attribute. Beziehungen werden zusätzlich durch Kardinalitäten charakterisiert. Eine Kardinalität beschreibt den Grad bzw. die Komplexität einer Beziehung zwischen zwei *Entity*-Typen. In der vorliegenden Beziehung »Fahrer steuert Fahrzeug« kann ein Fahrer *(Entity)* mehrere Fahrzeuge *(Entities)* steuern und ein Fahrzeug von mehreren Fahrern gesteuert werden. Der zwischen den *Entity*-Typen »Fahrer« und »Fahrzeug« angeordnete Beziehungstyp »steuert« besitzt somit die Kardinalität N:M. Für die Beziehung »Niederlassung besitzt Fahrzeug« gilt: Ein Fahrzeug gehört höchstens einer Niederlassung an, einer Niederlassung gehören jedoch mehrere Fahrzeuge an.

In diesem Fall ist die Kardinalität als 1:N definiert. Neben diesen beiden Kardinalitäten können in ER-Diagrammen auch 1:1-Beziehungstypen auftreten, die aufgrund ihrer untergeordneten Rolle in der Praxis an dieser Stelle jedoch nicht weiter verfolgt werden. Das resultierende ER-Diagramm ließe sich hiermit wie folgt darstellen (vgl. Abb. 6.5-1).

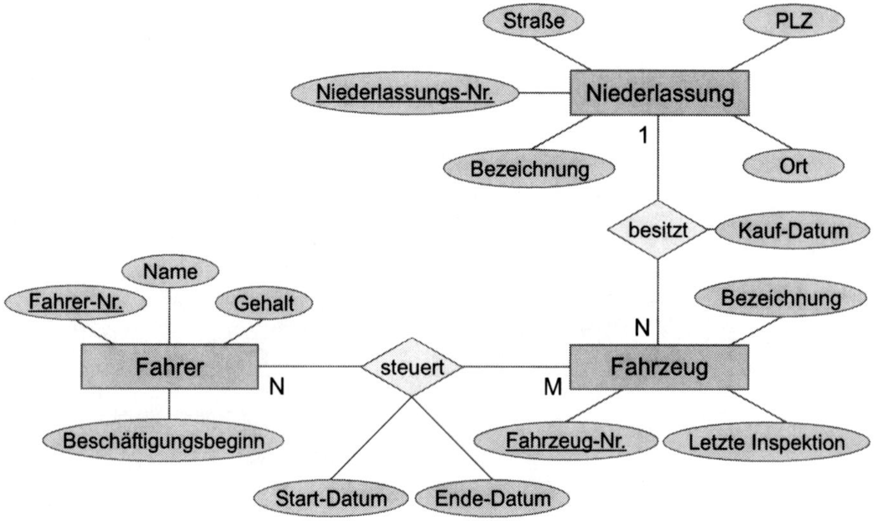
Straße
PLZ
Niederlassungs-Nr.
Niederlassung
1
Bezeichnung
Ort
besitzt
Kauf-Datum
Name
Fahrer-Nr.
Gehalt
Bezeichnung
N
Fahrer
N
steuert
M
Fahrzeug
Beschäftigungsbeginn
Fahrzeug-Nr.
Letzte Inspektion
Start-Datum
Ende-Datum

Abb. 6.5-1: ER-Diagramm des Beispiels.

Herleitung des Relationenmodells

Für die Transformation des ER-Modells in ein Relationenmodell empfiehlt sich ein schrittweises Vorgehen:

Schritt 1:

Für jeden *Entity*-Typ wird eine Relation gebildet. Zerlege dabei zusammengesetzte Attribute in einzelne Attribute (Abb. 6.5-2).

Schritt 2:

Für jeden Relationship-Typ wird eine Relation gebildet. Zerlege dabei zusammengesetzte Attribute in einzelne Attribute (Abb. 6.5-3).

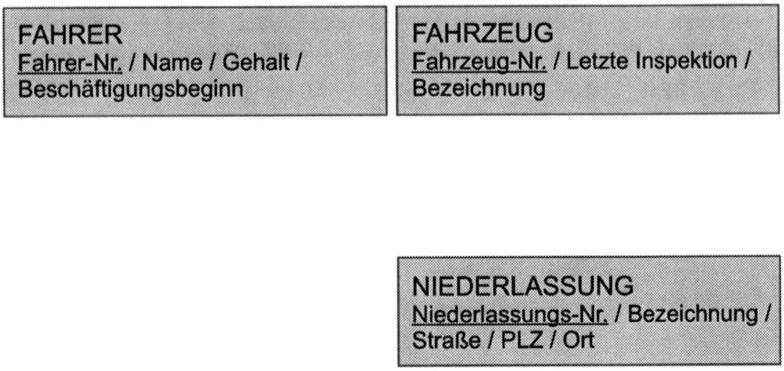
FAHRER
Fahrer-Nr. / Name / Gehalt / Beschäftigungsbeginn
FAHRZEUG
Fahrzeug-Nr. / Letzte Inspektion / Bezeichnung
NIEDERLASSUNG
Niederlassungs-Nr. / Bezeichnung / Straße / PLZ / Ort

Abb. 6.5-2: Relationsmodell Schritt 1.

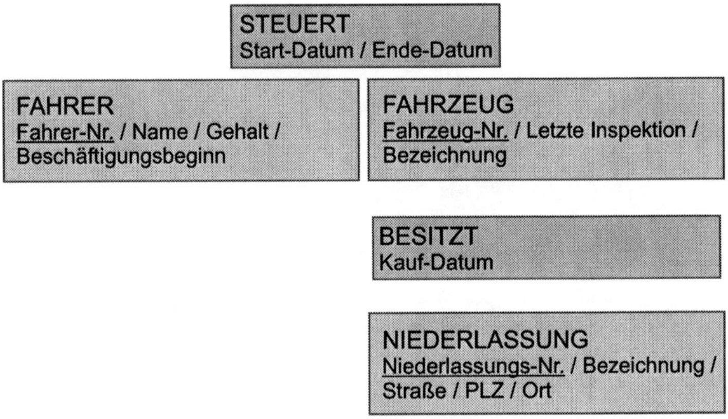
STEUERT
Start-Datum / Ende-Datum
FAHRER
Fahrer-Nr. / Name / Gehalt / Beschäftigungsbeginn
FAHRZEUG
Fahrzeug-Nr. / Letzte Inspektion / Bezeichnung
BESITZT
Kauf-Datum
NIEDERLASSUNG
Niederlassungs-Nr. / Bezeichnung / Straße / PLZ / Ort

Abb. 6.5-3: Relationsmodell Schritt 2.

Schritt 3:
Eine Beziehung im ER-Modell wird so in einer Relation abgebildet, dass jeweils die Schlüsselattribute aller an der Beziehung beteiligten *Entity*-Relationen und die eigenen Attribute der Beziehung in der Relation enthalten sind (Abb. 6.5-4).

Schritt 4:
Für 1:1- und 1:n-Beziehungen kann dabei auch eine Einbettung der gesamten Beziehung in die entsprechende *Entity*-Relation erfolgen (Abb. 6.5-5).

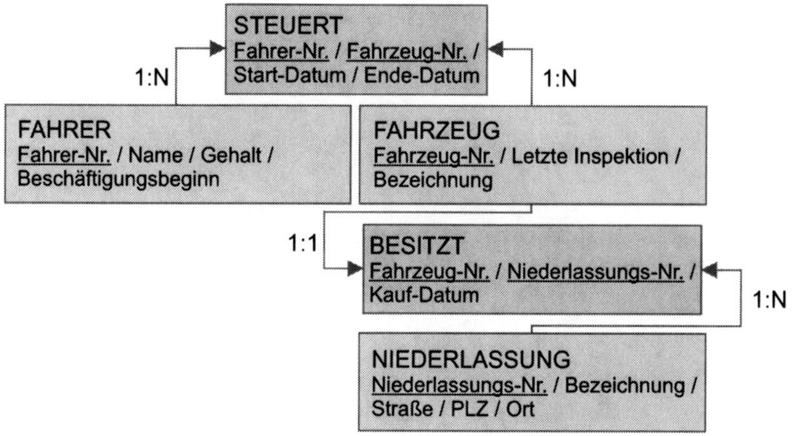
STEUERT
Fahrer-Nr. / Fahrzeug-Nr. / Start-Datum / Ende-Datum
1:N
1:N
FAHRER
Fahrer-Nr. / Name / Gehalt / Beschäftigungsbeginn
FAHRZEUG
Fahrzeug-Nr. / Letzte Inspektion / Bezeichnung
1:1
BESITZT
Fahrzeug-Nr. / Niederlassungs-Nr. / Kauf-Datum
1:N
NIEDERLASSUNG
Niederlassungs-Nr. / Bezeichnung / Straße / PLZ / Ort

Abb. 6.5-4: Relationsmodell Schritt 3.

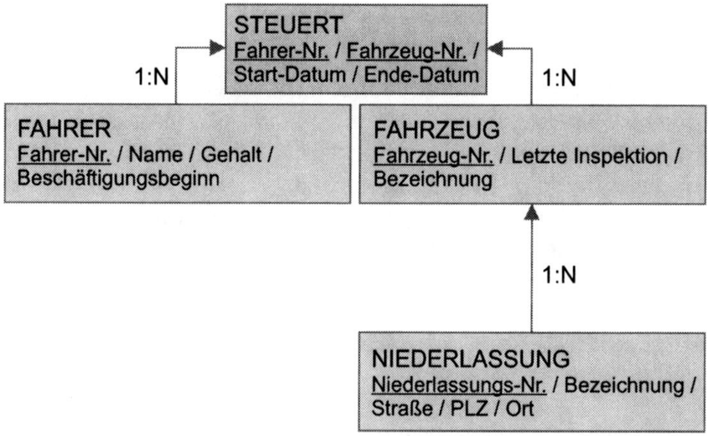
STEUERT
Fahrer-Nr. / Fahrzeug-Nr. / Start-Datum / Ende-Datum
1:N
1:N
FAHRER
Fahrer-Nr. / Name / Gehalt / Beschäftigungsbeginn
FAHRZEUG
Fahrzeug-Nr. / Letzte Inspektion / Bezeichnung
1:N
NIEDERLASSUNG
Niederlassungs-Nr. / Bezeichnung / Straße / PLZ / Ort

Abb. 6.5-5: Relationsmodell Schritt 4.

In der folgenden Abb. 6.5-6 ist für die Relation Niederlassung eine Beispiel-Tabelle mit den vier Niederlassungen gegeben.

Niederlassung	N-Nr.	Bezeichnung	Straße	PLZ	Ort
	001	AX	Peterstr. 7	44801	Bochum
	002	AX	Schillerstr. 56	37404	Dortmund
	003	BX	Learheide 89	87137	Essen
	004	BX	Im Winkel 56	66773	Köln
	...	...	...	...	...

Abb. 6.5-6: Beispieltabelle Niederlassung.

6.6 *Data Warehouse* – Aufbau und Nutzungsmöglichkeiten *

Beim *Data Warehouse* (DW) handelt es sich um ein spezielles Informationssystem, das einen umfangreichen Datenbestand zur Analyse betrieblicher Problemstellungen umfasst. Es handelt sich um sogenannte „Analyseorientierte Systeme", die als eine wichtige Ausprägung der Management Support Systeme (MSS) behandelt werden. Data Warehouse-Systeme lassen sich als spezielle Datenbanksysteme bezeichnen, die vor allem für Speicherung und Verwaltung und schließlich zu Auswertung bzw. Analyse umfangreicher Datenbestände genutzt werden und eine besondere Modellstruktur aufweisen, i. d. R. multidimensionale Datenmodelle. Die vorgestellten „konventionellen" Datenbanksysteme werden überwiegend im operativen Bereich eingesetzt und basieren meistens auf relationalen Datenmodellen, teilweise auch auf objektorientierten Datenmodellen.

Ziel und Aufgaben des DW

Ziel eines *Data Warehouse*-Konzeptes ist es, Anwendern bzw. Anwendungen einen Zugriff auf Daten zu ermöglichen und diese zu analysieren, um betriebliche Planungs- und Entscheidungsprozesse zu unterstützen. Das ***Data Warehouse*** ist somit ein computergestütztes Informationssystem für Fach- und Führungskräfte, das als wichtiges modernes MSS (*Management Support System*, vgl. Kapitel »MSS und BI«, S. 143) bzw. als eine *Business Intelligence*-Lösung (BI) in Unternehmungen genutzt wird. Es erweist sich als sinnvoll, ein derartiges zentrales *Data Warehouse* von den Daten liefernden Vorsystemen, die sich auf (konventionelle) Datenbanken in den operativen Anwendungsbereichen stützen, zu entkoppeln und auf einer separaten Plattform zu betreiben. Die relevanten Problemdaten, z. B. Personaldaten, Kunden- bzw. Produktdaten, müssen dabei aus den unterschiedlichen vorgelagerten, operativen Datenbanken extrahiert und in einer eigenständigen Datenbasis strukturiert abgelegt werden.

Neben den Daten aus den operativen Vorsystemen, d. h. aus den vorhandenen Datenbanksystemen im operativen Bereich, gehen auch externe Daten in das Data Warehouse ein, so z. B. über eine Web-Schnittstelle aus dem Internet. So lassen sich beispielweise volkswirtschaftliche und Branchendaten aufnehmen, aber auch Daten von Wettbewerbern oder direkt von Kunden über soziale Netzwerke. Die Übergabe der Daten von den internen und externen Vorsystemen in die zentrale Datenbasis, das Data Warehouse, läuft über das ETL-System, d. h. die Daten werden extrahiert (E), dann transformiert (T) und schließlich geladen (L). Dieser ETL-Prozess setzt anspruchsvolle und komplexe Tätigkeiten voraus, so z. B. die spezielle Modellierung mit geeigneten Modellierungstechniken (die hier nicht behandelt werden, vgl. hierzu [GGD08]).

DW-Architektur-Konzept

In der folgenden Abbildung 6.6. -1 wird ein einfaches Konzept für ein Data Warehouse vorgestellt, das die Übergabe der Daten aus den Vorsystemen in das Data Warehouse skizziert.

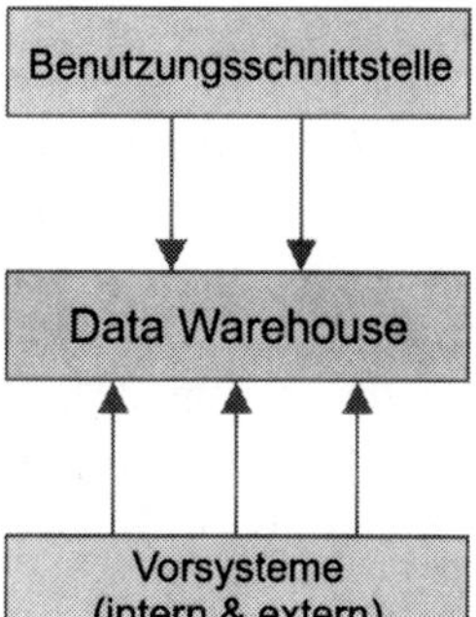
Benutzungsschnittstelle
Data Warehouse
Vorsysteme
(intern & extern)

Abb. 6.6-1: Data Warehouse-Konzept.

Merkmale des DW

Abweichend von den Daten der operativen Systeme, d. h. der Daten in den Datenbanksystemen, die bei den operativen

Anwendungssystemen generiert werden, lassen sich für die im *Data Warehouse* abgelegten Informationen folgende vier idealtypischen Merkmale formulieren [GGD08, S. 119ff.]:

- **Themenorientierung**, d. h., die Informationen sind auf inhaltliche Kernbereiche fokussiert. Die Konzentration erfolgt auf inhaltliche Themenschwerpunkte, wie z. B. Produkte und Kunden. So lassen sich z. B. alle Informationen speichern, die über Jahre über einen Kunden gespeichert wurden. Es handelt sich dabei nicht nur um die gespeicherten Daten in der operativen Kundendatenbank, die man zum Verkauf der Produkte direkt benötigt, z. B. Informationen über Bestellung und Bezahlung über ein Jahr, sondern um weitere Informationen, die man über viele Bestellperioden sammelt und über externe Informationsquellen erhalten kann. So lassen sich vor allem Profile der Kunden anlegen.
- **Vereinheitlichung**, d. h., die Daten werden vereinheitlicht mit dem Ziel, einen konsistenten Datenbestand zu schaffen. Oft liegen Daten in multidimensionaler Form vor, so z. B. Texte, Grafiken und möglicherweise Bilder und Sprache, d. h. neben strukturierten Daten auch unstrukturierte Daten, die man vereinheitlichen muss.
- **Zeitorientierung**, d. h., die gespeicherten Daten sind zeitorientiert, sie besitzen einen Zeitstempel und damit einen direkten Zeitbezug. Wie oben schon dargelegt, speichert man Daten über viele Zeiträume, so dass auch Veränderungen im Zeitablauf dargestellt werden können. So lässt sich z. B. feststellen, wie viel ein Kunde im Zeitablauf bestellt hat, welche Produkte welchen Umsatz generiert haben und wie das Bezahlverhalten der Kunden war.
- **Beständigkeit**, d. h., die Daten werden über lange Zeiträume hinweg gespeichert. Die Daten gelangen von den externen und internen Vorsystemen in den Datenspeicher, d. h. alte Daten werden i. d. R. nicht gelöscht bzw. überschrieben wie bei »konventionellen« Datenbanken. Es wird nichts »vergessen«, nur wenn Fehler auftreten ist eine Korrektur möglich. So handelt es sich bei Data Warehouse-Systemen um sehr große Datenspeicher (im mehrfachen Tera-Bereich), die umfangreiche Auswertungen zulassen.

In der Abb. 6.6-2 wird ein *Data Warehouse* mit seinen Komponenten vorgestellt (vgl. auch [GGD08, S. 141], [Ditt04, S. 335], [Nußd96, S. 18]).

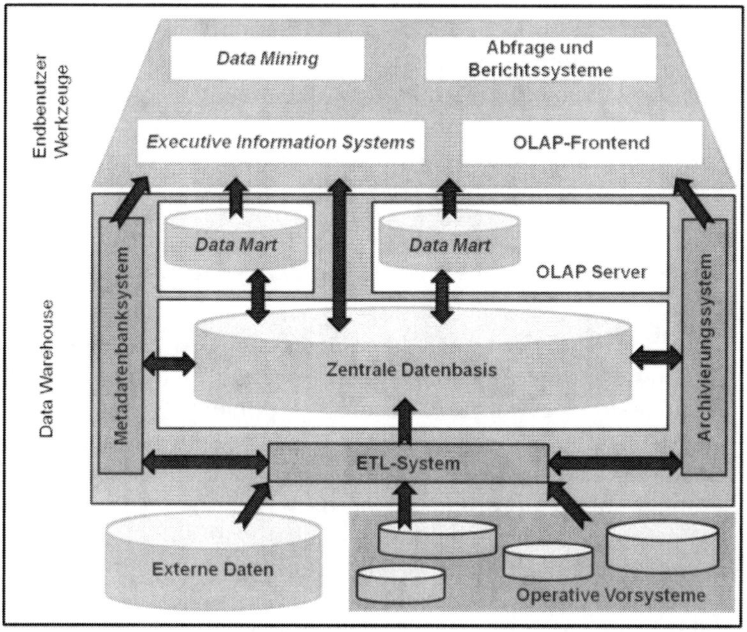
Endbenutzer Werkzeuge
Data Mining
Abfrage und Berichtssysteme
Executive Information Systems
OLAP-Frontend
Data Warehouse
Metadatenbanksystem
Data Mart
Data Mart
OLAP Server
Zentrale Datenbasis
Archivierungssystem
ETL-System
Externe Daten
Operative Vorsysteme

Abb. 6.6-2: Architekturkonzept *Data Warehouse* ([GGD08, S. 141], [Ditt04, S. 335], [Nußd96, S. 18]).

Komponenten des DW-Systems

Das *Data Warehouse* wird von den **operativen Vorsystemen** gespeist. Aber auch externe Daten fließen in das *Data Warehouse* ein, so z. B. über eine Web-Schnittstelle aus Web-Systemen [GGD08, S. 125ff.].

ETL-System

Das ETL-System extrahiert (E) die relevanten Daten aus den internen und externen Vorsystemen, transformiert (T) die Daten und lädt (L) diese in den Datenspeicher des *Data Warehouse*. Das Data Warehouse besteht i. d. R. aus einer zentralen Datenbasis, besitzt auch ein Meta-Data Warehouse (Metadatenbanksystem) und oft auch ein Archivierungssystem, die man auch bei „konventionellen" Datenbanksystemen vorfindet. Kleinere Data-Warehouse-Systeme bzw. Systeme, die sich auf einen speziellen Funktions- bzw. Anwendungsbereich in der Unternehmung beziehen, werden auch als Data Mart bezeichnet.

Endbenutzerwerkzeuge

Die **Endbenutzerwerkzeuge**, über die die Benutzer auf die Inhalte zugreifen können, sind sehr unterschiedlich. So gibt es z. B. einfache Abfrage- und Berichtssysteme, anwendungsfreundliche Portale, *Dashboards* und auch anspruchsvolle *Data Mining*-Verfahren, mit denen die Daten gezielt analysiert werden können (vgl. [GGP09]).

OLAP-Systeme

Data Warehouse-Systeme werden häufig auch als **OLAP-Systeme** (*Online Analytical Processing*-Systeme) bezeichnet.

OLTP-Systeme

In Abgrenzung hierzu werden die (konventionellen) Datenbanksysteme als **OLTP-Systeme** (*Online Transaction Processing*-Systeme) bezeichnet.

Bei den OLAP-Systemen handelt es sich i. d. R. um **mehrdimensionale Datenbanksysteme**, die nicht nur eine (!) Dimension aufweisen, wie die relationalen Systeme, sondern zwei und mehr. Betriebswirtschaftliche Variablen lassen sich als Dimensionen definieren, die dann mehrdimensionale Strukturen bilden. Häufig werden Modelle mit drei Dimensionen dargestellt, die auch in anschaulicher Form als Würfel abgebildet werden. Die folgende Abbildung 6.6.-2 zeigt einen Würfel mit den drei Dimensionen Zeit, Produkt und Preis. In der Regel besitzen OLAP-Anwendungen mehrere Dimensionen (z. B. vier, fünf, sechs Dimensionen), die auch unterschiedliche Längen aufweisen, nicht 3 wie im Beispiel sondern z. B. 12 Monate für die Dimension Zeit, 10 Regionen bei der Dimension Region und 150 Produkte bei der Dimension Produkt.

Grundsätzlich lassen sich OLAP-Systeme, die entscheidungsrelevante Informationen speichern, überall dort einsetzen, wo analytische Aufgaben zu lösen sind, die planungs- und entscheidungsorientierte Tätigkeiten unterstützen. Beispiele finden sich in allen betrieblichen Funktionsbereichen, so z. B. im Controlling, im Marketing, in der Logistik bzw. in der Investitions- und Finanzplanung. *Data Warehouse*-Systeme stellen eine wichtige technische Plattform im Rahmen von ***Business Intelligence***-Lösungen dar (siehe auch Kapitel »MSS und BI«, S. 143).

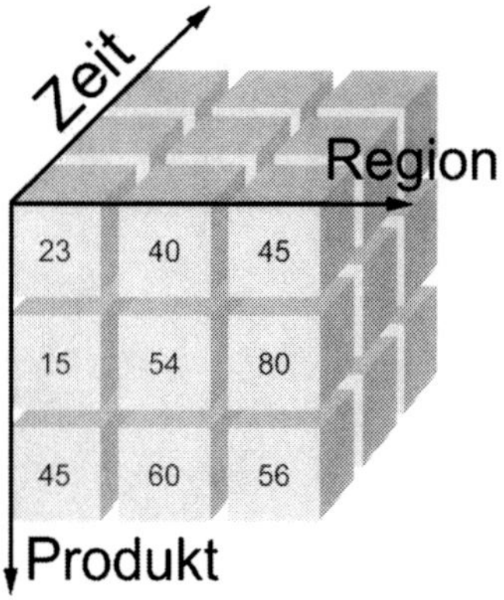
Zeit
Region
23
40
45
15
54
80
45
60
56
Produkt

Abb. 6.6-3: OLAP-Würfel.

7 MSS und BI *

Der große Bedarf an IT-Aufbereitungsmöglichkeiten für Fach- und Führungskräfte (das Management) hat bereits schon sehr früh zur Entwicklung und zum Einsatz entsprechender Anwendungssysteme bzw. Informationssysteme geführt, die allgemein auch als Management Support Systeme (MSS) bzw. Managementunterstützungssysteme (MUS) bezeichnet werden. Neben bereits vorhandenen Anwendungssystemen im operativen Bereich (vgl. die Ausführungen im Kapitel »Betriebliche Anwendungssysteme«, S. 87) wurden in den 1960er Jahren Managementinformationssysteme aufgebaut, die die Fach- und Führungskräfte in Unternehmungen mit Informationen versorgen sollten, sodass diese eine bessere Grundlage für Planungs- und Entscheidungsprozesse hatten. Vor allem die Entwicklungen der Datenbanksysteme, der PC (Personal Computer) und der Vernetzungsmöglichkeiten führten später zum Aufbau leistungsfähiger computergestützten Informations- und Kommunikationssysteme, die sich zunehmend auf den lokalen bzw. unternehmensinternen Bereich bezogen hatten. Die ersten Management Support Systeme, die Ende der 1960er Jahre am Markt angeboten wurden, wurden als **MIS** *(Management Information Systeme)* bezeichnet. Zehn Jahre später entwickelte man Ende der 1970er Jahre die **DSS** *(Decision Support Systeme)*, die vor allem den Planungs- und Entscheidungsprozess effektiv unterstützen. Wieder ca. zehn Jahre später, Ende der 1980er Jahre, wurden **EIS** *(Executive Information Systeme)* am Markt angeboten, die die neuesten Techniken nutzten und vor allem eine Kommunikationsunterstützung auf Basis der **lokalen Netze** (LAN: *Local Area Network*) anboten. Eine Zusammenfassung der Funktionalitäten eines EIS und eines DSS führten zu einem **ESS** *(Executive Support System)*. Eine Übersicht der unterschiedlichen Systemtypen der **MSS** *(Management Support Systeme)* zeigt die Abb. 7.0-1.

Im weiteren werden zunächst die unterschiedlichen computergestützten Systeme vorgestellt:

- »Ausprägungen der MSS«, S. 144

Wichtige Systeme, die immer mehr als Analysesysteme an Bedeutung gewinnen, sind die Data Warehouse-Systeme:

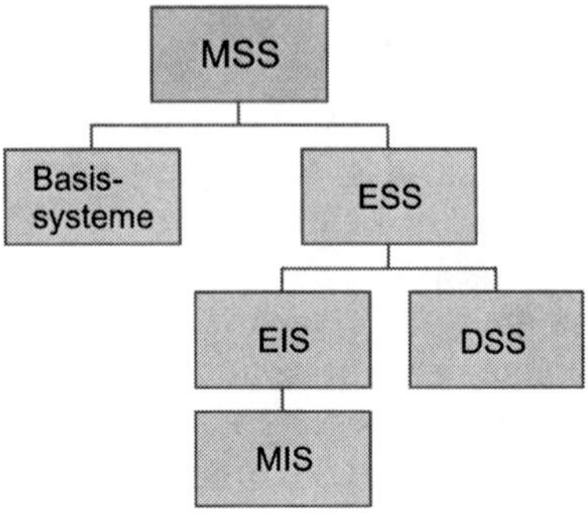
MSS
Basis-systeme
ESS
EIS
DSS
MIS

Abb. 7.0-1: Übersicht der MSS [GGD08, S. 88].

- »Analyseorientiere Systeme – DW«, S. 148

Die anspruchsvollen Anwendungssysteme, die zur Analyse, zur Planung und Entscheidung genutzt werden, werden unter dem Begriff *Business Intelligence* zusammengefasst:

- »Business Intelligence«, S. 151

7.1 Ausprägungen der MSS *

Bei den Management Support Systemen (MSS) lassen sich unterschiedliche Ausprägungen feststellen, so vor allem die *Management Information Systems* (MIS), die *Decision Support Systems* (DSS), die *Executive Information Systems* (EIS) und die *Executive Support Systems* (ESS), die sich mit ihren Anwendungsmöglichkeiten und ihren Eigenschaften beschreiben und in ein gesamtes System einordnen lassen.

Ein MSS lässt sich wie folgt definieren:

Definition

> **MSS** *(Management Support System)* sind Unterstützungssysteme für das Management. Sie bieten Möglichkeiten der Informationsverarbeitung, insbesondere des Zugriffs auf Informationen, der Präsentation der Ergebnisse und der Kommunikation. So lassen sich die vielfältigen Aufgaben unterstützen, die das Management in Unternehmungen ausführt.

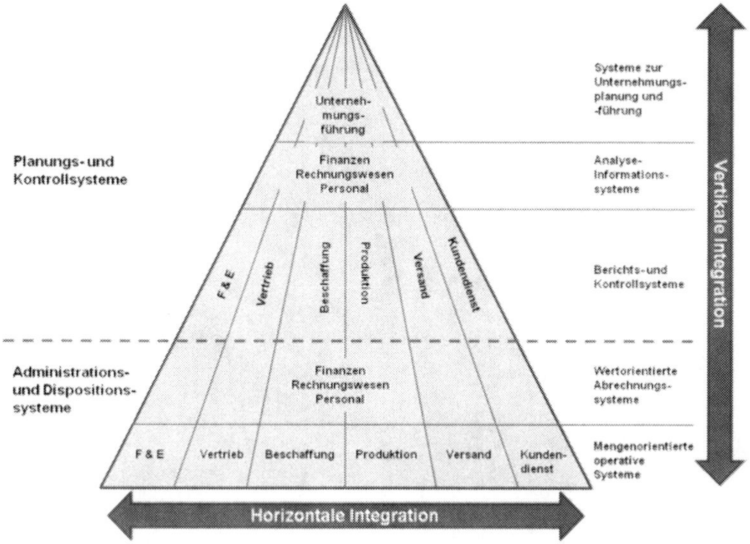

Planungs- und Kontrollsysteme
Administrations- und Dispositions-systeme
Unterneh-mungs-führung
Finanzen Rechnungswesen Personal
F & E
Vertrieb
Beschaffung
Produktion
Versand
Kundendienst
Finanzen Rechnungswesen Personal
F & E
Vertrieb
Beschaffung
Produktion
Versand
Kunden-dienst
Systeme zur Unternehmungs-planung und -führung
Analyse-Informations-systeme
Berichts- und Kontrollsysteme
Wertorientierte Abrechnungs-systeme
Mengenorientierte operative Systeme
Vertikale Integration
Horizontale Integration

Abb. 7.1-1: Die Informationssystem-Pyramide [Mert09, S. 1].

Die *Management Support* Systeme (MSS) bilden den oberen Bereich der Informationssystempyramide (Abb. 7.1-1), der die Analyse-, Planungs- und Kontrollsysteme beinhaltet. Die Ausprägungen, die im Folgenden erläutert werden, lassen sich in die Informationssystempyramide, wie in Abb. 7.1-2 dargestellt, einordnen.

In historisch gewachsener Reihenfolge werden die oben genannten Ausprägungen der MSS kurz vorgestellt.

Die Speicherung gegebener betrieblicher Datenmengen und das Aufkommen von Dialog- und Transaktionssystemen führten in den 1960er Jahren zur Entwicklung geeigneter Anwendungssysteme für das Management, die als **MIS** *(Management Information System)* bezeichnet werden. Es wuchs der Wunsch, dass Führungsinformationen automatisch aus großen Datenbeständen generiert werden, die daraufhin zu Planungs-, Entscheidungs- und Kontrollzwecken benutzt werden können. Das Management wünschte sich

- periodische, standardisierte Berichte,
- die Verfügbarkeit der relevanten Informationen auf allen Managementebenen,

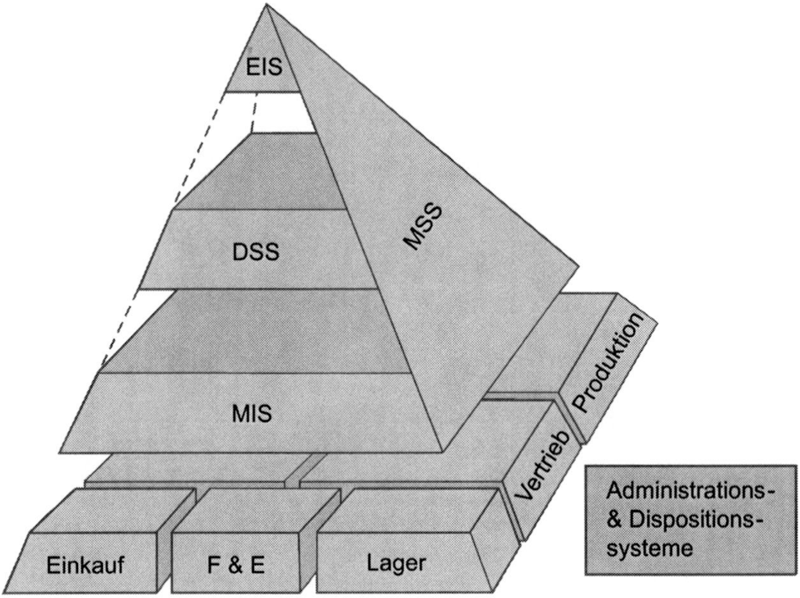
EIS
MSS
DSS
MIS
Produktion
Vertrieb
Einkauf
F & E
Lager
Administrations- & Dispositions-systeme

Abb. 7.1-2: MSS-Pyramide [GGD08, S. 87].

- verdichtete, zentralisierte Informationen über alle Geschäftsaktivitäten,
- größtmögliche Aktualität und Korrektheit der Informationen.

Definition

MIS lassen sich wie folgt definieren:

> **MIS** *(Management Information System)* sind IT-gestützte Systeme, die es Managern verschiedener Hierarchieebenen erlauben, detaillierte und verdichtete Informationen aus der operativen Datenbasis ohne (aufwendige) Modellbildung und ohne logisch-algorithmische Bearbeitung (Anwendung von anspruchsvollen Methoden) zu extrahieren.

Ein Schwerpunkt der MIS liegt im Reporting, das regelmäßige automatisch erfolgen kann (z. B. täglich, wöchentlich), das aber auch ad hoc abgerufen und individuell zusammengestellt werden kann (zu den MIS vgl. auch [GGD08, S. 55ff.]).

DSS (*Decision Support System* bzw. EUS Entscheidungsunterstützungssysteme) unterstützen den Planungs- und Entscheidungsprozess der Fach- und Führungskräfte. Charakteristisch für DSS ist die ausgeprägte Modell- und Methodenorientierung, d. h. sie basieren auf betriebswirtschaftlichen Modellen, wie z. B. Produktionsplanungsmodellen, Vertriebsplanungsmodellen und Lagerhaltungsmodellen, die mithilfe geeigneter Methoden gelöst werden.

Bei den Methoden kann es sich beispielsweise um Optimierungs- bzw. Simulationsmethoden des OR *(Operations Research)* handeln. Fach- und Führungskräfte wünschen sich eine direkte Unterstützung bei ihren Planungsaufgaben, das System soll flexibel sein und interaktiv genutzt werden können.

Ein DSS lässt sich wie folgt definieren: Definition

> Ein **DSS** *(Decision Support System)* ist ein interaktives IT-gestütztes System, das Manager (Entscheidungsträger) mit Modellen (Problemstrukturierung), Methoden (Problemlösungsverfahren) und problembezogenen Daten in ihrem Entscheidungsprozess bei der Lösung von Teilaufgaben in eher schlecht-strukturierten Entscheidungssituationen unterstützt.

Mit fortschreitender Vernetzung der IT-Systeme, Dezentralisierung von IT-Leistungen an den Arbeitsplätzen und Vorhandensein von leistungsstarken und benutzungsfreundlichen PCs und Workstations ist eine neue Basis für eine Verbesserung des MIS-Ansatzes entstanden.

Man entwickelte Ende der 1980er Jahre die **EIS** *(Executive Information Systeme)*, die auch als Führungsinformationssysteme bezeichnet werden. Die technische Entwicklung ermöglichte völlig neue Präsentationsformen und Zugriffe auf Informationen, die dem Management eine neue Qualität von Informationsaufbereitung und Aktualität versprechen.

So wurde durch grafische Benutzungsoberflächen die Bedienung vereinfacht und die Präsentation der Ergebnisse anschaulich dargestellt (zu den DSS vgl. auch [GGD08, S. 62ff.)].

Definition

EIS lassen sich wie folgt definieren:

> **EIS** (*Executive Information* Systeme) sind computergestützte, dialog- und datenorientierte Informationssysteme für das Management mit ausgeprägten Kommunikationselementen, die einzelnen Entscheidungsträgern (oder Gruppen von Entscheidungsträgern) aktuelle entscheidungsrelevante interne und externe Informationen ohne Entscheidungsmodell zur Selektion und Analyse über intuitiv benutzbare und individuell anpassbare Benutzungsoberflächen anbieten.

(Zu den EIS vgl. auch [GGD08, S. 74ff.])

Die Verbindung der eher datenorientierten Funktionen eines EIS und der eher modell- und methodenorientierten Funktionen eines DSS führte zur Entwicklung von ESS, die sich wie folgt definieren lassen:

Definition

> **ESS** (*Executive Information* Systemen) sind arbeitsplatzbezogene Kombinationen aus problemlösungsorientierten DSS- und präsentations- und kommunikationsorientierten EIS-Funktionalitäten. Sie streben eine ganzheitliche, Phasen und Problem übergreifende Unterstützung des Managementarbeitsplatzes an.

(Zu den ESS vgl. auch [GGD08, S. 82ff.])

Die verschiedenen Ausprägungen der MSS (*Management Support* Systeme) wie MIS, DSS, EIS und ESS werden heute immer noch in der Praxis erfolgreich genutzt und sind oft Bestandteile unterschiedlicher Anwendungssysteme. In den letzten Jahren treten jedoch immer häufiger Analyseorientierte Systeme in den Vordergrund der Unterstützungssysteme für das Management, von denen die *Data Warehouse*-Systeme eine große Rolle spielen.

7.2 Analyseorientiere Systeme – DW *

Ein spezielles *Management Support System* (MSS) stellt das *Data Warehouse-System* dar, das zur Analyse von Informationen genutzt wird und eine hohe Bedeutung in der betrieblichen Praxis aufweist.

Die Informationsbereitstellung ist ein wesentlicher Gesichtspunkt der MSS (*Management Support* Systeme). Die Sammlung, Verdichtung und Selektion entscheidungsrelevanter Informationen kann nur auf Basis einer konsistenten unternehmungsweiten Datenhaltung geschehen. An dieser Stelle setzt das *Data Warehouse*-Konzept an und fördert im Idealfall eine unternehmungsweite Datenbasis mit entscheidungsrelevanten Inhalten. Ziel des *Data Warehouse*-Konzeptes ist es, Entscheidern in Organisationen einen einheitlichen Zugriff auf all ihre Daten zu ermöglichen, gleich, an welcher Stelle sie ursprünglich gespeichert sind oder welche Position sie haben. Aus technischen Gründen erweist es sich als sinnvoll, ein derartiges zentrales DW *(Data Warehouse)* von den Daten liefernden Vorsystemen zu entkoppeln und auf einer separaten Systemplattform zu betreiben. Die gesammelten Problemdaten müssen dabei aus den unterschiedlichen vorgelagerten operativen Datenbasen extrahiert und in einer eigenständigen Datenbasis derart strukturiert abgelegt werden, dass sich daraus der Informationsbedarf der Anwender ableitet. Durch die Bildung einer getrennten, zweiten Datenbasis werden die operativen Vorsysteme nicht gestört. Neben den internen Vorsystemen, z. B. den Datenbanken des Rechnungswesens, der Produktion oder des Vertriebs, liefern auch externe Vorsysteme Daten an das *Data Warehouse*, z. B. über eine Web-Schnittstelle aus dem Internet (vgl. [HaNe09, S. 1015ff.]).

DW-System

DW-Systeme (*Data Warehouse*-Systeme) sind »große Datenbanksysteme«. Sie dienen vor allem zu Analysezwecken und werden deshalb auch als **Analyseorientierte Systeme** bezeichnet. Über eine Benutzungsschnittstelle greift man auf die Informationen zu, die dann mit entsprechenden Methoden ausgewertet bzw. analysiert werden können. In der Abb. 7.2-1 ist das grundlegende Konzept eines *Data Warehouse*-Systems dargestellt.

Datenanalyse

Im Mittelpunkt der Analyseorientierten Systeme steht die Analyse der Informationen bzw. Daten (Datenanalyse), die vor allem in einem Data Warehouse gespeichert sind. Informationssysteme, die betrieblichen Fach- und Führungskräften bei ihren Planungs- und Entscheidungsaufgaben wertvolle Unterstützung liefern wollen, müssen sich an der Sichtweise auf die eigene Unternehmung orientieren. Dies gilt vor allem für mehr- bzw. multidimensionale Perspektiven auf die verfügbaren quantitativen Datenbestände, die den Mitarbeitern einen flexiblen und intuitiven Zugang zu den benötigten Informationen gewährleisten (vgl. [GGP09]).

OLAP-System

Multidimensionale Systeme, auch als OLAP-Systeme (On-Line Analytical Processing-Systeme) bezeichnet, weisen eine bestimmte Form der Anwendung quantitativer, betriebswirtschaftlicher Größen auf. Wichtige Dimensionen sind z. B. Kunden, Artikel, Regionen, entlang derer sich betriebswirtschaftlicher Kenngrößen wie z. B. Umsatz oder Deckungsbeitrag im Zeitablauf untersuchen lassen. Das Konzept OLAP fordert die Multidimensionalität als zentrales Gestaltungsparadigma entscheidungsunterstützender Informationssysteme.

Data Mining

Die Analyse der gespeicherten Informationen wird vor allem durch Mining-Verfahren durchgeführt, so durch das Data Mining oder Text Mining, die das Bereitstellen von wertvollen verschiedenen Informationen aus großen Datenbeständen umschreibt. Als Einsatzbereiche von Data Mining-Anwendungen finden sich vor allem die Klassifikation, das Clustern und das Aufdecken von Abhängigkeiten. Die Verfahren und Technologien des Data Mining stellen „intelligente“ Methoden dar, die auf Ansätzen der Künstlichen Intelligenz (KI) und der Neuronalen Netze basieren, wie z. B. die Assoziationsanalyse und die Mustererkennung.

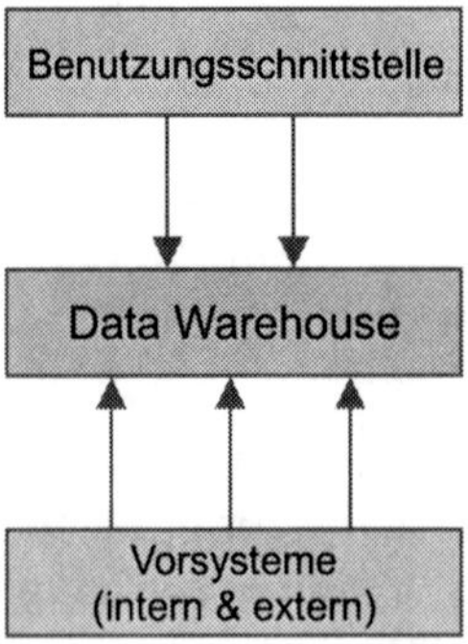
Benutzungsschnittstelle
Data Warehouse
Vorsysteme
(intern & extern)

Abb. 7.2-1: Data Warehouse-Konzept.

Anwendungen

Data Warehouse-Systeme haben seit den 1990er Jahren eine große Beachtung in der betrieblichen Praxis gefunden. Schwerpunkte ihres Einsatzes findet man bei den Controllingsystemen, wobei vor allem betriebliche Kennzahlensysteme zur Analyse, Planung und Steuerung genutzt werden. Aber auch im Marketing sind *Data Warehouse*-Systeme sehr erfolgreich, so z. B. bei den CRM-Systemen (*Customer Relationship Management*-Systemen), mit denen gezielte Kundenanlysen durchgeführt werden (vgl. auch [GGD08, S. 117ff.]).

Vielfältige Anwendungen finden sich weiterhin bei der Nutzung der Balanced Scorecard-Systeme, bei den unterschiedlichen Planungs- und Budgetierungssystemen, bei den Konsolidierungssystemen und den Risikomanagementsystemen (vgl. [GGD08, S. 223 ff.]) Das *Data Warehouse*-System, das häufig als Erweiterung eines Datenbanksystems betrachtet wird, lässt sich weiter konkretisieren. Weitere Ausführungen hierzu finden Sie im Kapitel »Data Warehouse – Aufbau und Nutzungsmöglichkeiten«, S. 136.

7.3 *Business Intelligence* *

Business Intelligence (BI) gehört zu der wachsenden Anzahl englischsprachlicher IT-Schlagworte, bei denen eine Übersetzung bislang keinen Eingang in den deutschen Sprachgebrauch gefunden hat. BI ist in den letzten Jahren zunächst in der Praxis und später auch in der wissenschaftlichen Diskussion als Synonym für innovative IT-Lösungen zur Unternehmungsplanung und -steuerung fest etabliert. Vor allem die Anbieter von Softwareprodukten vermarkten ihre Lösungen gerne unter dem Label »*Business Intelligence*«.

Lösungsansätze des *Business Intelligence* sind Unterstützungssysteme für Fach- und Führungskräfte und lassen sich deshalb auch in die Systemkategorie der MSS (Management Support Systeme) einordnen. Sie werden häufig als Oberbegriff für alle anspruchsvollen Lösungsansätze für betriebliche Planungs- und Entscheidungsaufgaben gesehen (vgl. [HaNe09, S. 1015ff.]). So lassen sich nur allgemeine Definitionen für das BI finden:

Definition

BI *(Business Intelligence)* ist die Gesamtheit aller Werkzeuge und Anwendungen mit entscheidungsunterstützendem Charakter, zur besseren Einsicht in das eigene Geschäft und damit zum besseren Verständnis in die Mechanismen relevanter Wirkungsketten. BI versteht sich als begriffliche Klammer, die eine Vielzahl unterschiedlicher Ansätze zur Analyse geschäftsrelevanter Daten zu bündeln versucht. BI ist kein neues System und kein neues Produkt, das am Markt angeboten wird.

BI-Techniken

Zur Lösung der betrieblichen Probleme nutzt man unterschiedliche Techniken, die in einem BI-Ansatz zusammengefasst werden können, so z. B.

- Datenbanksysteme,
- Tabellenkalkulationssysteme,
- *Decision Support* Systeme,
- *Executive Information* Systeme,
- *Data Warehouse* Systeme,
- Wissensbasierte Systeme,
- Kommunikations- und Kooperationssysteme, Groupwaresysteme wie Workflow- und Workgroup-Systeme.

Hierbei handelt es sich um IT-Systeme, mit denen Informationen gespeichert, verwaltet, abgerufen und übertragen werden.

BI-Methoden

Um echte **BI-Lösungen** zu erhalten, müssen die Daten auch ausgewertet werden. Hierfür sind zahlreiche Methoden einsetzbar, die u. a. aus der Entscheidungstheorie, dem *Operations Research* bzw. der Statistik bekannt sind, wie z. B.

- Optimierungsverfahren,
- Simulationsverfahren,
- Statistische Methoden,
- Logische Auswertungen bei Wissensbasierten Systemen,
- *Mining*-Verfahren, die vor allem bei *Data Warehouse*-Systemen benutzt werden (siehe Kapitel »Data Warehouse – Aufbau und Nutzungsmöglichkeiten«, S. 136).

BI-Konzepte

Bei Betrachtung der sehr unterschiedlichen **BI-Konzepte** kann man diese nach zwei Kriterien ordnen: Erstens nach dem Schwerpunkt des Prozessablaufes, eingeteilt in Datenbereitstellung und Datenauswertung, und zweitens nach der Orientierung, eingeteilt in Technik und Anwendung.

Die unterschiedlichen BI-Konzepte lassen sich weiterhin einteilen in die drei Gruppen: Mit einem engeren BI-Verständnis, mit einem analyseorientiertem BI-Verständnis und einem weiten BI-Verständnis. Die Abb. 7.3-1 platziert die verschiedenen Konzepte in diese Struktur.

So dient z. B. das *Data Warehouse* überwiegend der Datenbereitstellung (Speicherung) und ist eher der Technik zugeordnet. Das Analytische CRM *(Customer Relationship Management)* ist eine Anwendung und dient eher der Datenauswertung, so z. B. durch *Mining*-Verfahren, die der Technik zugeordnet sind.

Bei den Mining-Verfahren handelt es sich um effiziente Auswertungsverfahren umfangreicher Datenbestände (Data Mining) bzw. von Texten (Text Mining), die logische Zusammenhänge der Informationen erkennen. Datenauswertungen für betriebliche Anwendungen finden sich bei den vielfältigen Planungssystemen, die z. B. auf Optimierungs- und Simulationsmethoden basieren.

Auch Wissensbasierte Systeme bzw. Expertensysteme als eine spezielle Form von Planungssystemen sind hier zu nennen, die beispielsweise als Analyse- bzw. Diagnosesysteme (z. B. Datenanalyse) oder als Konstruktionssysteme genutzt werden (vgl. zu BI auch [GGD08, S. 249ff.]).

BI-Ansätze werden in den unterschiedlichsten Branchen und betrieblichen Funktionsbereichen genutzt. Häufig arbeiten diese auf Basis von Data Warhouse- bzw. OLAP-Systemen, so z. B. in den Anwendungsbereichen des Marketing oder des Controlling.

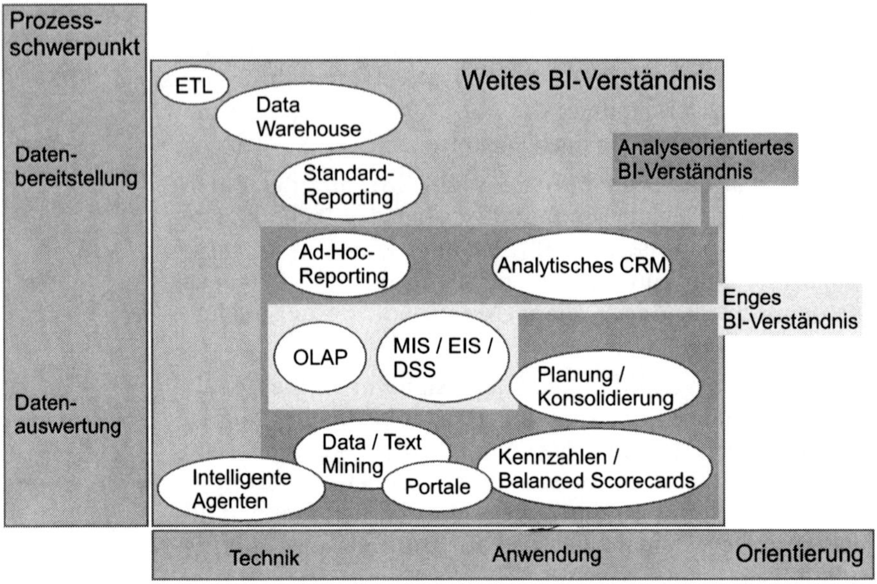
Prozess-
schwerpunkt
Daten-
bereitstellung
Daten-
auswertung
Weites BI-Verständnis
ETL
Data
Warehouse
Standard-
Reporting
Analyseorientiertes
BI-Verständnis
Ad-Hoc-
Reporting
Analytisches CRM
Enges
BI-Verständnis
OLAP
MIS / EIS /
DSS
Planung /
Konsolidierung
Data / Text
Mining
Intelligente
Agenten
Portale
Kennzahlen /
Balanced Scorecards
Technik
Anwendung
Orientierung

Abb. 7.3-1: Begriffsverständnis *Business Intelligence* (BI).

8 Geschäftsprozessmanagement *

Globalisierung, verkürzte Produktionslebenszyklen, steigende Kundenanforderungen und Kostendruck sowie gesetzliche Anforderungen und Normen, stetig steigender internationaler Konkurrenzdruck und rasante informationstechnische Entwicklungen – all diese Begriffe stellen Herausforderungen aus dem heutigen Umfeld einer Unternehmung dar, die diese dazu zwingen, ihre eigene Wettbewerbsposition ständig zu überprüfen und sich neu zu positionieren. Um sich am Markt etablieren zu können und wettbewerbsfähig zu bleiben, müssen Unternehmungen jederzeit bemüht sein, ihre Wettbewerbsvorteile zu erkennen und zu nutzen. Geschäftsprozesse und deren Unterstützung durch Informationstechniken bilden dabei das wesentliche Fundament für die Wertschöpfung einer Unternehmung. Wettbewerbsvorteile durch Leistungs- und Qualitätssteigerungen können durch eine Verbesserung der Unternehmungsabläufe erreicht werden, welche folglich die Grundlage für die Erhaltung und Erhöhung der Wettbewerbsfähigkeit sind und somit eine wichtige Voraussetzung für den langfristigen Erfolg einer Unternehmung darstellen.

Ein Geschäftsprozess ist die Gesamtheit von aufeinander einwirkenden Vorgängen bzw. Aktivitäten, die der betrieblichen Leistungserstellung dienen. Das Geschäftsprozessmanagement subsumiert unterschiedliche Aufgaben im Zusammenhang mit den Geschäftsprozessen wie die Identifikation, die Verbesserung oder die Dokumentation dieser betrieblichen Prozesse:

- »Grundlagen und Begrifflichkeiten«, S. 156

Zum Verständnis der Arbeitsweise von Geschäftsprozessen und dem dazugehörigen Management dieser, ist es von Vorteil, die unterschiedlichen organisationstheoretischen Sichtweisen der Prozessorganisation einer Unternehmung zu verstehen:

- »Prozesse aus organisationstheoretischer Sicht«, S. 163

Die Wurzeln des Geschäftsprozessmanagements sind in den 1980er Jahren im Rahmen des *Business Process Reengineering* zu finden:

- »Business Process Reengineering«, S. 167

Während das historisch zu betrachtende *Business Process Reengineering* sich mit einer radikalen Neugestaltung der vorhanden Strukturen und Prozesse einer Unternehmung beschäftigt, sind es eher inkrementelle Veränderungen vorhandener Geschäftsprozesse, die im Rahmen der Geschäftsprozessoptimierung betrachtet werden:

- »Geschäftsprozessoptimierung«, S. 170

Ziel der Modellierung – also der Beschreibung, Gestaltung und Erklärung von Geschäftsprozessen – ist es zum einen eine Bestandsaufnahme vorhandener Geschäftsprozesse zu geben und zum anderen diese durch Aufdecken von Schwachstellen zu verbessern:

- »Modellierung von Geschäftsprozessen«, S. 175

Bei der Modellierung von Geschäftsprozessen spielen insbesondere die Ereignisgesteuerten Prozessketten (EPK) eine wichtige Rolle:

- »Exkurs: Ereignisgesteuerte Prozessketten«, S. 177

Neben der Planung, Steuerung und Kontrolle der Geschäftsprozesse liegt ein weiterer Schwerpunkt in der Koordination des Arbeitsflusses einer Unternehmung:

- »Workflow Computing«, S. 185

8.1 Grundlagen und Begrifflichkeiten *

Um im Folgenden eine Erläuterung für den Begriff des Geschäftsprozessmanagements zu liefern, werden zunächst der Bestandteile »Prozess« bzw. »Geschäftsprozess« definiert. Hierfür erfolgt eine Abgrenzung der allgemeinen Bedeutung des Begriffs Prozess und anschließend wird dieser aus Sicht der Wirtschaft bzw. der Wirtschaftsinformatik als Geschäftsprozess betrachtet:

- »Prozesse und Geschäftsprozesse«, S. 157

Anschließend wird dann eine Definition des Geschäftsprozessmanagements sowie eine Abgrenzung der wichtigsten Aufgaben dieses Fachgebietes vorgenommen:

- »Management von Geschäftsprozessen«, S. 160

8.1.1 Prozesse und Geschäftsprozesse *

Ein Prozess wird im Allgemeinen als eine geordnete Abfolge von Aktivitäten verstanden. Betriebswirtschaftlich werden durch einen Prozess alle Vorgänge zur Leistungserstellung einer Unternehmung beschrieben, und der Prozess wird als Geschäftsprozess bezeichnet. Um den Terminus des Geschäftsprozesses klar zu definieren, muss eine Vielzahl seiner Eigenschaften betrachtet werden.

Der Begriff »Prozess« findet im alltäglichen Sprachgebrauch eine Vielzahl verschiedener Anwendungen. In diesem Kontext ist seine Bedeutung jedoch meist problemlos dem entsprechenden Thema zuzuordnen, wie beispielsweise der »Gerichtsprozess«, der »chemische Prozess« oder der» Produktionsprozess«. Unabhängig davon, welchem Thema der Begriff zugeordnet werden kann, haben alle Bedeutungen jedoch eine Gemeinsamkeit: Sie beschreiben ihn als eine Abfolge von Vorgängen bzw. Aktivitäten. Der Geschäftsprozess ist eine spezielle Form eines Prozesses. Meist aus wirtschaftlicher Sicht betrachtet, beschreibt er den Vorgang der Leistungserstellung einer Unternehmung.

Prozess

Der Begriff Prozess im Allgemeinen findet seinen Ursprung im lateinischen Wort »procedere« für Voranschreiten. Demnach wird unter einem Prozess ein Ablauf bzw. Vorgang verstanden (vgl. [Lehm08, S. 10]).

Geschäftsprozess

Aus betriebswirtschaftlicher Sicht wird unter diesem Begriff die Gesamtheit von aufeinander einwirkenden Vorgängen bzw. Aktivitäten subsumiert, die der betrieblichen Leistungserstellung dienen. Rückt die unternehmerisch bzw. betriebliche Betrachtung eines Prozesses in den Fokus, wird die allgemeine Bezeichnung Prozess durch die spezielle Bezeichnung **Geschäftsprozess** *(Business Process)* ersetzt. Verstanden wird hierunter eine zeitlich und sachlogisch im Zusammenhang stehende Menge von Aktivitäten bzw. Tätigkeiten. Die Analyse bzw. Betrachtung von Geschäftsprozessen kann auf unterschiedlichen Aggregationsstufen erfolgen. Dabei wird gewöhnlich differenziert zwischen den Haupt- oder Kerngeschäftsprozessen einer Unternehmung, welche die höchste Aggregationsstufe darstellen, und den

Geschäftsprozessen, welche den konkreten Prozessablauf beschreiben.

Kerngeschäftsprozess & Unterstützungsprozess

Auf der obersten Ebene einer Unternehmung wird die Wertschöpfungskette der Unternehmung dargestellt. Diese zeigt auf hohem Aggregationsniveau auf, wie die Wertschöpfung der Unternehmung im Wesentlichen aufgebaut ist. Dabei werden die Prozesse, welche zur Wertschöpfung beitragen, als **Haupt-** oder **Kerngeschäftsprozesse** bezeichnet. Diese liefern einen direkten Beitrag zum unternehmerischen Erfolg, also zur Wertschöpfung. Prozesse, welche nicht direkt mit in die Wertschöpfung eingehen oder einem wertschöpfenden Bereich zurechenbar sind, jedoch für die unternehmerische Tätigkeit erforderlich sind, werden als **Unterstützungsprozesse** bezeichnet. Beispielsweise erfüllt das Personalmanagement oder Gebäudemanagement für eine Unternehmung eine grundlegende und wichtige Funktion als Voraussetzung für die Leistungserstellung. Jedoch gehen diese Bereiche nicht in die Wertschöpfung mit ein.

Managementprozesse

Auch **Managementprozesse**, wie z. B. Controlling oder Unternehmensplanung, werden als getrennte Prozessbereiche dargestellt. Beide Bereiche – Unterstützungsprozesse und Managementprozesse – erfüllen damit eine Querschnitts- oder Supportfunktion für die Kerngeschäftsprozesse einer Unternehmung. Die Abb. 8.1-1 visualisiert diesen Zusammenhang exemplarisch.

Prozesse in der Wirtschaftsinformatik

Im Fokus der Wirtschaftsinformatik liegen unternehmerische bzw. betriebliche Prozesse, die als Geschäftsprozesse bezeichnet werden (vgl. [KrUh09, S. 12f.]). Diese dienen der Erfüllung der obersten Ziele einer Unternehmung und beschreiben das zentrale Geschäftsfeld. Häufig sind in der Literatur Definitionen zu finden, die anstelle der »Vorgänge« den Ausdruck der »Aktivitäten« oder »Tätigkeiten« nutzen, so beispielsweise [Lehm08, S. 11]:

Definition

> »Ein **Geschäftsprozess** besteht aus einer Menge von Aktivitäten in einem zeitlichen, sachlogischen Zusammenhang, die häufig vernetzt und interdependent sind und die miteinander koordiniert und zielgerichtet abgestimmt werden müssen« [Lehm08, S. 11].

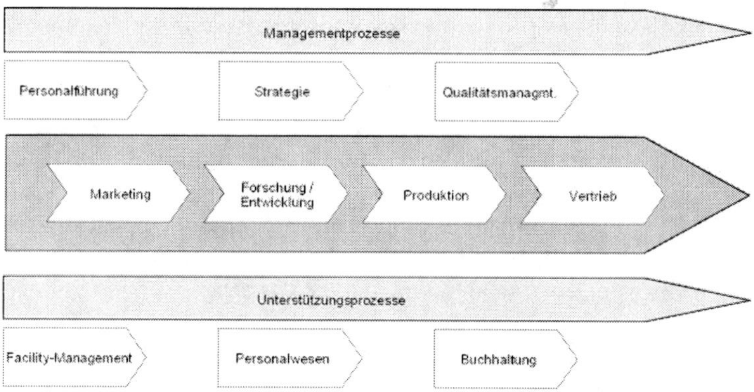
Managementprozesse
Personalführung
Strategie
Qualitätsmanagmt.
Marketing
Forschung / Entwicklung
Produktion
Vertrieb
Unterstützungsprozesse
Facility-Management
Personalwesen
Buchhaltung

Abb. 8.1-1: Beispielhafte Darstellung der Kerngeschäftsprozesse einer Unternehmung als Wertschöpfungskettendiagramm.

Auch die Aufgaben eines Geschäftsprozesses werden häufig zu seiner Definition herangezogen, so beispielsweise von Davis & Brabänder (2007): »[...] *the definition of the tasks, and the sequence of those tasks, necessary to deliver a business objective*« [DaBr07, S. 6].

Eigenschaften eines Geschäftsprozesses

Die Definitionen eines Geschäftsprozesses sind so zahlreich wie unterschiedlich, jedoch sind die wenigsten ausreichend um die Gesamtheit des Begriffs zu erfassen. Aus diesem Grund soll an dieser Stelle anstatt einer Definition die Aufzählung der wichtigsten **Eigenschaften eines Geschäftsprozesses** zur Abgrenzung herangezogen werden. Zu diesen Eigenschaften zählen (vgl. [Stau06, S. 7ff.], [Lehm08, S. 11f.]):

- Geschäftsprozesse dienen der Erfüllung der Unternehmensziele.
- Die Gesamtaufgabe, die einem Geschäftsprozess zugrunde liegt, kann meist in Teilaufgaben zerlegt werden.
- Die Träger dieser Aufgaben sind Inhaber bestimmter Stellen, die einer Organisationseinheit zuordenbar sind.
- Die Durchführung von Aufgaben kann manuell, teil-automatisiert oder (voll-) automatisiert erfolgen.
- Die Bearbeitung eines Geschäftsprozesses erfolgt meistens arbeitsteilig.

- Zur Erfüllung seiner Aufgaben sind Ressourcen (Menschen, Maschinen, Informationen usw.) einer Unternehmung als *Input* notwendig.
- Ein Geschäftsprozess besteht aus einer Menge von Aktivitäten, welche in unmittelbarer Beziehung zueinanderstehen und auf unterschiedlichen Aggregationsstufen zusammengefasst werden.
- Der Geschäftsprozess hat zum Ziel, einen Nutzen für seinen Kunden zu bringen, wobei es sich um den Nutzen interner (bspw. eine im Geschäftsprozess nachgelagerte Abteilung) und externer (meist der Endkunde) Kunden handeln kann.
- Bei externen Kunden ist der Geschäftsprozess wertschöpfend.
- Das Ergebnis ist unter Berücksichtigung von Zielen und Messgrößen quantifizierbar.
- Jeder Geschäftsprozess besitzt einen definierten Anfang und ein definiertes Ende.
- Ein Geschäftsprozess kann aus mehreren Sichten betrachtet werden.
- Verantwortlichkeiten und Verfahrensweisen sind klar zu definieren, d. h., jeder Geschäftsprozess hat einen Geschäftsprozessverantwortlichen.
- Geschäftsprozesse sind adäquat durch geeignete Techniken zu unterstützen.

8.1.2 Management von Geschäftsprozessen *

Geschäftsprozessmanagement *(Business Process Management)* ist eine systematische Herangehensweise zur Analyse, Planung, Steuerung, Kontrolle und zur Optimierung bzw. Verbesserung von Geschäftsprozessen. Der Kern liegt hierbei in der Organisation der Geschäftsprozesse einer Unternehmung, mit dem Ziel, diese durch entsprechende Planung und Gewichtung zu koordinieren und zu verbessern, um sowohl Effektivität als auch Effizienz bei der Herstellung von Produkten und Leistungen zu erhöhen. Wichtige Aspekte des Geschäftsprozessmanagements (GPM) sind das *Business Process Reengineering*, die Geschäftsprozessoptimierung und die Geschäftsprozessmodellierung.

Entstehung des GPM

Das erste Auftreten des Geschäftsprozessmanagements (GPM) in der Praxis – Ende der 1980er Jahre – wurde durch die US-Amerikaner Michael Hammer und James Champy unter dem Begriff des ***Business Process Reengineering*** subsumiert (vgl. [HaCh03]). Durch die externen Einflüsse dieser Zeit (u. a. die Öffnung globaler Märkte, die Auflösung vieler gesetzlicher und traditioneller Handelsbarrieren, die vermehrte Bereitstellung moderner Informations- und Kommunikationstechniken) waren Unternehmungen gezwungen, ihre Geschäftsprozesse fundamental zu überdenken und grundlegend neu aufzubauen.

IT als *enabler*

Eine wesentliche Rolle beim GPM spielt der Einsatz von Informations- und Kommunikationstechniken in der Unternehmung. Die von Hammer/Champy durchgeführte Untersuchung verfolgte das Ziel zu analysieren, welche Rolle die IT für die Unternehmung in den 1990er Jahren spielen wird. Dabei fand zu Beginn der 1990er Jahre, resultierend aus der zunehmenden Verbreitung von kostengünstigen, vernetzten PC-Arbeitsplatzrechnern, verstärkt der Einsatz dezentraler IT in den Unternehmungen statt. Dies ermöglichte völlig neue Formen von »digitalen« Arbeitsabläufen: IT hatte damit die Funktion des *enablers* neuer, effizienterer Arbeitsorganisationen. Allerdings nutzten viele Unternehmungen diese Potenziale nur unzureichend und setzten IT-Systeme isoliert ein, ohne geeignete Schnittstellen zu anderen Bereichen oder gar der durchgängigen Unterstützung der Wertschöpfungskette. Hier setzt das Paradigma des »Business Process Reengineering« an, bestehende, traditionelle Organisationsformen zu verwerfen und die Unternehmung völlig neu (auf der »grünen Wiese«), prozessorientiert, und unter Berücksichtigung des Einsatzes aktueller und innovativer IT-Systeme, zu organisieren.

Nach Ende des ersten Hypes des »Business Process Reengineering« (siehe Kapitel »BPR«, S. 167) Mitte der 1990er Jahre ging die durch den Begriff beschriebene »Radikalkur« einer Unternehmung über in den Bereich der Geschäftsprozessoptimierung bzw. -verbesserung (siehe Kapitel »GPO«, S. 170), den man heute als Geschäftsprozessmanagement bezeichnet.

Definition

Geschäftsprozessmanagement (GPM) ist die »Gesamtheit aller Aktivitäten, die ein Unternehmen zur Verbesserung seiner Prozesse durchführt« (vgl. [KrUh09, S. 329]).

Aufgaben des GPM

Auch hier spielt im Zuge der Definition die Beschreibung der Aufgaben eine entscheidende Rolle [DaBr07, S. 7]:

»*a systematic approach to managing and improving an organisation's business by active, coordinated management of all aspects of the specification, design, implementation, operation, measurement, analysis and optimization of business processes in order to effectively and efficiently deliver business objective*«[DaBr07, S. 7].

Neben denen in der Definition genannten, sind aber noch eine Reihe weiterer Aufgaben zu nennen (vgl. [ScSe10, S. 10ff.], [Lehm08, S. 13ff.]), wie:

- Identifikation von Geschäftsprozessen
- Planung von Geschäftsprozessen
- Dokumentation von Geschäftsprozessen
- Verbesserung von Geschäftsprozessen
- Optimierung von Geschäftsprozessen
- Steuerung von Geschäftsprozessinstanzen
- Kontrolle von Geschäftsprozessen und -instanzen
- Organisation von Geschäftsprozessen

Effektivität & Effizienz

Die Durchführung der Aufgaben sollte unter den Gesichtspunkten der Effektivität und Effizienz ausgeführt werden. Unter **Effektivität** ist in diesem Zusammenhang ein Beurteilungskriterium zu verstehen, mit dem sich einschätzen lässt, ob eine durchgeführte Maßnahme zur Zielerreichung geeignet ist. **Effizienz** beschreibt, ob die Maßnahme zur Zielerreichung auf eine ganz bestimmte Art und Weise geeignet ist. Kurz lässt sich auch sagen, Effektivität meint »das Richtige zu tun«, Effizienz dagegen »etwas richtig zu tun«.

Beispiel

Im Beispiel einer konkreten Unternehmung wäre mangelnde Effektivität beispielsweise in ungenauen strategischen Zielen oder unklaren Vorstellungen über Erfolgsfaktoren und Erfolgspotenzialen zu erkennen. Effizienzdefizite dagegen sind häufig in den betrieblichen Abläufen oder bei der Durchsetzung der Wirtschaftlichkeitsprinzipien zu finden (vgl. [ScSe10, S. 2ff.]).

8.2 Prozesse aus organisationstheoretischer Sicht *

Aus organisationstheoretischer Sicht unterscheidet man zwei unterschiedliche Arten der Prozessorganisation einer Unternehmung. Historisch betrachtet hat sich die Organisationsstruktur zunächst funktionsorientiert herausgebildet, d.h., die Abteilungen werden nach ihren Funktionen in sogenannten Abteilungen oder Funktionsbereichen zusammengefasst. Der Aufbauorganisation einer Unternehmung steht die prozessorientierte Ablauforganisation gegenüber, welche die Organisationseinheiten so abbildet, dass die quer zur funktionsorientierten Organisationsstruktur verlaufenden Geschäftsprozesse in einer Einheit abgewickelt werden können. Aufgrund der zahlreichen Vor- und Nachteile beider Strukturen haben sich im Laufe der Zeit hybride Organisationsstrukturen entwickelt, die versuchen, die Vorteile beider Organisationsstrukturen zu nutzen.

Betrachtet man die historische Entwicklung von Unternehmungsstrukturen, so kommt man nicht umhin, die verschiedenen Arten der Organisation einer Unternehmung zu betrachten. In einer Unternehmung arbeiten viele Menschen zusammen an der Erreichung gemeinschaftlicher Ziele. Um Chaos zu vermeiden, Strukturen zu schaffen und eine Koordination der Aufgaben zuzulassen, muss geklärt werden, wer welche Aufgaben durchführt und wie diese Aufgaben zusammenwirken. Zu diesem Zweck hat sich schon zu Beginn der Industrialisierung – vornehmlich im Bereich der Produktion – das Prinzip der Arbeitsteilung durchgesetzt. Nicht zuletzt auch, weil es durch diese Spezialisierung möglich ist, Kernkompetenzen zu sammeln, Arbeitsschritte effizienter durchzuführen und somit die Produktivität um ein Vielfaches zu steigern. Zu diesem Zweck musste in größeren Organisationen die **Aufbauorganisation** bestimmt werden, die die organisatorischen Einheiten (Abteilungen, Teams, Mitarbeiter) einer Unternehmung strukturiert und in einem statischen System abbildet. Besonders im Laufe der letzten zwei Jahrzehnte ist die Betrachtung einer Unternehmung immer weiter von dieser statischen Sicht in Richtung einer prozessorientierten Betrachtung und somit einer dynamischen Sicht abgerückt. Diese dynamische Sicht betrachtet die **Ab-**

lauforganisation einer Unternehmung. Heute bilden Aufbau- und Ablauforganisation in Form einer hybriden Organisationsstruktur gemeinsam die Organisation einer Unternehmung.

Die Aufbauorganisation

Durch diese Ausprägung der Organisation einer Unternehmung wird ersichtlich,

- über welche Organisationseinheiten die Unternehmung verfügt,
- wie die Einheiten bestimmten Aufgaben zugeordnet werden,
- welche Kompetenzen jeweils benötigt werden und
- wie Verantwortlichkeiten vergeben sind.

Die Aufbauorganisation ist eine **funktionsorientierte Organisationsstruktur**, die traditionell in Unternehmungen verwendet wird und die Abteilungen nach gleichartigen Tätigkeiten (Funktionen) zusammenfasst. Typische Abteilungen einer funktionsorientierten Organisation sind: Vertrieb, Materialwirtschaft, Produktionsplanung, Produktion u.a., wie in Abb. 8.2-1 (vgl. [Allw05, S. 8]) wiedergegeben.

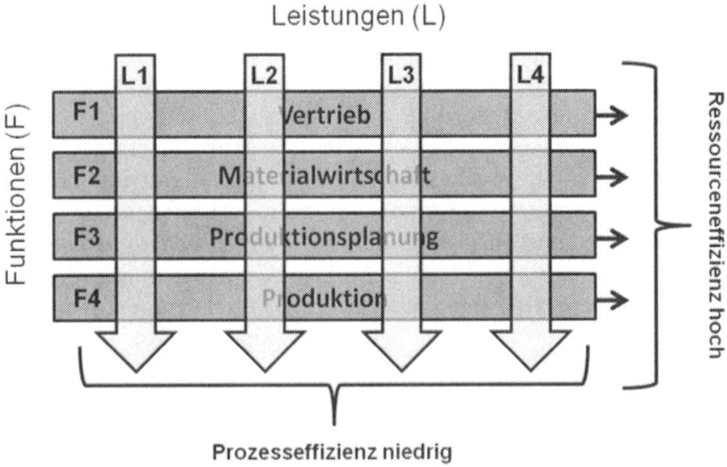
Leistungen (L)
L1
L2
L3
L4
Funktionen (F)
F1
Vertrieb
F2
Materialwirtschaft
F3
Produktionsplanung
F4
Produktion
Ressourceneffizienz hoch
Prozesseffizienz niedrig

Abb. 8.2-1: Die funktionale Organisationsstruktur [Sche98, S. 8].

Als problematisch erweist sich hierbei die Tatsache, dass Prozesse quer zur Organisation verlaufen, was zu zahlreichen Geschäftsprozessschnittstellen zwischen den Organisationseinheiten führt. Jede Schnittstelle birgt die Gefahr von hohen Transport-, Warte- und Liegezeiten sowie Fehlerquellen, was zu ineffizienten Geschäftsprozessen führt. Zudem bedingt der Durchlauf mehrerer unterschiedlicher Abteilungen mehrfachen Einarbeitungsaufwand und einen erhöhten Abstimmungsaufwand zwischen den Abteilungen, was eine niedrige Prozesseffizienz zur Folge hat. Nicht selten herrschen, was die IT-technische Unterstützung der Abteilungen betrifft, sogenannte »Insellösungen« vor, d. h., in der Unternehmung ist kein einheitliches Anwendungssystem, wie beispielsweise ein ERP-System vorhanden (vgl. [Allw05, S. 13ff.]). Stattdessen hat jede einzelne Abteilung ihre eigene Lösung. Diese vielen unterschiedlichen Anwendungssysteme haben jedoch nur selten kompatible Schnittstellen, was den vorher beschriebenen Aspekt aufgrund redundanter Datenhaltung, Mehrfacherfassung, einer niedrigen Transparenz und inkonsistenter Daten, noch erschwert. Vorteile bietet diese Fokussierung dagegen im Sinne von Spezialisierung und einer effizienten Nutzung von Ressourcen, denn durch Bündelung von Kompetenzen und Know-How in einer Abteilung oder eines Teams können Arbeitsschritte effizienter durchgeführt und Ressourcen besser genutzt werden [Sche98].

Die Ablauforganisation

Die Ablauforganisation zeigt auf

- wie die Abläufe zur Zielerreichung gestaltet sind und
- wie Aufgaben durchgeführt werden.

Darüber hinaus beschäftigt sie sich mit der Koordination der räumlichen und zeitlichen Aspekte dieser Durchführung. Sie stellt dabei die Beziehungen innerhalb einer Unternehmung in den Vordergrund. Die Ablauforganisation stellt eine prozessorientierte Organisationsstruktur dar, die die genannten Schwachstellen der Aufbauorganisation überwindet. Die prozessorientierte Organisation bildet die Organisationseinheiten so ab, dass die quer zur funktionsorientierten Organisationsstruktur verlaufenden Geschäftsprozesse in einer

Einheit abgewickelt werden können. Demnach würde jedes Produkt, wie in Abb. 8.2-2 dargestellt, eine eigene Organisationseinheit bilden, was einen reibungslosen und effizienten Ablauf zur Folge hätte (vgl. [Allw05, S. 14ff.]).

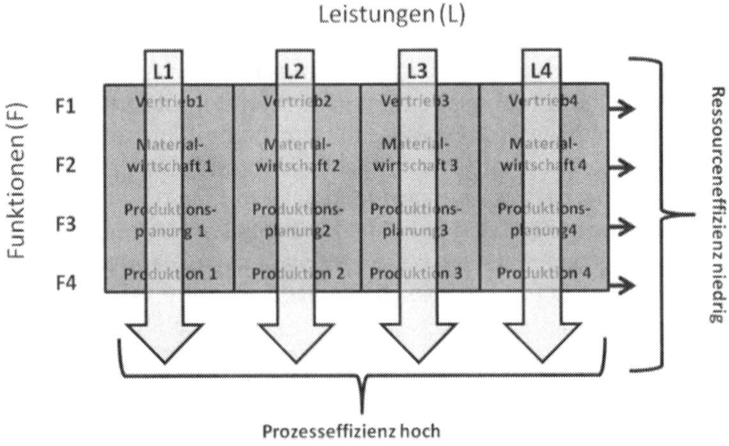
Leistungen (L)
L1
L2
L3
L4
Funktionen (F)
F1
F2
F3
F4
Ressourceneffizienz niedrig
Prozesseffizienz hoch

Abb. 8.2-2: Die prozessorientierte Organisationsstruktur [Sche98, S. 8].

Hybride Organisationsstrukturen

Obwohl die Ablauforganisation zu effizienteren Geschäftsprozessen führt, ist es an einigen Stellen eines Geschäftsprozesses durchaus von Vorteil, sich auf Kernkompetenzen zu spezialisieren oder eine effizientere Nutzung von Ressourcen anzustreben. Aus diesen Überlegungen haben sich hybride Organisationsstrukturen gebildet, die an entsprechenden Stellen einer Unternehmung Kompetenzen in Abteilungen bündeln und an anderen Stellen dem Geschäftsprozess folgen. Abb. 8.2-3 zeigt ein Beispiel für eine hybride Organisationsstruktur.

Hier sind in den Abteilungen Vertrieb und Produktion Kompetenzen gebündelt worden und im Bereich der Materialwirtschaft und der Produktionsplanung wird die Prozessorientierung verfolgt (vgl. [Allw05, S. 15f.]).

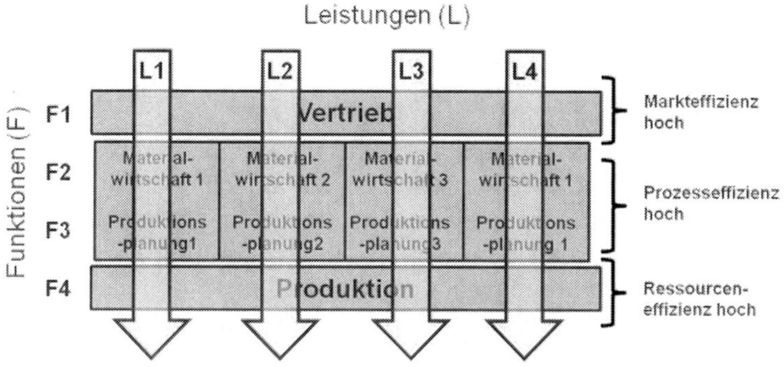
Leistungen (L)
L1
L2
L3
L4
Funktionen (F)
F1
F2
F3
F4
Vertrieb
Material-wirtschaft 1
Material-wirtschaft 2
Material-wirtschaft 3
Material-wirtschaft 1
Produktions-planung1
Produktions-planung2
Produktions-planung3
Produktions-planung 1
Produktion
Markteffizienz hoch
Prozesseffizienz hoch
Ressourcen-effizienz hoch

Abb. 8.2-3: Die hybride Organisationsstruktur [Sche98, S. 15].

8.3 *Business Process Reengineering* ***

Das *Business Process Reengineering* (BPR) hat seinen Ursprung in der Praxis zum Ende der 1980er Jahre und Beginn der 1990er Jahre. Zu dieser Zeit durchliefen viele traditionelle Geschäftsbereiche eine Zeit der Veränderungen, hervorgerufen durch die Öffnung der globalen Märkte und der Auflösung vieler gesetzlicher und traditioneller Handelsbarrieren. Dadurch waren viele Unternehmungen gezwungen, ihre traditionellen Geschäftsabläufe zu überdenken und neue Lösungen zu entwickeln, um auch auf globalen Märkten konkurrenzfähig zu bleiben.

Der Terminus des *Business Process Reengineering* wurde in der theoretischen Betrachtung zu Beginn der 1990er Jahre durch Michael Hammer und James Champy maßgeblich geprägt. Sie stellten unter diesem Begriff eine **Radikalkur für die Unternehmung** dar, in der sämtliche Strukturen einer Unternehmung von Grund auf neu bedacht werden sollen (vgl. [HaCh03, S. 54ff.]). Demnach stammt auch die wohl bekannteste und geläufigste Definition von Hammer & Champy (1994):

Definition

Business Process Reengineering bedeutet »[...] fundamentales Überdenken und radikales Redesign von Unternehmen oder wesentlichen Unternehmensprozessen. Das Resultat sind Verbesserungen um Größenordnungen in entscheidenden, heute wichtigen und messbaren Leis-

> tungsgrößen in den Bereichen Kosten, Qualität, Service und Zeit« [HaCh03, S. 48].

Ausgangspunkt dieser Überlegungen ist die Fragestellung: Wie würde man eine Unternehmung organisieren, wenn man sie völlig neu aufbauen könnte? Demnach werden alle Abläufe und Strukturen einer Unternehmung grundsätzlich infrage gestellt, mit dem Ziel, die Unternehmung an den wertschöpfenden Prozessen auszurichten, um möglichst schlanke Prozesse mit nur einem Verantwortlichen zu schaffen (vgl. [Lehm08, S. 81f.]).

Hauptmerkmale

Für das BPR lassen sich fünf Hauptmerkmale festhalten:

- Kunden- und Prozessfokussierung,
- fundamentales Überdenken von Aufgaben und Abläufen,
- radikales Redesign aller Strukturen und Verfahrensweisen,
- Nutzung der Möglichkeiten der modernen IuK-Techniken und
- Quantensprünge der Prozessleistung (Kundenzufriedenheit, Zeit, Qualität, Kosten) (vgl. [ScSe10, S. 373]).

Verbesserungspotenziale

Eine Studie der Universität Mannheim, die 1995 veröffentlicht wurde, beschäftigte sich mit den durch das BPR erreichten Verbesserungen, sowohl für deutsche als auch für amerikanische Unternehmungen. Die Ergebnisse zeigten, dass sämtliche Verbesserungen zunächst in Deutschland größer waren als in den USA. Zu den Potenzialen mit der höchsten Verbesserung zählen verkürzte Durchlauf- und Produktentwicklungszeiten (53 % und 37 %) sowie eine erhöhte Qualität (36 % und 27 %). Diese und weitere Verbesserungen sind in Abb. 8.3-1 ([POR+95, S. 1]) aufgeführt.

Gründe für das Scheitern

Bewertend für das BPR lässt sich feststellen, dass die meisten Ansätze, welche das Konzept konsequent durchsetzten, gescheitert sind. Die Gründe wurden ebenfalls im Rahmen der Studie an der Universität Mannheim 1995 veröffentlicht. Besonders häufige Gründe für das Scheitern lagen im Widerstand des mittleren Managements (22 %), dem falschen Führungs- und Kommunikationsverhalten der Vorgesetzten (16 %) sowie mangelndem Einsatz des Managements (15 %). Diese und weitere Gründe sind in Abb. 8.3-2 [POR+95, S. 79] aufgelistet.

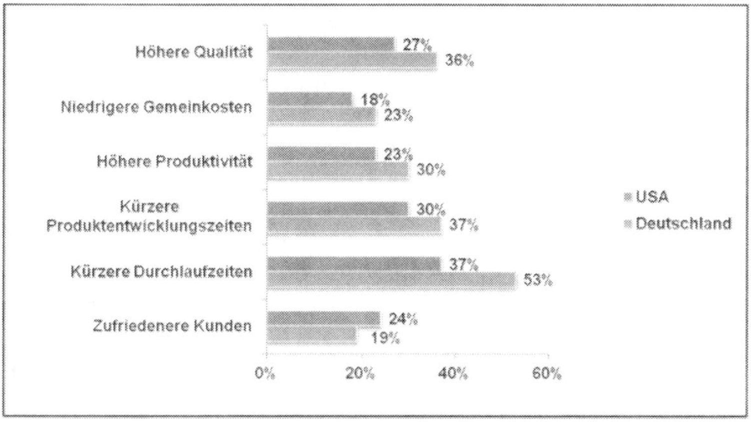
Höhere Qualität
27%
36%
Niedrigere Gemeinkosten
18%
23%
Höhere Produktivität
23%
30%
Kürzere Produktentwicklungszeiten
30%
37%
Kürzere Durchlaufzeiten
37%
53%
Zufriedenere Kunden
24%
19%
0%
20%
40%
60%
USA
Deutschland

Abb. 8.3-1: BPR-Erfolge in Deutschland und USA [POR+95, S. 1].

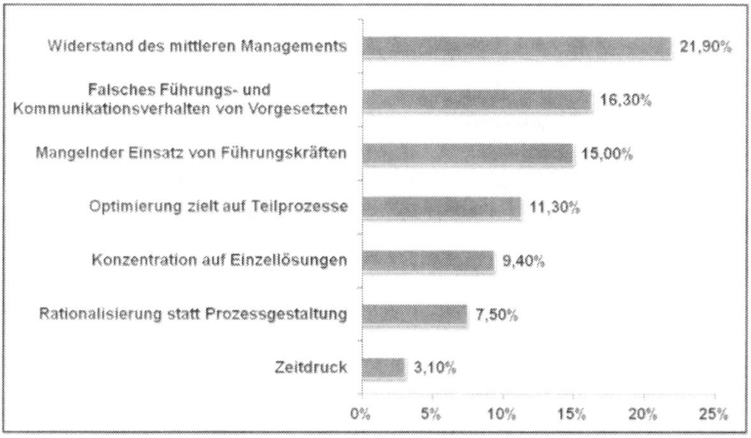
Widerstand des mittleren Managements
21,90%
Falsches Führungs- und Kommunikationsverhalten von Vorgesetzten
16,30%
Mangelnder Einsatz von Führungskräften
15,00%
Optimierung zielt auf Teilprozesse
11,30%
Konzentration auf Einzellösungen
9,40%
Rationalisierung statt Prozessgestaltung
7,50%
Zeitdruck
3,10%
0%
5%
10%
15%
20%
25%

Abb. 8.3-2: Gründe für das Scheitern des BPR [POR+95, S. 79].

Gründe für die Bedeutung

Dennoch ist die Bedeutung von Geschäftsprozessen auf den Unternehmungserfolg heute unumstritten. Neben einer Vielzahl von Gründen, die Unternehmungen zur konsequenten Neupositionierung ihrer Wettbewerbsposition zu zwingen, wie die Globalisierung oder verkürzte Produktionslebenszyklen, gibt es vor allem fünf – im Folgenden erläuterte – Gründe (vgl. [Allw05, S. 86 ff.]):

- Zum einen war die mangelnde Beherrschung der Geschäftsprozesse ein Grund für das Scheitern einer Vielzahl von Internetunternehmungen. Denn ohne ausreichendes Wissen über ihre Prozesse war es diesen Firmen häufig nicht möglich, ihre Leistungen so effizient zu erstellen, dass sie kostendeckend arbeiten konnten.
- Darüber hinaus sind gerade in Zeiten mit Herausforderungen wie dem *Supply Chain Management* oder einer »*Just-in-Time*«-Produktion effiziente Lieferketten unablässig. Effiziente Lieferketten erfordern durchgängige Prozesse.
- Viele weitere Entwicklungen der vergangenen Jahre bauten auf die Kenntnis der Geschäftsprozesse auf, so z. B. Softwareprojekte, wie ein einheitliches Anwendungssystem für das *Customer Relationship Management*, die häufig an der mangelnden Berücksichtigung der relevanten Geschäftsprozesse scheiterten.
- Die Integration unterschiedlicher, in einer Unternehmung vorhandener Informationssysteme erfordert ebenfalls eine ausreichende Kenntnis und Berücksichtigung der bestehenden Prozesse.
- Letztendlich waren die letzten Jahre zudem von zahlreichen Unternehmungszusammenschlüssen und Firmenübernahmen geprägt. Um eine gewinnbringende und erfolgssteigernde Zusammenarbeit zweier oder mehrerer Unternehmungen zu gewährleisten, muss jedoch zunächst eine (harmonisierende) Abstimmung der Geschäftsprozesse erfolgen. Nur so ist es nach einem vollzogenen Zusammenschluss auch tatsächlich möglich, Synergie-Effekte auszuschöpfen.

8.4 Geschäftsprozessoptimierung **

Die Geschäftsprozessoptimierung (GPO) befasst sich mit inkrementellen Veränderungen vorhandener Geschäftsprozesse. D. h., sie strebt eine schrittweise Verbesserung der bestehenden Unternehmungsorganisation an.

Dabei liegt der Schwerpunkt hier auf der Prozessanalyse durch detaillierte Beschreibung der Prozesse, wo hingegen beim BPR *(Business Process Reengineering)* die Konzentration auf dem Verstehen der Prozesse an sich liegt (vgl.

[Gada08, S. 32f.]). Diese und einige weitere Abgrenzungen des BPR von der Geschäftsprozessoptimierung (GPO) verdeutlicht die Abb. 8.4-1.

	Business Process Reengineering	Geschäftsprozess-optimierung
Wirkung auf die existierende Organisation	Tiefgreifende Veränderung Ersatz der alten Organisation Völlige Neukonzeption	Verbesserung der bestehenden Organisation
Veränderung der Organisation	Quantensprünge des Wandels, d.h. radikale Veränderung	Organisationsentwicklung auch in kleinen Schritten moderate Veränderung
Methode zur Prozessbeschreibung	Prozessverstehen, d.h. Verzicht auf Details	Prozessanalyse durch formale, detaillierte Beschreibung

Abb. 8.4-1: Abgrenzung von BPR und GPO [Gada08, S. 32].

Ziele der GPO

Die Geschäftsprozessoptimierung stammt ursprünglich aus dem Bereich der Betriebswirtschaftslehre, jedoch durch ihre engen Beziehungen zu den Informationstechniken und -systemen einer Unternehmung ist ihre Bedeutung für die (Wirtschafts-)Informatik ebenfalls stetig gewachsen. Die **Zielsetzung der Geschäftsprozessoptimierung** fasst Gadatsch zusammen als:

Zielsetzung

> »[...] die nachhaltige Verbesserung der Wettbewerbsfähigkeit eines Unternehmens durch Ausrichtung aller wesentlichen Arbeitsabläufe an den Kundenanforderungen.« [Gada08, S. 21]

Demnach liegen die wesentlichen Ziele in der Verkürzung der Durchlaufzeit und der Verbesserung der Prozessqualität.

Grundelemente der GPO

Die Geschäftsprozessoptimierung baut auf fünf Grundelementen auf (vgl. [Ferk96, S. 3f.]):

- dem Kundennutzen bzw. der Kundenzufriedenheit,
- dem analytischen Vorgehen,
- einer ganzheitlichen Betrachtung,
- einer prozessweisen Optimierung und
- einer Erarbeitung der Ergebnisse durch die Mitarbeiter der Unternehmung.

Vorgehensmodell der GPO

Die Optimierung von Geschäftsprozessen erfolgt im Rahmen eines Projektes, welches zumeist einem einfachen **Vorgehensmodell** folgt. Dieses Modell besteht aus den fünf Phasen (vgl. [Lehm08]), welche in Abb. 8.4-2 (vgl. [Allw05, S. 95ff.]) dargestellt sind:

- der Planung
- der Ist-Analyse,
- der Schwachstellenanalyse und Sollkonzeption,
- der Implementierung des Sollkonzeptes und
- des kontinuierlichen Prozessmanagements.

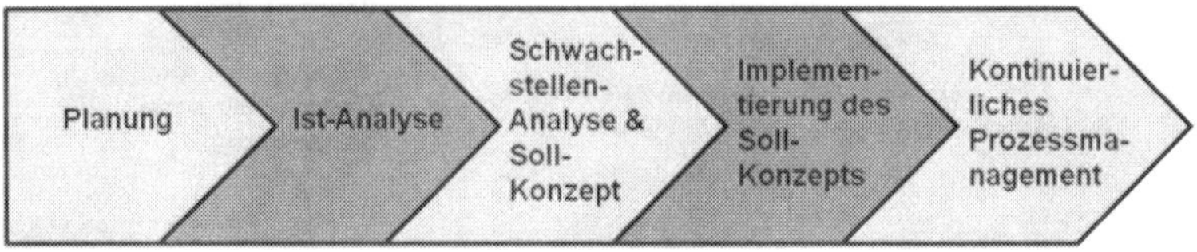
Planung
Ist-Analyse
Schwachstellen-Analyse & Soll-Konzept
Implementierung des Soll-Konzepts
Kontinuierliches Prozessmanagement

Abb. 8.4-2: Vorgehensmodell der GPO [Allw05, S. 95ff.].

Die einzelnen Phasen umfassen Vorgaben, die bei der Durchführung von Projekten als Hilfestellung dienen sollen, indem sie zu den einzelnen Phasen Informationen bereithalten. Dabei handelt es sich um Informationen über die in der jeweiligen Phase zu erreichenden Ergebnisse, die dafür erforderlichen Mitarbeiter und deren Qualifikationen, die hierzu benötigten Ressourcen und Informationen sowie anzuwendenden Richtlinien und Standards.

Planung

Inhalt der Phase **Planung** ist die Festlegung der Projektziele, der Projektorganisation sowie der zu verwendenden Methoden, Werkzeuge, Standards und Konventionen.

Ist-Analyse

Die Phase der **Ist-Analyse** beschäftigt sich dagegen mit der Untersuchung und Analyse der bestehenden Prozesse sowie deren Dokumentation in Form einer Geschäftsprozessmodellierung. Hierfür müssen zunächst die wettbewerbskritischen Prozesse des zu untersuchenden Bereichs ausfindig gemacht werden, um diese anschließend mit den verschiedenen Instrumenten der Geschäftsprozessmodellierung (siehe Kapitel »Modellierung von Geschäftsprozessen«, S. 175) zu dokumentieren.

Schwachstellenanalyse und Sollkonzeption

Die in Modellen festgehaltenen Prozesse werden auf **Schwachstellen und Verbesserungspotenziale** hin untersucht (vgl. [Allw05, S. 95ff.]). Zu den möglichen Schwachstellen zählen fehlende Integration von Daten und mangelnde Integration von Prozessen, d. h., es kommt zu Organisationsbrüchen innerhalb der Unternehmungsstruktur (vgl. [Stau06, S. 17f.]). Weitere Schwachstellen innerhalb eines Prozesses können beispielsweise sein:

- lange Transport-, Warte-, Liege- und Bearbeitungszeiten,
- lange Rüst- oder Durchlaufzeiten,
- redundante Tätigkeiten,
- hohe Fehlerraten und Gesamtkosten,
- unzureichendes Prozessdenken.

Ist Prozessverantwortlichkeit nicht ausreichend gegeben oder fragmentiert, herrschen wenig Transparenz und lange Kommunikations- und Entscheidungswege vor, so sind auch dies Schwachstellen innerhalb von Geschäftsprozessen.

Hat man die Schwachstellen der Prozesse identifiziert, müssen Wege zur Überwindung dieser gefunden werden, bei denen man acht wesentliche Möglichkeiten unterscheidet. Teilprozesse sowie Prozess- und Arbeitsschritte können innerhalb eines Prozesses weggelassen, ausgelagert, zusammengefasst, parallelisiert, beschleunigt sowie verlagert, überlappt und ergänzt werden. Diese acht Möglichkeiten der Überwindung von Schwachstellen in Geschäftsprozessen sind in Abb. 8.4-3 grafisch dargestellt (vgl. [Gada08, S. 22]).

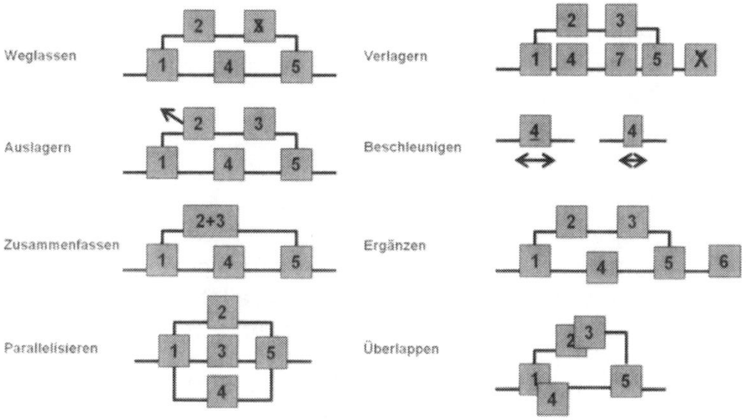
Weglassen
Verlagern
Auslagern
Beschleunigen
Zusammenfassen
Ergänzen
Parallelisieren
Überlappen

Abb. 8.4-3: Möglichkeiten der Prozessoptimierung [Gada08, S. 22].

Bei der Methode des Weglassens werden unnötige Teilprozesse, Prozess- oder Arbeitsschritte eliminiert, d. h., sie werden im Weiteren nicht mehr ausgeführt. Beim Auslagern werden diese nur aus dem Geschäftsprozess ausgegliedert. Das Zusammenfassen dagegen meint die Bündelung zweier oder mehrere Aktivitäten zu einer Aktivität (vgl. [ScSe10, S. 137f.]). Eine Erhöhung der Arbeitsteilung erhält man dagegen durch Parallelisierung zweier oder mehrerer Aktivitäten. Bei der Verlagerung von Teilprozessen, Prozess- oder Arbeitsschritten bekommen diese jeweils einen neuen Platz im Ablauf des Geschäftsprozesses zugeordnet. Das Ergänzen hingegen fügt ganz neue Aktivitäten hinzu. Die Beschleunigung beschreibt eine Zeitdauer-Verkürzung von vorhandenen Teilprozessen, Prozess- oder Arbeitsschritten (vgl. [Gada08, S. 22]). Die Überlappung verkürzt den Geschäftsprozess, indem Teilprozesse, Prozess- oder Arbeitsschritte starten können, bevor die vorgelagerten abgeschlossen sind. Das Ergebnis dieser Phase ist ein **Sollkonzept**, welches unter Berücksichtigung der ermittelten Schwachstellen und Verbesserungspotenziale neue und verbesserte Prozesse modelliert und deren Umsetzung in der Unternehmung plant.

Implementierung des Sollkonzeptes

Die **Implementierung des Sollkonzeptes** beinhaltet die nötigen Änderungen, die zur Umsetzung des vorher ermittelten Sollkonzeptes erforderlich sind. Darunter kann beispielsweise eine Abänderung der Aufbauorganisation der Unternehmung, die Anpassung oder Ausweitung der betroffenen Informationssysteme oder aber die Schulung und Motivation der betroffenen Mitarbeiter fallen (vgl. [Allw05, S. 95ff.]).

Kontinuierliches Prozessmanagement

Zu Ende des Projektes ist die Erreichung der angestrebten Ziele zu überprüfen. Nicht erreichte Ziele können an dieser Stelle in ein neues Projekt aufgenommen werden, sodass es zu einem **kontinuierlichen Prozessmanagement** kommt, indem fortlaufend Schwachstellen analysiert und verbessert werden. Inhalt dieser Phase ist also die fortdauernde Überwachung der Prozesse aufgrund von eventuell auftretenden Problemen oder sich entwickelnden Verbesserungspotenzialen zur Anpassung an geänderte Prozess- oder Umweltbedingungen (vgl. [Allw05, S. 95ff.]).

8.5 Modellierung von Geschäftsprozessen ***

Um die Prozesse einer Unternehmung analysieren und gegebenenfalls verbessern zu können, müssen diese zunächst beobachtet und erhoben werden. Es bedarf geeigneter Möglichkeiten, die erhobenen Prozesse einer Unternehmung anschließend zu dokumentieren und für andere nachvollziehbar zu machen. Dies geschieht im Rahmen der Modellierung von Geschäftsprozessen mithilfe einiger unterschiedlicher Dokumentationsmöglichkeiten, z. B. der Dokumentation in Text- und Tabellenform oder grafischen Dokumentationsformen.

Modell

Der Begriff **Modell** stammt aus dem italienischen (ital.: modello) und bedeutet »Muster« oder »Entwurf«. Aus wirtschaftswissenschaftlicher Sicht stellen Modelle Funktions-, Struktur- oder Verhaltensähnlichkeiten bzw. -analogien zu einem Abbild aus der realen Welt dar. Man nutzt sie beispielsweise, wenn es zu aufwendig oder sogar unmöglich ist, den Versuch einer Problemdarstellung oder Lösung am Original durchzuführen, da sie ein konstruiertes, vereinfachtes Abbild der tatsächlichen Abläufe darstellen (vgl. [Lehm08, S. 15f.]). Die Entwicklung von Modellen wird als Modellierung bezeichnet.

Modellierung

Die **Modellierung** erfolgt zur Beschreibung, Erklärung oder Gestaltung von Ereignissen der Realwelt. Zur Reduzierung der Komplexität werden dabei unwesentliche Bereiche der Realwelt ausgeblendet. Das Modell stellt also nur noch eine Abstraktion des Originals dar. Bei der Modellierung einer Unternehmung werden dabei die ablaufenden güterwirtschaftlichen Produktions- und Finanzierungsprozesse und der damit verbundene Informationsfluss abgebildet, wobei grundsätzlich statische und zeitlich-logische Verhaltensaspekte zu berücksichtigen sind. Eine **Bestandsaufnahme** darüber, welche Geschäftsprozesse in welcher Form ablaufen, ist das erste Ziel der Geschäftsprozessmodellierung. Das zweite Ziel ist die **Optimierung** bzw. Verbesserung eben dieser modellierten Geschäftsprozesse, durch Aufdecken und Beseitigen von Schwachstellen (vgl. [Stau06, S. 17]). Aber auch die Dokumentation der Unternehmungsabläufe, die strategische Informationssystemplanung, die Auswahl und Einführung von Standard-Software und die Entwicklung von Individualsoftware gehören zu den Zielen der Geschäftsprozessmodellierung. Gemäß ihrem Verwendungszweck lassen sich Modelle in Erklärungsmodellen, Prognosemodellen, Gestaltungsmodellen und Optimierungsmodellen klassifizieren, wie in Abb. 8.5-1 grafisch dargestellt.

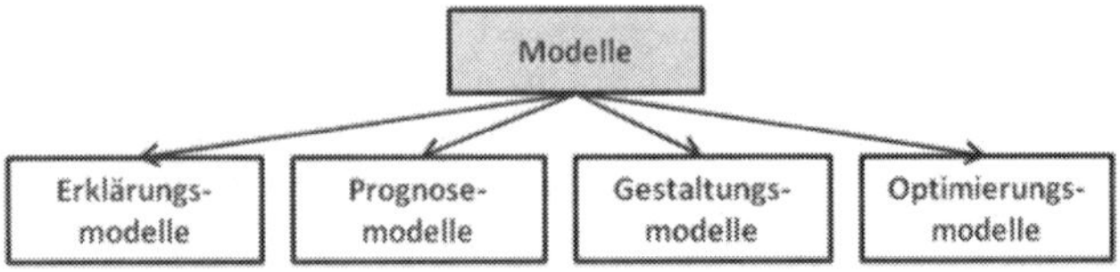
Modelle
Erklärungs-modelle
Prognose-modelle
Gestaltungs-modelle
Optimierungs-modelle

Abb. 8.5-1: Modellklassifizierung [Page91, S. 7].

Modelle für die Geschäftsprozessdokumentation

Um die im Rahmen der Geschäftsprozessoptimierung vorgestellten Phasen durchführen zu können, bedarf es geeigneter **Modelle zur Dokumentation** von Geschäftsprozessen. Man unterscheidet in diesem Zusammenhang die Dokumentation in Form von Text, in tabellarischer Darstellung, in grafischen Ablaufdiagrammen ohne die Verwendung bestimmter Regeln sowie die Erstellung von Modellen nach einer bestimmten Notation. Welche Möglichkeit genutzt wird, hängt vom jeweiligen Sachverhalt und Verwendungszweck ab.

Text- & Tabellendokumentation

Bei der Dokumentation in Form von **Text**, der einfachsten Möglichkeit der Darstellung, wird der Prozess in schriftlicher Form – ohne Verwendung von Symbolen – veranschaulicht (vgl. [Allw05, S. 130ff.]). Die Vorteile dieser Methode liegen in der guten Verständlichkeit und der hohen Flexibilität, allerdings sind häufig aufgrund mangelnder Übersichtlichkeit bereits einfache Modelle schon schwer zu beherrschen. Ebenfalls als gut erweist sich die Methode der **Tabellenbeschreibung** der Prozesse. Diese Darstellung erscheint als noch übersichtlicher und kompakter als die textuelle Darstellung. Sie kann mit Hilfe von Tabellenkalkulationsprogrammen erstellt werden.

Grafische Dokumentation

Eine weitverbreitete Dokumentationsmöglichkeit bieten **grafische Darstellungsformen** der Geschäftsprozessmodellierung, wobei man hier die Darstellung nach festgelegten Notationen und die ohne Regeln unterscheidet. Durch eine grafische Modellierung kann die Ausdrucksfähigkeit erhöht und Prozesse übersichtlicher aufbereitet werden als in den anderen Darstellungsformen. Bei der **Darstellung ohne Regeln** wird ein Prozess durch grafische Bestandteile wie Kästchen, Kanten und Pfeile aufbereitet. Hierbei können beliebige Grafikprogramme zur Erstellung genutzt werden. Die letzte hier vorgestellte Möglichkeit ist die der grafischen Geschäftsprozessmodellierung mit einer **definierten Notation**. Hierbei gibt es eine Vielzahl von Notationen, die allgemeingültig sind und ihre eigene festgelegte Notation besitzen (vgl. [Allw05, S. 130ff.]). Dazu zählen Modellierungskonventionen wie das ER-Modell von Chen oder die Darstellung der Geschäftsprozesse in ereignisgesteuerten Prozessketten (EPK). Beispielsweise stellt die ARIS Design Plattform der Software AG (vormals IDS Scheer AG) eine Sammlung unterschiedlicher Modelle und Notationen zur Verfügung, welche die Modellierung einzelner Prozessabläufe oder auch der gesamten Unternehmung ermöglichen.

8.6 Exkurs: Ereignisgesteuerte Prozessketten *

Die Geschäftsprozessmodellierung spielt besonders für die Ist- und Schwachstellenanalyse im Rahmen der Optimierung von Geschäftsprozessen eine entscheidende Rolle. Hier wird sie eingesetzt, um die vorab identifizierten Prozesse abzubilden und zu beschreiben. Die Modellierung kann in Textform, in tabellarischer sowie in grafischer Form erfolgen. Die grafischen Modellierungsmöglichkeiten lassen eine weitere Unterscheidung in Modelle mit fester Notation und Modelle ohne feste Notation zu. Zu den grafischen Modellierungsmöglichkeiten nach fester Notation zählen die sogenannten EPKs (Ereignisgesteuerte Prozessketten), die im Folgenden exemplarisch für diese Form der Modellierung vorgestellt werden.

Das im Kapitel »Prozesse und Geschäftsprozesse«, S. 157, vorgestellte Wertschöpfungskettendiagramm erlaubte eine erste Orientierung am Geschäftsgeschehen, welches sich durch die EPKs detaillierter darstellen lässt (vgl. [KrUh09, S. 219]).

Die **Ereignisgesteuerten Prozessketten** verfügen über drei grundlegende Modellelementtypen: EPK

- Funktionen
- Ereignisse
- Operatoren.

Funktionen

Die Funktionen dienen der Beschreibung durchgeführter Tätigkeiten und haben einen definierten Anfang und ein definiertes Ende. Sie werden üblicherweise als ein abgerundetes Rechteck dargestellt. Die Namenskonvention sollte dabei wie folgt aussehen:

- »Substantiv (im Singular) + Verb (im Infinitiv)«

Also beispielsweise »Buchung durchführen« oder »Reservierung bestätigen«. Die Funktionen weisen eine messbare zeitliche Dauer auf. Umfassende Funktionen können im Rahmen der Modellierung in Einzelfunktionen aufgeteilt werden, d. h., Funktionen können verschiedene Granularitäten aufweisen. Je nach Detaillierungsgrad unterscheidet man hierbei zwischen Funktionen, Teilfunktionen und Elementarfunktionen, die nicht weiter aufgesplittet werden können (vgl. [Lehm08, S. 30ff.]; [Allw05, S. 158ff.]).

Ereignisse

Ereignisse sind sowohl der Auslöser als auch das Ergebnis von Funktionen. Sie beschreiben das Eintreten eines betriebswirtschaftlich relevanten Zustandes und werden entsprechend des zu beschreibenden Zustands wie folgt benannt:

- »Substantiv (im Singular) + Verb (im Partizip Perfekt)«

Beispielsweise wäre somit das Ergebnis der Funktion »Buchung durchführen« »Buchung ist durchgeführt«. Während Funktionen eine Zeitdauer beschreiben, sind Ergebnisse auf einen bestimmten Zustand bezogen (vgl. [Lehm08, S. 30ff.]; [Seid06, S. 76]).

Operatoren

Die sogenannten Operatoren sind Regeln, die die Konventionen zwischen Funktionen und Ereignissen festlegen. Man unterscheidet

- Und-Operator (**AND**)
- Inklusives Oder-Operator (**OR**)
- Exklusives Oder-Operator (**XOR**)

die jeweils zu einer anderen Verzweigung der Funktionen und Ereignisse führen (siehe Abb. 8.6-1).

∨	OR-Konnektor	mindestens eine der angegebenen Optionen ist möglich
∧	AND-Konnektor	es treten mehrere Ereignisse gemeinsam auf, parallele Ausführung
⊗	XOR-Konnektor	es ist nur eine der angegebenen Optionen möglich

Abb. 8.6-1: Konnektoren einer EPK.

Aus der Kombination von »Ereignissen«, »Funktionen« und »Operatoren« lassen sich verschiedene Darstellungsformen ableiten, die im Weiteren näher beschrieben werden. Bei den aus der Notation resultierenden Regeln lässt sich zwischen **Verteilungsregeln** (ein Eingang, mehrere Ausgänge) und **Verknüpfungsregeln** (mehrere Eingänge, ein Ausgang) unterscheiden (vgl. [KrUh09, S. 223]). Darüber hinaus unterscheidet man zwischen **Funktionsverknüpfung** bzw. **-verteilung** (mehrere Funktionen können zu einen oder mehreren Ereignissen führen) und **Ereignisverknüpfung** bzw. **-verteilung** (mehrere Ereignisse werden zu einer oder mehreren Funktionen verknüpft) (vgl. [Seid06, S. 80]), wie exemplarisch in Abb. 8.6-2 dargestellt.

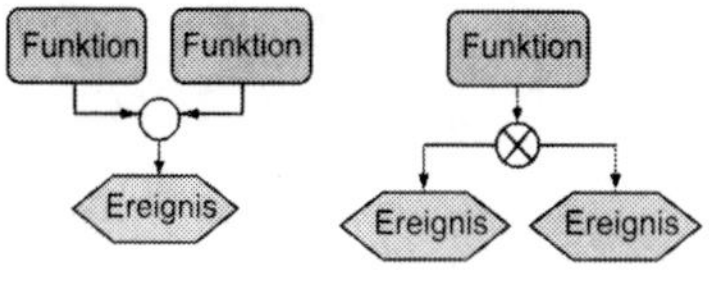
Funktion
Funktion
Ereignis
Funktion
Ereignis
Ereignis

Abb. 8.6-2: Beispiel für Verteilungs-Verknüpfungsregeln.

Sowohl bei Verteilern als auch bei Verknüpfern unterscheidet man zwischen den drei Operatoren in Form von AND-, OR- und XOR-Verteilern, bzw. Verknüpfern. Bei Verteilern liegt die Betrachtung immer auf einem Eingang und mehreren (mindestens zwei) möglichen Ausgängen. Beim Einsatz des AND-Verteilers werden durch ein Ereignis oder eine Funktion simultan sämtliche Ausgänge aktiviert. Der OR-Verteiler dagegen aktiviert mindestens einen oder aber eine beliebige Kombination aus mehreren der darauffolgenden Ausgänge, wogegen der XOR-Verteiler nach einer Regel genau einen bestimmten Ausgang auslöst.

Die Verknüpfer weisen immer mehrere (mindestens zwei) Eingänge auf, die zu einem Ausgang führen. Hier wird beim AND-Verknüpfer genau dann der Ausgang aktiviert, wenn alle Eingänge eingetreten bzw. erfüllt sind. OR-Verknüpfer setzen wieder mindestens das Eintreten eines Eingangs voraus oder aber eine beliebige Kombination mehrerer Eingänge, wogegen der XOR-Verknüpfer den Ausgang schon bei Auslösen eines Eingangs aktiviert (vgl. [Allw05, S. 181]). Resultierend aus den vorgestellten Regeln ergeben sich zwölf mögliche Kombinationen, sechs aus den Verknüpferregeln, die in Abb. 8.6-3 (in Anlehnung an [BMW09, S. 48]) dargestellt sind.

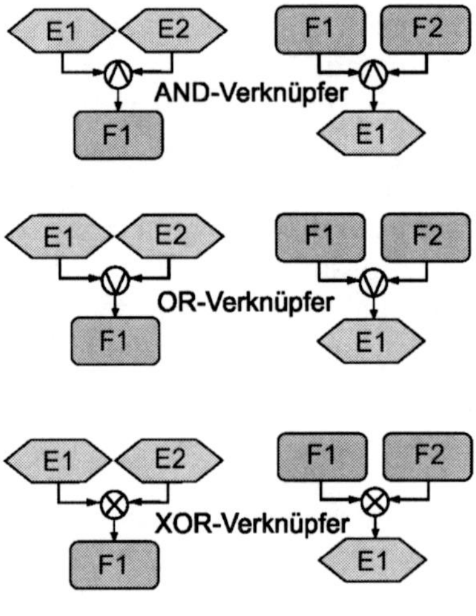
E1
E2
F1
F2
AND-Verknüpfer
F1
E1
E1
E2
F1
F2
OR-Verknüpfer
F1
E1
E1
E2
F1
F2
XOR-Verknüpfer
F1
E1

Abb. 8.6-3: Verknüpferregeln einer EPK.

Weitere sechs Kombinationen resultieren aus den Verteilerregeln, die in Abb. 8.6-4 (in Anlehnung an [BMW09, S. 48]) wiedergegeben sind.

Von den hier vorgestellten zwölf Kombinationen sind syntaktisch jedoch nur zehn zulässig bzw. brauchbar. Funktionen weisen im Gegensatz zu Ereignissen eine Entscheidungskompetenz auf, das bedeutet, wenn in den beiden in der Abb. 8.6-5 dargestellten Kombinationen die Ereignisse keine Entscheidungskompetenz besitzen, ist bei der OR-, wie auch bei der XOR-Verteilung nicht eindeutig, wann und aus welchem Grund der Ausgang aktiviert wird (vgl. [Seid06,

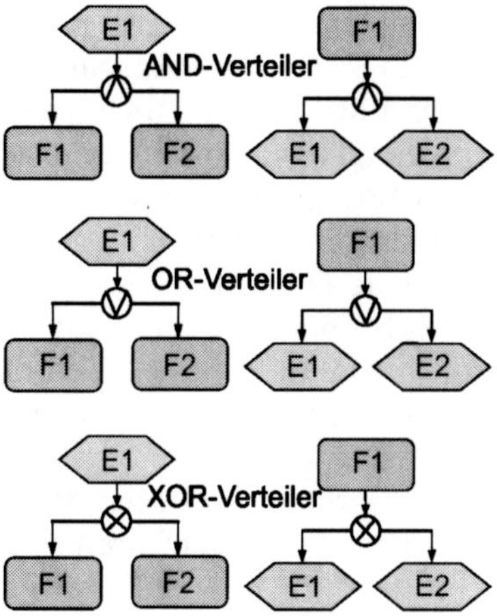
E1
F1
AND-Verteiler
F1
F2
E1
E2
E1
F1
OR-Verteiler
F1
F2
E1
E2
E1
F1
XOR-Verteiler
F1
F2
E1
E2

Abb. 8.6-4: Verteilerregeln einer EPK.

S. 82f]). Unberührt davon bleiben die AND-Verteiler, da sie stets alle Ausgänge aktivieren und somit eine Entscheidungskompetenz des Eingangs nicht notwendig ist. Die beiden in Abb. 8.6-5 dargestellten Kombinationen sind somit unzulässig (vgl. [KrUh09, S. 222ff.]; [BMW09, S. 48]).

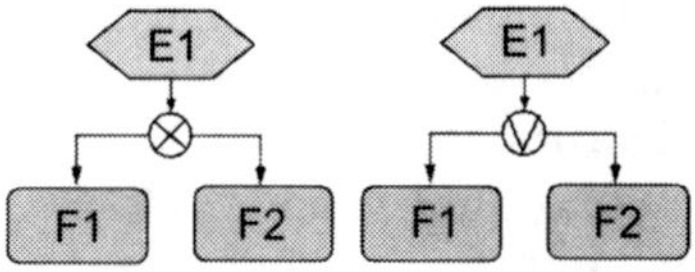
E1
E1
F1
F2
F1
F2

Abb. 8.6-5: Unzulässige Kombinationen.

Damit das entstandene Modell brauchbar und insbesondere vergleichbar ist, müssen einige Modellierungsregeln im Zusammenhang mit der verwendeten Syntax und Semantik beachtet werden. Im Folgenden sollen neun typische Modellierungsregeln vorgestellt werden (vgl. [Seid06]; [BMW09, S. 57]):

1. Ereignisse bzw. Prozessschnittstellen bilden immer sowohl Anfang als auch Ende einer EPK.
2. Ereignisse und Funktionen treten im Ablauf immer im Wechsel auf, d. h. es können nicht zwei Ereignisse oder Funktionen aufeinander folgen.

3 Bis auf das Start- und Endereignis weist jedes Ereignis genau eine Eingangs- und eine Ausgangskante auf. Start- und Endereignis bilden Ausnahmen, da sie jeweils nur entweder eine Eingangs- (Endereignis) oder eine Ausgangskante (Startereignis) aufweisen. Funktionen dagegen haben immer genau eine Eingangs- und eine Ausgangskante, da jede EPK mit einen Ereignis beginnt und mit einem Ereignis endet.
4 Im gesamten Modell gibt es kein Objekt ohne eine Kante.
5 Eine Kante verbindet dabei immer genau zwei verschiedene Objekte.
6 Teilabläufe, die durch Operatoren verzweigt wurden, müssen durch dieselben Operatoren wieder verbunden werden.
7 Wenn mehrere Pfade in einem Operator zusammenlaufen, darf dieser nur eine Ausgangskante besitzen.
8 Eine OR- bzw. XOR-Anweisung kann nicht auf ein Ereignis folgen.
9 Operatoren können direkt miteinander verbunden sein.

eEPK

Bei ereignisgesteuerten Prozessketten ist zu unterscheiden zwischen EPK (»schlanken« EPK) und eEPK (»erweiterte« EPK). Während die schlanke EPK-Darstellung lediglich über drei Modellelementtypen verfügt, bietet die 1992 unter Leitung von August-Wilhelm Scheer und in Zusammenarbeit mit der SAP AG am Institut für Wirtschaftsinformatik der Universität Saarbrücken entworfene eEPK über deutlich mehr Elemente. So können beispielsweise neben den drei Modellelementtypen der »schlanken EPK« Funktion, Ereignis und Operator, auch die verantwortliche Organisationseinheit oder das verwendete Anwendungsprogramm durch eigene Modellierungskonventionen mit abgebildet werden. Die eEPK-Methode baut auf den Ansätzen stochastischer Netzplanverfahren und Petri-Netzen auf. Es gibt eine Vielzahl von Erweiterungen, von denen an dieser Stelle exemplarisch die Möglichkeit erläutert werden soll, den Funktionen bestimmte Organisationseinheiten, Stellen oder Personen zuzuordnen (vgl. [ScTh05, S. 1070]; [Sche01, S. 125]).

Der Aufbau einer Unternehmung lässt sich mit Hilfe eines Organigramms hierarchisch gemäß den Ebenen der dargestellten Unternehmung wiedergeben. Hierbei lassen sich einige Unterscheidungen vornehmen:

Der **Organisationseinheits-Typ** dient der Typisierung dieser verschiedenen Ebenen, wie z.B. Geschäftsleitung, Bezirksleitung, Bereich oder Abteilung (vgl. [Lehm08, S. 38]).

Organisationseinheiten werden als Träger von Funktionen bezeichnet. Hierzu zählen beispielsweise konkrete Abteilungen wie Arbeitsvorbereitung, Einkauf oder Produktion (vgl. [Seid06, S. 19]).

In **Stellen** sind die Aufgaben, Befugnisse und Verantwortlichkeiten, sowie die Qualifikationen und Fähigkeiten von Mitarbeitern zusammengefasst. Demnach kann eine Stelle synonym auch als konkreter Arbeitsplatz bezeichnet werden. Beispiele für Stellen sind »Abteilungsleiter des Einkaufs« oder »Abteilungsleiter der Arbeitsvorbereitung« (vgl. [Allw05, 174]).

Personen sind die konkrete Besetzung von Stellen, beispielsweise besetzt »Hans Müller« die Stelle des Abteilungsleiters der Arbeitsvorbereitung. In Personen-Typen werden die Personen zu bestimmten Typen gruppiert, beispielsweise würde Herr Müller zum Personen-Typ Abteilungsleiter zählen, darüber hinaus wären Typen wie Direktor, Sachbearbeiter, Geschäftsführer möglich (vgl. [Gada08, 140]).

Eine Darstellung aller Notationen einer EPK und die Notationen der vorgestellten Erweiterungen sind in Abb. 8.6-6 zu finden.

Ein Beispiel für eine eEPK zeigt Abb. 8.6-7. Hier ist der Prozess des Eintreffens eines Patienten stark vereinfach abgebildet. Die eEPK startet mit dem Ereignis »**Patient ist eingetroffen**«. Anschließend werden zunächst die Patientendaten erfasst, was in der Funktion »**Patentiendaten erfassen**« festgehalten wird. Ausgeführt wird diese Funktion vom Sekretäriat, was durch die an die Funktion angehängten Organisationseinheit »**Sekretariat**« hervorgeht. Ist dies abgeschlossen, wird es durch ein Ereignis »**Patientendaten sind erfasst**« festgehalten. Anschließend wird der Patient untersucht, was die Funktion »**Patient wird untersucht**« festhält. Diese Tätigkeit führt der Arzt durch, ersichtlich durch die Notation für eine Stelle »**Arzt**«. Das Ende der Untersuchung wird mit dem Ereignis »**Untersuchung abgeschlossen**« dargestellt. Anschließend müssen die Untersuchungsergebnisse bewertet wer-

	**Kontrollflusskante:** oder auch Pfeile (gerichtete Kanten) verbinden Objekte miteinander.
	**Ereignis:** beschreibt einen Zustand, den der Prozess an einer bestimmten Stelle besitzt. Ereignisse können weitere Tätigkeiten auslösen oder eingetretene Ergebnisse beschreiben. Ein EPK besitzt immer genau mindestens ein Start- und ein Endergebnis.
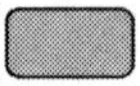	**Funktion:** beschreibt eine Tätigkeit, die aufgrund eines eingetretenen Zustands ausgeführt wird und einen weiteren Zustand auslöst. Der Funktion können weitere Objekte zugeordnet werden.
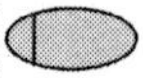	**Organisationseinheit:** Führt eine Tätigkeit (Funktion) aus oder ist verantwortlich für eine Funktion.
	**Person intern:** konkreter Mitarbeiter.
	**Stelle:** hier werden die Aufgaben, Befugnisse und Verantwortlichkeiten sowie die Qualifikation und Fähigkeiten von Mitarbeitern zusammengefasst. Demnach kann eine Stelle synonym auch als konkreter Arbeitsplatz bezeichnetwerden, z.B. Abteilungsleiter des Einkaufs.

Abb. 8.6-6: Ausschnitt der Notation einer EPK.

den (»**Untersuchungsergebnisse bewerten**«), was ebenfalls durch den Arzt ausgeführt wird. Der Abschluss dieser Funktion kann zwei verschiedene Ergebnisse haben, die einander ausschließen (XOR-Konnektor). Entweder wird der Patient stationär aufgenommen (»**Patient stationär aufnehmen**«) oder es erfolgt keine stationäre Aufnahme (»**nicht stationär aufnehmen**«). An dieser Stelle endet der Ausschnitt gemäß den Regeln mit einer bzw. zwei Ereignissen.

Bei zwei der verwendeten Ereignisse handelt es sich um die sogenannten Trivialereignisse:

- »Patientendaten sind erfasst«
- »Untersuchung abgeschlossen«

Diese können weggelassen werden, da sie keine zusätzlichen Informationen zum Prozess enthalten. Start- und Endereigniss sowie die beiden Ereignisse nach dem Konnektor sind dagegen keinesfalls trivial und müssen stehen bleiben. Bei diesem Beispiel handelt es sich nur um einen stark vereinfachten Ausschnitt, der auch in sich noch verfeinert dargestellt werden könnte. So könnte beispielsweise der Vorgang der Bewertung der Ergebnisse detailierter dargestellt werden.

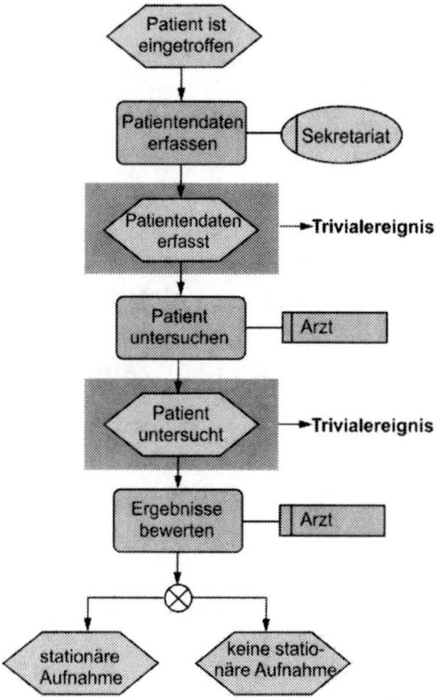
Patient ist eingetroffen
Patientendaten erfassen
Sekretariat
Patientendaten erfasst
Trivialereignis
Patient untersuchen
Arzt
Patient untersucht
Trivialereignis
Ergebnisse bewerten
Arzt
stationäre Aufnahme
keine stationäre Aufnahme

Abb. 8.6-7: Beispiel für eine eEPK.

8.7 *Workflow Computing* ***

Während das Geschäftsprozessmanagement die Planung, Steuerung und Kontrolle von Prozessen und Prozessabläufen als technisch-organisatorischen Prozess in den Vordergrund stellt, liegt der Schwerpunkt beim *Workflow Computing* in der Unterstützung arbeitsteiliger Prozesse und daher in der Koordination des Arbeitsflusses.

Definition

> Ein ***Workflow*** ist ein detailliert beschriebener Vorgang mit klar definiertem Anfangs- und Endpunkt, der von einem *Workflow Management*-System gesteuert wird. Dessen Definition stellt somit den Input für ein *Workflow Management*-System zur Ablaufsteuerung dar (vgl. [Gada05, S. 41ff.]).

Vorgang

Ein **Vorgang** ist der elementarste Bestandteil eines *Workflow*. Dabei ist ein Vorgang stets mit einer Tätigkeit bzw. Aktion verbunden, welche durch eine Person oder auch durch ein System ausgeführt wird.

Beispiele

Einfache Beispiele für einen Vorgang sind die Weitergabe eines Vertrages von einer Person A zu Person B, das Schreiben und Versenden einer E-Mail oder das Anlegen eines neuen Kundendatensatzes.

Beim *Workflow Management* steht die Planung, Steuerung und Kontrolle des Flusses bzw. der Beförderung von Informationsobjekten entsprechend definierter Regeln im Mittelpunkt. Ziel ist, die möglichst hohe Automatisierung des Informationsflusses um Durchlaufzeiten zu verringern und Medienbrüche zu vermeiden (vgl. [Reif02, S. 139]).

Workflow Management System (WfMS)

Als ***Workflow Management System* (WfMS)** wird das Anwendungssystem bezeichnet, welches die Analyse und Modellierung der Prozesse in der Unternehmung erlaubt (Prozessmodell) sowie die Prozesssteuerung und Prozesskontrolle, die Protokollierung und Archivierung (Prozessverwaltung).

Workflow-Engine

Die ***Workflow-Engine*** ist zentraler technischer Bestandteil des Systems. Sie ermöglicht die Steuerung der *Workflows* und stellt damit eine zentrale Komponente dar. Die *Workflow*-Laufzeitumgebung kontrolliert die einzelnen Instanzen der Workflow-Umgebung mithilfe der *Workflow-Engine*. Die Nutzer des WfMS nehmen die Rolle des Workflow-Managers oder des Prozessbeteiligten (Anwenders) ein. Dem *Workflow-Manager* stehen spezielle Software-*Tools* zur Verfügung, um Prozesse zu modellieren oder abzubilden und auch zu steuern. Er ist ein Anwendungsexperte. Er modelliert neue *Workflows* und verändert bestehende und übergibt diese an die *Workflow-Engine* zur Ausführung. Während der Ausführung nutzt er geeignete Monitoring-Werkzeuge, um z. B. die Dauer von Prozessabläufen darzustellen. Der Anwender greift meist nicht direkt auf das WfMS zu. Er nutzt zur Erledigung seiner Aufgabe meist Standardbürosoftware oder, je nach Art der zu erledigenden Aufgabe, auch spezielle Software. Entscheidend ist die Standardisierung und Offenheit der Schnittstellen des WfMS. Daher ist die Wahrnehmung des WfMS durch den Anwender (Nutzer) sehr unterschiedlich. So kann die Realisierung des Vorgangsflusses direkt durch Integration in die Standardanwendungssoftware erfolgen.

Beispiel

Der Mitarbeiter in der Unternehmung erhält beispielsweise eine E-Mail mit einem Link auf ein Textdokument. Dieses bearbeitet oder prüft er. Bei der Speicherung des Dokumentes gibt er den entsprechenden Status an (z. B. erledigt, noch in Bearbeitung). Ist der Vorgang erledigt, erfolgt die Weiterleitung entsprechend des Prozessmodells im WfMS.

Eine andere Form, bei welcher der Anwender direkter mit dem WfMS zusammenarbeitet, ist der Einsatz einer speziellen Benutzeroberfläche für den Mitarbeiter. Hier werden die zu erledigenden Aufgaben z. B. in Aufgabenlisten angezeigt, ggf. ergänzt um Prioritäten, Rangfolgen oder Termine zur Abarbeitung. Auch kann er sich den Status laufender oder abgeschlossener Vorgänge anschauen. Sogar die Visualisierung des Informationsflusses ist denkbar. Bei sehr mächtigen und flexiblen WfMS wird der Anwender selbst *Workflow-Manager*. Das System ermöglicht ihm, Prozessabläufe zu planen oder bestehende Abläufe zu verändern. Um maximale Flexibilität zu gewährleisten, ermöglichen manche Systeme sogar die Änderung des Prozesses, während dieser schon ausgeführt wird – also zur Laufzeit. Solche Systeme finden aber nur in speziellen Bereichen Einsatz.

Einsatz von WfMS

Gewöhnlich erfolgt der Einsatz von WfMS zur Koordination des Arbeitsflusses von mehreren Personen (multipersonelle Zusammenarbeit). Dabei steht das Zusammenwirken mehrerer Personen zur Erledigung einer Aufgabe im Mittelpunkt und es ist von einer grundlegenden Strukturierung des Arbeitsflusses auszugehen. Je nach Art der Aufgabe kann der Grad der Strukturierung des Arbeitsflusses unterschiedlich ausgeprägt sein. Bei stark strukturierten Vorgängen mit eindeutig definierten Vorgänger- und Nachfolgerinstanzen ist der Einsatz eines WfMS sehr gut möglich, hingegen bei sehr schwach strukturierten multipersonell zu erledigenden Aufgaben das *Workgroup Computing* im Vordergrund steht.

Strukturierung von *Workflows*

Damit ist die **Strukturierung des *Workflows*** ein wichtiges Merkmal für den Einsatz eines WfMS. Allerdings können Arbeitsflüsse sehr unterschiedlich strukturiert sein, angefangen von Ad hoc-Kommunikationssituationen, deren Auftreten nicht vorhersehbar ist, bis hin zu fest strukturierten Arbeitsflüssen mit hoher Planbarkeit. Bei einer E-Mail, wie

z. B. eine spontane Rückfrage an einen Mitarbeiter, handelt es sich um einen unstrukturierten Vorgang, der keinen bestimmten Regeln unterliegt. Hier ist der Einsatz eines WfMS nicht sinnvoll. Häufig sind Arbeitsflüsse gut strukturiert bzw. semi-strukturiert. Dabei wird mit hoher Wahrscheinlichkeit der Standard-Prozess durchlaufen. Aber auch Ausnahmen sind möglich und müssen durch ein WfMS unterstützt werden. Beispielsweise stellt der Sachbearbeiter eines Versicherungsantrages fest, dass die ihm vorliegenden Informationen unstimmig sind. Standardmäßig würde der Versicherungsantrag nach seiner Bearbeitung ausgefertigt werden. Aufgrund der Unstimmigkeiten leitet er den Vorgang an seinen Vorgesetzten weiter mit der Bitte um Prüfung. Ermöglicht das WfMS nicht die Behandlung von Ausnahmen, besteht das Risiko, dass der Sachbearbeiter den Fall zunächst beendet und dieser in Vergessenheit gerät.

9 *Software Engineering* *

Die Gestaltung und Entwicklung bzw. Beschaffung von Software wird im *Software Engineering* zusammengefasst, das einen wichtigen Bereich der Informatik und auch der Wirtschaftsinformatik darstellt, weshalb es in einer Einführung auch kurz erläutert werden muss.

Zunächst wird hierzu eine Einführung gegeben:

- »Gegenstand und Ziele«, S. 190

Das *Software Engineering* lässt sich als Prozess zur Gestaltung von Software beschreiben:

- »Gestaltungsprozess von Software«, S. 191

Den Gestaltungsprozess kann man in sechs Phasen einteilen, die sich als Arbeitsphasen in einem Vorgehensmodell erklären lassen. Der Ablauf des Gestaltungsprozesses kann sehr unterschiedlich durchgeführt werden, i. d. R. nicht linear, sondern er ist durch Rücksprünge, Wiederholungen und durch parallele Abläufe gekennzeichnet. Der eigentliche Ablauf in der praktischen Umsetzung ist von vielen Kriterien abhängig:

- »Phasen des Software Engineering«, S. 193

Bei der Gestaltung von Software bzw. beim *Software Engineering* müssen vorab Ziele aufgestellt werden, die im Ablauf zu beachten sind:

- »Ziele der Softwareentwicklung«, S. 197

Um Software zu entwickeln, sind Programmiersprachen notwendig. Der Vorgang wird als Programmerung bezeichnet:

- »Erstellung von Programmen«, S. 199

Einen neuen Aspekt der Programmierung findet man in der Objektorientierten Programmierung, die auf objektorientierten Sprachen basiert:

- »Objektorientierte Software-Entwicklung«, S. 204

Bei der Gestaltung von Software entstehen Kosten, die vorab in einer Kosten-Nutzen-Analyse bzw. in einer Wirtschaftlichkeitsanalyse zu beachten sind. Hierbei spielt die Aufwandsschätzung eine wichtige Rolle:

- »Aufwandsschätzung«, S. 210

Das *Software Engineering* wird i. d. R. im Rahmen eines Projektes ausgeführt, sodass dem Projektmanagement eine wichtige Funktion zukommt:

- »Projektmanagement«, S. 221

Abschließend soll ein Beispiel zum Projektmanagement mithilfe eines Netzplans die Inhalte verdeutlichen:

- »Beispiel zum CPM-Netzplan«, S. 224

9.1 Gegenstand und Ziele *

Das *Software Engineering* hat die Entwicklung von Software zum Gegenstand. Dabei handelt es sich nicht nur um die Programmierung eines Softwaresystems mithilfe einer Programmiersprache, sondern auch um die Konzeption, die Implementierung auf einem Rechner und das Testen der Software. Man spricht auch von der Gestaltung von Software, wobei zusätzlich noch die Planung eines Softwaresystems, die Anforderungsanalyse und auch die Wartung und Pflege beim Einsatz der Software in einem Gestaltungsprozess dazugehören. Auch die Beschaffung von Software, die Anpassung und die Integration sind Gegenstand des *Software Engineering*.

Definition

> ***Software Engineering*** ist nach Balzert die »Zielorientierte Bereitstellung und systematische Verwendung von Prinzipien, Methoden und Werkzeugen für die arbeitsteilige, ingenieurmäßige Entwicklung und Anwendung von umfangreichen Software Systemen« [Balz00, S. 45].

Ziele

Die grundlegenden Ziele des *Software Engineering* lassen sich wie folgt zusammenfassen:

- **Gestaltung bzw. Erstellung** eines Softwaresystems
- **Entwicklung** bzw. Programmierung eines Softwaresystems mit der Hilfe von Programmiersprachen bzw. mit Entwicklungssystemen,
- **Beschaffung** eines Softwaresystems bzw. -produkts am Softwaremarkt und seine Anpassung bzw. Integration in eine Unternehmung.

Software lässt sich für ein Unternehmen mithilfe einer Programmiersprache wie z. B. C, JAVA bzw. Visual Basic individuell entwickeln bzw. programmieren. Software kann man auch am Markt kaufen, so z. B. als Standardsoftware oder ERP-System (vgl. Kapitel »Betriebliche Anwendungssysteme«, S. 87). Man kann Software selbst, d. h. innerhalb der Unternehmung (Eigenerstellung), aber auch als Fremdauftrag bei einem Softwareanbieter bzw. -berater entwickeln lassen. I. d. R. werden für zahlreiche Anwendungen große Teile von Software am Markt gekauft und dann an die gegebenen Anforderungen angepasst bzw. weiterentwickelt, sowohl innerhalb der Unternehmung (Eigenentwicklung) als auch im Fremdauftrag.

9.2 Gestaltungsprozess von Software *

Beim Gestaltungsprozess von Software handelt es sich um einen Softwareentwicklungs- bzw. Beschaffungsprozess, den sogenannten *Software Engineering*-Prozess. Der Entwicklungsprozess lässt sich grob in drei Phasen einteilen, die sich auf einem Zeitstrahl abbilden lassen.

Die Abb. 9.2-1 verdeutlicht die Phasen des Prozesses auf dem Zeitstrahl t:

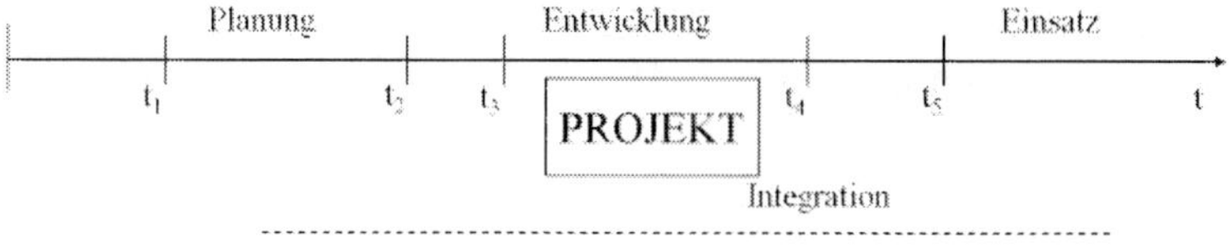
Planung
Entwicklung
Einsatz
t_1
t_2
t_3
PROJEKT
t_4
t_5
t
Integration

Abb. 9.2-1: Allgemeiner Gestaltungsprozess.

Lebenszyklus von Software

Dieser Entstehungs- und Beschaffungsprozess lässt sich auch als **Lebenszyklus von Software** verstehen. Im Zeitpunkt t_0 entsteht die Idee, Software zu entwickeln bzw. zu beschaffen. Darauf folgt, von t_1 bis t_2, die Phase der Planung. Nach einer positiven Entscheidung, als Ergebnis der Planung, beginnt in t_3 die Entwicklung bzw. Beschaffung von Software, die in t_4 abgeschlossen ist. Zum Zeitpunkt t_5 wird die Software im produktiven Betrieb eingesetzt. Ab dieser Phase muss die Software gepflegt und gewartet werden. Die Nutzungsdauer von Software kann ganz unterschiedlich ausfallen. Der Einsatz endet meist aufgrund der Einführung eines neuen (besseren und effizienteren) Systems. Auch geänderte Anforderungen oder der Wegfall der Notwendigkeit des Einsatzes können Gründe für die Abschaffung bzw. Einstellung eines Softwaresystems sein. Die Integration der Software zieht sich über alle drei Phasen hinweg und hat ihren Schwerpunkt am Ende der Entwicklungs- bzw. Beschaffungsphase, die in der Regel im Rahmen eines Projektes durchgeführt wird.

Die Gestaltung von betriebswirtschaftlicher Software setzt nicht nur Informatikkenntnisse voraus, sondern auch Kenntnisse der **Betriebswirtschaftslehre**, da organisatorisches und fachliches Wissen des Anwendungsbereichs (z. B. Rechnungswesen, Marketing) vorausgesetzt werden. Weiterhin werden Kenntnisse im **Projektmanagement** verlangt, da die Prozesse i. d. R. im Rahmen eines Projekts durchgeführt werden.

Einbettung in die Informatik

Das Software Engineering ist eine wichtige Teildisziplin der Informatik und stellt als eine Praktische Informatik einen Kernbereich der Informatik dar. Die Wirtschaftsinformatik ergänzt diesen Wissenschaftsbereich um wichtige betriebswirtschaftliche und organisatorische Aspekte, wobei diese vor allem bei der Beschaffung von Software von Relevanz sind. Führungsaufgaben bietet hier das Informationsmanagement. Die Abb. 9.2-2 gibt eine Zusammenfassung dieser Bereiche.

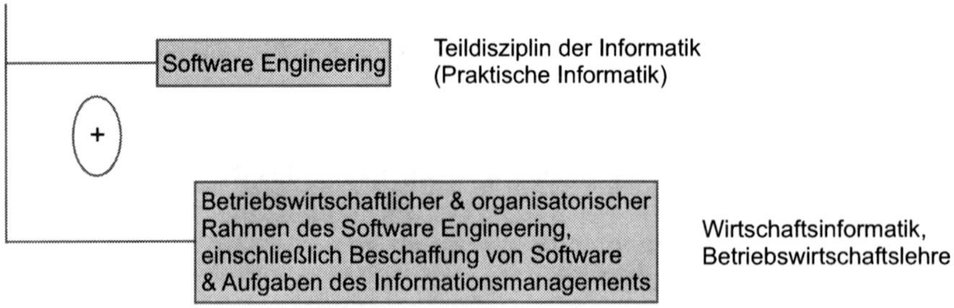
Software Engineering
Teildisziplin der Informatik
(Praktische Informatik)
+
Betriebswirtschaftlicher & organisatorischer
Rahmen des Software Engineering,
einschließlich Beschaffung von Software
& Aufgaben des Informationsmanagements
Wirtschaftsinformatik,
Betriebswirtschaftslehre

Abb. 9.2-2: Software Engineering als Teildisziplin der Informatik und der Wirtschaftsinformatik.

9.3 Phasen des *Software Engineering* **

Der Gestaltungsprozess von Software lässt sich in z.B. sechs Phasen untergliedern, nach der Planung und Definition der Anforderungen werden Systemkomponenten entworfen. Anschließend folgt die Implementierung, also die Umsetzung eine in Programmiersprache, gefolgt von der Einführung des fertigen Softwareproduktes und die Abnahme durch die Unternehmung. Die letzte Phase befasst sich mit der Wartung und Pflege des fertigen Produktes während der Zeit des Einsatzes.

Phasenmodell

Das hier gewählte **Phasenmodell** ist ein **Vorgehens- bzw. Prozessmodell**, das sich in sechs Phasen gliedert (vgl. hierzu auch "allgemeiner Gestaltungsprozess" im Kapitel »Gestaltungsprozess von Software«, S. 191). Es dient als Erklärungsmodell, das sich bei Bedarf durch weitere Aufteilung noch detaillierter darstellen lässt. Das Erklärungsmodell mit seiner korrekten Logik dient als Grundlage bei der Vorgehensweise der praktischen Umsetzung (vgl. auch [Balz08]). Die Abb. 9.3-1 zeigt die sechs Phasen.

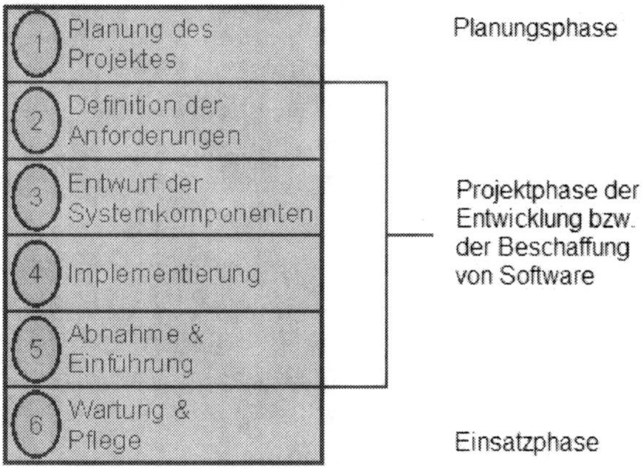
1 Planung des Projektes
2 Definition der Anforderungen
3 Entwurf der Systemkomponenten
4 Implementierung
5 Abnahme & Einführung
6 Wartung & Pflege
Planungsphase
Projektphase der Entwicklung bzw. der Beschaffung von Software
Einsatzphase

Abb. 9.3-1: Phasen des Software Engineering [Balz08, S. 51ff.].

Planung des Projektes

Mit der **Planung** des Software-Projektes in Phase 1 beginnt der Gestaltungsprozess von Software. Gegenstand dieser Phase sind die detaillierten Planungen über Projektablauf und -umfang sowie eine grobe Einschätzung über Nutzen und Kosten der Software. Alle ermittelten Faktoren werden in einer sogenannten Machbarkeitsstudie herangezogen, um die Durchführbarkeit des Projektes im Vorhinein abzuwägen und eine Entscheidung für das weitere Vorgehen zu treffen.

Lastenheft

Die Gesamtheit der innerhalb dieser Phase gesammelten Informationen und Fakten an die Leistungen des Softwareproduktes werden im sogenannten Lastenheft festgehalten, welches zugleich das Ergebnis der Phase 1 darstellt. Bei Fremdbezug von Software dient das durch den Auftraggeber erstellte **Lastenheft** häufig als Grundlage für die Ausschreibung des Auftrags und als Vertragsgrundlage.

Definition der Anforderungen

Mit Phase 2 bis Phase 5 folgen anschließend **Entwicklung und / oder Beschaffung**, die im Rahmen eines **Projektes** durchgeführt werden. In Phase 2, dem eigentlichen Start des Projektes, werden die Anforderungen des zu erstellenden Softwaresystems definiert (Anforderungsanalyse). Ist bereits ein System im Einsatz, wird zu diesem Zweck eine Ist-Analyse der herrschenden Problemstellung angefertigt, welche in einem weiteren Schritt, der Schwachstellenanalyse, auf Mängel untersucht wird. Unter Einbeziehung der Ergebnisse aus der Schwachstellenanalyse wird als Resultat eine Soll-Konzeption (auch **Systemkonzept** genannt) definiert. Befindet sich keine Software im Einsatz, werden die Anforderungen im Projektteam (Auftraggeber und Auftragnehmer) zusammengetragen und auf dieser Grundlage das Sollkonzept erstellt. Diese Konzeption wird auf Grundlage der im Lastenheft festgehaltenen Fakten erstellt und im sogenannten **Pflichtenheft** festgehalten.

Pflichtenheft

Das vom Software-Entwickler geschriebene Pflichtenheft beinhaltet eine Auflistung darüber, welche Erwartungen an den Softwareentwickler und welche Benutzeranforderungen an das System gestellt werden sowie eine detaillierte Spezifikation aller Anforderungen an das System.

Entwurf der Systemkomponenten

Aufbauend auf dem in Phase 2 erstelltem Systemkonzept wird in Phase 3 der Entwurf der späteren Systemarchitektur erstellt. Aus dem Fachkonzept wird das technische Konzept abgeleitet, das dann Grundlage für die Implementierung bzw. Programmierung in Phase 4 darstellt.

Implementierung

Unter Implementierung ist die letztendliche Umsetzung des erstellten technischen Konzeptes in eine Programmiersprache zu verstehen. Ergebnis dieser Phase ist somit ein getestetes und lauffähiges Programm.

Abnahme & Einführung

Das Projektende folgt mit Phase 5, der Abnahme bzw. Übergabe und **Freigabe des Softwaresystems** und der **Einführung** bzw. Inbetriebnahme im Einsatzbereich (z. B. Unternehmung, Abteilung, öffentliche Einrichtung oder Verwaltung).

Integration in der Unternehmung

Eine zentrale Rolle spielt die **Integration** des Softwaresystems, die phasenbegleitend durchgeführt wird und vor allem in der Einführung beachtet werden muss.

Technische Integration

Es sind drei Integrationsarten zu berücksichtigen. Neben der **technischen Integration**, die sich vor allem auf die softwaretechnischen Anforderungen bezieht, ist die **personelle Integration** zu beachten.

Personelle Integration

Hier müssen insbesondere die Endbenutzer so ausgebildet werden, dass sie das Softwaresystem auch effizient nutzen können. Ziel ist es, eine hohe Motivation und Akzeptanz der Personen zu erreichen, wobei hier eine gezielte Qualifizierung vorausgesetzt wird.

Organisatorische Integration

Relativ schwierig ist die **organisatorische Integration** als die Einpassung des neuen Softwaresystems in die bestehende Organisation, da diese gewährleisten muss, dass der Nutzen des Softwaresystems auch tatsächlich entsteht.

Wartung & Pflege

Mit der Phase 6 beginnt der **Einsatz der Software**, die weiter gepflegt und gewartet werden muss. Noch vorhandene Fehler müssen korrigiert werden (**Wartung**) und neue Anforderungen müssen umgesetzt werden (**Pflege**).

Das Phasenkonzept als Erklärungsmodell zeigt einen linearen Ablauf, der in dieser Form in der Praxis sehr selten ist. I. d. R. sind nicht-lineare Abläufe zu beobachten, die Rücksprünge und Zyklen aufweisen und sogar durch Parallelverarbeitung gekennzeichnet sind. Die Vielfalt der unterschiedlichen Abläufe zeigt die Abb. 9.3-2.

Das Projekt kann zu jedem Zeitpunkt abgebrochen werden (Ende E). In jeder Phase des Projektes kann in vorgelagerte Phasen zurückgesprungen werden oder eine Phase bzw. mehrere Phasen können häufiger wiederholt werden (Zyklen). Wie letztendlich ein Projekt in der Praxis tatsächlich abläuft, hängt von vielen Faktoren ab.

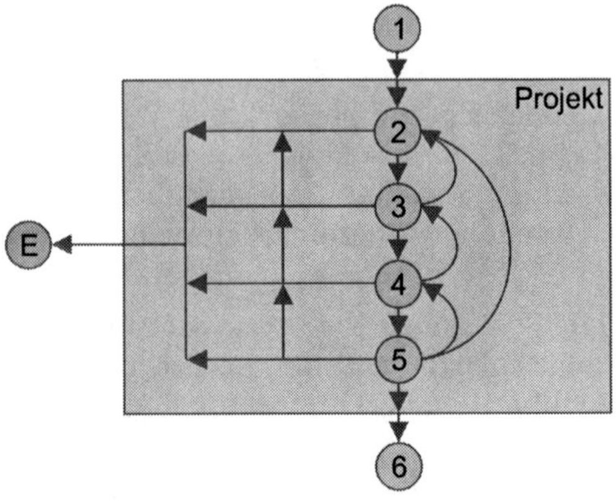
1
Projekt
2
3
E
4
5
6

Abb. 9.3-2: Mögliche Software Engineering-Abläufe.

Komplexität der Problemstellung

So bestimmt vor allem der gegebene Aufgabenbereich bzw. das Problem, das in ein Softwaresystem überführt werden muss, den Ablauf. Der Entwicklungsprozess wird somit von der Komplexität der Problemstellung bestimmt, die durch die gegebenen Daten, die vorhandene Struktur und durch den Umfang gekennzeichnet ist. Ein kleines überschaubares Problem ist einfacher umzusetzen, so z. B. eine Kalkulationsaufgabe mit einem Tabellenverarbeitungssystem, als ein umfangreiches, komplexes Problem, wie z. B. ein Planungssystem für einen großen Produktionsbereich der durch Störungen gekennzeichnet ist.

Wissens- bzw. Erfahrungsstand

Ein zweites Kriterium wird von dem Wissens- bzw. Erfahrungsstand der beteiligten Personen gebildet. Hierbei sind nicht nur die IT-Spezialisten und Softwareentwickler zu beachten, sondern auch die Planer und Manager und schließlich die Endbenutzer, die eine besondere Rolle spielen. Neben dem vorhandenen Wissen und den Erfahrungen, die durch gezielte Weiterbildung und praktische Erfahrung erhöht werden können, ist auch die Kommunikation zwischen den einzelnen Personen bzw. Personengruppen äußerst wichtig.

Informationstechniken

Ein drittes Kriterium bilden die vorhandenen Informationstechniken, d. h. die Programmiersprachen und die Entwicklungssoftware, aber auch die Hardware- und Betriebssystemplattformen. Diese entscheiden in hohem Maße, verbunden mit dem Wissen und Erfahrungsstand der IT-Fachleute, über die Vorgehensweise der Softwareentwicklung.

Strategische (IT-) Ziele

Ein viertes Kriterium beherrscht alle oben genannten Kriterien: die strategischen Ziele und hier vor allem die strategischen IT-Ziele, d. h. die IT-Strategie bzw. die Informatik-Strategie der Unternehmung. Sie ist entscheidend für alle IT-Aktivitäten und somit auch für die Gestaltungsstrategien bzw. für den Entwicklungsprozess von Software.

9.4 Ziele der Softwareentwicklung *

Bei der Softwareentwicklung müssen grundlegende Ziele beachtet werden. So steht das Ziel der Wirtschaftlichkeit stets an oberster Stelle, aber auch die Ziele der Leistungsfähigkeit der Software und seiner Qualität sind ebenso wichtig wie die Benutzungsfreundlichkeit und die Sicherheit der Software einschließlich der zu verarbeitenden Daten.

Wirtschaftlichkeit

Das Management verfolgt hauptsächlich das **Ziel der Wirtschaftlichkeit**, es achtet also sehr stark auf das Verhältnis von Kosten und Nutzen bzw. von Aufwand und Ertrag. Um den Ertrag zu steigern bzw. die Kosten zu senken, sollen die Erfolgsfaktoren genutzt und die Potenziale des Softwareeinsatzes ausgeschöpft werden.

Performanz

Die IT-Fachleute, d. h. die Informatiker und Softwareentwickler, sehen das Hauptziel in der **Steigerung der Leistungsfähigkeit des Softwaresystems (Performanz)**. Das zu entwickelnde System soll natürlich die fachlichen Anforderungen erfüllen, die sich aus der Anforderungsanalyse ergeben und im Fachkonzept festgeschrieben werden, es soll jedoch leistungsfähig sein, z. B. bezüglich Verarbeitungsgeschwindigkeit, Zugriffsgeschwindigkeit auf Daten, Übertragungsgeschwindigkeit in lokalen und weltweiten Netzen und Robustheit. Der Softwareentwickler stellt somit vor allem die Steigerung der technischen Leistungsfähigkeit in den Vordergrund, die sich sowohl auf die Hardware und Software als auch auf Rechner und Netze beziehen.

Arbeitsqualität

Letztlich ist die Gruppe der Endbenutzer sehr wichtig, da sie die Software bei der alltäglichen Arbeit nutzen muss. Für den Endbenutzer in den Fachabteilungen ist es wichtig, dass er den Vorteil des Softwareeinsatzes auch wahrnimmt, d. h., er muss erkennen, dass seine Arbeit durch den Softwareeinsatz eine bessere **Qualität** (oder auch Quantität) erreicht und dass auch er bei seiner Arbeit aktiv unterstützt wird. Erst dann wird er die Nutzung der Software akzeptieren (Akzeptanz) und mit gesteigerter **Motivation** seine Arbeit ausführen.

Benutzungsfreundlichkeit

Für den Endbenutzer sind neben der korrekten Ausführung der fachlichen Funktionen auch die Zuverlässigkeit der Software und ihre **Benutzungsfreundlichkeit** sehr wichtig. Weiterhin soll für ihn der Ablauf der Software nachvollziehbar bzw. transparent sein und die **Datensicherheit** und der **Datenschutz** (Schutz personenbezogener Daten) gewährleistet sein (vgl. auch »Datensicherheit und Datenschutz«, S. 229).

Insgesamt sind die unterschiedlichen Interessen und Ziele der beteiligten Gruppen bzw. der einzelnen Personen auszugleichen und mögliche Konflikte aufzulösen. Dies ist eine wichtige Aufgabe des Managements (vgl. »Informationsmanagement«, S. 257), das eine hohe Qualität der Software und ihres Einsatzes anstrebt, d. h., der allgemeine **Nutzen** soll für alle beteiligten Personen erhöht werden.

9.5 Programmiersprachen im Überblick *

Programmiersprachen stellen das Kommunikationsmedium dar, um Anweisungen bzw. Befehle an einen Rechner zu beschreiben. Das Programm als Folge von Anweisungen bzw. Befehlen wird vom Rechner »verstanden« und ausgeführt:

- »Erstellung von Programmen«, S. 199

Im Laufe der Zeit haben sich unterschiedliche Programmiersprachen gebildet, die man zunächst in Sprachgenerationen einteilte:

- »Generationen von Programmiersprachen«, S. 199

Heute spricht man eher von Programmierumgebungen bzw. von Werkzeugen *(Tools)*, die auf unterschiedlichen Programmieransätzen basieren:

- »Programmierumgebungen«, S. 202

9.5.1 Erstellung von Programmen *

Entsprechend der Architektur und Arbeitsweise eines Rechnersystems erfolgt die Ausführung eines oder mehrerer Programme durch den Rechner. Dabei ist ein Programm zu verstehen als eine zur Lösung einer Aufgabe vollständige Anweisung zusammen mit allen erforderlichen Vereinbarungen an ein Rechnersystem.

Programm

Ein Programm setzt sich aus Befehlen zusammen, die von der Zentraleinheit in logischer Reihenfolge abgearbeitet werden. Der Vorgang oder die Tätigkeit zur Erstellung eines Programmes wird als Programmierung bezeichnet.

Programmierung

Die **Programmierung** erfolgt in einer **Programmiersprache**. Dabei ist die Auswahl einer geeigneten Programmiersprache u. a. abhängig von der Zielumgebung, also dem Rechnersystem, auf welchen das Programm ablaufen soll (vgl. [HaNe09, S. 10]; [HaNe05, S. 325 ff.]).

Programmiersprache

Daher stellten die ersten Rechnersysteme, welche nur eine geringe Leistungsfähigkeit aufwiesen, andere Anforderungen an die Programmiersprache als heutige leistungsfähige und hochkomplexe Systeme.

Dementsprechend waren die ersten Programmiersprachen sehr eng auf den jeweiligen Prozessor abgestimmt, sogenannte Maschinensprachen, während heutige aktuelle Programmiersprachen unabhängiger von der genutzten Hardware sind, da sie über geeignete Werkzeuge verfügen, das erstellte Programm in eine für das Rechnersystem verständliche Sprache zu übersetzen. Damit ist die Entwicklung der Programmiersprachen eng verbunden mit den technischen Innovationen der Rechnersysteme.

9.5.2 Generationen von Programmiersprachen *

Oftmals erfolgt die Einteilung von Programmiersprachen entsprechend der historischen Entwicklung die sogenannten Generationen von Programmiersprachen: Maschinensprache, Assemblersprache, Höhere Programmiersprachen, 4GL-Sprachen sowie Alternative Sprachrichtungen.

Bei der Betrachtung der historischen Entwicklung der Programmiersprachen lassen sich mehrere Generationen ausmachen. Dabei ist grundsätzlich zwischen **Maschinensprachen**, **Assemblersprachen**, **Höheren Programmiersprachen**, **4GL-Systemen** und **Alternativen Sprachrichtungen** zu differenzieren (vgl. [HaNe05, S. 325ff.]).

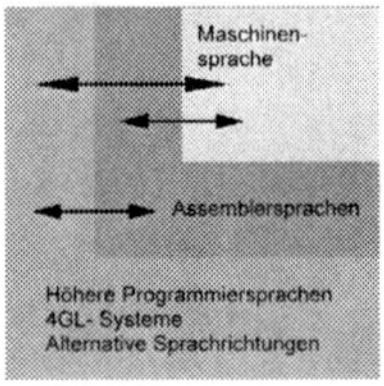
Maschinen-
sprache
Assemblersprachen
Höhere Programmiersprachen
4GL- Systeme
Alternative Sprachrichtungen

Abb. 9.5-1: Generationen von Programmiersprachen.

Bei der Darstellung umfassen die ersten beiden Generationen die Maschinenorientierten Sprachen (vgl. Abb. 9.5-1).

Die Ebenen sind ineinander verschachtelt dargestellt da der Prozessor, entsprechend seines jeweiligen Befehlssatzes, auch heute »nur« Maschinensprache (Objectcode) verarbeiten kann, d.h. jede Assemblersprache muss in die Maschinensprache übersetzt werden. Dies gilt auch für die weiteren Sprachgenerationen (3. Generation und weitere).

Grundsätzlich wurden die Sprachen im Laufe der Zeit immer einfacher. Insbesondere haben sich ihr Abbildungsumfang, ihre Verständlichkeit und die semantische Nähe zum menschlichen Denken enorm weiter entwickelt.

Maschinensprachen

Die **Maschinensprachen** (1. Generation) sind direkt auf die Arbeitsweise des Prozessors abgestimmt und erfordern keine weitere Umwandlung. Entsprechend sind sowohl die Befehle als auch die Operatoren binär (also in 0 und 1) codiert.

Der Vorteil dieser Form der Programmierung ist, dass diese aufgrund der direkten Orientierung an der Arbeitsweise des Prozessors sehr effizient sind.

Allerdings erfordert dies wiederum die Orientierung an der jeweiligen Architektur des Prozessors. Weiterhin waren Programme sehr unübersichtlich und damit schlecht verständlich und fehleranfällig.

Eine erste Vereinfachung brachten die **Assemblersprachen** (2. Generation). Diese ermöglichen die Formulierung der Anweisungen in einfachen, mnemotechnischen Abkürzungen. Ein Assembler übersetzt diese Anweisungen 1:1 in Maschinensprache. Dies erfordert die Orientierung der Assemblersprache an der jeweiligen Prozessorarchitektur, man versteht sie somit auch als eine »Maschinenorientierte Sprache«.

Assemblersprachen

Höhere Programmiersprachen (3. Generation) zeichnen sich durch den Einsatz abstrakter Anweisungen aus wie beispielsweise bedingte Anweisungen, Wiederholungsanweisungen und später auch Prozeduren und Module. Sie sind maschinenunabhängig und problemorientiert (»Problemorientierte Sprachen«). Dabei erfolgt die Übersetzung in eine maschinennahe Sprache (meist Assembler) durch einen Übersetzer, so z. B. einen Compiler. Der Compiler übersetzt den Quellcode komplett in ein für das Zielsystem ausführbaren Objektcode, ein Programm. Diese ist dann beliebig oft ausführbar. Die ersten verbreiteten Sprachen, welche dieses Konzept verfolgten, waren Fortran, Algol und Cobol.

Höhere Programmiersprachen

Ziel der Programmiersprachen der 4. Generation, sogenannte **4GL-Sprachen** oder 4GL-Systeme, war es, die Abstraktion noch weiter zu erhöhen. Diese sollen dem Programmierer ermöglichen, mit noch weniger Programmcode und auch minimaler Programmierkenntnis zielorientiert ein Programm zu erstellen. Als Beispiel hierfür kann die Datenbanksprache SQL genannt werden. Um einen SELECT- oder SORT BY-Befehl in einer Sprache der 3. Generation zu erstellen, wäre sehr viel Programmcode und ausgezeichnete Programmierkenntnisse erforderlich. In SQL erreicht der Anwender dies mit minimalen Kenntnissen und in nur einer Anweisung. Häufig werden diese Sprachen auch als 4GL-Systeme bezeichnet, da der Einsatz der Sprache eng verknüpft ist mit der Nutzung einer speziellen Entwicklungsumgebung.

4GL- Sprachen

Neben den 4GL-Sprachen fokussieren **Alternative Programmiersprachen** spezielle Anwendungsbereiche. Beispiele hierfür sind Künstliche Intelligenz (KI)-Sprachen, Objektorientierte Sprachen, Visuelle Sprachen oder auch sehr spezielle Sprachen, wie z. B. NXT, welche die Firma Lego zur Steuerung von Spielzeugrobotern nutzt. Dabei basieren

Alternative Programmiersprachen

diese Sprachen meist auf den Konzepten der 4. Generation, stellen aber spezielle Anwendungsbereiche oder Anwendungen in den Vordergrund, wie z. B. die Programmierung Künstlicher Intelligenz oder das Paradigma der Objektorientierung in der Programmiersprache Java (Objektorientierte Sprachen werden aufgrund ihrer großen Bedeutung nachfolgend vorgestellt).

9.5.3 Programmierumgebungen *

Aufgrund der zunehmenden Komplexität der Programmiersprachen benötigt der Programmierer geeignete Werkzeuge, die seine Arbeit erleichtern. Programmierumgebungen bieten hierzu vielfältige Funktionalität an.

IDE

Mit zunehmender Komplexität der Programmiersprachen und auch bei der Realisierung umfangreicher Software-Programmierungen unter Beteiligung mehrerer Programmierer ist der Einsatz von Programmierumgebungen immer bedeutsamer. Hier sind eine ganze Reihe von Integrierten Entwicklungsumgebungen (IDE, *integrated development environment*) oftmals auch kostenfrei verfügbar, welche den Programmierer bei der Arbeit unterstützen (vgl. [HaNe05, S. 356]).

Programmierhilfen

Beispiele für Bestandteile diese Programmierhilfen sind:

- **Texteditoren**, welche durch farbliche Markierungen *(colour coding)* z. B. Schlüsselworte markieren und durch Einrücken den Quellcode übersichtlich gestalten.
- **Hilfe**-Funktionalitäten, welche u. a. bei der Quellcode-Eingabe Fehler zeigen oder Informationen zum Aufbau einer vordefinierten Methode geben.
- Unterstützung bei der **Programmausführung**.
- Debug-Funktionalitäten, welche die **Fehlersuche** im Programm vereinfachen.
- Unterstützung bei den **Dateifunktionalitäten**, bei Speicherung, Import und Export.
- **Dokumentation** des erstellten Programmes.

Die Abb. 9.5-2 zeigt exemplarisch die Benutzungsoberfläche der IDE Eclipse.

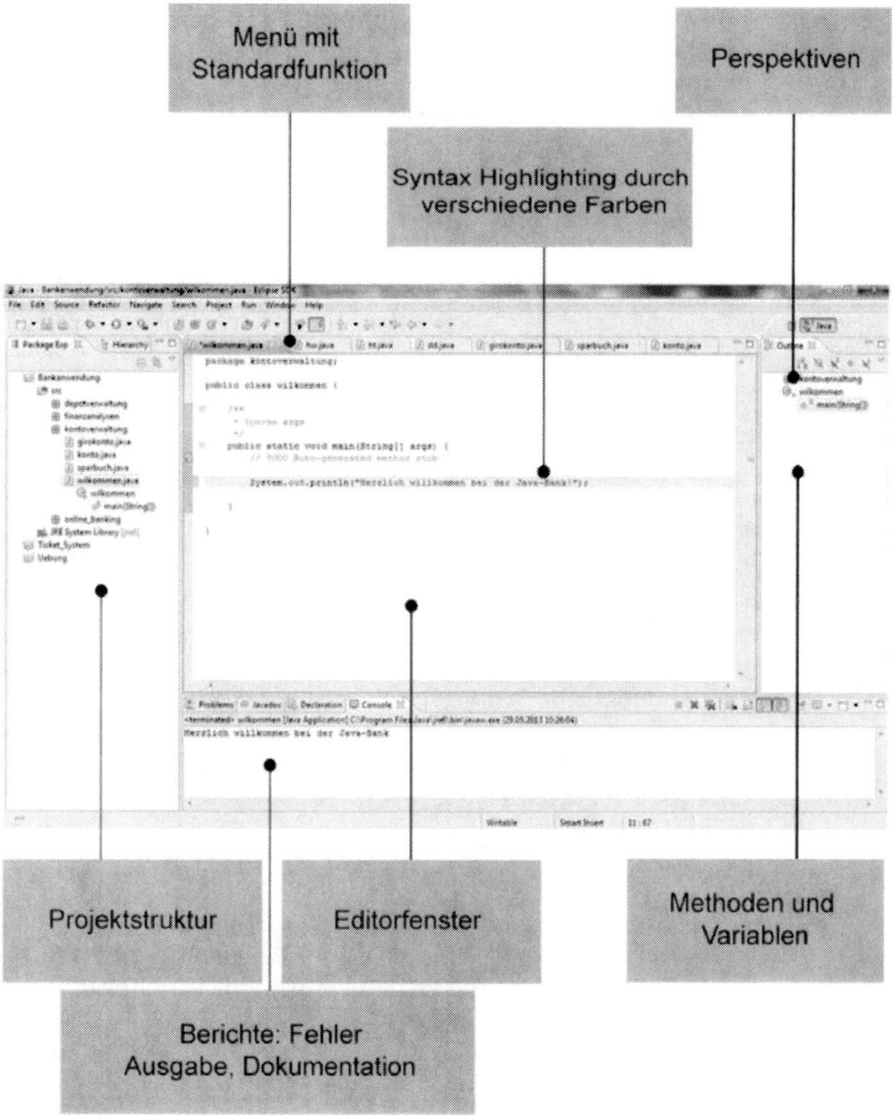
Menü mit Standardfunktion
Perspektiven
Syntax Highlighting durch verschiedene Farben
Projektstruktur
Editorfenster
Methoden und Variablen
Berichte: Fehler Ausgabe, Dokumentation

Abb. 9.5-2: Benutzeroberfläche von Eclipse.

Je nach Programmiersprache bieten einige integrierte Entwicklungsumgebungen spezielle Funktionalitäten an, wie z. B. grafische Gestaltung von Oberflächen oder Regelbäume bei wissensbasierten Sprachen.

CASE-Tools

Während der Fokus integrierter Entwicklungsumgebungen auf der Unterstützung der Programmiertätigkeit liegt, finden CASE-Tools *(Computer Aided Software Engineering)* während des gesamten Software-Entwicklungsprojektes Einsatz. Hier handelt es sich um eine Sammlung von Werkzeugen, welche ihren Schwerpunkt in den verschiedenen Phasen des Software Engineering-Prozesses haben. Beispiele hierfür sind *Tools* zur Modellierung von Prozessen im Rahmen der Ist-Analyse oder Abbildung der Funktionalitäten einer Anwendungsoberfläche bei der Erstellung des Systemkonzeptes. Ziel ist es, sämtliche Tätigkeiten des *Software Engineering* möglichst durchgängig, ohne Informationsverlust zwischen den verschiedenen Phasen und Aufgaben, zu unterstützen.

Besonders gut gelingt dies bei der Objektorientierten Software-Entwicklung durch den Einsatz der Modellierungssprache UML *(Unified Modeling Language)*. Diese stellt für alle Phasen des Entwicklungs-Prozesses, von der Objektorientierten Analyse (OOA), über das Objektorientierte Design (OOD) bis hin zur Objektorientierten Implementierung (OOI) geeignete Modelle und Methoden zur Verfügung, welche den gesamten Entwicklungsprozess unterstützen.

9.6 Objektorientierte Software-Entwicklung *

Objektorientierte Ansätze (OO-Ansätze) finden in der Informatik und in der Wirtschaftsinformatik eine zunehmende Bedeutung. Mit Objektorientierten Programmiersprachen und Objektorientierten Entwicklungssytemen *(Tools)* werden Anwendungssysteme geschaffen, die erfolgreich in der Praxis eingesetzt werden.

Im Folgenden werden zunächst in einer Übersicht und in einer Kurzform die Grundlagen der Objektorientierung beschrieben:

- »Grundlagen der Objektorientierung«, S. 205

Anschließend folgt eine kurze Vorstellung der Phasen der Objektorientierten Softwareentwicklung:

- »Phasen der Objektorientierten Softwareentwicklung«, S. 208

9.6.1 Grundlagen der Objektorientierung *

Basis der Objektorientierten Software-Entwicklung sind die Grundlagen der Objektorientierung, welche auch in den objektorientierten Programmiersprachen implementiert sind. Grundlegende Konzepte bzw. Elemente der objektorientierten Denkweise sind Objekte und Klassen sowie deren Darstellung in Klassendiagrammen, aber auch die Vererbung, das Geheimnisprinzip und der Polymorphismus.

Die Objektorientierung (OO) ist eine der wichtigsten Entwicklungslinien in der Informatik bzw. der Programmierung. Während bei den Sprachen der 3. Generation eher Algorithmen und Datenstrukturen im Vordergrund stehen (prozedurale Programmierung), war das Ziel der Objektorientierung, die Programmierung immer mehr an menschliche Denkmuster anzulehnen, also eine Entwicklung von der Maschinenzentrierung hin zur Anthropozentrik (vgl. [HaNe09, S. 315ff.]; [Balz11]; [Balz10]).

Objekt

Im Mittelpunkt der Objektorientierung steht das **Objekt**. Ein Objekt ist eine in seinem Gesamtkontext wahrnehmbare, identifizierbare und benennbare Einheit. Ein Objekt ist gegenüber seiner Umwelt abgrenzbar. Ein Objekt verfügt über **Attribute**, welche den Zustand des Objektes, also seine Daten, repräsentieren. Weiterhin verfügt ein Objekt über **Methoden**. Methoden dienen unter anderem dazu, den Zustand des Objektes zu verändern oder Informationen (Daten) mit der Umwelt des Objektes auszutauschen.

Geheimnisprinzip und Polymorphismus

Der Zustand des Objektes (die Daten) ist im Inneren des Objektes gekapselt. Ihr Zugriff ist nur über Methoden möglich. Diese Kapselung der Daten wird in der Objektorientierung als **Geheimnisprinzip** bezeichnet. Ein weiteres Prinzip der Objektorientierung ist der **Polymorphismus** (Vielfältigkeit). Dies bezeichnet die Eigenschaft eines Objektes, sich z.B. bei dem namentlich gleichen Methodenaufruf unterschiedlich zu verhalten. Ermöglicht wird dies durch die Definition mehrerer namensgleicher Methoden in einem Objekt, welche sich nur durch die Art oder Menge ihrer Parameter unterscheiden.

Beispielanwendung Bankkonto

Ein Beispiel für ein Objekt wäre das Objekt »Konto« für die Erstellung einer Bankanwendung. Ein Konto hat verschiedene Daten, wie `konto_nummer` oder `saldo`. Zum Zugriff bzw. zur Manipulation dieser Daten benötigt das Objekt `Konto` z. B. die Methoden `einzahlen(betrag)`, `auszahlen(betrag)` oder `saldo_ausgeben()`. Die Parameter, welche hinter hinter dem Methodennamen in Klammern aufgeführt sind, werden beim Aufruf an die Methode übergeben. So würde beim Aufruf der Methode `einzahlen(100)` der Wert 100 an die Methode `einzahlen` übergeben, welche dann den Wert von `saldo` um 100 erhöht. Durch die Änderung der Daten verändert sich der **Zustand** des Objektes.

Klassen

Klassen ermöglichen es, gleichartige Objekte nur einmal zu definieren. Sie dienen daher als Vorlage, als Schablone für ein Objekt. In einer Klasse werden die Attribute und Methoden beschrieben. Zur Nutzung einer Klasse in einer Anwendung ist allerdings zunächst die Erstellung, die Instanzierung eines Objektes erforderlich. Diese Instanz kann dann mit konkreten Werten gefüllt werden. Da beispielsweise bei der Bankanwendung jedes Konto grundlegend die gleichen Methoden und Attribute hat, kann als Vorlage eine Klasse `Konto` definiert werden. Zur Anlage eines neuen Kontos wird dann aus der Klasse `Konto` ein Objekt, eine Instanz, erstellt und mit konkreten Werten gefüllt.

Klassendiagramm

Die formale Darstellung einer Klasse erfolgt in Form eines Klassendiagramms. Die formale Notation ist in der UML *(unified modelling language)* definiert. Die Abb. 9.6-1 stellt die beschriebene Klasse `Konto` im Klassendiagramm dar.

Sichtbarkeit

Entsprechend der formalen Notation der UML wird eine Klasse in drei Bereiche aufgeteilt. Der **Klassenname** steht im oberen Bereich. In der Mitte stehen die **Attribute** und im unteren Bereich die **Methoden**. Neben den grundlegenden Informationen, wie oben dargestellt, können diese noch um weitere Informationen ergänzt werden. So kann die Sichtbarkeit eines Attributes oder einer Methode definiert werden (+ = public; ~ = package; # = protected; – = private). Die Sichtbarkeit dient der Umsetzung des Geheimnisprinzips, um Daten und Methoden eines Objektes nur dort zugreifbar zu machen, wo deren Zugriff auch erforderlich ist. Auch

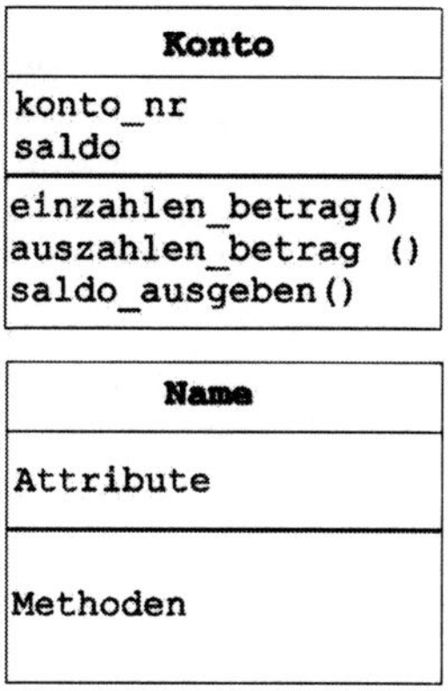
Konto
konto_nr
saldo
einzahlen_betrag()
auszahlen_betrag ()
saldo_ausgeben()
Name
Attribute
Methoden

Abb. 9.6-1: Klasse in der UML Notation.

ist die Ergänzung des Attributes um den Datentyp möglich sowie um den Wert, welchen das Attribut bei der Initialisierung des Objektes annimmt.

Beispielsweise würde die Definition [`# saldo : Double = 0`] bedeuten, dass das Attribut `saldo` geschützt *(protected)* ist und daher nur innerhalb der eigenen Klasse sichtbar sowie in allen Klassen, welche von dieser erben. Weiterhin ist der Wert vom Datentyp `Double` und der initiale Wert ist 0.

Vererbung

Die **Vererbung** ermöglicht in der Objektorientierung die Weitergabe der Eigenschaften einer »Vater«-Klasse an eine »Sohn«-Klasse. Dabei erhält die erbende Klasse alle Attribute und Methoden der vererbenden Klasse. In der erbenden Klasse (Sohn-Klasse) können noch zusätzliche Attribute und Methoden ergänzt werden. Auch besteht die Möglichkeit, erhaltene Attribute und Methoden neu zu definieren und damit zu überschreiben. Auch dies ist der Eigenschaft des Polymorphismus zuzuordnen.

Beispiel

Bezogen auf das angeführte Konto-Beispiel erbt die »Sohn-Klasse« `Giro_Konto` alle Eigenschaften der »Vater-Klasse« `Konto`. Weiterhin werden die Attribute um die Höhe des Dispositionsrahmens ergänzt (`dispo`). Eine Auszahlung ist beim Giro-Konto nicht bis zu einem Saldo von Null möglich, sondern bis zur Höhe des Dispositionsrahmens. Um dies zu berücksichtigen, ist die Methode auszahlen (betrag) in der Klasse Giro_Konto neu zu definieren. In der UML-Notation wird diese Beziehung durch Pfeile (gerichtete Kanten) dargestellt. Dabei »zeigt« die Sohn-Klasse auf die Vater-Klasse (Abb. 9.6-2).

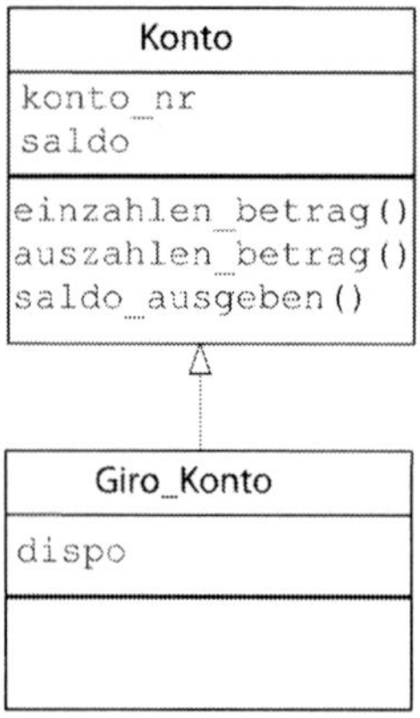
Konto
konto_nr
saldo
einzahlen_betrag()
auszahlen_betrag()
saldo_ausgeben()
Giro_Konto
dispo

Abb. 9.6-2: Vererbung in der UML Notation.

Die Abb. 9.6-2 zeigt diese Beziehung in der UML-Notation. Bei der Erstellung einer Instanz (Objekt) aus der Klasse »Giro_Konto« hat dieses Objekt dann alle Attribute und Methoden der Klasse Konto und zusätzlich die in der Klasse Giro_Konto definierten Attribute und Methoden, also dispo und die Redefinition der Methode auszahlen_betrag().

9.6.2 Phasen der Objektorientierten Softwareentwicklung *

Der Objektorientierte Software-Entwicklungsprozess wird in die drei Phasen Objektorientierte Analyse, Objektorientiertes Design und Objektorientierte Implementierung unterteilt. Die Phasen umfassen jeweils klar definierte Tätigkeiten und Ergebnisse. Jede Phase wird durch den Einsatz von Modellen der UML unterstützt.

OOA, OOD und OOI

Während die objektorientierte Denkweise zunächst die Programmierung in den Vordergrund stellte, erfolgte zunehmend auch die Berücksichtigung der Objektorientierung im gesamten Software-Entwicklungsprozess. Dabei lassen sich die drei Phasen **Objektorientierte Analyse (OOA)**, **Objektorientiertes Design (OOD)** und **Objektorientierte Implementierung (OOI)** unterscheiden (vgl. [Balz11]).

OO-Software-Entwicklung und Software Engnieering

Die Inhalte und Ergebnisse der Phasen entsprechen überwiegend denen des Software Engineering: die OOA entspricht den Phasen Planung des Projektes und Definition der Anforderungen, die OOD der Phase Entwurf der Systemkomponenten und OOI der Phase Implementierung. Auch die im Software Engineering genutzten Methoden und erstellten Dokumente, wie beispielsweise das Pflichtenheft, finden in den OO-Phasen ihren Einsatz.

UML

Die Stärken des Ansatzes liegen in der bereits kurz skizzierten phasenübergreifenden Unterstützung des Entwicklungsprozesses durch die verschiedenen Modelle der UML und den damit verbundenen Methoden. Die Modellierungssprache **UML** ***(Unified Modelling Language)*** hat sich aus dem Zusammenschluss verschiedener Modellierungsströmungen ergeben.

Struktur- und Verhaltensdiagramme

Grundsätzlich lassen sich die Diagramme der UML in Struktur- und Verhaltensdiagramme unterscheiden. Strukturdiagramme stellen die **statischen** Aspekte des betrachteten Systems dar und Verhaltensdiagramme die **dynamischen Aspekte**. Die Tab. 9.6-1 liefert einen Überblick über die wesentlichen Diagramme in der derzeit aktuellen Version UML 2.3.

Strukturdiagramme	**Verhaltensdiagramme**
Klassendiagramm	Use Case-Diagramm (Anwendungsfalldiagramm)
Paketdiagramm	Aktivitätsdiagramm
Kompositionsstrukturdiagramm	Sequenzdiagramm
Komponentendiagramm	Zustandsdiagramm
Verteilungsdiagramm	Interaktionsübersichtsdiagramm
Objektdiagramm	Kommunikationsdiagramm
Profildiagramm	Zeitverlaufsdiagramm

Tab. 9.6-1: Struktur- und Verhaltensdiagramme der UML 2.3.

Welche Modelle tatsächlich in einem Projekt eingesetzt werden, ist sehr projektindividuell. Insbesondere Use Case-Diagramme, Aktivitäts- und Sequenzdiagramme werden oftmals genutzt. Als Vorbereitung auf die Objektorientierte Implementierung, also die Programmierung in einer objektorientierten Sprache wie Java, ist der Einsatz eines Klassendiagramms unerlässlich.

9.7 Aufwandsschätzung **

Die Aufwandsschätzung spielt im Rahmen von Softwareentwicklungsprojekten eine entscheidende Rolle, entscheidet sie zum einen über Ausführung oder Ablehnung des Projektes und gibt zum anderen sowohl den finanziellen als auch den zeitlichen Rahmen des Projektes maßgeblich vor.

Aufwand

Im Allgemeinen wird unter dem Begriff Aufwand eine zu erbringende Leistung verstanden, die notwendig ist, um einen bestimmten Nutzen zu erzielen. Der erforderliche Einsatz wird quantitativ bewertet und meist in Geldeinheiten, Materialverbrauch oder Arbeitsstunden ausgedrückt. Betriebswirtschaftlich stellt der Aufwand die Ausgaben einer Unternehmung für verbrauchte Güter, Dienstleistungen und öffentliche Abgaben einer bestimmten Periode dar.

Aufwand eines IT-Entwicklungsprojektes

Im Rahmen von IT-Entwicklungsprojekten stellt die Ressource Mitarbeiter in Kombination mit dem Kostenfaktor Zeit den entscheidenden Aufwand dar. Gemessen wird dieser meist in **Mitarbeitermonat** (auch Mitarbeiterstunden oder -jahr) und Mitarbeiterertrag, wogegen Material- und Maschinenkosten nur einen sehr geringen Aufwand bei der Entwicklung bedeuten und somit häufig vernachlässigt werden. Relevante Kosten, die genau bestimmbar sind, wie Lizenzkosten werden auf das Ergebnis der Aufwandsschätzung aufgeschlagen.

Aufwandsschätzungen

Um den entstehenden Aufwand durch Mitarbeiter unter dem Kostenfaktor Zeit zu bewerten, sind Aufwandsschätzungen notwendig. Im Bereich der Softwareentwicklung sind diese Schätzungen Bestandteil der ersten und zweiten Phase des im Kapitel »Phasen des Software Engineering«, S. 193 vorgestellten Software Engineering-Prozesses. In der ersten, der Planungsphase, wird die eigentliche Aufwandsschätzung im Rahmen der Machbarkeitsstudie durchgeführt. Ihre Ergebnisse werden dann anschließend in der Definitionsphase nochmals geänderte und an konkretere Bedingungen angepasst.

Die ermittelte Aufwandsschätzung stellt somit die Basis eines Softwareentwicklungsprojektes dar. Hierbei dient sie vor allem der Planung notwendiger Ressourcen (Mitarbeiter) sowie der Zeitplanung (Festlegung und Abstimmung von Projektterminen). Aber auch betriebswirtschaftlich unterstützt die Aufwandsschätzung die Kostenanalyse. So kann auf ihren Ergebnissen aufbauend die Entscheidung zum ***Make-or-Buy*** des geplanten IT-Projektes getroffen werden, sie kann die Entscheidungsgrundlage für geplante Investitionen sein und kann durch die ermittelten Informationen Grundlage für Rentabilitätsrechnungen und Entscheidungen zur Machbarkeit des Projektes liefern (vgl. [Balz09, S. 515ff.]). Betrachtet man das Kostenverhältnis zwischen Software und der erforderlichen Hardware, so wird bei einem Verhältnis von 20 % Hardwarekosten zu 80 % Softwarekosten schnell deutlich, wie bedeutend die Ergebnisse der Aufwandsschätzung für die genannten Bereiche sind (vgl. [KnBu91, S. 13f.]). Wie gut Aufwandsschätzungen aber tatsächlich in der Praxis umgesetzt werden, können die Ergebnisse des CHAOS-Reports der Standish Group aus dem Jahr 2009 verdeutlicht: »Nur 32 % der Vorhaben werden in der geplanten Zeit fertig, verbrauchen dabei nicht mehr als das veranschlagte Budget und erfüllen die anfangs festgelegten Anforderungen.« [StGr09]

Es existieren eine Reihe von Problemen, die diese eher durchschnittliche bis schlechte Umsetzung der Aufwandsschätzung begünstigen. Diese lassen sich zu sechs Grundproblemen zusammenfassen:

- »Grundprobleme«, S. 212

Neben den Grundproblemen wie Schätzgenauigkeit und mangelnder Dokumentation werden die Ergebnisse der Aufwandsschätzung durch die Einflussfaktoren Qualität, Quantität, Zeit und Kosten, die um ein festes Maß an Produktivität des Projektteams konkurrieren, maßgeblich beeinflusst:

- »Einflussfaktoren«, S. 213

Zur Schätzung des Aufwands der Erstellung eines Software-Produktes sind zahlreiche Methoden und Verfahren entwickelt worden:

- »Methoden und Verfahren«, S. 216

9.7.1 Grundprobleme **

Gründe für zum Teil gravierende Abweichungen der Aufwandsschätzungen vom tatsächlichen Endergebnis liegen in einer Reihe von Grundproblemen, die die Aufwandsschätzung erschweren. Dazu zählen die Genauigkeit der Schätzung, das zu schätzende Objekt, die Dokumentation der Projekte, vorhandene Altdaten und die Einstellung der Projektbeteiligten.

Schätzgenauigkeit

Zum einen handelt es sich bei einer Schätzung immer um eine Prognose, d.h. die Schätzung beruht i. d. R. auf unsicheren Daten, die bei Abweichungen schnell die Schätzung unbrauchbar machen. Eine Schätzung, die nur 10% – 20% vom tatsächlichen Ergebnis abweicht, gilt bereits als eine gute Schätzung.

Schätzobjekt

Ein weiteres Problem liegt im Schätzobjekt, denn eine Schätzung bedarf ausreichender Informationen über das zu schätzende Objekt. Hierbei gilt, je mehr Informationen vorliegen, desto genauer ist die Schätzung. Der Erreichung einer hohen Informationsversorgung stehen allerdings zwei Zielkonflikte gegenüber. Zum einen lässt sich festhalten, je genauer die Schätzung sein soll, umso aufwendiger und somit auch kostenaufwendiger ist diese. Zum anderen ist die Aufwandsschätzung vor allem Bestandteil der ersten Phase, der Planungsphase, eines Softwareentwicklungsprojektes und stellt dort die Basis der Angebotserstellung dar. Zu diesem sehr frühen Zeitpunkt stehen jedoch noch sehr wenige Informationen zur Verfügung.

Dokumentation

Auch die Dokumentation eines Projektes spielt eine entscheidende Rolle. Dokumentiert werden z.B. die erhaltenden Schätzdaten, allgemeine Informationen über das Projekt und Randbedingungen. Aufbauend auf diesen Informationen können dann weitere ähnliche Projekte durchgeführt werden, ohne dass das Wissen an eine bestimmte Person gebunden ist. Jedoch wird der Aufwand für die Dokumentation häufig nicht mit einkalkuliert, sodass diese nur minimal am Rande der Entwicklung erstellt wird und so das Sammeln von Erfahrungen aus vergangenen Projekten nur schwer möglich ist.

Aufwandsschätzverfahren basieren meist auf heuristisch gewonnen Daten. Stehen diese aufgrund mangelnder Dokumentation nicht zu Vergleichszwecken zur Verfügung, sind diese Schätzverfahren unbrauchbar. Trotzdem angewendet führen sie dann zu massiven Fehlkalkulationen. Besonders schwierig sind diese Aufwandsschätzverfahren demnach bei Projekten mit hohem Innovationsgrad, denn hier stehen häufig keine Vergleichsdaten zur Verfügung.

Altdaten

Ebenfalls problematisch ist die Einstellung der Entwickler und Projektmanager. Hier wird die Aufwandsschätzung häufig als unwichtig und lästig empfunden, nicht selten steht hierfür viel zu wenig Zeit zur Verfügung, sodass die Aufwandsschätzung eher zu einer Zusatzleistung des Entwicklers wird, als ein fester Bestandteil der Entwicklung. Ein vielfach abneigendes Interesse an der Anwendung formalisierter Schätzverfahren und die Verfälschung der Ergebnisse durch »gefühlte Leistungsmessung« der Entwickler führen ebenfalls zu katastrophalen Schätzergebnissen (vgl. [KnBu91, S. 21 f.]).

Einstellung der Projektbeteiligten

9.7.2 Einflussfaktoren **

Viele unterschiedliche Faktoren haben Einfluss auf Genauigkeit und Qualität der Ergebnisse einer Aufwandsschätzung. Diese Faktoren lassen sich zu vier Gruppen zusammenfassen, die auch als Primärziele der Aufwandsschätzung bezeichnet werden können: »Kosten«, »Qualität«, »Quantität« und »Zeit« (Projektdauer).

In den Bereich der Kosten fallen alle Faktoren, die die Entwicklung finanziell beeinflussen, wie beispielsweise die Anzahl der Mitarbeiter, die an diesem Projekt beteiligt sind.

Kosten

Faktoren bezüglich Größe, Umfang und Komplexität des Entwicklungsprojektes fallen dagegen in den Bereich **Quantität**:

Quantität

- Die Größe eines Projektes, häufig in **LOC** (*Lines of Code* = Anzahl der Quellcode-Zeilen) gemessen, ist aufgrund seiner Programmiersprachenabhängigkeit nicht gut geeignet, wie die Messung der Quantität am Funktions- und Datenumfang eines Projektes.

- Bei dieser programmiersprachen-unabhängigen Messung liegt dagegen der Nachteil in den schwer exakt zu definierenden Daten und Funktionen.
- Die Komplexität als Maß orientiert sich an Optionen, wie der Anzahl der Schnittstellen sowie Anzahl und Zusammensetzung der Daten, die anschließende anhand von Tabellen, Richtlinien und Erfahrungswerten bewertet werden (z. B. anhand einer Notenskala von 1 bis 6).

Qualität Die **Qualität** stellt einen wesentlichen Einflussfaktor für den Entwicklungsaufwand dar. Zu den verschiedenen Qualitätsmerkmalen zählen Benutzungsfreundlichkeit, Portabilität, Zuverlässigkeit, gute Änderbarkeit, die in Abb. 9.7-1 (in Anlehnung an [BöFu02, S. 457 ff.]) wiedergegeben sind.

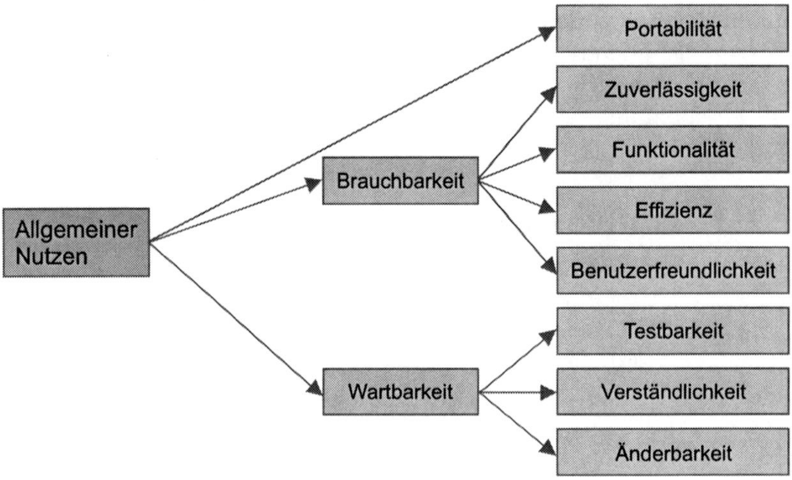
Allgemeiner Nutzen
Brauchbarkeit
Wartbarkeit
Portabilität
Zuverlässigkeit
Funktionalität
Effizienz
Benutzerfreundlichkeit
Testbarkeit
Verständlichkeit
Änderbarkeit

Abb. 9.7-1: Qualitätsmerkmale von Software (in Anlehnung an [BöFu02], S. 457ff.).

Zeit Der Faktor **Zeit** ist als Projektdauer definiert und wird maßgeblich aus der Anzahl der Mitarbeiter bestimmt. »Je mehr Mitarbeiter, desto kürzer die Projektdauer«, beschreibt zwar das Verhältnis zwischen der Anzahl der Mitarbeiter und der Dauer recht gut, vermag aber nur eine sehr grobe Aussicht auf die Realität zu geben. Tatsächlich ist es so, dass mehr Mitarbeiter auch zugleich den Kommunikationsaufwand innerhalb des Projektes erhöhen, was die Produktivität des Teams reduziert und so die Dauer des Projektes negativ beeinflusst. Hier ist also, um eine möglichst kurze Projektzeit zu erreichen, das richtige Maß entscheidend.

Wechselbeziehung der Primärziele

Die vier vorgestellten Faktoren stellen zugleich die Primärziele der Software-Entwicklung dar. Nun erscheint es auf den ersten Blick nicht als große Herausforderung, diese Ziele zu erfüllen, lässt man ihre Wechselwirkung außer Acht. Allerdings stehen diese Faktoren in einer starken Wechselbeziehung zueinander, die die Produktivität des Projektes maßgeblich beeinflusst. Am deutlichsten lässt sich diese Wechselwirkung der konkurrierenden Primärziele mit dem Teufelsquadrat von Sneed (1987) (Abb. 9.7-2) erklären.

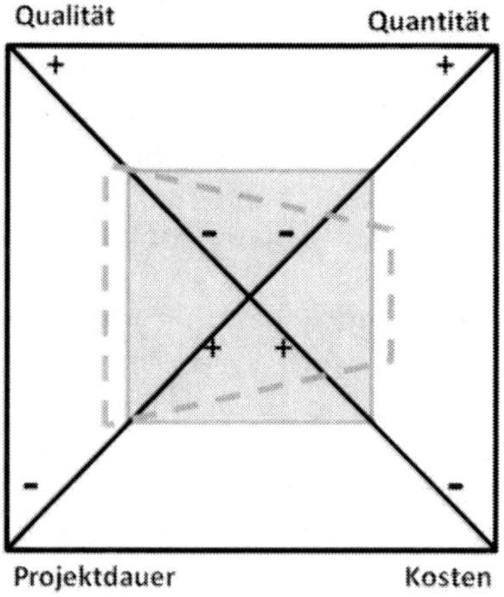
Qualität
Quantität
+
+
-
-
+
+
-
-
Projektdauer
Kosten

Abb. 9.7-2: Das Teufelsquadrat nach Sneed.

Teufelsquadrat von Sneed

Die vier Faktoren sind an jeweils einer Ecke des Quadrates abgetragen. Die Produktivität wird durch die Fläche des inneren Rechtecks dargestellt. Wie sich die Faktoren gegenseitig bedingen, ist durch die eingetragenen Zeichen »+« und »-« wiedergegeben. Soll beispielsweise die Projektdauer verkürzt werden, müssen mehr Mitarbeiter eingestellt werden. Dadurch steigen Kosten und Kommunikationsaufwand, was sich negativ auf die Produktivität auswirkt. Auch höhere Qualitätsanforderungen oder gesunkene Kosten würden sich so negativ auf mindestens einer der jeweils anderen drei Primärziele auswirken. In der Abbildung wurde dies beispielhaft dargestellt durch die gestrichelte Linie. Hier wurde die Produktivität positiv in Richtung Qualität und Dauer gelenkt und hat sich dadurch negativ auf Quantität und Kosten ausgewirkt (vgl. [Balz09, S. 75 ff.]).

9.7.3 Methoden und Verfahren ***

Es ist schwierig, den Aufwand eines Projektes im Vorhinein abzuschätzen. Gründe hierfür liegen (z.B. im frühen Zeitpunkt der Schätzung, zu dem noch nicht viele der notwendigen Informationen verfügbar sind und es sich somit mehr um eine Prognose, als um Fakten handeln kann. Aber auch Informationen, die aus abgeschlossenen Projekten herangezogen werden könnten, sind häufig nicht hilfreich, da der Dokumentation von Projekten oftmals keine große Beachtung geschenkt wird. Im Laufe der Zeit sind einige Methoden und Verfahren entwickelt worden, wie die Analogiemethode und das *Function Point*-Verfahren, die versuchen den Aufwand, mithilfe unterschiedlicher Herangehensweisen, trotz der bestehenden Probleme abzuschätzen.

Beim Vorgehen der Aufwandsschätzung unterscheidet man zwischen **Verfahren** und **Methoden**. Eine Methode ist eine planmäßig angewandte begründete Vorgehensweise zur Zielerreichung, sie stellt ein Mittel dar, ein vorher gestecktes Ziel von einer festen Ausgangssituation aus zu erreichen. Verfahren dagegen beschreiben durch formale Vorschriften einen fest definierten Weg zur Lösung eines Problems und sind somit genauer als Methoden.

Sechs Methoden

Bei der Aufwandsschätzung unterscheidet man sechs maßgebliche Methoden, die im Folgenden vorgestellt werden (vgl. [Balz09, S. 78 ff.]):

- die Analogiemethode,
- die Relationsmethode,
- die Multiplikatormethode,
- die Gewichtungsmethode,
- die Prozentsatzmethode und
- die Methode der parametrischen Gleichungen.

Analogiemethode

Die **Analogiemethode** bestimmt den Projektaufwand durch Vergleich mit ähnlichen, bereits abgeschlossenen Projekten, wobei sie Kriterien wie Anwendungsgebiete, Produktumfang und Programmiersprache zum Vergleich heranzieht. Es handelt sich um eine recht einfache Methode, die allerdings auf intuitiven Schätzungen und den individuellen Erfahrungen der Entwickler beruht und somit nur schwer analytisch nachvollziehbar ist.

Relationsmethode

Ähnlich der Analogiemethode beruht auch die **Relationsmethode** auf einem Vergleich mit den Vergangenheitswerten vergangener Entwicklungen. Der Unterschied liegt in der stärkeren Formalisierung der herangezogenen Einflussgrößen. Die Merkmalsausprägungen werden zu diesem Zweck mit Zahlenwerten gewichtet, die angeben, in welche Richtung und wie stark die einzelnen Faktoren den Aufwand beeinflussen. Das macht diese Methode zu einer besser strukturierten Methode gegenüber der Analogiemethode, jedoch beruht auch diese Methode nur auf intuitiven Schätzungen.

Multiplikatormethode

Bei der **Multiplikatormethode**, auch »Aufwand-pro-Einheit-Methode«, wird das zu erstellende Softwaresystem in Teilprodukte und Kategorien zusammengefasst. Der Aufwand für die Teilprodukte wird aus alten Projekten festgelegt und zugewiesen und dann mit dem jeweiligen Aufwandsfaktor der einzelnen Kategorien gewichtet. Der Gesamtaufwand ergibt sich als Summe der Teilaufwände. Die Durchführung dieser Methode ist sehr aufwendig und muss häufig durch andere Methoden unterstützt werden.

Gewichtungsmethode

Die **Gewichtungsmethode** ist ebenfalls eine sehr aufwendige Methode, die aber genaue Ergebnisse liefert. Hierfür werden zunächst als wichtig erachtete Einflussfaktoren festgelegt, die anschließend subjektiv (z. B. Qualifikation des Personals) oder objektiv (z. B. verwendete Programmiersprache) mit mathematischen Formeln bewertet werden.

Prozentsatzmethode

Die **Prozentsatzmethode** schätzt den Aufwand der verschiedenen Phasen des Software Engineering-Prozesses, indem vom ermittelten Aufwand einer bereits abgeschlossenen Phase auf den Aufwand der weiteren Phasen geschlossenen wird. Die Methode beruht auf der Annahme, dass die gleichen Phasen eines Projektes immer auch einen ähnlichen Anteil am gesamten Projekt haben, sodass von der ermittelten Phase aus prozentual auf die anderen geschlossen wird. Der prozentuale Anteil beruht auf Vergangenheitsdaten abgeschlossener Projekte. Die Methode liefert nur eine sehr grobe Schätzung des Aufwands. Ein weiteres Problem dieser Methode ist, dass bereits der Aufwand der ersten Phase bekannt sein muss, damit sie angewandt werden kann. Ist dies ist nicht Fall, kann die erste Phase auch mit einer der anderen Methoden vorab geschätzt werden.

Methode der parametrischen Gleichungen

Beruhend auf einem Korrelationsverfahren aus der Statistik ermittelt die **Methode der parametrischen Gleichungen** den Zusammenhang zwischen zwei oder mehreren Merkmalen ebenfalls aus empirisch gewonnen Daten. Hierfür wird der Korrelationsfaktor zwischen den Einflussgrößen und dem Entwicklungsaufwand bestimmt, um anschließend die Einflussgrößen mit der höchsten Korrelation zu einer Gleichung zusammenzufassen, die den Anteil des Aufwands an den einzelnen Einflussgrößen bestimmt. Zur Anwendung ist eine unternehmensspezifische Bewertung der Einflussfaktoren sowie eine umfangreiche empirische Datensammlung und -auswertung erforderlich, die eine ständige Aktualisierung erfordert (technischer Fortschritt).

Zwei Verfahren

Neben den Methoden zur Aufwandsschätzung gibt es noch die **Verfahren**. Sie beschreiben durch formale Vorschriften einen fest definierten Weg zur Lösung eines Problems und sind somit genauer als Methoden. Im Folgenden werden zwei Verfahren kurz vorgestellt:

- das COCOMO-Verfahren und
- das Function-Point-Verfahren.

Beide Verfahren gehören zu den wenigen Verfahren, die alle vier Einflussfaktoren (Kosten, Qualität, Quantität und Zeit) berücksichtigen (vgl. [Balz09, S. 78 ff.], [KnBu91, S. 36 ff.]).

COCOMO-Verfahren

Boehm entwickelte das **COCOMO-Verfahren** (kurz für *Construction Cost Model*), abgeleitet aus einer Vielzahl von Softwareprojekten. Mithilfe der Regressionsanalyse wird eine funktionale Relation zwischen der Systemgröße in **LOC** *(Lines of Code)* und dem Aufwand der Erstellung hergeleitet. Für die Systemgröße wird aus der Anzahl der unterschiedlichen Datenelemente und der Anzahl der Anweisungen die Größe QUAN ermittelt. Da die so entstandene Funktionsgleichung für die Aufwandsschätzung nicht ausreichte, wurde das Verfahren um die Einflussfaktoren Qualität (QUAL), Produktivität (PROD) sowie um die Formalwerte Exponent (EX) bzw. Multiplikator (MF) für die verschiedenen Softwaresysteme erweitert, sodass sich zur Berechnung der benötigten **Mitarbeitermonate** (MM) folgende Formel ergibt:

MM = MF (QUAN*QUAL*PROD) EX

Das Verfahren ist stark durch die Programmgröße LOC beeinflusst und wichtige funktionale Faktoren werden nicht ausreichend gewichtet. Darüber hinaus kommt es hier zu einem Zielkonflikt zwischen dem Zeitpunkt der Schätzung (möglichst früh) und der Genauigkeit der Ergebnisse (vgl. [Balz09, S. 68 ff.]).

Function Point-Verfahren

Das ***Function Point*-Verfahren** wurde 1979 von Allan J. Albrecht bei IBM für kommerzielle Anwendungssysteme entwickelt und beruht auf der Annahme, dass er Aufwand für die Erstellung der Software maßgeblich vom Umfang und dem Schwierigkeitsgrad der Produktumsetzung abhängt. Der Aufwand wird hier nicht aus der Systemgröße abgeleitet, sondern aus den Produktanforderungen, welche aus der Funktionalität des Systems aus Anwendersicht ermittelt werden (Abb. 9.7-3).

Das Verfahren folgt einem klaren Vorgehen. Zunächst werden auf der Basis grober Anforderungen die Funktionen bestimmt, bspw. »Daten speichern«, »Daten analysieren«, **Daten ausgeben**. Anschließend erfolgt eine Klassifizierung der Funktionen in fünf Kategorien: Eingabedaten, Abfragen, Ausgaben, Datenbestände und Referenzdaten. Jede der in diesen fünf Kategorien enthaltenden Funktionen wird im nächsten Schritt in weitere Unterkategorien (einfach, mittel und komplex) sortiert um anschließend mit einer Zahl zwischen 1 und 15 gewichtet zu werden. Die sich daraus ergebenden Teilergebnisse werden dann zu einem Gesamtergebnis aufsummiert. Dann werden die sieben Einflussfaktoren: Verflechtung mit anderen Anwendungssystemen, dezentrale Daten bzw. Verarbeitung, Transaktionsrate, Verarbeitungslogik, Wiederverwendbarkeit, Datenbestandskonfigurierung und Anpassbarkeit mit einbezogen, indem sie mit Punkten (von 0 bis 5 oder von 0 bis 10) bewertet werden. Die Summe dieser Bewertung wird anschließend berechnet (maximal 60 Punkte sind möglich) und davon 70%

Kategorie	Anzahl	Klassifizierung	Gewichtung	Zeilensumme
Eingabe-daten		Einfach	x3	
		Mittel	x4	
		Komplex	x6	
Abfrage		Einfach	x3	
		Mittel	x4	
		Komplex	x6	
Ausgabe		Einfach	x4	
		Mittel	x5	
		Komplex	x7	
Daten-bestände		Einfach	x7	
		Mittel	x10	
		Komplex	x15	
Referenz-daten		Einfach	x5	
		Mittel	x7	
		Komplex	x10	
Summe			E 1	
Einflussfaktoren (ändern den Function Point-Wert um +/- 30 %)		1 Verflechtung mit anderen		
		2 Dezentrale Daten, dezentrale Verarbeitung (0-		
		3 Transaktionsrat (0-5)		
		4 Verarbeitungslogik a Rechenoperationen (0-10) b Kontrollverfahren (0-5) c Ausnahmeregelungen (0-10) d Logik (0-5)		
		5 Wiederverwendbarkeit (0-5)		
		6 Datenbestandskonfigurierung (0-5)		
		7 Anpassbarkeit (0-5)		
Summe der 7 Einflüsse		E 2		
Einflussbewertung = E2 / 100 * 0,7		E 3		
Bewertete Function Points : E 1 * E 3				

Abb. 9.7-3: Beispiel einer Berechnungstabelle des Function Point-Verfahrens.

bestimmt. Aus dem Produkt der 70% der Einflussgrößengewichtung und der Summe der Funktionsgewichtung kann auf Basis von Erfahrungswerten aus der Vergangenheit die Kennzahl Mitarbeitermonat bestimmt werden. Diese Erfahrungswerte werden häufig in Tabellen festgehalten, aus denen mit dem Ergebnis der Berechnung die entsprechenden Mitarbeitermonate einfach abgelesen werden. Die wichtigsten Schritte des Verfahrens, festgehalten in einer Tabelle, sind in Abb. 9.7-3 zu finden. Eine beispielhafte Tabelle zum Ablesen der Mitarbeitermonate ist in Abb. 9.7-4 dargestellt.

FP	MM	FP	MM	FP	MM
50	5	850	64	2200	201
100	8	900	68	2300	215
150	11	950	72	2400	230
200	14	1000	76	2500	245
250	17	1100	85	2600	263
300	20	1200	94	2700	284
350	24	1300	103	2800	307
...	...	...	...	2900	341

Abb. 9.7-4: Beispieltabelle der Mitarbeitermonate (MM).

9.8 Projektmanagement ***

Die Gestaltung von Software, d.h. vor allem ihre Entwicklung bzw. Beschaffung, wird i.d.R. im Rahmen eines Projektes durchgeführt, wobei das Projektmanagement eine große Rolle spielt. Dies gilt vor allem bei größeren Entwicklungs- bzw. Beschaffungsprojekten, an denen häufig sowohl Mitarbeiter der Unternehmung, in der die Software eingesetzt werden soll, als auch externe Berater und IT-Experten in einem Projektteam zusammenarbeiten. Ein Projekt zeichnet sich durch bestimmte Eigenschaften aus und lässt sich durch Methoden und Techniken unterstützen, so vor allem durch die Netzplantechnik.

Projekt

Ein **Projekt** ist durch die folgenden Eigenschaften gekennzeichnet: Es handelt sich um eine **einmalige, spezielle Aufgabe**, die nicht Routine- bzw. Standardarbeit einer Unternehmung darstellt, sondern sich durch eine besondere Tätigkeit auszeichnet und somit nicht die eigentliche Aufgabe einer Unternehmung ausmacht.

Beispiel

So ist z. B. bei einer Automobilproduktionsunternehmung die Produktion von Autos die eigentliche Aufgabe bzw. der primäre Geschäftsprozess, die Einrichtung einer neuen Produktionsstraße mit Einsatz von Robotern eine spezielle Aufgabe, die im Rahmen eines Projektes durchgeführt wird.

Hohe Komplexität & klares Ziel

Bei einem Projekt handelt es sich um eine aufwendige Arbeit bei i. d. R. **hoher Komplexität** mit einem **klaren Ziel**.

Beispiel

So ist z. B. die Entwicklung eines umfangreichen Softwaresystems für die Produktionsplanung und -steuerung ein Projekt.

Fester Start- & Endtermin

Ein Projekt ist stets zeitlich begrenzt, d. h., es hat einen **festgelegten Starttermin** und einen **festgelegten Projektendtermin**. Dies sind zunächst Plantermine, die sich ändern können durch eine neue Planung und auch durch Störungen.

Beispiel

So kann sich z. B. der Start 1. März aufgrund fehlender personeller Ressourcen um drei Wochen verzögern oder das Projektende am 31. Oktober kann aufgrund von Fehlplanungen nicht eingehalten werden, die Abweichungen müssen jedoch erklärt werden.

Projektkosten

Da die Projekte aufwendige Tätigkeiten voraussetzen, entstehen i. d. R. hohe Kosten. Diese müssen vorab geschätzt und geplant werden **(Projektkosten)** und in einem Budget **(Projektbudget)** festgelegt werden. Die Kosten sind stets im Rahmen eines Controllings **(Projekt-Controlling)** zu überwachen. Dabei ist auch der Nutzen des Projektes zu analysieren und den Kosten gegenüberzustellen (Wirtschaftlichkeitsanalyse).

Projektteam

Zur Durchführung eines Projektes müssen die Mitarbeiter zusammengestellt werden **(Projektteam)**, die häufig aus unternehmensinternen als auch aus externen Personen bestehen. Zur Ausführung des Projektes muss eine geeignete **Projektorganisation** mit einem **Projektleiter** gefunden werden. Diese vielfältigen Planungsaufgaben sind in der ersten Phase (Planungsphase) eines Softwareentwicklungsprozesses durchzuführen.

Machbarkeitsstudie

Hier ist auch eine **Machbarkeits- bzw. Durchführbarkeitsstudie** *(feasibility study)* notwendig, die die folgenden Punkte überprüft:

- **Technische Machbarkeit:** Ist das Projekt mit den gegebenen Hardware- und Softwaresystemen technisch machbar?
- **Personelle Machbarkeit:** Ist das Projekt mit den vorhandenen Personen (intern und / oder extern) machbar?
- **Organisatorische Machbarkeit:** Ist das Ergebnis des Projektes in meiner Organisation umsetzbar und nutzbar?
- **Wirtschaftliche Machbarkeit:** Ist das Projekt überhaupt finanzierbar und wirtschaftlich? (Kosten-Nutzen-Analyse)

Die Entscheidung für ein Projekt ist von einer systematischen und detaillierten Planung abhängig, d. h. schließlich von einem kompetenten **Projektmanagement**, das wichtige **Führungsaufgaben** ausführen muss:

- Definition der Projektziele und
- Planung des Projektes mit Strukturplanung, Zeitplanung, Ressourcenplanung und Kostenplanung.

Darüber hinaus ist das Projektmanagement auch während der Durchführung des Projektes verantwortlich für die

- Projektsteuerung und die
- Projektkontrolle (Projektcontrolling).

Netzplantechnik

Eine ausgezeichnete Unterstützung für das Projektmanagement bieten die Methoden der **Netzplantechnik**, so z. B. die Methode **CPM** (*critical path method* – kritische Pfad-Methode). Mit Softwaresystemen der CPM (Projektmanagementsoftware) lassen sich die Aktivitäten eines Projektes und ihre logischen Abhängigkeiten definieren, sodass sich ein Netzplan als Graph zeichnen lässt **(Strukturplan)**. Bei Angabe der Zeiten der einzelnen Tätigkeiten können früheste und späteste Zeiten, Pufferzeiten und Projektendzeiten berechnet werden **(Zeitplanung)**. Auch die Bestimmung des kritischen Pfades lässt hiermit finden. Die Planung der benötigten Ressourcen lässt sich durch die **Ressourcen- bzw. Kapazitätsplanung** durchführen, die i. d. R. Optimierungsaufgaben voraussetzen. Schließlich ist nach einer **Kostenplanung** der Ressourcen (z. B. Personen, Hardware, Software) eine Kostensenkung möglich. Bei einer Erhöhung des Ressourceneinsatzes kann man i.d.R. die Projektzeiten verkürzen bzw. bei einer Verminderung des Einsatzes werden die Zeiten verlängert. Hier muss ein Kompromiss zwischen Laufzeiten und Kosten gefunden werden. Die **Netzplantechnik** bietet neben der Planungsunterstützung auch Möglichkeiten zur Projektsteuerung und -kontrolle während der Projektdurchführung. So lässt sich beispielsweise der Netzplan bei Bedarf an aktuelle Daten, z. B. Zeitdaten, anpassen und kann auf diese Weise kontinuierlich aktuell Zeiten berechnen helfen.

MPM & PERT

Neben CPM sind auch die Methoden **MPM** (*Metra Potential-*Methoden) und **PERT** *(Program Evaluation and Review Technique)* bekannte und in der Praxis erfolgreich genutzte Methoden der Netzplantechnik, für die es auch geeignete Softwaresysteme gibt (Projektmanagementsysteme).

9.9 Beispiel zum CPM-Netzplan **

Für ein besseres Verständnis der Netzplantechnik wird im Folgenden ein Beispiel für einen CPM-Netzplan gegeben.

Gegeben ist ein Projekt mit sieben Aktivitäten, die in einem Planungsschritt der Strukturplanung mit seinen diversen Vorgängern (logische Abhängigkeiten) festgelegt werden.

Planungsschritt 1: Strukturplan

Aktivität	Direkte Vorgänger
A	-
B	-
C	A
D	A,B
E	C,D
F	D
G	E,F

Tab. 9.9-1: Aktivitätentabelle.

Aus der Aktivitätentabelle der Tab. 9.9-1 ergibt sich die grafische Darstellung des CPM-Netzplans in Abb. 9.9-1.

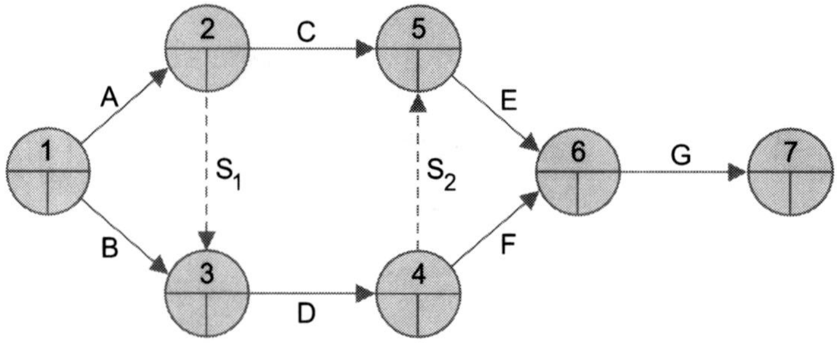
1
2
3
4
5
6
7
A
B
C
D
E
F
G
S_1
S_2

Abb. 9.9-1: Planungsschritt 1: CPM-Netzplan.

Die Darstellung der sieben Aktivitäten (A – G) bei Berücksichtigung der logischen Abhängigkeiten (direkte Vorgänger) ergibt den folgenden Netzplan in Abb. 9.9-1. Dieser CPM-Netzplan besteht aus sieben Kanten bzw. Pfeilen (gerichtete Kanten, die die Aktivitäten darstellen). Außerdem gibt es noch zwei Scheinvorgänge (S1 und S2 als gestrichelte Pfeile), die durch die Vorgängerbeziehungen entstehen. So wird z. B. gewährleistet, dass Aktivität D die Vorgänger A und B besitzt, Aktivität C nur den Vorgänger A. Scheinvorgänge beanspruchen keine Zeit, sie dienen nur der Darstellung der logischen Anhängigkeiten.

Der Netzplan besteht weiterhin aus sieben Knoten (1–7), die durchnummeriert werden (in der richtigen Reihenfolge!).

Planungsschritt 2: Zeitplanung

Hier werden zunächst die Zeiten für die einzelnen Aktivitäten festgelegt (oder geschätzt), die dann in den Netzplan eingetragen werden. So wird z. B. für Aktivität A die Zeitdauer 3 (z. B. 3 Tage) festgelegt, für B 1 Tag, für D 5 Tage, für F 1 Tag und für G 3 Tage. In einer Vorwärtsberechnung werden dann die frühesten Aktivitätszeiten und damit auch die früheste Projektendzeit berechnet und im Knoten unten links eingetragen (vgl. Abb. 9.9-2).

Als Startzeitpunkt in Knoten A wird i. d. R. Zeit 0 eingetragen, d. h. die beiden Aktivitäten A und B können sofort starten. Aktivität C kann nach drei Tagen starten, da sie als Vor-

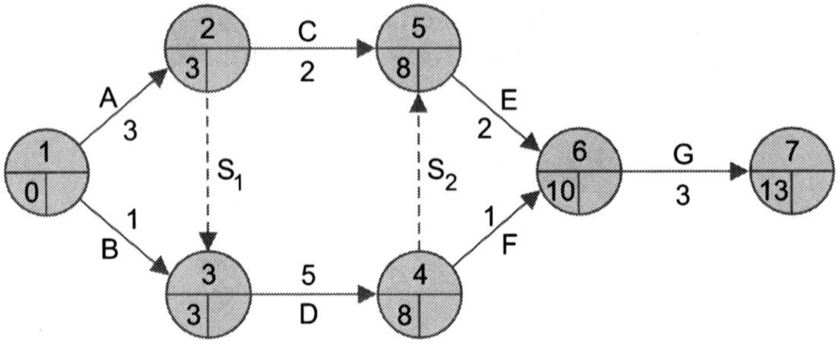
1
0
2
3
3
3
5
8
4
8
6
10
7
13
A
3
B
1
C
2
D
5
E
2
F
1
G
3
S1
S2

Abb. 9.9-2: Planungsschritt 2: Zeitplanung (früheste Zeiten).

gänger nur Aktivität A mit 3 Tagen Aktivitätsdauer hat. Aktivität D kann auch erst nach 3 Tagen starten, da durch den Scheinvorgang S1 auch Aktivität A Vorgänger ist. Durch die Vorwärtsberechnung erhält man in Knoten 7 die Zeitdauer 13, d. h., nach 13 Tagen ist das Projekt frühestens beendet.

Durch eine Rückwärtsberechnung erhält man die spätesten Zeiten. Dazu setzt man im Endknoten 7 die späteste Zeit, die stets im Knoten unten rechts eingetragen wird, gleich der frühesten Zeit, also im Beispiel 13 Tage. In der folgenden Abb. 9.9-3 sind die spätesten Zeiten zusätzlich eingetragen.

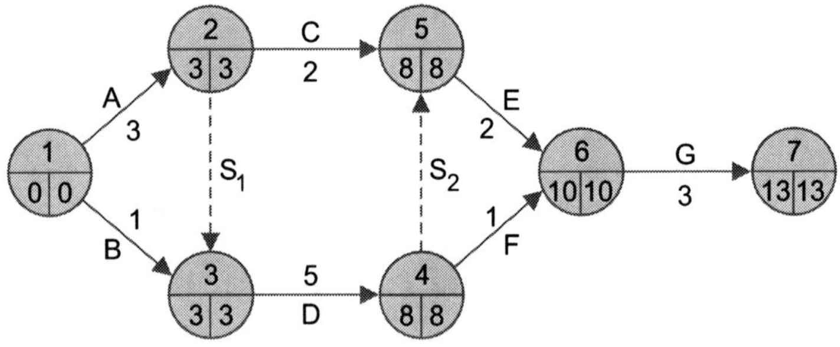
1
0 0
2
3 3
3
3 3
5
8 8
4
8 8
6
10 10
7
13 13
A
3
B
1
C
2
D
5
E
2
F
1
G
3
S1
S2

Abb. 9.9-3: Planungsschritt 3: Zeitplanung (späteste Zeiten).

Die späteste Zeit im Startknoten 1 muss gleich null sein. Zufälligerweise sind in allen Knoten die frühesten und spätesten Zeiten gleich. Dies liegt am Beispiel. So ist z. B. in Knoten 4 die späteste Zeit 8 Tage, da Knoten 5 von Knoten 4

Nachfolgerknoten ist und dieser bereits den Eintrag 8 Tage aufweist.

Bei der Festlegung des kritischen Pfades müssen die Pufferzeiten abgeleitet werden. So hat z. B. die Aktivität A keine Pufferzeit, da die frühesten und spätesten Startzeiten dieser Aktivität Null sind (in Knoten 1) und die frühesten und spätesten Endzeiten dieser Aktivität A 3 Tage sind (in Knoten 2) und die Zeitdauer von Aktivität A 3 Tage ist. So besteht für Aktivität A keine Pufferzeit (bzw. Restzeit) mehr. Bei der Aktivität B sind auch die beiden Startzeiten 0 (in Knoten 1) und die beiden Endzeiten 3 Tage, die Zeitdauer von B beträgt jedoch nur 1 Tag, sodass hier 2 Tage Puffer vorliegt. Die Aktivitäten mit Pufferzeit 0 sind kritisch und bilden den kritischen Pfad. Im Beispiel sind es die Aktivitäten A, D, E und G, d. h., der kritische Pfad ist die Aktivitätenfolge

A – (S_1) – D – (S_2) – E – G

bzw. die Knotenfolge 1–2 – 3–4 – 5–6 – 7.

Im Beispiel liegen also alle sieben Knoten auf dem kritischen Pfad, jedoch nicht alle Pfeile bzw. Aktivitäten. Ändert sich beispielsweise die Zeitdauer von Aktivität C von 2 Tagen auf 5 Tage, so ist auch diese Aktivität C kritisch. Dauert Aktivität F weiterhin noch 2 Tage, so ist auch F kritisch, und damit ist der gesamte Netzplan kritisch. Es bestehen somit in diesem Beispiel mehrere kritische Wege.

10 Datensicherheit und Datenschutz *

In der heutigen vernetzten Welt hat die Datensicherheit eine hohe Bedeutung, und zwar sowohl für Unternehmungen und den öffentlichen Bereich als auch für den privaten Bereich. Hierbei spielt die Sicherheit personenbezogener Daten, das heißt der Datenschutz, eine besonders wichtige Rolle.

Ein angemessenes Sicherheitsniveau kann nur durch eine systematische Gestaltung des gesamten IuK-Systems im Rahmen eines Engineering-Prozesses erreicht und aufrechterhalten werden. Das IT Sicherheitsmanagement setzt sich mit den sicherheitsrelevanten Aspekten der betrieblichen IT auseinander:

- »IT-Sicherheitsmanagement«, S. 229

Die Datensicherheit setzt sich mit den Gefahren durch Verlust, Verfälschung und unberechtigtem Zugriff von Daten auseinander und entwickelt und Maßnahmen zur Gewährleistung der Sicherheit dieser Daten:

- »Datensicherheit – Gefahren und Maßnahmen«, S. 232

Zur Gewährleistung der IT-Sicherheit müssen vorab die IT-Sicherheitsziele beachtet werden. Angetrieben werden diese durch die zwei Motivatoren »Business« und »Compliance«:

- »IT-Sicherheitsziele«, S. 234

Mit der Sicherheit personenbezogener Daten, so vor allem der Personendaten, setzt sich der Datenschutz auseinander:

- »Datenschutz«, S. 236

Abschließend werden ausgewählte Maßnahmen zur Datensicherheit diskutiert, so z. B. kryptografische Verfahren und organisatorische Maßnahmen:

- »Ausgewählte Maßnahmen zur Datensicherheit«, S. 240

10.1 IT-Sicherheitsmanagement *

Die zunehmende Bedeutung der Information und Kommunikation und der rasant gestiegene Einsatz von computergestützten Informations- und Kommunikationstechniken (IuK-Techniken bzw. Informationstechniken (IT)) in Un-

ternehmungen und öffentlichen Einrichtungen fordern eine kompetente Unternehmungsführung (Management) und ein handlungsfähiges Informationsmanagement, das die Informationsverarbeitung und die Kommunikation plant, steuert und kontrolliert. Einen Schwerpunkt des Informationsmanagements, das sich als Führungsaufgabe in Unternehmungen (Management) versteht, bildet das IT-Sicherheitsmanagement.

IT-Sicherheitsmanagement

Das IT-Sicherheitsmanagement setzt sich mit den sicherheitsrelevanten Aspekten der betrieblichen IT. Ein angemessenes Sicherheitsniveau kann nur durch eine systematische Gestaltung des gesamten IuK-Systems im Rahmen eines *Engineering*-Prozesses erreicht und aufrechterhalten werden. Die Gestaltung sollte sich hierbei sowohl auf die Entwicklung und Einrichtung eines Systems als auch auf seine Wartung und Pflege im Betrieb bezieht (vgl. »Phasen des Software Engineering«, S. 193). Neben den leistungsfähigen Hard- und Softwaretechniken, d. h. den Rechnern und Netzen einerseits und der Systemsoftware und Anwendungssoftware andererseits, enthält das IuK-System als soziotechnisches System die Komponenten Anwendungen (betriebliche Aufgaben und Prozesse) (vgl. »Informations- und Kommunikationssysteme«, S. 100) und Menschen (Benutzer der IT-Systeme). Die Planung, Entscheidung, Organisation, Steuerung und Kontrolle der Aufgaben und Prozesse, die eine IT-Sicherheit gewährleisten sollen, werden im IT-Sicherheitsmanagement zusammengefasst.

Aufgabe IT-Sicherheitsmanagement

Die grundsätzliche Aufgabe des (operativen) IT-Sicherheitsmanagements ist es, die strategischen IT-Sicherheitsziele zu erreichen und so zu gewährleisten, dass die realen Risiken und die sich daraus ergebenden wirtschaftlichen Schäden minimiert werden.

IuK- und IT-Sicherheit

Betrachtet man das gesamte IuK-System einer Unternehmung, so kann man von einer **IuK-Sicherheit** sprechen. Da das IuK-System aus den Komponenten Technik, Mensch und Aufgabe besteht, lässt sich die Sicherheit auf diese fokussieren. So spricht man vor allem von **IT-Sicherheit**, womit die gleichzeitige Verfügbarkeit der hard- und softwaretechnischen Komponenten und deren korrekte Ausführung verstanden werden. Die IT-Sicherheit bezieht sich somit auf den gesamten Bereich der technischen Infrastruktur eines IuK-Systems, die stets verfügbar ist und ohne Fehler abläuft. Im allgemeinen Sprachgebrauch schließt die IT-Sicherheit auch die Daten- bzw. Informationssicherheit mit ein.

In der zweiten Komponente eines IuK-Systems, den betrieblichen Anwendungen, sind alle Aufgaben und Prozesse der Unternehmung zusammengefasst, für die ebenfalls Sicherheit, und zwar die **Anwendungs- oder Prozesssicherheit**, gewährleistet sein soll.

Informationssicherheit

Da die Anwendungen bzw. Prozesse durch Informationen beschrieben werden, so z. B. eine Anwendung in der Beschaffung bzw. im Vertrieb, spricht man eigentlich besser von **Informationssicherheit**.

Die Sicherheit der Information steht im Mittelpunkt der IuK- bzw. IT-Sicherheit, da Informationen durch IT verarbeitet und durch Menschen verantwortet werden.

Personen bzw. Benutzersicherheit

Der Mensch als dritte Komponente eines IuK-Systems lässt sich selbstverständlich auch unter sicherheitsrelevanten Aspekten betrachten, da er die Aufgaben durchführt und dabei von IT unterstützt wird (**Personen- bzw. Benutzersicherheit**). Einen Überblick der IuK-Sicherheit gibt die folgende Abb. 10.1-1.

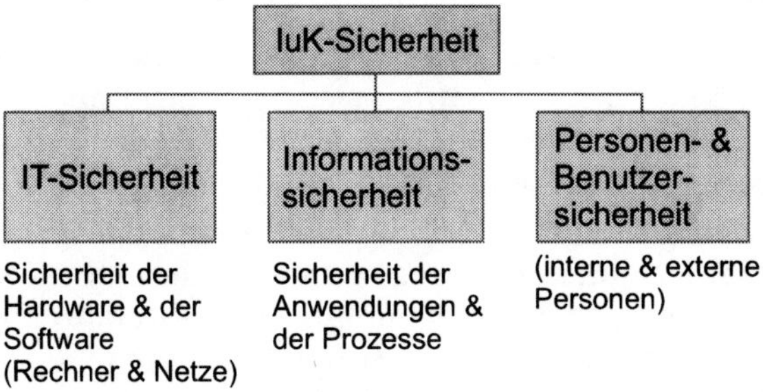
IuK-Sicherheit
IT-Sicherheit
Informations-sicherheit
Personen- & Benutzer-sicherheit
Sicherheit der Hardware & der Software (Rechner & Netze)
Sicherheit der Anwendungen & der Prozesse
(interne & externe Personen)

Abb. 10.1-1: IuK-Sicherheit.

Datensicherheit

Informationen, die durch IT verarbeitet werden, stellen Daten dar (Datenverarbeitung). Hieraus resultiert der Begriff **Datensicherheit**, der häufig im Mittelpunkt der IT- und der Informationssicherheit steht. Die Sicherheit personenbezogener Daten nimmt dabei einen besonderen Stellenwert ein und wird als **Datenschutz** bezeichnet.

10.2 Datensicherheit – Gefahren und Maßnahmen *

Daten sind Gegenstand der IT. Es handelt sich dabei um Problemdaten, die die eigentlichen internen Daten darstellen, und um Steuerdaten, die die Programme bilden, d. h. die Befehle an einen Computer. Problem- und Steuerdaten bilden die Software, für die Sicherheit zu gewährleisten ist (Softwaresicherheit). Im Mittelpunkt der Betrachtung steht die Sicherheit der Problemdaten, die auch durch nicht sichere Programme (Software) verletzt werden kann.

Ziel

Ziel der **Datensicherheit** ist es, die Daten vor Verlust, Verfälschung und unberechtigtem Zugriff zu schützen.

Gefahr: Mensch

Die Gefahr der Verletzung der Datensicherheit kann sowohl geplant als auch ungeplant direkt von Menschen verursacht werden. So können Mitarbeiter einer Unternehmung oder auch externe Personen Daten, die auf externen Datenspeichern abgelegt sind, stehlen oder verfälschen. I. d. R. handelt es sich dabei um Personen, die keinen berechtigten Zugriff besitzen, es können jedoch auch Personen mit berechtigtem Zugriff ihre Berechtigung missbrauchen. Weitere, durch Menschen verursacht Beispiele, sind Anschläge und Sabotage, z. B. auf Großrechner oder Netzwerke. Ungeplante Gefahren werden z. B. durch falsche Bedienung ausgelöst.

Gefahr: Programm

Programme (Software: System- und Anwendungssoftware) selbst können auch Gefahren verursachen. Dabei kann es sich um Programme (Software) handeln, die gezielt zur Schadensverursachung eingesetzt werden, wie z. B. Virenprogramme. Es können jedoch auch Programme vorliegen, die fehlerhaft sind, z. B. wegen einer fehlerhaften Methode zur Lohn- und Gehaltsberechnung. Weitere Gefahren können durch die Natur verursacht werden, z. B. durch Stürme, Feuer und Wasser, oder auch durch Unfälle und Katastrophen.

Zusammenfassend lässt sich feststellen, dass viele und sehr unterschiedliche Gefahren und Angriffsmöglichkeiten bestehen, die Schwachstellen innerhalb eines IuK-Systems nutzen, um die Daten zu schädigen. Dabei können Schäden von geringfügigen Kosten entstehen, z. B. geringe Hardwarekosten, aber auch Schäden von existenziellem Ausmaß für die Unternehmung, z. B. im Falle eines Diebstahls wichtiger Entwicklungsdaten für Innovationen. Einen Überblick der Gefahren der Datensicherheit gibt Abb. 10.2-1.

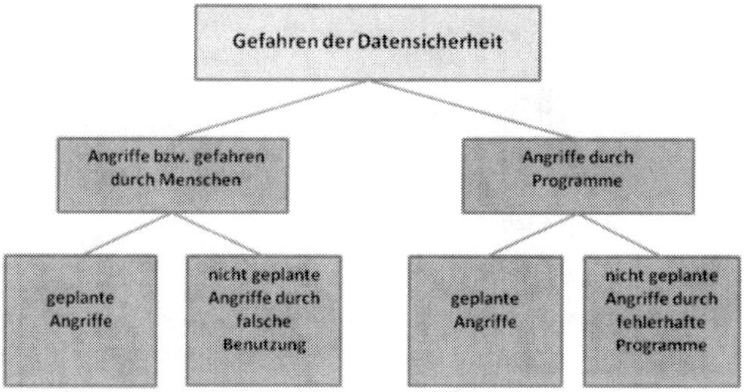
Gefahren der Datensicherheit
Angriffe bzw. gefahren durch Menschen
Angriffe durch Programme
geplante Angriffe
nicht geplante Angriffe durch falsche Benutzung
geplante Angriffe
nicht geplante Angriffe durch fehlerhafte Programme

Abb. 10.2-1: Gefahren der Datensicherheit.

Maßnahmen zur Reduzierung der Gefahr

Um die Gefahren zu reduzieren bzw. zu verkleinern, stehen viele unterschiedliche Maßnahmen zur Verfügung. Einerseits lassen sich organisatorische Maßnahmen ergreifen, z. B. räumliche Zugangskontrollen und die Überwachung der Prozesse, andererseits gibt es hardware- und softwaretechnische Maßnahmen, so z. B. der Einsatz entsprechender Sicherheitssoftware wie z. B. Virenscanner und Firewall.

Exkurs: IT-Risikomanagement

Mit der systematischen und angemessenen Bewältigung der Gefahren setzt sich das Risikomanagement, hier vor allem das IT-Risikomanagement, auseinander, das einen zentralen Bereich des IT-Sicherheitsmanagements darstellt. Der Prozess des Risikomanagements betrachtet die drei Teilprozesse Risikoanalyse, Risikosteuerung und Risikokontrolle (vgl. Abb. 10.2-2).

Im Rahmen der **Risikoanalyse** erfolgt in einem ersten Schritt eine Risikoidentifikation. Die Risiken werden umfassend, einheitlich und systematisch identifiziert. Die anschließende Risikobewertung hat zum Ziel, die identifizierten Risiken in ihrer Bedeutung für die konkrete Unternehmung zu beurteilen. Gängige Methoden sind z. B. Befragungstechniken und statistische Ansätze.

Prozess	Risikomanagement		
Teilprozesse	1. Risikoanalyse	2. Risikosteuerung	3. Risikokontrolle
Aktivitäten	- Identifikation - Bewertung	- aktive & passive Steuerung	- Überwachung - Berichtswesen - Dokumentation

Abb. 10.2-2: Risikomanagement-Prozess.

Bei der **Risikosteuerung** können einerseits aktive und passive Steuerungsinstrumente, andererseits ursachen- und wirkungsbezogene Maßnahmen unterschieden werden.

Die **Risikokontrolle** ist sowohl auf strategischer als auch auf operativer Ebene durchzuführen und umfasst die Risikoüberwachung, das Risikoberichtswesen und die Risikodokumentation.

10.3 IT-Sicherheitsziele **

Die Einrichtung von IT-Sicherheit bzw. Datensicherheit in Unternehmungen orientiert sich an der Vorgabe strategischer Ziele.

Motivator *Business*

Oberstes strategisches Ziel und Motivator ist das ***Business***, das sich an der langfristigen Vermögenssteigerung und am Wirtschaftlichkeitsprinzip orientiert.

Motivator *Compliance*

Ein weiteres Ziel bzw. wichtiger Motivator ist die sog. ***Compliance***, die die Einhaltung der rechtlichen, regulativen, standardbedingten und vertraglichen Verpflichtungen einer Unternehmung gewährleisten soll. Um *Business* und *Compliance* zu erreichen, müssen auch die folgenden **Sicherheitsziele** beachtet werden, die auch als Sicherheitsgrundziele, Sicherheitsbasisziele- oder Schutzziele bezeichnet werden.

Verfügbarkeit

Verfügbarkeit bezeichnet den Zustand eines computergestützten Informationssystems, in welchem die Funktionalität des technischen Subsystems, d. h. die Nutzbarkeit der informationstechnischen Ressourcen derart gewährleistet ist, dass sowohl die für die Informationsverarbeitung benötigten Daten als auch die für deren Nutzung benötigten Verarbeitungsfunktionen zeitgerecht und in definierter Qualität berechtigten Nutzern zur Verfügung stehen.

Integrität

Die Gewährleistung des Schutzziels der **Integrität** impliziert, dass eine unbefugte und / oder unbemerkte Veränderung von Daten (Datenintegrität) oder von Funktionen (Funktionsintegrität) nicht möglich ist. Datenintegrität liegt dann vor, wenn die auf der physikalischen Ebene gespeicherten und übertragenen Daten seit der letzten Modifikation durch berechtigte Instanzen (Nutzer oder Programme) unverändert und vollständig, d. h. korrekt sind. Funktionsintegrität beinhaltet, dass die Funktionen nicht durch absichtliche Änderungen zu falschen, unvollständigen oder vorgetäuschten Abläufen und Ergebnissen führen.

Vertraulichkeit

Mit der Erfüllung des Sicherheitsziels der **Vertraulichkeit** soll ein unbefugter Informationsgewinn bzw. ein unbefugtes Erschließen von Informationen durch eine nicht berechtigte Einsichtnahme in Daten ausgeschlossen werden. Dies bedingt, dass der Zugriff auf Daten als technische Repräsentationsform von Informationen nur durch berechtigte Instanzen (Nutzer oder Programme) erfolgt. Zu den Schutzobjekten der Vertraulichkeit gehören hierbei nicht nur die zwischen den Nutzern des Informationssystems übertragenen Nachrichten, sondern auch die näheren Umstände der Kommunikation wie z. B. Daten über den Sende- bzw. Empfangsvorgang.

Verbindlichkeit

Mit der zunehmenden Relevanz der Telekommunikation und dem damit verbundenen Anstieg des Austauschs elektronischer Dokumente über offene Netze (wie dem Internet) kommt dem Sicherheitsziel der **Verbindlichkeit** eine immer größere Bedeutung zu. Verbindlichkeit ist gewährleistet, wenn eine nachweisbare Zurechenbarkeit von Aktivitäten innerhalb computergestützter Informationssysteme zu den zu verantwortenden Instanzen gewährleistet ist. Dies setzt voraus, dass die Identität der die Aktivitäten verursachenden Instanz (Nutzer oder Programm) nicht nur feststellbar, sondern auch eindeutig beweisbar (authentifizierbar) ist, sodass ein nachträgliches Abstreiten der Aktivität nicht möglich ist. Mit der Verbindlichkeitseigenschaft kann sowohl die Einhaltung gesetzlicher oder vertraglicher Anforderungen und damit Rechtsverbindlichkeit für das computergestützte Informationssystem sichergestellt, aber auch die Forderung nach Abrechenbarkeit von Dienstleistungen erfüllt werden.

Die **Verletzung der Sicherheitsziele** kann, wie die Abb. 10.3-1 zeigt, zu unterschiedlichen Zeitpunkten entdeckt werden.

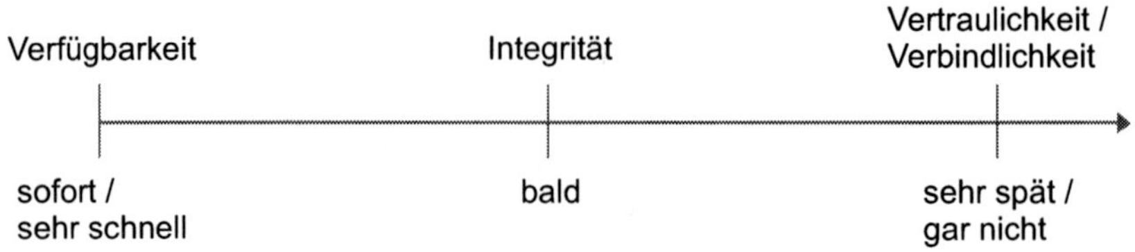
Verfügbarkeit
Integrität
Vertraulichkeit / Verbindlichkeit
sofort / sehr schnell
bald
sehr spät / gar nicht

Abb. 10.3-1: Endeckungszeiten der Verletzung eines Sicherheitsziels.

Eine Einschränkung der Verfügbarkeit von Ressourcen sowohl in zeitlicher als auch in qualitativer Hinsicht wird i. d. R. sofort nach (verursachter) Inanspruchnahme der Ressource bemerkt, während ein Integritätsverlust von Daten und / oder Funktionen häufig mit einer zeitlichen Verzögerung entdeckt wird – nämlich wenn sich als Folge nichtintegrer Daten oder Funktionen falsche Ergebnisse oder abnormales Systemverhalten einstellen. Eine Verletzung der (Rechts-) Verbindlichkeit wird meistens erst im Streitfall – also z. B. bei Leugnung des Absendens oder Erhaltens von Willenserklärungen über offene Netze – bemerkt, während ein Verlust der Vertraulichkeit u. U. gar nicht entdeckt wird, da für den unberechtigten Informationsgewinn eingesehene Daten nicht erkennbar modifiziert werden müssen.

10.4 Datenschutz *

Der Datenschutz bezieht sich auf personenbezogene Daten, so z. B. auf Personal- und Kundendaten, sowohl in Unternehmungen als auch im Privatbereich. Ziel des Datenschutzes ist es zu verhindern, dass bei der Verarbeitung personenbezogener Daten die schutzwürdigen Belange der Bürger beeinträchtigt werden. Dies gilt allgemein für alle Bürger, insbesondere bei der Verarbeitung der Personendaten in öffentlichen Verwaltungen und Behörden, wie

z. B. Kommunen, Finanzämtern und Gesundheitsämtern. Datenschutz ist gesetzlich geregelt durch das BDSG (Bundesdatenschutzgesetz) für den Privat- und Unternehmungsbereich und stützt sich auf das Recht auf informationelle Selbstbestimmung, das im Grundgesetz festgeschrieben ist.

Personenbezogene Daten

Personenbezogene Daten stellen Einzelangaben zu persönlichen oder sachlichen Verhältnissen von natürlichen Personen dar, d. h. Angaben, die einer bestimmten oder bestimmbaren Person zugeordnet werden können, so z. B. Lohn- und Gehaltsdaten, Daten über finanzielle Verhältnisse oder Krankheitsdaten. Der Datenschutz bezieht sich sowohl auf elektronisch gespeicherte Daten als auch auf personenbezogene Daten, die nicht elektronisch gespeichert sind, so z. B. auf Papier in Akten. Datenschutz setzt Datensicherheit voraus. Für personenbezogene Daten gelten auch die bereits oben genannten Gefahren und Risiken bzw. die Maßnahmen, die die Sicherheit bzw. den Datenschutz gewährleisten und sich an den Schutzzielen orientieren.

Datenschutzgesetze

Beim Datenschutz gelten die **Datenschutzgesetze**, vor allem das BDSG (Bundesdatenschutzgesetz), EU-Rechte, internationale Datenschutzrechte und Landesdatenschutzgesetze (vgl. Abb. 10.4-1. Die informelle Selbstbestimmung im Grundgesetz besagt, dass der Einzelne grundsätzlich selbst über die Preisgabe seiner personenbezogenen Daten entscheiden können muss. Dies kann jedoch auf Grundlage von Gesetzen eingeschränkt werden.

Verbot mit Erlaubnisvorbehalt

Ein **Prinzip des Datenschutzes** ist das Verbot mit Erlaubnisvorbehalt, das die Verarbeitung personenbezogener Daten grundsätzlich verbietet, es sei denn der Betroffene (die Person) willigt ein oder eine Rechtsnorm erlaubt dies.

Prinzip der Zweckbindung

Ein weiteres **Prinzip** ist die stets erforderliche **Zweckbindung**. Personenbezogene Daten dürfen nur zu dem Zweck verwendet werden, dem der Betroffene zugestimmt hat oder den eine rechtliche Norm vorsieht. Stets gilt, dass die Verarbeitung personenbezogener Daten einem bestimmten, kodifizierten Zweck dienen muss und dass sie nicht willkürlich erfolgen darf.

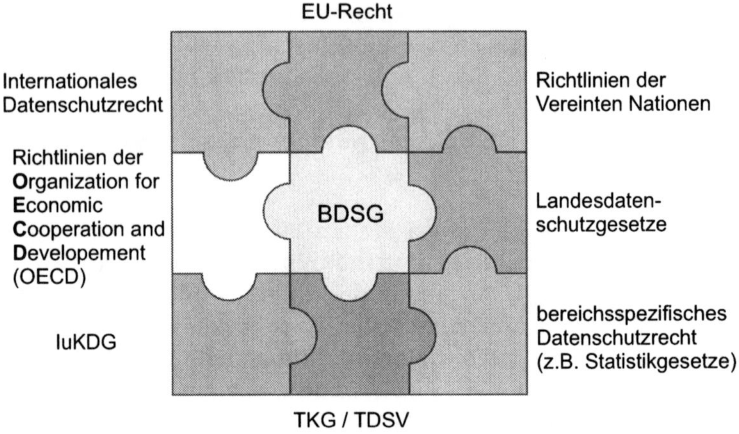
EU-Recht
Internationales Datenschutzrecht
Richtlinien der Vereinten Nationen
Richtlinien der Organization for Economic Cooperation and Developement (OECD)
BDSG
Landesdatenschutzgesetze
IuKDG
bereichsspezifisches Datenschutzrecht (z.B. Statistikgesetze)
TKG / TDSV

Abb. 10.4-1: Datenschutzgesetze.

Persönlichkeitsschutz

Grundsätzlich sollte für jede Person der **Persönlichkeitsschutz** ein Motivator sein, vorsichtig und sensibel mit den eigenen persönlichen Daten umzugehen. Dies gilt vor allem für Informationen, die man ins Internet stellt, zum Beispiel auf einer eigenen Website oder in sozialen Netzwerken wie Facebook oder StudiVZ. Diese Daten können leicht missbraucht werden.

Exkurs: Fakten zu Facebook

In diesem Exkurs finden Sie einige interessante Fakten zum bekanntesten ***Social Network*** **Facebook**. Diese Fakten sollen Ihnen Größe und Einfluss dieser Website deutlich machen und darüber hinaus Aufschluss geben über Verbleib und Nutzung der über Facebook erhobenen Daten:

- Facebook ist mit 30,7% aller Internetbenutzer die **zweithäufigst genutzte Webplattform** hinter Google mit 42,1 % [Alex11].
- Bei der Registrierung gehören Vorname, Nachname, E-Mail-Adresse, Geschlecht und Geburtsdatum zu den **Pflichtdaten.**
- Immer für andere *User* sichtbar sind der Name und die Freundesliste.

- Verändert man die **Standardeinstellungen** nicht, so sind ebenfalls sichtbar: Selbstbeschreibung, Interessen, Aktivitäten, Favoriten, Familienmitglieder, Beziehungsstatus, Beziehungsinteressen, Schule, Hochschule, Arbeitsplätze, Statusmeldungen, Links, Notizen, Fotos und Videos.
- Facebook finanziert sich größtenteils durch **personalisierte Werbung**, legitimiert durch die Datenschutzbestimmungen, d. h., es ist Dritten (Unternehmungen) erlaubt, Werbung gemäß den vom Benutzer hinterlegten Interessen zu schicken.
- Facebook erhält, speichert und verarbeitet auch **Informationen über das Verhalten** von Nutzern auf anderen Webplattformen, d. h., man muss damit rechnen, dass Daten von anderen Plattformen an Facebook weitergeleitet werden, sobald man auf einer Webseite eine Werbung anklickt oder ein Produkt in einem Onlineshop oder einer Versteigerungsplattform kauft.
- Facebook speichert intern Daten über persönliche Merkmale (Interessen wie Hobbys, Lieblingsmusik, -bücher, -filme) und das Nutzungsverhalten (Besuch von Fanseiten bestimmter Künstler, Produkte, Veranstaltungen) und wertet diese aus, wodurch umfassende **Konsumentenprofile** entstehen.
- ***Opt-Out***-Prozesse gibt es bei Facebook generell nicht (*Opt-Out* bedeutet, dass man bestimmte Werbeeinstellungen deaktivieren kann) [Fuch10].

Abschließend ein paar interessante Zahlen:

- Laut einer Studie sehen 59,1 % der Befragten das Aufrechterhalten von Freundschaften und Bekanntschaften durch Kommunikation als größten **Vorteil** von *Social Networks* wie Facebook.
- Dementgegen stehen 55,7 %, die meinen, dass politische, ökonomische und persönliche Überwachung als Resultat von Datenmissbrauch, Datenweitergabe oder mangelndem Datenschutz die größte **Gefahr** darstellen [Fuch09].

Wie sieht es mit Ihrer Einstellung zu Facebook aus? Überwiegen die Vorteile oder sehen Sie ein großes Problem in den Gefahren solcher *Social Networks*? Was ist mit Ihren eigenen Einstellungen zur Sichtbarkeit und Nutzung Ihrer Daten bei

Facebook oder anderen Plattformen? Stehen diese noch auf der Standardeinstellung oder haben Sie diese personalisiert? Haben Sie sich damit ausreichend beschäftigt? Haben Sie die ABG und Nutzungsbedingungen vorab gelesen?

10.5 Ausgewählte Maßnahmen zur Datensicherheit **

Krypto-grafische Verfahren

Eine wichtige Maßnahme zur Sicherung der Daten sind die **kryptografischen Verfahren**, die zu schützende Daten (Informationen im Klartext) durch Anwendung einer mathematischen Funktion (Algorithmus) und eines Schlüssels in einen Geheimtext umwandeln (verschlüsseln). Der verschlüsselte Text (Geheimtext) muss dann wieder mithilfe eines Algorithmus und eines Schlüssels in den ursprünglichen Klartext zurückgewandelt werden.

Bei den primär technisch orientierten Sicherheitsmaßnahmen ist die **Kryptologie** eine wichtige Basistechnik zur Realisierung von Sicherheitszielen, da sie die Grundlage für zahlreiche Sicherheitsmaßnahmen bildet:

- »Kryptografie«, S. 241

Zur Gewährleistung der Sicherheit computergestützter Informationssysteme und der Einhaltung rechtlicher Rahmenbedingungen ist es häufig zunächst notwendig, die Identität des Benutzers festzustellen (Authentifizierung), um anschließend zu prüfen, ob dieser über entsprechende Handlungskompetenzen im Rahmen eines Berechtigungskonzeptes verfügt (Autorisierung), bevor ihm der Zugriff auf gewünschte Ressourcen gewährt wird:

- »Maßnahmen zur Authentifizierung und Autorisierung«, S. 245

Mit der Vernetzung bisher isolierter betrieblicher Informationssysteme in lokalen oder offenen Netzwerken, wie dem Internet, ergeben sich neue Bedrohungen für die Sicherheit der Informationssysteme einer Unternehmung. Dies führt zu der Notwendigkeit von Kontrollmaßnahmen an definierten Übergängen zwischen dem als vertrauenswürdig eingestuften internen Netzwerken und dem Internet. Diese zentrale Kontrolle des Datenverkehrs ist Aufgabe von *Firewall*-Systemen:

- »Firewall-Systeme zur Absicherung von Rechnernetzen«, S. 247

Die Maßnahmen bei der Planung von Sicherheit innerhalb der computergestützten Informationssysteme allein reichen nicht aus. Vielmehr ist auch eine Überwachung des Einsatzes notwendig, um die Wirksamkeit der implementierten Sicherheitsmaßnahmen zu überwachen, wie Einbruchserkennungssysteme oder Antiviren-Programme:

- »Ausgewählte Maßnahmen zur Überwachung«, S. 249

Der strukturelle Rahmen für die Ableitung der organisatorischen Sicherheitsmaßnahmen (z. B. die Rechte der Autorisierung) wird aus dem betrieblichen Konzept der computergestützten Informationssysteme vorgegeben:

- »Organisatorisch orientierte Sicherheitsmaßnahmen«, S. 251

Der Ableitung dieser Sicherheitsmaßnahmen aus dem Betriebskonzept der Unternehmung liegen zwei Vorgehensweisen zugrunde. Orientiert an der klassischen Organisationstheorie lassen sich zwischen Aufbau- und Ablauforganisation verschiedene Ansätze unterschieden:

- »Aufbau- und ablauforganisatorische Maßnahmen«, S. 254

10.5.1 Kryptografie ***

Mit Hilfe von symmetrischen wie asymmetrischen Verschlüsselungsverfahren kann die Vertraulichkeit von Informationen (durch Verschlüsselung der Daten) geschützt werden. Darüber hinaus bieten digitale Signaturen als Anwendung asymmetrischer Kryptoverfahren die Möglichkeit, die Integrität und Verbindlichkeit von digitalen Dokumenten zu gewährleisten.

Unter Kryptografie wird die Lehre von den Methoden zur Ver- und Entschlüsselung von Nachrichten zum Zweck der Geheimhaltung von Informationen gegenüber Dritten verstanden. Die Kryptografie gehört neben der Kryptoanalyse zur Kryptologie, die allgemein als Wissenschaft vom Entwurf und der Anwendung kryptologischer Verfahren gilt (von griechisch Kryptos Logos – das versteckte Wort). Dabei beschäftigt sich die Kryptoanalyse mit der (unberechtigten) Entschlüsselung von verschlüsselten Nachrichten ohne Zugriff auf den hierfür notwendigen Schlüssel zu haben. Sie dient damit primär dem Schutz der Vertraulichkeit von Informationen, gilt aber darüber hinaus als eine Schlüsseltechnologie zur Gewährleistung der Sicherheit computergestützter Informationssysteme, da mit Hilfe von kryptografischen Authentifikationsmechanismen sowohl eine unbemerkte Manipulation von Daten verhindert werden kann (Schutz der Integrität) als auch eine nachweisbare Zurechenbarkeit von Daten zum jeweiligen Urheber gewährleistet werden kann (Schutz der Verbindlichkeit).

Kryptografische Verfahren zum Schutz der Vertraulichkeit

Definition: Verschlüsseln

Allgemein versteht man unter **Verschlüsseln** die Umwandlung (Transformation) einer verständlichen, lesbaren Nachricht (Klartext genannt) in einen für unberechtigte Dritte unverständlichen Schlüsseltext (Chiffrat) unter Verwendung einer Transformationsvorschrift (Verschlüsselungsalgorithmus).

Dabei wird die Anwendung des Verschlüsselungsalgorithmus durch eine veränderliche Größe – den sogenannten **Schlüssel** – parametrisiert. Die Rücktransformation des Chiffrats in den ursprünglichen Klartext unter Zuhilfenahme des dafür nötigen Schlüssels wird als **Entschlüsselung** bezeichnet. Ein allgemeines kryptografisches System zum Schutz der Vertraulichkeit von Informationen kann wie folgt beschrieben werden:

$$C = E(M, K).$$

Das **Chiffrat C** wird gebildet durch Anwendung der **Verschlüsselungsfunktion E** (von *Encipher*, *Encryption*) und des **Schlüssels K** *(Key)* auf den **Klartext M** *(Message)*. Der Klartext M lässt sich unter Anwendung der **Entschlüsselungsfunktion D** (*Decipher*, *Decryption*) und des entsprechenden Schlüssels K aus dem **Schlüsseltext C** zurückgewinnen:

$$M = D(C, K).$$

Hierbei darf die Sicherheit des Krypto-Systems – also dessen Fähigkeit, den Verfahren und Methoden der Kryptoanalyse zu widerstehen – nicht von der Geheimhaltung des verwendeten Verschlüsselungsalgorithmus abhängen, sondern sollte ausschließlich auf der Geheimhaltung der benutzten Schlüssel beruhen. Darüber hinaus ist die Sicherheit kryptografischer Verfahren positiv korreliert mit der Länge des/der benutzten Schlüssel (gemessen in Bit), d. h., längere Schlüssel bewirken eine höhere Sicherheit gegen kryptoanalytische Angriffe. Wird für das Ver- und Entschlüsseln derselbe Schlüssel verwendet, so spricht man von einem **symmetrischen Verschlüsselungsverfahren**(Abb. 10.5-1).

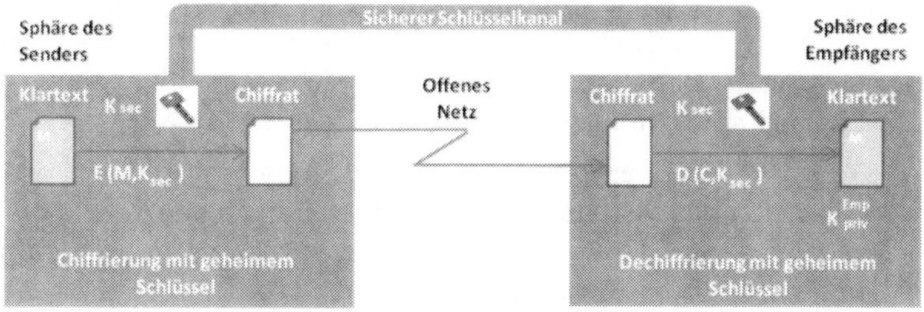
Sicherer Schlüsselkanal
Sphäre des Senders
Sphäre des Empfängers
Klartext
K sec
Chiffrat
E (M,K sec)
Chiffrierung mit geheimem Schlüssel
Offenes Netz
Chiffrat
K sec
Klartext
D (C,K sec)
Dechiffrierung mit geheimem Schlüssel

Abb. 10.5-1: Symmetrische Verfahren.

Symmetrische Verschlüsselung

Die Sicherheit der symmetrischen Verschlüsselung beruht darauf, dass Sender und Empfänger den gemeinsamen Schlüssel K_{sec} geheim halten, weshalb diese Verschlüsselungsverfahren auch **Secret-Key-Verschlüsselungen** genannt werden.

Asymmetrische Verschlüsselung

Im Gegensatz dazu zeichnen sich **asymmetrische Verschlüsselungsverfahren** dadurch aus, dass jeder Kommunikationsteilnehmer ein Schlüsselpaar besitzt – bestehend aus einem jedem frei zugänglichen **öffentlichen Schlüssel *(public key)*** und einem nur dem Eigentümer bekannten **privaten Schlüssel *(private key)***, der zwar mathematisch untrennbar mit dem öffentlichen Schlüssel zusammenhängt, aber aus diesem nicht ableitbar ist. Die Asymmetrie des Verfahrens wird in der Anwendung der beiden Schlüsselkomponenten ersichtlich (vgl. Abb. 10.5-2).

Zum Verschlüsseln einer Nachricht verwendet der Sender den frei zugänglichen öffentlichen Schlüssel des Empfän-

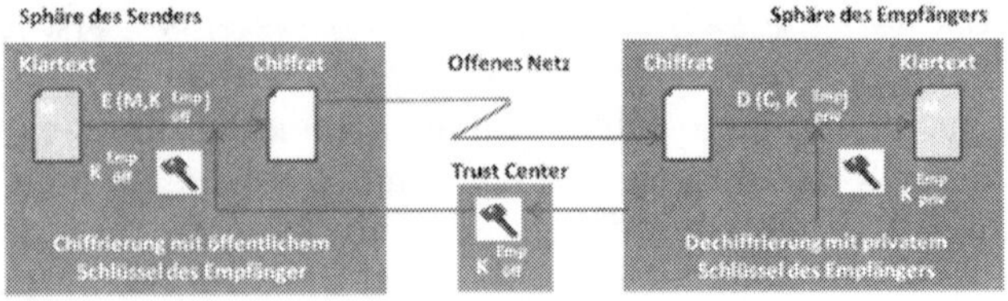
Sphäre des Senders
Sphäre des Empfängers
Klartext
Chiffrat
Offenes Netz
Chiffrat
Klartext
Trust Center
Chiffrierung mit öffentlichem Schlüssel des Empfänger
Dechiffrierung mit privatem Schlüssel des Empfängers

Abb. 10.5-2: Asymmetrische Verschlüsselung.

gers $K_{Empöff}$. Die Entschlüsselung des entstandenen Chiffrats C zurück in den Klartext M kann ausschließlich über den privaten Schlüssel des Empfängers $K_{Emppriv}$ erfolgen. Aus der Tatsache, dass der öffentliche Schlüssel eines Kommunikationsteilnehmers für alle anderen jederzeit frei zugänglich ist, leitet sich für asymmetrische Verschlüsselungssysteme auch die Bezeichnung ***Public Key*-Verfahren** ab.

Vorteile

Die Vorteile dieser Verfahren gegenüber symmetrischen Verschlüsselungssystemen liegen zum einen darin, dass unabhängig von der Anzahl der Kommunikationspartner nur ein Schlüsselpaar pro Kommunikationsteilnehmer generiert werden muss und zum anderen das Problem der Schlüsselverteilung aufgrund der frei zugänglichen öffentlichen Schlüssel vernachlässigbar ist.

Nachteile

Der Nachteil von asymmetrischen Verschlüsselungsverfahren liegt aufgrund der hohen Berechnungskomplexität in der geringeren Performanz bei der Ver- und Entschlüsselung. Aus diesem Grund werden sie auch mit den schnelleren symmetrischen Verfahren zu **Hybrid-Verschlüsselungssystemen** kombiniert, bei denen ein spontan und zufällig erzeugter **symmetrischer Schlüssel** (sogenannter ***Session Key***), der zur Verschlüsselung benutzt wurde, bei der Übertragung über einen unsicheren Kommunikationskanal durch asymmetrische Verschlüsselung geschützt wird.

Digitale Signaturen als kryptografische Anwendung zum Schutz der Verbindlichkeit

Bei der Übertragung von Nachrichten über offene Kommunikationsnetze (wie z. B. das Internet) ist nicht nur die Vertraulichkeit der übertragenen Informationen zu schützen. Darüber hinaus kann der Empfänger einer elektronischen

Nachricht nur dann auf deren Inhalt vertrauen (und diesen zur Grundlage seines eigenen rechtsverbindlichen Handelns machen), wenn es ihm möglich ist:

1 den Absender der Nachricht zuverlässig zu identifizieren (**Gewährleistung der Verbindlichkeit**) und
2 die Unversehrtheit der Nachricht für den Zeitraum vom Absenden bis zum Empfang festzustellen (**Schutz der Integrität**).

Eine nachweisbare Zurechenbarkeit (**Verbindlichkeit**) einer empfangenen Nachricht zur Identifizierung des Absenders und die Überprüfung der Integrität können mithilfe von **digitalen Signaturen** sichergestellt werden. Diese dienen als eine Art »Siegel für digitale Daten«, welches mit den in früheren Zeiten benutzten Wachssiegeln vergleichbar ist. Sie stellen ein digitales Äquivalent zur handgeschriebenen Unterschrift dar. Digitale Signaturen sind eine spezielle Anwendung von asymmetrischen Verschlüsselungsverfahren, wobei für die Erzeugung und Überprüfung einer digitalen Signatur die beiden Schlüsselkomponenten des asymmetrischen Krypto-Systems in einer anderen Reihenfolge als bei beim Verschlüsselungsvorgang benutzt werden.

10.5.2 Maßnahmen zur Authentifizierung und Autorisierung ***

Authentifizierung und Autorisierung von Nutzern sind präventive technische Maßnahmen für die Sicherheit computergestützter Informationssysteme: Während die Authentifizierung durch die Feststellung und Bestätigung der Identität eines Nutzers die Voraussetzung zur Sicherstellung von Vertraulichkeit und Verbindlichkeit schafft, kann mit Maßnahmen der Autorisierung darüber hinaus auch die Integrität und Verfügbarkeit gewährleistet werden, da eine unberechtigte Veränderung oder gar Löschung von Daten verhindert wird. Darüber hinaus schaffen Authentifizierung und Autorisierung die Voraussetzungen für die Durchführung weiterer Sicherheitsmaßnahmen (wie z. B. der Protokollierung von Aktivitäten von Nutzern zur Gewährleistung der Zurechenbarkeit und zur eventuellen Beweissicherung).

Zur Gewährleistung der Sicherheit computergestützter Informationssysteme und zur Einhaltung rechtlicher Rahmenbedingungen (z. B. Regelungen zum Datenschutz) für deren Betrieb dürfen Nutzer nur Zugriff auf Objekte des computergestützten Systems (Daten, Funktionen, Programme) haben, für die sie im Rahmen der Sicherheitsarchitektur als berechtigt vorgesehen sind. Zur Umsetzung dieser Vorgaben ist es zunächst notwendig, die Identität eines Nutzers festzustellen und zu überprüfen, um anschließend die Handlungsmöglichkeiten dieses Nutzers im Rahmen eines vorgegebenen Berechtigungskonzepts kontrollieren zu können und ihm so Zugriff auf die für ihn vorgesehenen Systemressourcen zu gewähren.

Authentifizierung

Der Vorgang zur Feststellung und Überprüfung der Identität eines zugangsuchenden Nutzers wird als **Authentifizierung** bezeichnet und ist Voraussetzung für die Vergabe nutzerspezifischer Berechtigungen bezüglich Systemressourcen sowie für die Überwachung von Nutzeraktivitäten während der Nutzung. Eine Authentifizierung von Nutzern kann erfolgen anhand von spezifischem Wissen, Besitz einer Sache, biometrischen Merkmalen sowie Kombinationen hieraus. Die Überprüfung der Identität eines Nutzers erfolgt häufig durch spezifisches (d. h. nur dem Nutzer bekanntem) Wissen durch Eingabe einer Nutzerkennung und eines dazugehörigen Passwortes. Bei einer Authentifizierung durch Besitz muss der Nutzer einen Gegenstand (physisches *Token* genannt) als Beweis seiner Identität vorlegen (z. B. in Form einer Chipkarte), was allerdings die entsprechende Hardware (z. B. ein Kartenlesegerät) zur Überprüfung dieses physischen *Token* voraussetzt. Bei biometrischen Authentifikationsverfahren wird die Identität eines Nutzers entweder anhand seiner statischen, individuellen physiologischen Merkmale (Fingerabdruck, Gesichtsgeometrie, Iris oder Retina des Auges) oder anhand von dynamischen, verhaltenstypischen und personengebundenen Eigenschaften (handgeschriebene Unterschrift, Stimme, Gestik, Mimik) überprüft. Hierbei werden die mit dem jeweiligen biometrischen Erkennungssystem erfassten Daten mit den gespeicherten Referenzdaten einer zugangsberechtigten Person verglichen und Zugang zum computergestützten Informationssystem gewährt oder verwehrt.

Autorisierung

Nachdem ein Nutzer nach erfolgreicher Authentifizierung Zugang zum Informationssystem erhalten hat, erfolgt eine Zuweisung von zuvor festgelegten Berechtigungen für diesen Nutzer bezüglich des Zugriffs auf Ressourcen, die der Nutzer zur Erfüllung seiner Aufgaben benötigt. Dieser Vorgang der Vergabe und Überprüfung von benutzerabhängigen Zugriffsrechten auf Objekte wird als **Autorisierung** bezeichnet. Die Aufgaben der Rechteverwaltung bestehen darin, entsprechende Mechanismen zur Vergabe und Überprüfung von Zugriffsrechten bereitzustellen. Dies kann z. B. erfolgen mit Hilfe von Zugriffskontrolllisten (*Access Control List* – ACL), einer listenartig organisierten Datenstruktur, welche die Namen bzw. Identifikationen der zugriffsberechtigten Nutzer bzw. Rollen (bei einer rollenbasierten Rechteverwaltung) für ein zu schützendes Objekt enthält und mit diesem zusammen abgespeichert wird.

10.5.3 Firewall-Systeme zur Absicherung von Rechnernetzen ***

Firewall-Systeme sind präventiv wirkende technische Sicherheitsmaßnahmen, deren Schutzwirkung sich in erster Linie gegen Gefahren in Form von logischen Angriffen auf das unternehmensinterne Netzwerk richtet. Aber auch nicht erwünschte Kommunikationsverbindungen aus dem als vertrauenswürdig eingestuften Netz heraus – wie sie z. B. bei Nichtbeachtung von Sicherheitsvorschriften durch berechtigte Nutzer des computergestützten Informationssystems zustande kommen – können durch den Einsatz von *Firewall*-Systemen unterbunden werden.

Um Rechnernetze zu schützen, ist es notwendig, die netzwerkbasierten Ressourcen durch Kontrollmaßnahmen an definierten Übergängen zwischen dem als vertrauenswürdig eingestuften, unternehmensinternen Netzwerk und dem Internet vor unberechtigtem Zugang abzusichern.

Durch die Anbindung von bisher isoliert betriebenen (geschlossenen) lokalen (d. h. auf ein geografisches Gebiet begrenzten) Netzwerken von Unternehmen und Behörden (LAN) an offene Netze wie z. B. das Internet und der Verwendung von Internettechniken im unternehmensinternen LAN (insbesondere der Protokollfamilie TCP/IP) ergeben sich neue Bedrohungen für die Sicherheit computergestützter Informationssysteme.

Zum anderen soll berechtigten Nutzern des unternehmensinternen Netzes der Zugriff auf die Dienste des Internets zur Erledigung ihrer Aufgaben ermöglicht werden.

Diese zentrale Kontrolle des Datenverkehrs an der Schnittstelle von zu schützendem internen Netz und dem Internet ist Aufgabe von sogenannten ***Firewall*-Systemen**. Das Prinzip des *Firewall*-Konzepts besteht darin, jeglichen Datenverkehr zwischen zwei Netzen durch die *Firewall* als zentrale Kontrollinstanz zu leiten, um so Zugriffe auf das interne Netz, aber auch aus diesem heraus auf das Internet kontrollieren zu können (Abb. 10.5-3).

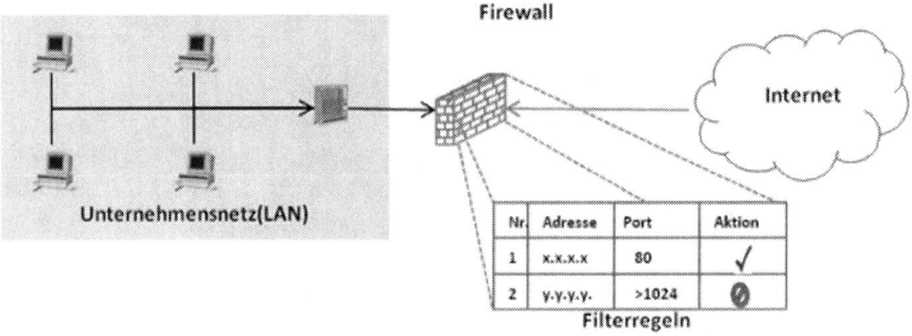
Firewall
Internet
Unternehmensnetz(LAN)
Nr
Adresse
Port
Aktion
1
x.x.x.x
80
2
y.y.y.y.
>1024
Filterregeln

Abb. 10.5-3: Funktionsweise einer Firewall.

Firewall

Allgemein wird als ***Firewall*** eine Kombination aus Hard- und Software bezeichnet, die als alleiniger Übergang zwischen zwei zu trennenden Netzwerken auf Basis des TCP/IP-Protokolls dient, von denen ein Netzwerk einen höheren Schutzbedarf aufweist.

Firewall-Systeme

Das Aufgabenspektrum von ***Firewall*-Systemen** umfasst dabei die Kontrolle der Kommunikationsaktivitäten durch Filterung des Datenverkehrs

1 auf physischer Ebene zwischen zwei eigenständigen, miteinander verbundenen Netzen und

2 auf logischer Ebene zwischen zwei Teilbereichen eines physischen Netzes (sogenannter Domänen, die als Zonen unterschiedlichen Sicherheitsniveaus aufgefasst werden können).

Darüber hinaus können eine Protokollierung von Kommunikationsaktivitäten zwischen den Netzen und ggf. eine Alarmierung bei unberechtigten Zugangs- bzw. Zugriffsversuchen stattfinden.

10.5.4 Ausgewählte Maßnahmen zur Überwachung ***

Während die Protokollierung eine passiv orientierte Sichermaßnahme darstellt, mit der ex post durch Analyse der während des Systembetriebs erstellten Protokolldateien festgestellt werden kann, ob eine Sicherheitsverletzung stattgefunden hat, kann mit Hilfe von aktiv und präventiv wirkenden Überwachungsmaßnahmen wie *Intrusion Detection*-Systemen oder Anti-Viren-Programmen eine Gefährdung der Sicherheit nicht nur in statu nascendi entdeckt werden, sondern auch entsprechende Gegenmaßnahmen eingeleitet werden.

Der Prozess zur Etablierung von Sicherheit in computergestützten Informationssystemen ist nicht nur durch planerische Tätigkeiten und deren Umsetzung gekennzeichnet, sondern verlangt auch eine Überwachung des Einsatzes eines computergestützten Informationssystems, um so die Wirksamkeit der implementierten Sicherheitsarchitektur zu kontrollieren. Hierzu müssen Maßnahmen eingesetzt werden, die zum einen das Auftreten von sicherheitskritischen Ereignissen möglichst zeitnah registrieren und die für den Systembetrieb zuständige(n) Person(en) entsprechend alarmieren, zum anderen eine nachträgliche Analyse einer Sicherheitsverletzung und ggf. eine Beweissicherung erlauben:

Einbruchserkennungssysteme

- **Einbruchserkennungssysteme** (*Intrusion Detection Systems* – IDS) dienen der automatischen Entdeckung potenziell sicherheitskritischer Vorgänge und können damit *Firewall*-Systeme im Bereich der präventiven Sicherheitsmaßnahmen sinnvoll ergänzen. Hierzu protokollie-

ren und analysieren sie die Netzwerkaktivitäten in Echtzeit und sind damit in der Lage, nicht nur Angriffe von außen, sondern auch interne Angriffe, die von berechtigten Nutzern ausgehen, zeitnah zu erkennen. Neben der automatischen Erkennung sicherheitsrelevanter Vorfälle können IDS darüber hinaus auch Funktionen für automatisierte Abwehrreaktionen auf diese potenziellen Angriffe beinhalten, die als *Intrusion Response* bezeichnet werden.
Aufgrund der umfangreichen Datenerfassung und der intensiven Auswertung des Nutzerverhaltens kann ein Konflikt mit dem informationellen Selbstbestimmungsrecht des Datenschutzes nur dann ausgeschlossen werden, wenn betroffene Nutzer dieser zweckgebundenen Verwertung ihrer personenbezogenen Daten zustimmen.

Anti-Viren-Programme

- Zum Schutz vor logischen Manipulationen durch schon vorhandene, während des Systembetriebs hinzugefügte Systemanomalien (auch ***Malware*** genannt – von *malicious software*) müssen im Rahmen der Überwachungsaktivitäten Schutzmaßnahmen in Form von **Anti-Viren-Programmen** etabliert werden. Unter dem Begriff der *Malware* werden alle Arten von Programmen verstanden, die für den berechtigten Nutzer verdeckte und unerwünschte Funktionen enthalten, die zur Einschränkung oder gar zum Verlust der Vertraulichkeit und Verfügbarkeit von Daten und Systemfunktionen führen können. Als spezifische Ausprägungen von Malware sind Viren, Würmer und Trojanische Pferde zu nennen, die z. B. über E-Mails in das computergestützte Informationssystem gelangen können (vgl. [BSI 03, S. 5]).
Hierbei handelt es sich um Software (Virenscanner genannt), die auf logischer Ebene Datenträger, einzelne Dateien und Systemspeicherbereiche auf die Muster bekannter *Malware* untersucht und bei Übereinstimmung mit einem bekannten Muster den Nutzer alarmiert und versucht, das schädigende Programm zu entfernen. Neben der dezentralen Implementierung von Anti-Viren-Software auf jedem einzelnen Arbeitsplatz erscheint es ratsam, in Unternehmensnetzwerken die Funktionalität dieser Sicherheitsmaßnahme zusätzlich an zentralen Stellen (z. B. E-Mail-Servern) vorzuhalten.

Bei der Benutzung von Anti-Viren-Software ist zu beachten, diese regelmäßig mit den neuesten vom Hersteller erhältlichen Virensignaturen zu aktualisieren, um die Wirksamkeit der Erkennungsleistung aufrechtzuerhalten.

- Auch mit Maßnahmen zur allgemeinen **Protokollierung** des Systembetriebes durch entsprechende Protokollierungsprogramme kann die Sicherheit computergestützter Informationssysteme überwacht werden. Allgemein wird unter Protokollierung das Erstellen von manuellen oder automatisierten Aufzeichnungen von relevanten Ereignissen oder Vorgängen verstanden. Mit der Protokollierung des laufenden Betriebes wird der Zweck verfolgt, nachträglich feststellen zu können, ob sicherheitsgefährdende Ereignisse aufgetreten sind oder gar eine Sicherheitsverletzung stattgefunden hat. Darüber hinaus können die Protokolle auch zur Ermittlung eines Angreifers und zur Beweissicherung herangezogen werden. Die Wirksamkeit der Protokollierung als Sicherheitsmaßnahme ist dabei nur gegeben, wenn die Protokolldateien in regelmäßigen Abständen durch hierfür qualifiziertes Personal (z. B. IT-Sicherheitsbeauftragter, Datenschutzbeauftragter, Revisor) ausgewertet werden.
Da auch die beim Vorgang der Protokollierung entstandenen Protokolldateien i. d. R. personenbezogene Daten der berechtigten Nutzer enthalten (und damit den datenschutzrechtlichen Normen des informationellen Selbstbestimmungsrechts unterliegen), ist im Rahmen des vorliegenden Betriebskonzepts sicherzustellen, dass die Verarbeitung dieser personenbezogenen Daten der hierfür vorgesehenen besonders engen Zweckbindung unterliegt.

Protokollierung

10.5.5 Organisatorisch orientierte Sicherheitsmaßnahmen ***

Ein struktureller Rahmen für die Ableitung organisatorischer Sicherheitsmaßnahmen wird durch das Betriebskonzept des computergestützten Informationssystems vorgegeben. Dieses beschreibt, bezogen auf die Ressourcen des computergestützten Informationssystems, zum einen die

Prozesse, die als wiederkehrende Arbeitsabläufe den Einsatz bestimmen und die aus einzelnen, elementaren Aufgaben bestehen. Zum anderen zeigt das Betriebskonzept die aus diesen Prozessen bzw. Aufgaben abgeleiteten Rollen und die mit diesen Rollen verbundenen Verantwortlichkeiten auf, welche die Pflichten des Rolleninhabers für den Prozessablauf beschreiben.

Jeder Ressource werden bei der Erstellung des Betriebskonzepts zunächst die zu Prozessen aggregierten Aufgaben zugeordnet, die durchgeführt werden müssen, um einen störungsfreien Einsatz (und damit die Sicherheit) zu gewährleisten, um anschließend die für die Durchführung dieser Aufgaben verantwortlichen Rollen zu benennen (Abb. 10.5-4).

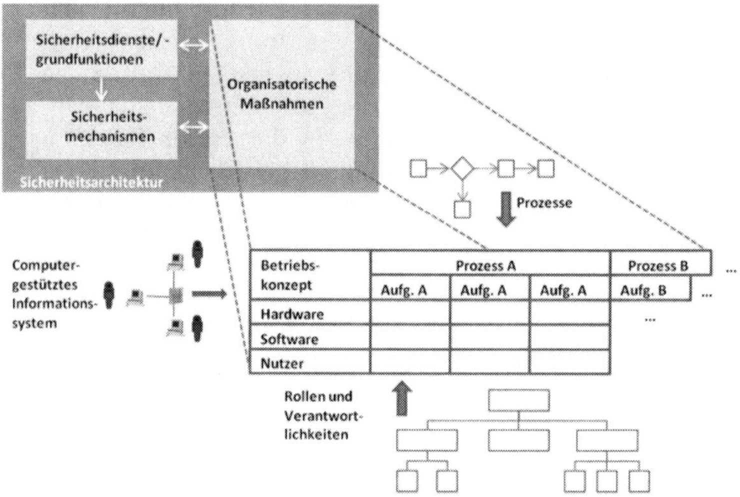
Sicherheitsdienste/-grundfunktionen
Sicherheits-mechanismen
Organisatorische Maßnahmen
Sicherheitsarchitektur
Prozesse
Computer-gestütztes Informations-system
Betriebs-konzept
Prozess A
Prozess B
Aufg. A
Aufg. A
Aufg. A
Aufg. B
Hardware
Software
Nutzer
Rollen und Verantwort-lichkeiten

Abb. 10.5-4: Ableitung eines sicherheitsspezifischen Betriebskonzeptes aus der Sicherheitsarchitektur.

Beispielhaft können als typische sicherheitsbezogene Prozesse im Rahmen des allgemeinen Betriebskonzepts Maßnahmen für die Notfallplanung und das Vorhalten von redundanten Systemressourcen genannt werden:

Notfallkonzept

- Wird beim Eintreten einer Sicherheitsverletzung ein Zustand erreicht, bei dem innerhalb einer zuvor definierten Zeitspanne einer Wiederherstellung der Verfügbarkeit von betriebsnotwendigen Ressourcen nicht möglich ist und sich daraus ein hinreichend großer Schaden ergibt, liegt ein Notfall vor. Schon bei Eintritt eines Ereignisses, in dessen Folge ein Notfall entstehen könnte, sollten Maßnahmen ergriffen werden, die zu einer Schadensreduzierung führen. So ist für das Eintreten von Bedrohungen, die im Rahmen der Risikoanalyse als potenzielle Notfälle definiert sind, ein **Notfallkonzept** zu erstellen, das genaue Angaben darüber enthält, welche Aktivitäten im Fall des Eintretens eines Notfalls zur Schadensreduzierung auszuführen sind und welche Kompetenzen und Aufgaben mit der Rolle des Notfallverantwortlichen verbunden sind. Das Notfallkonzept umfasst für ex ante festgelegte Schadensereignisse, die eine existenzielle Bedeutung für den Betrieb des computergestützten Informationssystems haben, jeweils Notfall-Pläne, die konkrete Handlungsanweisungen und Verhaltensregeln beinhalten, um eine möglichst schnelle Wiederherstellung der Verfügbarkeit von informationstechnischen Ressourcen zu ermöglichen. Weiterhin sind Wiederanlaufpläne ein wichtiger Bestandteil des Notfall-Konzepts, die insbesondere dann erforderlich sind, wenn nach einer Betriebsunterbrechung das Basissystem des computergestützten Informationssystems wieder hochgefahren werden muss (vgl. [HoPr03, S. 229]). Die einzelnen Notfall-Pläne sind in einem Notfallhandbuch zu dokumentieren, welches die mit der Notfallbehebung betrauten Personen bzw. Teams schrittweise bis zum Wiederanlauf des computergestützten Informationssystems führt.

Datensicherheitskonzept

Eng verbunden mit dem Notfall-Konzept sind organisatorisch orientierte Maßnahmen zum Vorhalten von Redundanzen bezüglich einzelner Elemente des computergestützten Informationssystems, um im Fall des Ausfalls von Komponenten zeitnah die Funktionsfähigkeit zur Unterstützung kritischer Geschäftsprozesse wiederherstellen zu können. Speziell für die Wiederherstellung gespeicherten Daten, die als Ressource die unternehmensindividuellen Geschäftsprozesse abbilden, ist ein **Datensicherungskonzept** zu erstellen, welches die unternehmenskritischen Daten redundant vorhält. Das Grundprinzip der Datensicherung besteht darin, von vorher festgelegten Datenbeständen (inklusive der für deren Verarbeitung benötigten Programme) in regelmäßigen Zeitintervallen Sicherungskopien (***backups***) anzulegen, um Betriebsunterbrechungen durch Systemausfälle möglichst kurz zu halten. Obwohl der eigentliche Vorgang der Datensicherung auf technischen Verfahren beruht, hängt die Wirksamkeit dieser Sicherungsmaßnahme in hohem Maße von deren organisatorischer Einbettung ab. Hierzu werden im Datensicherungskonzept die grundsätzlichen Aspekte wie z. B. Zeitpunkt der Sicherung und deren Umfang, Sicherungsintervall, Art der Datensicherung und Rekonstruktionsplan festgelegt. Das Ziel der Datensicherung besteht darin, eine schnelle und möglichst lückenlose Wiederherstellung der Verfügbarkeit von Daten und dazugehörigen Programmen in einem wirtschaftlich vertretbaren Ausmaß zu ermöglichen.

10.5.6 Aufbau- und ablauforganisatorische Maßnahmen ***

Die Organisation einer Unternehmung lässt sich entweder statisch als Aufbauorganisation, z. B. in Form eines Organigramms oder aber prozessorientiert als Ablauforganisation darstellen. Demnach lässt sich für die organisatorisch orientierten Sicherheitsmaßnahmen ebenfalls zwischen aufbau- und ablauforganisatorischen Maßnahmen unterscheiden. Aufbauorganisatorisch orientierte Sicherungsmaßnahmen beinhalten die Zuordnung von Aufgaben aus dem Bereich der Sicherheit computergestützter Informationssysteme auf spezielle Stellen des Unternehmens, wohingegen die Maßnahmen zur Schaffung und Verbesserung der Sicherheit durch die prozessorientierte Ablauforganisation geregelt werden.

Die klassische Organisationstheorie unterscheidet zwischen der Aufbau- und der Ablauforganisation einer Unternehmung. Hierbei zeigt die Aufbauorganisation die statische Struktur eines Unternehmens (z. B. in Form eines Organigramms) durch die für eine bestimmte Dauer beständige personale Zuordnung von Rollen und dessen Inhabern auf einzelne Stellen als kleinste Organisationseinheit eines Unternehmens, während die Ablauforganisation die Gestaltung von Arbeitsprozessen innerhalb einer Organisationseinheit beschreibt.

Für organisatorisch orientierte Sicherheitsmaßnahmen kann – in Anlehnung an die klassische Organisationstheorie – zwischen aufbau- und ablauforganisatorischen Maßnahmen unterschieden werden (vgl. »Prozesse aus organisationstheoretischer Sicht«, S. 163). Somit beinhalten aufbauorganisatorisch orientierte Sicherungsmaßnahmen die Zuordnung von Aufgaben aus dem Bereich der Sicherheit computergestützter Informationssysteme auf spezielle Stellen des Unternehmens, während im Rahmen der Ablauforganisation prozessorientierte Maßnahmen zur Schaffung und Verbesserung der Sicherheit geregelt werden.

Daten-schutz- & Sicherheits-beauftragter

Für den Bereich der Sicherheit computergestützter Informationssysteme sind im Rahmen der Aufbauorganisation spezielle Stellen einzurichten, um Verantwortlichkeiten und Kompetenzen in diesem Bereich eindeutig festzulegen. Während die Bestellung eines **Datenschutzbeauftragten** ab einer bestimmten Unternehmensgröße gesetzlich vorgeschrieben ist, ist die Institutionalisierung eines **Sicherheitsbeauftragten** optional. Dieser ist der zentrale, in Form einer Stabsstelle direkt der Unternehmensleitung unterstellte direkte Ansprechpartner für alle Sicherheitsaspekte, die das computergestützte Informationssystem betreffen, zuständig und kann bei der Wahrnehmung seiner Aufgaben durch dezentrale, z. B. einzelnen Funktionsbereichen zugeordneten Sicherheitsadministratoren unterstützt werden (vgl. Abb. 10.5-5).

Neben den aus dem Tätigkeitsfeld des Datenschutzbeauftragten bekannten Aufgaben der Beratung, Mitwirkung und Schulung/Sensibilisierung im Bereich der Sicherheit computergestützter Informationssysteme besteht der zentrale Verantwortungsbereich in den Handlungsfeldern des Sicherheitsmanagements.

Zur Gewährleistung der Sicherheit bei der Aufgabenerfüllung durch den jeweiligen Stelleninhaber sind präventive personenbezogene Sicherheitsmaßnahmen zu ergreifen, die den einzelnen Aufgabenträger als Nutzer des computerge-

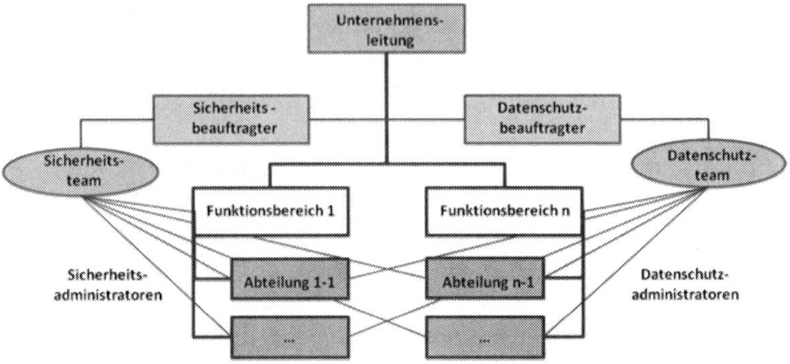
Unternehmens-
leitung
Sicherheits-
beauftragter
Datenschutz-
beauftragter
Sicherheits-
team
Datenschutz-
team
Funktionsbereich 1
Funktionsbereich n
Sicherheits-
administratoren
Abteilung 1-1
Abteilung n-1
Datenschutz-
administratoren
...
...

Abb. 10.5-5: Aufbauorganisatorische Einordnung des Sicherheitsbeauftragten.

stützten Informationssystems in den Mittelpunkt stellen, um diesen für den Themenkomplex der Sicherheit zu sensibilisieren bzw. zu deren Einhaltung zu qualifizieren. Mit der **Sensibilisierung** von Nutzern durch hierfür geeignete Maßnahmen wird die Erhöhung der individuellen Aufmerksamkeit bezogen auf sicherheitsrelevante Ereignisse bezeichnet (***Awarness*-Programm**). Hierbei wird die Fähigkeit des Einzelnen oder von Gruppen, grundlegende Annahmen über die Risikofaktoren des eigenen Handelns bei der Aufgabenerfüllung als Sicherheitsbewusstsein bezeichnet.

Maßnahmen

Als Maßnahmen zur Erhöhung des Sicherheitsbewusstseins ist neben der Durchführung von **Sicherheitsaudits** oder der unternehmensinternen Publikation von sicherheitsrelevanten Informationen insbesondere die sicherheitsbezogene **Qualifizierung** der Nutzer des computergestützten Informationssystems zu nennen. Diese beinhaltet alle zu zielgruppengerechten Schulungskonzepten zusammengefassten Maßnahmen, die zum Aufbau, Erhalt und Ausbau von Fähigkeiten zur Bewältigung von sicherheitsspezifischen Anforderungen in den jeweiligen Aufgabengebieten der Nutzer notwendig sind.

11 Informationsmanagement *

Informationen, Informationssysteme und Informations- und Kommunikationstechnik (IuK-Technik oder auch IT) müssen angesichts ihrer immer weiter zunehmenden gesellschaftlichen und wirtschaftlichen Bedeutung für Unternehmungen professionell gestaltet werden. Die Informationstechnik ist dabei als ein eigentlich neutraler Faktor zu betrachten, dessen Einsatz erst bei einem geeigneten Management – dem Informationsmanagement – und den daraus resultierenden Effizienz- und Effektivitätsgewinnen zu echten Vorteilen führt. Im Folgenden wird das Informationsmanagement mit seinen Aufgaben und Zielen vorgestellt. Zunächst werden exemplarisch ausgewählte Einflussfaktoren beschrieben, die das Informationsmanagement maßgeblich prägen:

- »Einführung in das Informationsmanagement«, S. 258

Eine Begründung der Notwendigkeit und eine erste begriffliche Einordnung folgen:

- »Notwendigkeit und begriffliche Grundlagen«, S. 260

Eine Abgrenzung von »Wissen«, »Daten« und »Informationen« sowie eine Festlegung auf ein betriebswirtschaftliches Managementverständnis wird vorgenommen:

- » Information und Management«, S. 262

Das Informationsmanagement kann auf verschiedene Arten in die Organisation eingegliedert werden:

- »Eingliederungsalternativen«, S. 265

Für den CIO als IT-Führungskraft lassen sich verschiedene Rollen unterscheiden:

- »Der CIO als die IT-Führungskraft«, S. 268

Anschließend werden die Ziele und Aufgaben des Informationsmanagements dargestellt:

- »Ziele und Aufgaben des Informationsmanagements«, S. 271

Zwei aktuelle Themen sind das *Outsourcing* und das Web 2.0:

- »Outsourcing«, S. 276
- »Web 2.0«, S. 284

11.1 Einführung in das Informationsmanagement *

Einige einflussreiche Entwicklungen wie die Globalisierung, der Wandel zu Käufermärkten oder verkürzte Produktlebenszyklen verstärkten die Entwicklung des Informationsmanagements.

Entwicklungen des Informationsmanagements

Es lassen sich in Bezug auf das Informationsmanagement eine ganze Reihe an einflussreichen Entwicklungen ausmachen, zu denen auch die folgenden, sich teilweise selbst verstärkenden Aspekte gehören (vgl. [GaBe03]; [PRW03, S. 2ff.]):

Globalisierungstendenzen

Der grenzüberschreitende Handel nimmt seit etwa 200 Jahren und verstärkt in den letzten 50 Jahren kontinuierlich zu. Sinkende Transport- und vor allem auch Kommunikationskosten machen zunehmend auch bisher nur schwer zugängliche Märkte erreichbar, was zu fortschreitenden Globalisierungstendenzen sowohl im Hinblick auf Absatz- und Beschaffungsmärkte als auch in Bezug auf die mögliche Arbeitsteilung führt. Die damit verbundenen Markteintritte neuer Wettbewerber sorgen auf den jeweiligen Märkten für eine Wettbewerbsintensivierung, die insbesondere auch durch die Etablierung neuer Geschäftssysteme auf der Grundlage von IuK-Technik forciert wird.

Beispiel

Ein Beispiel für diese Entwicklung stellt die Softwareentwicklung in Ländern mit hoch qualifiziertem Personal und gleichzeitig geringen Faktorkosten dar. Hier hat sich besonders Indien in den vergangenen Jahren eine Vorreiterposition erarbeitet und stellt einen sehr wichtigen *Outsourcing*-Anbieter dar, der die deutschen bzw. europäischen Softwareentwickler massivem Konkurrenzdruck aussetzt, gleichzeitig für viele Auftraggeber aber auch erhebliche Chancen zur Effizienzsteigerung eröffnet.

Wandel von Verkäufer- zu Käufermärkten

Im Kontext des Internetwachstums zeigt sich insbesondere auf Massenmärkten mit Marktsättigungserscheinungen ein Wandel von Verkäufer- zu Käufermärkten, die durch eine wachsende Marktmacht der potenziellen Nachfrager einer Leistung gekennzeichnet sind. Immer mehr Anbieter bestimmter Produkte oder Services sind über das Internet erreichbar und die sich dynamisch entwickelnde Verfügbarkeit und Nutzbarkeit von Produkt- und Anbieterinformationen, z. B. auch über mobile Endgeräte, verändert bisherige Informationsasymmetrien tendenziell zugunsten der Nachfrager. Ein junges Beispiel stellen die auf mittlerweile fast allen Mobiltelefon-Plattformen verfügbaren *Barcode*-Scanner dar, die einen unmittelbaren Preisvergleich ermöglichen und auf alternative Beschaffungsoptionen hinweisen. Durch derartige Entwicklungen werden die Anbieter zu einer veränderten Kundenorientierung und einer Neubewertung der betriebswirtschaftlichen Zielgrößen »Kosten«, »Qualität«, »Zeit« und »Flexibilität« gedrängt. Eine (ggf. noch nicht vorhandene) *Electronic Business*-Strategie muss in immer mehr Branchen stärker in den Vordergrund gerückt werden.

Verkürzung von Produktlebenszyklen und Produktentwicklungszeiten

Darüber hinaus ist bei einer zunehmenden Zahl an Branchen eine Verkürzung von Produktlebenszyklen und Produktentwicklungszeiten (Zeit als Erfolgsfaktor) zu verzeichnen, was ganz besonders für die sich immer schneller weiterentwickelnde Informations- und Kommunikationstechniken gilt. Schon lange fungiert die IT als Treiber neuer wirtschaftlicher Konzepte und Zusammenhänge. Die Besonderheit der jüngsten Entwicklungen liegt jedoch darin begründet, dass die IT mittlerweile keine technische Beschränkung organisatorischer Konzepte mehr darstellt, sondern dass neue Entwicklungen im Bereich der IT vielmehr wichtige Impulse für die Weiterentwicklung und Veränderung von Unternehmenszielen und Geschäftsmodellen geben. Die Auswahl, Umsetzung und Koordination der für eine Unternehmung »richtigen« IT-Projekte stellt damit eine zunehmend schwierige und relevante Herausforderung dar.

Gesellschaftlicher Wertewandel

Auch der gesellschaftliche Wertewandel, der sich u. a. auch durch eine Tendenz zu einer stärkeren Selbstbestimmung und Selbstverwirklichung der Menschen im beruflichen Alltag auszeichnet, muss im Kontext der IT-Unterstützung einer Unternehmung Berücksichtigung finden. Junge Arbeitnehmer, die mit ihren persönlichen Interneterfahrungen in die Unternehmung kommen, bringen große Potenziale mit sich, stellen aber gleichzeitig alte Strukturen und Arbeitsweisen in der Informationsverarbeitung und der Kommunikationsgestaltung oft grundlegend infrage. Werden am neuen Arbeitsplatz etwa gewohnte Kommunikationsmittel wie *Instantmessenger* oder Strategien des persönlichen Informationsmanagements unterbunden, führt dies nicht nur zu Unzufriedenheit, sondern beeinflusst ggf. auch das Leistungspotenzial der Mitarbeiter negativ.

Veränderungsdynamik

Vor diesem Hintergrund unterliegt die IT-Unterstützung unternehmerischer Aktivitäten einer erheblichen Dynamik, die sowohl mit technischen, betriebswirtschaftlichen und gesellschaftlichen Potenzialen, aber auch mit grundlegenden Herausforderungen einhergeht. Das Informationsmanagement stellt ein diesbezüglich proaktives Vorgehen der Unternehmungen dar und gewinnt entsprechend immer stärker an Bedeutung.

11.2 Notwendigkeit und begriffliche Grundlagen *

Das Informationsmanagement umfasst die Gesamtheit aller Führungsaufgaben einer Organisation bezogen auf deren computergestütztes Informations- und Kommunikationssystem und ist von der Informationswirtschaft abzugrenzen, die sich auch mit Durchführungsaufgaben und den nicht-computerunterstützten IuK-Systemen einer Unternehmung befasst.

Entwicklung des Begriffs

Der Begriff Informationsmanagement geht zurück auf das *Information Management*, welches in den 1970er Jahren durch die US-Bundesverwaltung und amerikanische Unternehmungen begrifflich geprägt wurde. Zu den wichtigen Entwicklungsschritten gehört u. a. die *Commission on Federal Paperwork*, die eine Verbesserung der Daten- und Schriftgutverarbeitung in den amerikanischen Behörden herbeiführen sollte. Darauf aufbauend wurde 1980 mit dem

Paperwork Reduction Act erstmalig ein *Information Resource Management* eingeführt. Hierin spiegelte sich die Erkenntnis wider, dass ein Führungshandeln in Bezug auf die Ressource »Information« unerlässlich ist.

Definition

Das **Informationsmanagement** bezeichnet »[...] die Gesamtheit aller Führungsaufgaben einer Organisation bzw. einer Wirtschaftseinheit bezogen auf deren computergestütztes Informations- und Kommunikationssystem. Das computergestützte Informations- und Kommunikationssystem wird bezüglich der vorhandenen und möglichen Technikunterstützung für die zu lösenden Aufgabenstellungen bzw. für die mit der Lösung betrauten menschlichen Aufgabenträger untersucht und gestaltet« [GaBe03, S. 27].

Kennzeichnend für den Begriff Informationsmanagement sind daher,

- dass es sich mit dem computergestützten IuK-System einer Unternehmung befasst,
- und dass ausschließlich Führungsaufgaben in Bezug auf das IuK-System adressiert werden.

Informationsmanagement innerhalb der Informationswirtschaft

Im Gegensatz dazu umfasst das Aufgabenfeld der Informationswirtschaft auch Durchführungsaufgaben und bezieht sich auch auf das nicht-computerunterstützte IuK-System einer Unternehmung. Das Informationsmanagement ist damit nach funktionaler Auffassung eine Teilmenge der Informationswirtschaft, wie in Abb. 11.2-1 (in Anlehnung an [GaBe03, S. 27]) veranschaulicht.

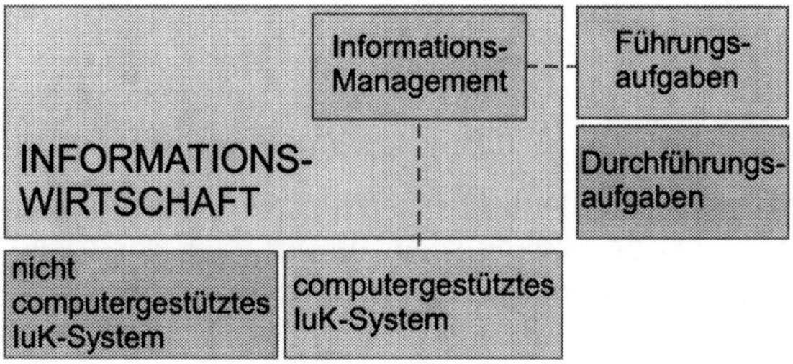
Informations-Management
Führungs-aufgaben
INFORMATIONS-WIRTSCHAFT
Durchführungs-aufgaben
nicht computergestütztes IuK-System
computergestütztes IuK-System

Abb. 11.2-1: Informationsmanagement als Teilmenge der Informationswirtschaft.

11.3 Information und Management **

Eine nähere Definition des Informationsmanagements lässt sich durch Betrachtung der Begriffsbestandteile »Information« und »Management« realisieren. Um festzuhalten, was Informationen sind, ist eine Abgrenzung anhand der drei Ebenen der Semiotik von den verwandten Begriffen »Wissen« und »Daten« notwendig. In der Informatik werden oftmals die Begriffe Management und Verwaltung gleichgesetzt. Für die Betriebswirtschaftlehre steht Management vielmehr für Führung und wird untergliedert in die institutionale und die funktionale Sichtweise.

Ebenen der Semiotik

Der Begriffsbestandteil »Information« lässt sich anhand der drei Ebenen der Semiotik von verwandten Begriffen wie »Wissen« und »Daten« abgrenzen. Es handelt sich bei der Semiotik um eine allgemeine Sprach- bzw. Zeichentheorie, die sich durch die Unterscheidung der drei Ebenen Syntaktik (sprachliche Richtigkeit), Semantik (inhaltliche Richtigkeit) und Pragmatik (Nützlichkeit bzw. Zweckorientierung) auszeichnet.

Wissen

Den Ausgangspunkt stellt dabei das Wissen dar, welches aus Wahrnehmungen, Erfahrungen und Kenntnissen über die Realität des Menschen und damit über Sachverhalte, Phänomene, Personen, Normen, Werte und Handlungen besteht (vgl. [Kluw90]).

Daten

Kann dieses Wissen maschinell verarbeitet werden, so handelt es sich um Daten. Diesbezüglich ist festzuhalten, dass aufgrund der enormen Fortschritte im Bereich der IuK-Technik ein immer größerer Teil des Wissens prinzipiell auch maschinenverarbeitbar geworden ist. Daten sind damit eine wachsende Teilmenge des Wissens, die physisch immer an ein Trägermedium gebunden sind und völlig unabhängig von einem etwaigen Bedeutungsgehalt sein können.

Informationen

Bei **Informationen** handelt es sich nach betriebswirtschaftlicher Auffassung dagegen gerade um zweckbezogenes Wissen, weshalb Informationen nur in direktem Bezug zum Menschen und nicht unabhängig von ihm vorliegen können. Der Zweck von Informationen liegt dabei in der Vorbereitung von Handlungen und Entscheidungen. Abb. 11.3-1 (in Anlehnung an [GaBe03, S. 31]) zeigt die Abgrenzung von Wissen und Daten auf syntaktischer Ebene und die Abgrenzung von Wissen und Informationen auf pragmatischer Ebene. Die Schnittmenge aus Daten und Informationen macht deutlich, dass selbstverständlich auch Daten mit Zweckbezug vorliegen können.

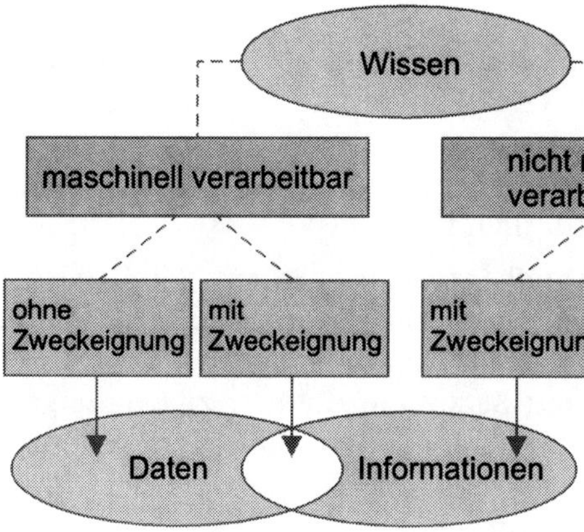
Wissen
maschinell verarbeitbar
nicht maschinell verarbeitbar
ohne Zweckeignung
mit Zweckeignung
mit Zweckeignung
ohne Zweckeignung
Daten
Informationen

Abb. 11.3-1: Wissen, Daten und Informationen.

Ökonomische Eigenschaften von Informationen

Die Betriebswirtschaftslehre hat sich in den letzten Jahren verstärkt mit den ökonomischen Eigenschaften von Informationen und informationsbasierten Gütern auseinandergesetzt. Große Bekanntheit in Bezug auf die sich verändernde Rolle von Informationen und die damit verbundenen ökonomischen Herausforderungen und Potenziale erlangte z. B. das 1999 von Shapiro und Varian publizierte Buch »*Information Rules*«. Zwar folgen die Autoren mit ihrer einzig auf die Digitalisierbarkeit begrenzten Abgrenzung des Begriffes Information einem deutlich breiteren Begriffsverständnis als hier zugrunde gelegt, jedoch arbeiten Sie in großer Deutlichkeit zentrale ökonomische Besonderheiten von Informationen bzw. informationsbasierten Gütern heraus (vgl. [ShVa99]). Unter Berücksichtigung der Ausführungen weiterer Autoren lässt sich zusammenfassen, dass Informationen (vgl. [PRW03, S. 60ff.], [Krcm10, S. 20f.])

- ein knappes Gut und nicht frei verfügbar sind;
- immaterieller Natur sind, weshalb sie bei Gebrauch keinen Wertverlust erleiden;

- leicht vervielfältigbar sind und geringe Vervielfältigungskosten aufweisen;
- leicht zu verändern sind;
- im Extremfall mit Lichtgeschwindigkeit transportierbar sind;
- problembehaftet sind in Bezug auf Bewertung und Preisbildung;
- problembehaftet sind in Bezug auf Eigentums- und Besitzverhältnisse (z. B.: begrenzte Durchsetzbarkeit exklusiver Eigentumsrechte);
- codiert übertragen werden, sodass für ihren Austausch Standards erforderlich sind.

Begriffsbestandteil »Information«

Der Begriffsbestandteil Information dient damit vornehmlich der Abgrenzung und Charakterisierung des Betrachtungsgegenstands des Informationsmanagements. Diesbezüglich ist jedoch mit Bezug auf die hier zugrunde gelegte Definition zusätzlich die besondere Rolle der Computerunterstützung zu berücksichtigen, die aus dem Begriff selbst nicht unmittelbar hervorgeht.

Begriffsbestandteil »Management«

Der Begriffsbestandteil »Management« wird in der Literatur sehr unterschiedlich verwendet, insbesondere in Abhängigkeit von der jeweiligen wissenschaftlichen Disziplin. In der Informatik beispielsweise werden oftmals die Begriffe *Management* und Verwaltung gleichgesetzt, so z. B. im Zusammenhang mit dem Daten-, Datenbank- oder Systemmanagement. Informationsmanagement wäre demnach als Verwaltung von Informationen zu verstehen, was dem hier vertretenen Anspruch eines betriebswirtschaftlich orientierten Informationsmanagements nicht ausreichend gerecht würde. Für die Betriebswirtschaftlehre steht Management vielmehr für Führung, also für eine zielorientierte Gestaltung und Steuerung einer Institution, wobei hier weiter zwischen einer institutionalen und einer funktionalen Sichtweise differenziert werden kann (vgl. [Stae99], [GaBe03, S. 40]).

Institutionale Sichtweise

Entsprechend der institutionalen Sichtweise umfasst Management die Personen einer Unternehmung, die Führungsaufgaben wahrnehmen, sowie die Tätigkeiten und Rollen dieser Personen *(managerial roles approach)*.

Funktionale Sichtweise

Bei der funktionalen Sichtweise *(managerial functions approach)* dagegen stehen die in Unternehmungen erforderlichen Prozesse und Funktionen im Vordergrund, wobei Management all diejenigen Maßnahmen umfasst, die der zielgerichteten Beeinflussung der gesamten Unternehmung dienen. Es können hier sachbezogene (Unternehmensführung i.e.S.) und personenbezogene Tätigkeiten (z. B. Mitarbeiterführung) unterschieden werden. Aufbauend auf dieser funktionalen Sichtweise lassen sich die Managementtätigkeiten in Phasen einteilen, die gemeinsam den in Abb. 11.3-2 dargestellten Managementzyklus bilden.

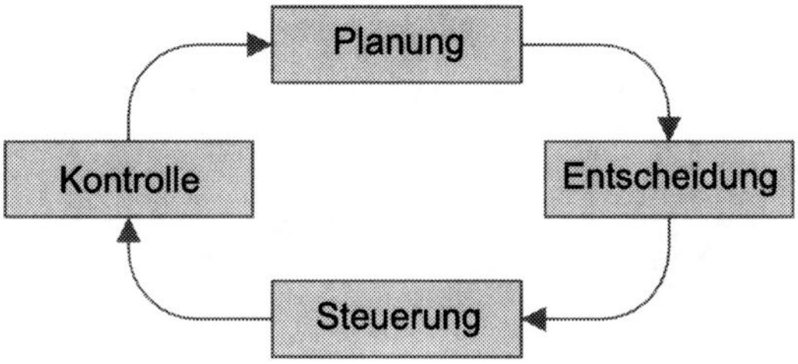
Planung
Entscheidung
Steuerung
Kontrolle

Abb. 11.3-2: Managementzyklus.

Planung als die erste Phase des Managementzyklus setzt Ziele voraus. Gemeinsam mit den darauffolgenden Entscheidungsprozessen stellt die Planung den Schwerpunkt der Managementfunktion dar, weshalb von Planungs- und Entscheidungsprozessen gesprochen wird. Der Steuerung und Organisation folgt schließlich die Kontrolle, die wiederum den Anfang eines erneuten Managementzyklus darstellt und gleichzeitig auch unmittelbaren Einfluss auf die laufende Steuerung ausübt. Der Begriffsbestandteil Management stellt zusammenfassend auf der Basis einer funktionalen Begriffsinterpretation die Grundlage für die Eingrenzung des Informationsmanagements auf Führungsaufgaben dar.

11.4 Eingliederungsalternativen *

Aufgrund der Heterogenität, der in den Unternehmungen durch die IT zu erfüllenden Aufgaben, ist eine allgemeingültige Einordnung in die Aufbauorganisation einer Unternehmung nicht möglich. Es lassen sich jedoch drei typische Eingliederungsalternativen ausmachen, die sich im Rahmen des Einsatzes von IT in Unternehmungen herausgebildet haben.

Organisationsstruktur

Für die Abteilung Informationswirtschaft existieren in der Praxis zahlreiche Bezeichnungen, wie zum Beispiel »Organisation und Datenverarbeitung«, »EDV-Abteilung«, »Informationsverarbeitung«, »IT-Abteilung« oder auch »Informationsmanagement«. Aufgrund der Heterogenität, der in den Unternehmungen durch die IT zu erfüllenden Aufgaben, ist eine allgemeingültige Einordnung in die Aufbauorganisation zudem nicht möglich. Es lassen sich aber die in Abb. 11.4-1 dargestellten drei typischen Eingliederungsalternativen ausmachen (IT1, IT2, IT3), die sich im Rahmen des Einsatzes von IT in Unternehmungen herausgebildet haben (vgl. [HeSt09, S. 129 ff.], [Krcm10, S. 301 ff.], [GaBe03, 154 ff.]).

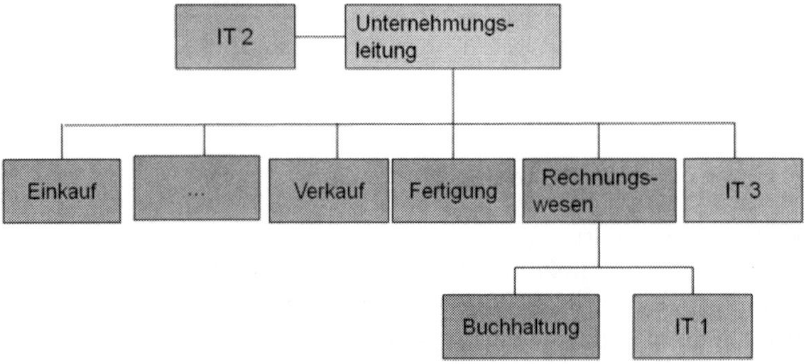
IT 2
Unternehmungs-leitung
Einkauf
...
Verkauf
Fertigung
Rechnungs-wesen
IT 3
Buchhaltung
IT 1

Abb. 11.4-1: Organisatorische Eingliederungsalternativen des Informationsmanagements.

Fachabteilung

Die Einbindung der IT als Teil einer Fachabteilung (IT 1) – insbesondere des Rechnungswesens – dominierte die frühe Phase der computerunterstützen Informationsverarbeitung. Die »Datenverarbeitung« oder »EDV« diente hier vornehmlich der rationalisierten Bearbeitung von stark formalisierten Aufgaben mit großen Datenvolumen. Die hierarchische Distanz zur Unternehmungsleitung weist auf die zu dieser Zeit geringe Bedeutung der entsprechenden Abteilungen hin.

Beratungsabteilung oder Hauptabteilung

Mit der zunehmenden Verbreitung und der wachsenden Leistungsfähigkeit der Informationstechnik wurden nach und nach jedoch immer mehr Aufgabenstellungen auch außerhalb der organisatorisch übergeordneten Abteilung durch die IT unterstützt. Das hiermit verbundene unkontrollierte Wachstum der IT-Abteilung und die zunehmende Vielfalt der Anwendungen machte eine übergeordnete Koordination sowie Integrationsmaßnahmen immer wichtiger, sodass vermehrt zentrale Abteilungen eingerichtet wurden, die entweder als Stab (also als Beratungsabteilung ohne Weisungsbefugnis in die Linie) der Unternehmensleitung (IT 2) oder als eigenständige Hauptabteilung (IT 3) institutionalisiert wurden. Hinzu kam, dass im Laufe der Zeit immer stärker auch schlechter strukturierte Aufgaben und strategische Aufgaben durch die IT unterstützt werden konnten und die Anwendungssysteme immer weiter in die Bereiche der Planungs- und Steuerungsaufgaben hineinwuchsen.

Lenkungsausschuss

Die hiermit im Gegensatz zur bisher dominierenden (programmier-) technischen Ebene bei der Entwicklung von Anwendungssystemen einhergehende Notwendigkeit einer stärkeren Beachtung der organisatorischen und der personalen Ebene führte im IT-Bereich zu einem Bedeutungsgewinn der Projektorganisation und damit verbundener Koordinationsmechanismen, wie zum Beispiel von Lenkungsausschüssen (IT 4, nicht in der Abbildung dargestellt).

Querschnittsfunktion

Die fünfte und aktuellste Phase ist durch eine Betonung der Notwendigkeit einer ganzheitlichen Betrachtung und Erfüllung der Informationsmanagement bezogenen Aufgaben gekennzeichnet. Die Informationsfunktion wird nach diesem Verständnis als Querschnittsfunktion sowohl in einer Zentralabteilung als auch in den einzelnen Unternehmensbereichen institutionalisiert (IT 5, nicht in der Abbildung dargestellt). In der Tendenz verlagert sich dabei die Verantwortung für die dezentralisierte IT immer weiter auf die Benutzer selbst, die durch die IT-Abteilung unterstützt werden.

Zentralisierte vs. dezentralisierte Ansätze

Wichtig im Kontext der organisatorischen Eingliederung ist ein Verständnis für die Konsequenzen der unterschiedlichen Eingliederungsalternativen. Im Kern stehen hier zentralisierte Ansätze dezentralisierten Ansätzen gegenüber, weshalb einige wesentliche Vor- und Nachteile von Zentralisierung bzw. Dezentralisierung genannt werden:

Zentralisierung (Beispiele)

+ Vermeidung von Redundanzen durch ein koordiniertes Gesamtkonzept.
+ Bessere Standardisierungs- und Kontrollmöglichkeiten.

+ Bündelung von Know-how mit tendenziell höherem Auslastungsgrad der Ressourcen.
- Umfassende Beschaffung und Verarbeitung aller relevanten Informationen als Potenzial und Herausforderungen zugleich.
- Ggf. Überforderung der zentralen Institution durch die Komplexität und Variabilität der zusammenlaufenden Aufgabenstellungen.
- Flexibilitätsnachteile.

Dezentralisierung (Beispiele)

+ Hohe Flexibilität in den dezentralen Abteilungen und damit schnelle Handlungsfähigkeit.
+ Ausrichtung der Lösungen und Aktivitäten an den jeweiligen Abteilungsanforderungen führt zu tendenziell höherer Akzeptanz und Zufriedenheit.
+ Einfachere Informationsbeschaffung in der eigenen Abteilung, aber erschwerte Berücksichtigung externer Informationen.
- Zentrale Instanzen sind auf systematische Informationsbereitstellung durch die dezentralen Abteilungen angewiesen.
- Tendenziell höheres Maß an Heterogenität bis hin zu *Best of Breed* kann zu guten Teillösungen aber auch zu Inkompatibilitätsproblemen im Gesamtsystem führen.
- Redundante Ressourcen in den jeweiligen dezentralen Organisationseinheiten erforderlich.

11.5 Der CIO als die IT-Führungskraft **

Bei der Bezeichnung CIO *(Chief Information Officer)* handelt es sich um eine unscharfe und nicht eindeutige Bezeichnung für die IT-Führungskraft einer Unternehmung. Die IT-Führungskraft wird mit sehr unterschiedlichen und interdisziplinären Herausforderungen konfrontiert, die sie in unterschiedlichen Rollen zu erfüllen hat. Es handelt sich damit um eine sehr wichtige und interessante, aber auch zugleich auch äußerst anspruchsvolle Position in der Unternehmung.

Verständnis & Aufgaben des CIO

Die Führungskraft einer Unternehmung in Bezug auf die IT und die Informationssysteme muss angesichts der Komplexität der mit der IT-Unterstützung verbundenen Managementaufgaben, der dynamischen Entwicklungen und der kontinuierlich immer weiter wachsenden Relevanz der IT verschiedensten Ansprüchen gerecht werden. Die aus dem amerikanischen Raum stammende Bezeichnung CIO *(Chief Information Officer)* verbreitet sich zunehmend auch in Deutschland. Ein einheitliches Begriffsverständnis und eine daraus abzuleitende einheitliche Charakterisierung des CIO sind jedoch nicht gegeben. Es lassen sich zumindest aber typische Rollen von IT-Führungskräften ausmachen, aus denen sich auch auf Anforderungen und erforderliche Fähigkeiten schließen lässt. Die Tätigkeiten eines CIO schließen dabei entgegen des hier zugrunde gelegten Verständnisses eines auf Führungsaufgaben begrenzten Informationsmanagements faktisch stets auch operative Tätigkeiten mit ein. Die Ergebnisse der jährlichen Untersuchung »*State of the CIO*« des *CIO Magazine* weisen aber 2010 einen Trend zu mehr strategischen Aufgaben nach und stellen die zunehmend zentrale Stellung der IT-Führungskräfte heraus (vgl. [CIO10]).

Rollen des CIO als IT-Manager

Nach den Erkenntnissen des Managementforschers Henry Mintzberg prägen vor allem drei Rollen den Arbeitsalltag von Managern und damit auch vom CIO als IT-Manager (vgl. [Mint90], [AdDr09, S. 968 ff.]):

1. **Der CIO als Knotenpunkt interpersonaler Beziehungen:** Sowohl nach innen als auch nach außen stellt die IT-Führungskraft den zentralen Repräsentanten der IT dar und bewegt sich als solcher in verschiedensten Netzwerken. Vor allem abteilungsintern agiert sie dabei als Vorgesetzter, aber auch auf Unternehmensebene ist sie ggf. für die Durchsetzung einer einheitlichen Ausrichtung der IT verantwortlich. Als Galionsfigur prägt sie grundlegend das Erscheinungsbild der IT insgesamt und der IT-Abteilung im Besonderen.
2. **Der CIO als Informationsradar und -multiplikator:** Gerade im dynamischen IT-Umfeld muss eine Führungskraft kontinuierlich Informationen filtern, bewerten, speichern und weitergeben. Sie muss diese Rolle auf allen drei Ebenen, der Abteilungsebene, der Unternehmensebene und der unternehmensexternen Ebene, wahrnehmen. Aufgrund der besonderen Stellung des CIO wird Äußerungen und weitergegebenen Informationen i. d. R. eine besondere Bedeutung beigemessen.

3 **Der CIO als Entscheidungsträger:** Sowohl unter Innovationsgesichtspunkten als auch bei Problemen und Engpässen ist die IT-Führungskraft als Entscheider gefragt. Während die Rolle des Problemlösers einen eher reaktiven Charakter aufweist, wird die IT im Innovationskontext zu einem echten Katalysator neuer oder besserer Lösungen und Ansätze. Einen wichtigen Entscheidungsbereich macht zudem die Ressourcenallokation aus, bei der die verfügbaren Ressourcen in Form von Arbeitskraft, Hard- und Software, Zeit und Kapital bestmöglich verteilt werden müssen. Die Herbeiführung von Entscheidungen zum Wohle der Gesamtunternehmung wird der Führungskraft auch in der Rolle eines Verhandlungsführers abverlangt, in der sie beispielsweise die IT-Abteilung bei Budgetverhandlungen vertritt.

Spezifische Rollen von CIOs

Ergänzend zu diesen eher allgemeinen Managerrollen lassen sich aus dem IT-Kontext spezifische Rollen von CIOs bzw. IT-Führungskräften ableiten (vgl. [PMK04, S. 183 ff.]):

Visionär

Die IT-Führungskraft muss angesichts der hohen Dynamik der IT beispielsweise als »Visionär« über eine klare Vorstellung von der zukünftigen IT-Architektur verfügen und diese Vision unter Berücksichtigung alternativer Szenarien möglichst zukunftssicher vertreten und umsetzen.

Stratege

Sie muss als »Stratege« Visionen und Ziele in Strategien übersetzen können, um einen Rahmen für geeignete operative Maßnahmen zur Erreichung der Ziele zu schaffen. Durch ihren in vielen Fällen steigenden Einfluss auf die Geschäftsprozesse einer Unternehmung verändert die IT dabei kontinuierlich die aufbau- und ablauforganisatorischen Strukturen, was den CIO auch zu einem »Organisationsentwickler« macht.

Organisationsentwickler

Um dabei die Wirkung, die Chancen und die Risiken von Techniken bzw. des Technikeinsatzes bereits im Vorfeld einschätzen und berücksichtigen zu können, aber auch um die Kommunikation mit den IT-Mitarbeitern zu gewährleisten, muss eine zentrale IT-Führungskraft schließlich stets auch ein Stück weit »IT-Experte« sein.

IT-Experte

Es gibt jedoch eine durchaus kontroverse Diskussion darüber, welche Kenntnisse und Fähigkeiten letztlich einen echten »IT-*Leader*« auszeichnen. In der Untersuchung »*The*

State of the CIO« sahen die befragten CIOs vor allem die Fähigkeit

1. zu strategischem Denken und Planen (60 %)
2. zur Zusammenarbeit und Einflussnahme (35 %) und
3. zur Gestaltung von Veränderung (33 %) als kritische Kompetenzen an.

Erst auf Rang 4 folgten mit 32 % Nennungen IT-Fachkenntnisse (vgl. [CIO10]).

11.6 Ziele und Aufgaben des Informationsmanagements *

Die Ziele des Informationsmanagements folgen dem Zielsystem der Unternehmung und können in Sachziele, Formalziele und sonstige Ziele ausdifferenziert werden.

Zielkategorien

Sachziele betreffen das Leistungsprogramm der Unternehmung, also beispielsweise die Art und Menge der angestrebten Produktausbringung. **Formalziele** sind dagegen Ausdruck der Rationalität des Handelns der Unternehmung und sollen dessen Überleben sichern. Hier stehen daher Größen wie die Liquidität, der Umsatz und die Rentabilität im Vordergrund. Einen großen und zunehmend wichtigen Teil machen – auch in der IT – die sonstigen Ziele aus, die etwa **ökologische** (beispielsweise »*Green* IT«) und **gesellschaftliche Ziele** (beispielsweise gesundheitliche Ziele in Verbindung mit der ergonomischen Ausstattung von Rechnerarbeitsplätzen) umfassen. Darüber hinaus wird in der Betriebswirtschaftslehre i. d. R. zwischen **strategischen** und **operativen Zielen** unterschieden, wobei strategische Ziele die Positionierung einer Unternehmung im Wettbewerb betreffen und auf einem hohen Abstraktions- und Komplexitätsniveau angesiedelt sind.

Im Gegensatz dazu gehen operative Ziele von gegebenen Rahmenbedingungen aus und konkretisieren den durch die strategischen Ziele abgesteckten Aktionsraum (Abb. 11.6-1).

Vollständige Zieldefinition

Unter formalen Gesichtspunkten muss ein Ziel jeweils vollständig definiert sein und die Dimensionen Zielinhalt, Zielvorschrift und Zieldauer enthalten. Zu Beginn wird der Gegenstand eines Ziels bestimmt, wie z. B. die »Optimierung«

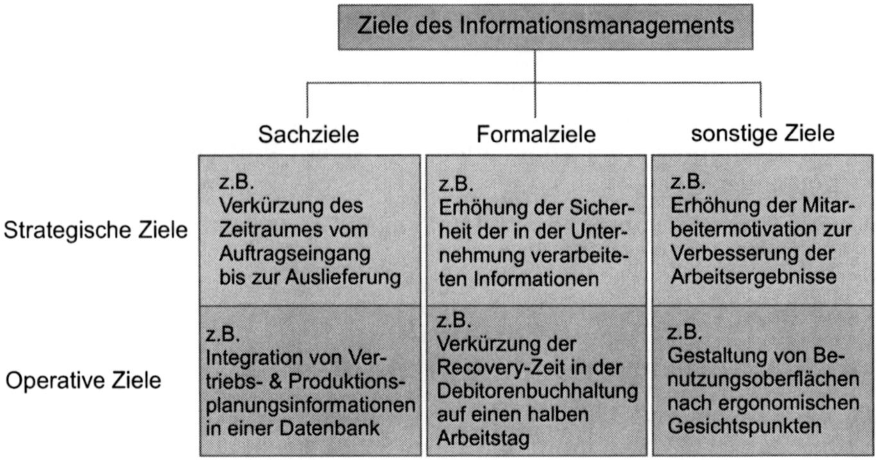
Ziele des Informationsmanagements
Sachziele
Formalziele
sonstige Ziele
Strategische Ziele
Operative Ziele
z.B. Verkürzung des Zeitraumes vom Auftragseingang bis zur Auslieferung
z.B. Erhöhung der Sicherheit der in der Unternehmung verarbeiteten Informationen
z.B. Erhöhung der Mitarbeitermotivation zur Verbesserung der Arbeitsergebnisse
z.B. Integration von Vertriebs- & Produktionsplanungsinformationen in einer Datenbank
z.B. Verkürzung der Recovery-Zeit in der Debitorenbuchhaltung auf einen halben Arbeitstag
z.B. Gestaltung von Benutzungsoberflächen nach ergonomischen Gesichtspunkten

Abb. 11.6-1: Strategische und operative Sachziele, Formalziele und sonstige Ziele.

der Geschäftsprozesse. Darauf aufbauend beschreibt der Zielinhalt den angestrebten Zustand, also etwa eine schnellere Auftragsabwicklung. Anschließend wird die Zielvorschrift bestimmt, die entweder eine Optimierung, eine Satisfizierung oder eine Fixierung vorgeben kann. Hierbei bedeutet Optimierung, das Beste zu erreichen zu wollen, während bei einer Satisfizierung gerade ein bestimmter befriedigender Zielzustand erreicht werden soll. Bei einer Fixierung schließlich wird ein expliziter Zustand in einem gegebenen Zeitraum angestrebt. Die Zieldauer beschreibt diesen Zeitraum, innerhalb dessen das Ziel erreicht werden soll.

Beispiel

Ein vollständig definiertes Ziel könnte beispielsweise lauten: »Innerhalb der nächsten 12 Monate soll der Zeitraum zwischen Auftragseingang und Auslieferung auf 3 Tage verkürzt werden«.

Zielsystem, Zielhierarchie & Zielbeziehungen

Aus den i. d. R. vielfältigen Zielsetzungen einer Unternehmung entwickeln sich im Zusammenspiel ein ganzes Zielsystem und eine Zielhierarchie, wobei zwischen den einzelnen Zielen Beziehungen in Form von Zielkomplementaritäten, Zielindifferenzen und Zielkonflikten bestehen.

Um Zielkonflikte zu lösen, müssen dann beispielsweise Zielgewichtungen vorgenommen oder Rangordnungen erstellt werden.

Abb. 11.6-2 zeigt für die unterschiedlichen Zielkategorien jeweils Beispiele.

Um langfristig an der Erreichung der Ziele arbeiten zu können, werden Strategien definiert, auf die in diesem Überblick jedoch nicht weiter eingegangen wird. Die Strategien sind in Verbindung mit den Zielen die Grundlage für die Aufgaben des Informationsmanagements, die sich, wie in Abb. 11.6-2 zusammenfassend dargestellt, anhand verschiedener Dimensionen systematisieren lassen.

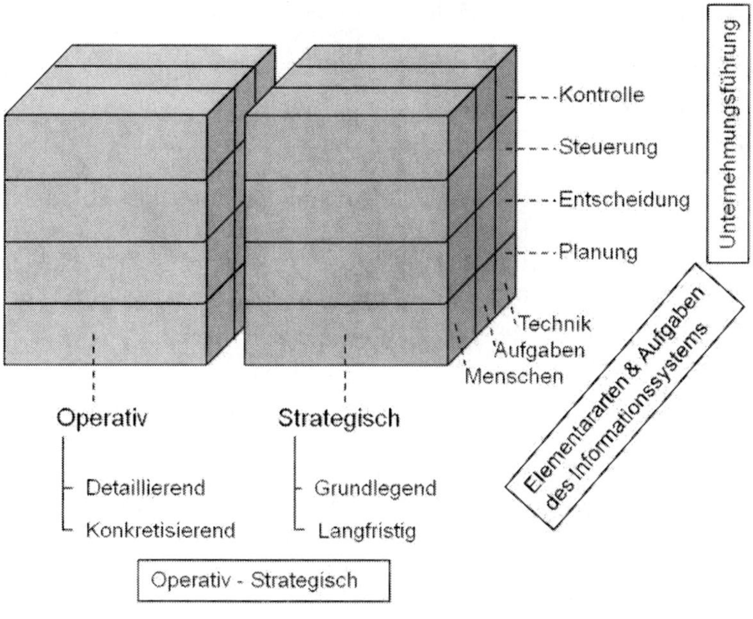
Unternehmungsführung
Kontrolle
Steuerung
Entscheidung
Planung
Technik
Aufgaben
Menschen
Elementararten & Aufgaben des Informationssystems
Operativ
Detaillierend
Konkretisierend
Strategisch
Grundlegend
Langfristig
Operativ - Strategisch

Abb. 11.6-2: Aufgaben des Informationsmanagements.

Entsprechend der Phasen des Managementzyklusses lassen sich phasenspezifisch Planungs-, Entscheidungs-, Steuerungs- und Kontrollaufgaben im Informationsmanagement unterscheiden.

Planungs-, Entscheidungs-, Steuerungs- & Kontrollaufgaben im IM

Beispiel

Wenn zum Beispiel mit dem Ziel der Erhöhung der Kundenzufriedenheit durch eine flexiblere Angebotserstellung (Planung) die Entscheidung zur Einrichtung eines externen Zugangs zur Vertriebsdatenbank für die Außendienstmitarbeiter getroffen wird (Entscheidung), dann müssen die technischen und organisatorischen Voraussetzungen für die Änderung des Prozesses der Angebotserstellung geschaffen und die Nutzung des externen Zugangs implementiert und überwacht werden (Steuerung). Es zählt aber auch zu den Aufgaben des Informationsmanagements, die Erreichung der gesetzten Ziele – in diesem Fall die Erhöhung der Kundenzufriedenheit – zu überprüfen und darüber hinaus eine Kosten / Nutzen-Analyse für die getroffene Maßnahme durchzuführen (Kontrolle).

Interdependenzen bei den Aufgaben des IM

Da es sich bei computergestützten Informationssystemen um soziotechnische Systeme handelt, lassen sich die Aufgaben des Informationsmanagements entsprechend der betroffenen Elementarten zudem in technikbezogene, problembereichsbezogene und personenbezogene Aufgaben untergliedern. Es handelt sich hierbei um eine systemtheoretisch fundierte Sichtweise, die vor allem bestrebt ist, Interdependenzen zwischen den einzelnen Elementarten des computergestützten Informationssystems herauszuarbeiten (vgl. [GaBe03, S. 84 ff.]).

Beispiel

So macht eine aus technischen Gründen erforderliche Maßnahme, wie zum Beispiel ein *Software-Upgrade* des Office-Pakets, gerade in großen Unternehmungen erhebliche flankierende Schulungsmaßnahmen erforderlich. Ggf. bieten sich durch das *Upgrade* auch Potenziale für eine effizientere Gestaltung in Bezug auf die Nutzung der Software, wie zum Beispiel die gemeinsame Erstellung und Bearbeitung von Dokumenten.

Operative & strategische Aufgaben des IM

Wie bei den Zielen kann auch bei den Aufgaben des Informationsmanagements schließlich noch zwischen operativen und strategischen Aufgaben unterschieden werden. Die Unterscheidung strategischer und operativer Aufgaben ist sehr verbreitet, in der Praxis jedoch in vielen Fällen nicht leicht vorzunehmen. Wichtige Kennzeichen einer strategischen Aufgabe sind die hohe Wettbewerbsrelevanz der Aufgabenstellung für die Unternehmung und ihr hohes Komplexitäts- und Abstraktionsniveau. Elemente der externen Unternehmungssituation sollen als Aktionsvariablen aktiv beeinflusst werden und es stehen insgesamt planerische Aspekte mit hohen Freiheitsgraden bei der Planung im Vordergrund. Die Auswirkungen strategischer Aufgaben sind tendenziell langfristiger Natur. Abb. 11.6-3 zeigt ein Beispiel für eine solche strategische Aufgabe.

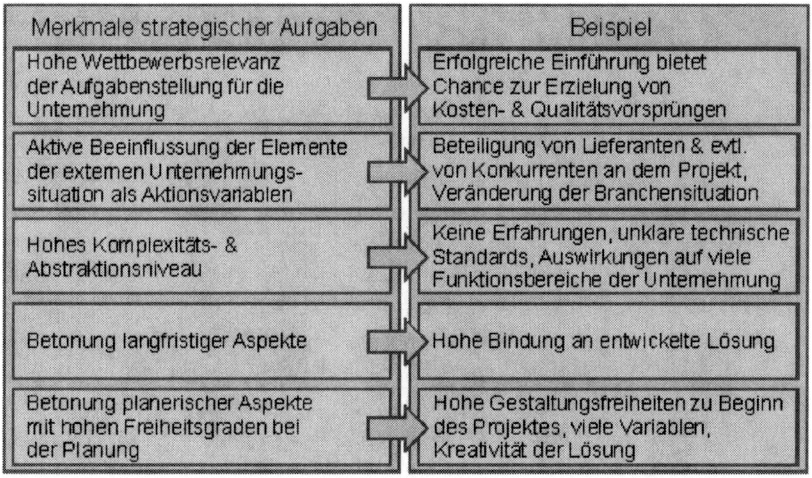
Merkmale strategischer Aufgaben
Beispiel
Hohe Wettbewerbsrelevanz der Aufgabenstellung für die Unternehmung
Erfolgreiche Einführung bietet Chance zur Erzielung von Kosten- & Qualitätsvorsprüngen
Aktive Beeinflussung der Elemente der externen Unternehmungssituation als Aktionsvariablen
Beteiligung von Lieferanten & evtl. von Konkurrenten an dem Projekt, Veränderung der Branchensituation
Hohes Komplexitäts- & Abstraktionsniveau
Keine Erfahrungen, unklare technische Standards, Auswirkungen auf viele Funktionsbereiche der Unternehmung
Betonung langfristiger Aspekte
Hohe Bindung an entwickelte Lösung
Betonung planerischer Aspekte mit hohen Freiheitsgraden bei der Planung
Hohe Gestaltungsfreiheiten zu Beginn des Projektes, viele Variablen, Kreativität der Lösung

Abb. 11.6-3: Beispiel für eine strategische Aufgabe des Informationsmanagements.

Operative Aufgaben weisen im Gegensatz zu strategischen Aufgaben eine eher geringe Wettbewerbsrelevanz auf und zeichnen sich durch ein vergleichsweise geringes Komplexitätsniveau und eine disaggregierende Sichtweise aus. Der tendenziell kürzere Betrachtungszeitraum geht einher mit einer Fokussierung der unternehmensinternen Situation, die unter Berücksichtigung aller erkennbaren zukünftigen Beeinflussungen und Veränderungen gestaltet werden soll. Beispielhaft genannt werden kann etwa der Aufbau einer unternehmensinternen Benutzerhotline.

Die angeführten Systematisierungsansätze helfen dabei, einen Überblick über die Vielfalt der Ziele und Aufgaben des Informationsmanagements zu gewinnen.

11.7 *Outsourcing* **

Der Begriff Outsourcing steht für die Nutzung externer Ressourcen, vor allem im Bereich der IT. Je nach betrachteter Ebene und Kontext ist im strategischen Informationsmanagement eine Unterscheidung zwischen der Nutzung der IT und Realisierung von IT-Services sowie der Nutzung auf Infrastrukturebene, Anwendungsebene und Geschäftsprozessebene möglich.

Relevanz & Erklärung von *Outsourcing*

Der Begriff *Outsourcing* setzt sich aus den Komponenten »*Resource*« – »*Outside*« – »*Using*« zusammen und steht damit für die Nutzung externer Ressourcen, vor allem im Bereich der IT. Alle, insbesondere die dem globalen Wettbewerbsdruck und damit globalen Kostendruck ausgesetzten Unternehmungen benötigen eine klare Strategie, welche Teile der primären oder sekundären Wertschöpfungsaktivitäten aufgrund ihrer besonderen Wettbewerbsrelevanz in den stärker kontrollierbaren internen Strukturen erbracht und welche Aktivitäten zum Beispiel aus Effizienzüberlegungen oder zur Absicherung der technischen Kompetenz an Spezialisten im In- oder Ausland übertragen werden können und sollten. Im strategischen Informationsmanagement muss diese Frage dabei auf unterschiedlichen Ebenen und in unterschiedlichen Kontexten betrachtet werden, da eine Auslagerung erstens sowohl im Rahmen einer Nutzung der IT (Nutzerperspektive) als auch im Rahmen einer Realisierung von IT-Services (Anbieterperspektive), und zweitens jeweils auf Infrastrukturebene *(Infrastructure Outsourcing)*, auf Anwendungsebene *(Application Outsourcing)* und / oder auf Geschäftsprozessebene *(Business Process Outsourcing)* beantwortet werden kann (vgl. [GGW09], [BITK09a, S. 13]).

Definition

> ***Infrastructure Outsourcing***: »Teil des IT-*Outsourcing*, bei dem Betrieb und Wartung der IT-Infrastruktur bzw. von Teilen der IT-Infrastruktur sowie *Support*-Dienstleistungen durch einen externen Dienstleister vollverantwortlich erbracht werden« [BITK09b].

Definition

> ***Application Outsourcing***: »Form des IT-*Outsourcing*, bei der die Verantwortung für die sachgerechte Funktionsfähigkeit der Anwendung voll auf einen externen Dienstleis-

ter übergeht. Der Dienstleister erbringt auf Basis fest definierter SLA(s) *(Service Level Agreement)* sämtliche Leistungen wie z. B. *Software*-Entwicklung, Implementierung, Erweiterung, Support, Migration und Betrieb der Anwendung« [BITK09b].

Definition

Business Process Outsourcing: »Übernahme eines kompletten Geschäftsprozesses oder Teilen davon und ggf. der dazu erforderlichen, den Prozess unterstützenden IT-Infrastruktur durch einen externen Dienstleister« [BITK09b].

Verbreitung & Einsatz

Während das *Infrastructure Outsourcing* und das *Application Outsourcing* vor dem Hintergrund der exponentiellen Leistungszunahme der IT und der damit einhergehenden Standardisierung und abnehmenden Wettbewerbsrelevanz bis heute weite Verbreitung gefunden haben, wird das *Business Process Outsourcing* im Hinblick auf die notwendige Abgrenzung (nicht) wettbewerbsrelevanter Geschäftsprozesse von den Unternehmungen noch kritischer und differenzierter behandelt. Empirische Untersuchungen zeigen aber gerade auch für das *Business Process Outsourcing* erhebliche Wachstumsraten (vgl. [TNS08, S. 59]).

Geografische Lage des *Outsourcing*-Partners als Differenzierungsmerkmal

Eine weitere bekannte Differenzierung der zahlreichen *Outsourcing*-Varianten basiert auf der Abhängigkeit und der geografischen Lage des *Outsourcing*-Partners, der entweder eine verbundene oder eine fremde Unternehmung darstellt und im Inland oder im Ausland angesiedelt sein kann. Abb. 11.7-1 (in Anlehnung an [BDH08, S. 159]) zeigt die daraus resultierenden Kombinationsmöglichkeiten mit den jeweiligen Bezeichnungen. Wird an eine im Inland angesiedelte verbundene Unternehmung ausgelagert, handelt es sich um »*Inhouse Outsourcing*«. Bei Auslagerung an eine im Inland befindliche fremde Unternehmung wird von »*Onshoring*« gesprochen. Die Auslagerung an eine verbundene im Ausland angesiedelte Unternehmung wird als »*Captive Offshoring*« bezeichnet, und die Auslagerung an eine fremde Unternehmung im Ausland stellt das »*Offshoring*« dar. In letzterem Fall kann entsprechend der räumlichen Distanz zum *Outsourcing*-Partner weiter zwischen »*Nearshoring*« (aus deutscher Sicht etwa die Auslagerung an eine Unternehmung in Osteuropa) und »*Farshoring*« (z. B. Indien) unterschieden werden.

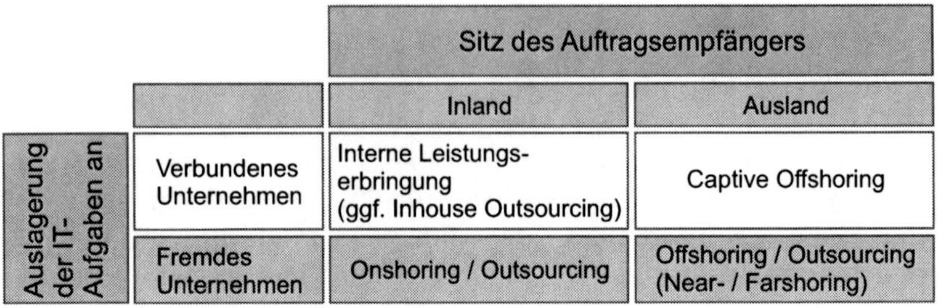
Sitz des Auftragsempfängers
Inland
Ausland
Auslagerung der IT-Aufgaben an
Verbundenes Unternehmen
Interne Leistungserbringung (ggf. Inhouse Outsourcing)
Captive Offshoring
Fremdes Unternehmen
Onshoring / Outsourcing
Offshoring / Outsourcing (Near- / Farshoring)

Abb. 11.7-1: Anbieterbezogene Varianten des Outsourcing.

Die Tab. 11.7-1 (in Anlehnung an [Krcm10, S. 372 f.]) zeigt exemplarisch einige der häufig genannten Argumente, die für ein *Outsourcing* angeführt werden.

Die mit *Outsourcing* verbundenen Herausforderungen und Risiken sind in Tab. 11.7-2 (in Anlehnung an [Krcm10, S. 374 f.]) zusammengefasst. Empirische Befragungen zeigen, dass in der Praxis vor allem kostenbezogene Argumente eine große Rolle spielen.

Pro & Contra von *Outsourcing* als »*Make-or-Buy*-Entscheidung«

Die dargestellten Argumente pro und contra *Outsourcing* deuten bereits auf die Vielschichtigkeit und Komplexität der *Outsourcing*-Entscheidung hin. Letztlich verbergen sich hinter den verschiedenen Punkten die Kriterien der klassischen ***Make-or-Buy***-Entscheidung, für die in einer jahrzehntelangen sowohl wissenschaftlich als auch praktisch getriebenen Diskussion ein ausgereifter Kanon an Entscheidungskriterien herangewachsen ist (vgl. [EnRe93, S. 263 ff.], [GGW09]):

Kompetenz:

Das Kompetenzkriterium baut auf der grundlegenden Frage auf, ob die Unternehmung die Kompetenz und das erforderliche *Know-How* zur internen Erstellung besitzt oder ob es notwendig erscheint, vorhandene Defizite durch Dritte auszugleichen. Darauf aufbauend stellt sich die Frage nach möglichen Partnern und Lieferanten, die eine entsprechende Zulieferung sicherstellen können und wenn ja, ob sie Kompetenzen einbringen würden, die der Unternehmung bisher

Kosten
- Kostenreduktion / Umwandlung von Fixkosten in variable Kosten
- Planbarkeit der IT-Kosten / Kostentransparenz / verursachungsgerechte Leistungsverrechnung

Personal
- Vermeidung von Personalbeschaffungsproblemen und temporärer Personalknappheit
- Entlastung der internen IT von Routineaufgaben / Verringerung des Personalbestandes

Risiko
- Verlagerung der Risiken aus zunehmender Technikdynamik / -komplexität
- Erhöhung der Datensicherheit (z. B. durch Ausweichrechenzentren)

Konzentration
- Konzentration von Finanzmitteln auf das Kerngeschäft
- Verbesserung der Wettbewerbsfähigkeit durch Konzentration auf Kernkompetenzen

Finanzen
- Erhöhung der Zahlungsfähigkeit durch den Verkauf von IT-Anlagen an den *Outsourcing*-Anbieter

Technik *Know-How*
- Zugang zu speziellem *Know-How*
- Nutzung modernster Techniken ohne eigene Investitionen

Tab. 11.7-1: Argumente für das Outsourcing.

fehlten, bzw. die nicht in der notwendigen Schnelligkeit, Effizienz und / oder Qualität intern verfügbar sind.

Qualität:

Unter Qualitätsgesichtspunkten müssen die Bedeutung der Teilleistung für die Qualität der eigenen Leistungserstellung und das Qualitätsrisiko eines Fremdbezugs eingestuft werden. Es ist zu klären, ob potenzielle Lieferanten den Qualitätsanforderungen genügen und in wiefern eine Verteilung der Leistungserstellung auf mehrere Unternehmungen realisiert werden kann und soll, ohne dass dies mit Qualitätsminderungen aus der Perspektive des Nachfragers verbunden ist. Im Idealfall erhöht sich durch die Einbindung eines oder mehrerer Lieferanten sogar die durch den Nachfra-

Kosten ▪ »*Switching Cost*« / Risiken der vertraglichen Preisfixierung / Preisintransparenzen ▪ Erhöhter Kommunikations- und Koordinationsaufwand
Personal ▪ Personalpolitische und arbeitsrechtliche Probleme ▪ Verlust von Schlüsselpositionen und deren *Know-How*
Technik ▪ Starke Bindung an die Technik des *Outsourcing*-Anbieters ▪ Gefahr einer zu großen Standardisierung
Datenschutz ▪ Gewährleistung des Datenschutzes vertraulicher Daten
Know-How ▪ Transfer von *Know-How* und damit verbundener Wettbewerbsvorteile an Konkurrenten ▪ Verlust von IT-Kompetenz und *Know-How*
Rückkehr zur eigenen Informationsverarbeitung ▪ Langfristige Bindung an *Outsourcing*-Verträge ▪ Hoher Aufwand für den Wiederaufbau einer IT-Abteilung → Abhängigkeit

Tab. 11.7-2: Risiken und Herausforderungen des Outsourcing.

ger wahrgenommene Qualität der erstellten Leistungsbündel, beispielsweise durch ein *Co-Branding*.

Effizienz:

Können durch die Neugestaltung des Leistungserstellungssystems bei reduzierter Wertschöpfungstiefe der einzelnen Akteure Effizienzverbesserungen erzielt werden und wie werden diese zwischen den Beteiligten verteilt? In einer kostenorientierten Betrachtung der Alternativen »*Make*« oder »*Buy*« sind neben einem vordergründigen Vergleich der zu erwartenden Stückkosten bei Eigenfertigung im Vergleich zu den verhandelbaren Stück-Bezugspreisen bei Fremdbezug insbesondere die Kosten der unterschiedlichen Koordinationsformen (resultierende Transaktionskosten) zu beachten (vgl. [PiNe02, S. 556 ff.]).

Kontrolle:
Ausschlaggebend ist unter Kontrollgesichtspunkten auch die Frage, ob trotz Fremdvergabe das gewünschte Ausmaß an Kontrolle und Steuerung über das Leistungserstellungssystem sichergestellt werden kann. Die im Rahmen der Digitalisierung und Vernetzung in der *Net Economy* verbesserten Möglichkeiten zur integrierten Planung, Steuerung und Kontrolle auf mehrere Anbieter verteilter Wertschöpfungsketten verstärken den Trend in Richtung »*Buy*-Entscheidung« bzw. *Outsourcing*. Die unternehmensübergreifende Planung und Koordination entlang einer Wertkette setzt aber – neben anderen Voraussetzungen – auch die Existenz zumindest kompatibler Managementstrukturen voraus. Unterscheiden sich Planungs-, Steuerungs- und Kontrollprozesse sowie allgemeine Grundlagen der Führungskultur deutlich, kann dies zu großen Spannungen und Reibungsverlusten in verknüpften Wertketten führen (vgl. [Port99, S. 395 f.]).

Wettbewerb:
Das Kriterium weist darauf hin, dass typischerweise auch die branchenübliche Wertschöpfungstiefe und -struktur sowie von der relevanten Konkurrenz gewählte Realisierungsformen berücksichtigt werden. Ggf. erlauben bzw. fördern neue Geschäftssysteme eine radikale Veränderung der traditionell etablierten Strukturen. Der Vergleich mit Wettbewerbern kann wertvolle Hinweise dazu liefern, wo andere Akteure mögliche Ansatzpunkte zur Realisierung von Wettbewerbsvorteilen sehen (vgl. [EnRe93, S. 274]). »*Benchmarking*« wird somit zu einer Auseinandersetzung in Abwägung und im Vergleich zu Entscheidungen der Konkurrenz. Zielgerichtet kann ein zum Wettbewerb ähnlicher Weg eingeschlagen oder eine bewusste Differenzierung von der Konkurrenz durch abweichende Entscheidungen verfolgt werden.

Verfügbarkeit:
Zu prüfen ist auch, ob es überhaupt ein adäquates Angebot entsprechender Teilleistungen gibt. In der Tendenz ist eine deutliche Ausweitung des relevanten Beschaffungsmarktes durch Digitalisierung und Vernetzung festzustellen, wenn die Teilleistungen entsprechende Voraussetzungen erfüllen. Im Rahmen der *Net Economy* ist insgesamt eine deutliche

Entwicklung zu erhöhter Transparenz durch bessere (umfangreichere und schnellere) Information der Marktpartner zu verzeichnen. Dies führt auch im Rahmen der »*Make-or-Buy*-Entscheidung« im IT-Kontext zu einer veränderten Verfügbarkeit prinzipiell geeigneter Lieferanten. Räumliche Entfernungen werden vor dem Hintergrund spezialisierter Logistikanbieter bzw. digitalisierbarer Leistungsbestandteile zunehmend unwichtiger.

Flexibilität:
Die Implikationen einer Selbsterstellung oder Fremdvergabe für die Gestaltung der zukünftigen unternehmerischen Handlungs- und Anpassungsfähigkeit stehen hier im Vordergrund. Es ist sowohl die Entstehung möglicher Bindungen zum Beispiel an Lieferanten oder Techniken generell zu beachten als auch die tendenziell unterschiedliche Kostenstruktur im Rahmen der Leistungserstellung (vgl. [Volb97], [Gers98, S. 301 ff.], [Jaco05, S. 466]). Entscheidungen zum Fremdbezug implizieren im Regelfall eine Reduzierung von Fixkostenblöcken und eine Verschiebung der Kostenstruktur in Richtung variabler Kosten (sofern nicht durch zum Beispiel ex ante fixierte Rahmenlieferverträge auch bei Fremdbezug wieder Fixkosten entstehen). Die Entscheidung zur internen Leistungserstellung *(Make)* bzw. zur Realisierung enger Bindungen an Wertschöpfungspartner kann aber auch eine Einengung des zukünftigen Handlungsspielraumes bedeuten. Erweisen sich die internen Leistungsersteller bzw. externen Partner als – zum Beispiel aufgrund wechselnder Marktanforderungen oder verändert Produkt- oder Prozesstechnologien – zukünftig nicht mehr wettbewerbsfähig, so wird die gesamte Wertkette an einer notwendigen Anpassung gehindert.

Strategische Relevanz:
Welche strategische Relevanz besitzt die Teilleistung und welche Nachteile, wie z. B. Kompetenzverlust und drohende Kompetenzdiffusion zu aktuellen und potenziellen Konkurrenten, können sich durch eine Fremdvergabe ergeben?

Wachstum aller *Outsourcing*-Varianten

Obwohl eine *Outsourcing*-Entscheidung damit sorgfältiger Vorbereitung bedarf und eine gewisse Komplexität mit sich bringt, wird in Deutschland ein Wachstum in Bezug auf alle drei hier vorgestellten *Outsourcing*-Varianten, ***Infrastructure Outsourcing***, ***Application Outsourcing*** und ***Business Process Outsourcing***, erwartet, wie in Abb. 11.7-2 (in Anlehnung an [TNS08]) dargestellt.

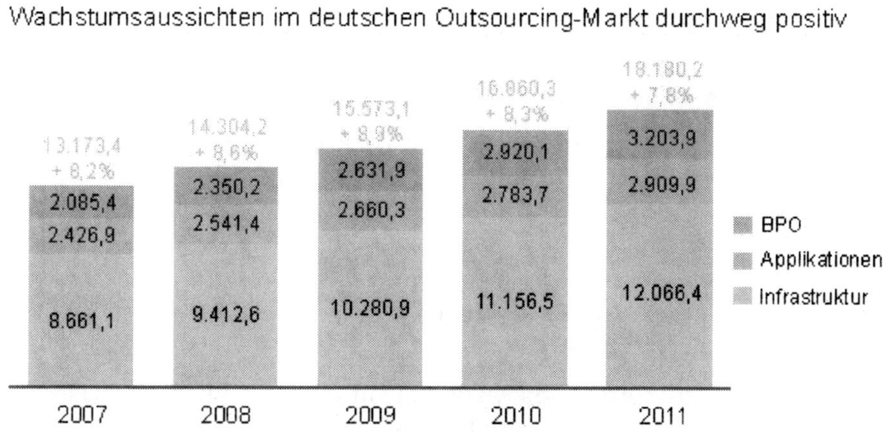
Wachstumsaussichten im deutschen Outsourcing-Markt durchweg positiv
13.173,4
+ 8,2%
2.085,4
2.426,9
8.661,1
14.304,2
+ 8,6%
2.350,2
2.541,4
9.412,6
15.573,1
+ 8,9%
2.631,9
2.660,3
10.280,9
16.860,3
+ 8,3%
2.920,1
2.783,7
11.156,5
18.180,2
+ 7,8%
3.203,9
2.909,9
12.066,4
BPO
Applikationen
Infrastruktur
2007
2008
2009
2010
2011

Abb. 11.7-2: Wachstumsaussichten Outsourcing [TNS08].

Häufigster Gegenstand der *Outsourcing*-Verträge war dabei bisher die Entwicklung von kundenspezifischen Anwendungen und die Wartung dieser Anwendungen. Erwartet wird jedoch von den befragten Fachleuten ein Wachstum vor allem in den Bereichen »*Integration von Applikationen*«, »Beratung« und »*Remote Infrastruktur-Management*«, wie in Abb. 11.7-3 (in Anlehnung an [TNS08]) dargestellt.

Verträge & Erwartungen

Zusammenfassend handelt es sich bei dem Thema »*Outsourcing*« um einen immer weiter an Relevanz gewinnenden Bereich, der eine regelmäßige Neubewertung der Frage nach der Wettbewerbsrelevanz der IT-Infrastruktur bzw. einzelner IT-Komponenten in Unternehmungen erforderlich macht. Es wird für die Unternehmungen immer leichter, einzelne IT-Komponenten bzw. notwendige primäre und sekundäre Wertaktivitäten aus dem Bereich der Leistungserstellung unter Verwendung der IT auf Dritte zu übertragen. Dies liegt u. a. an der höheren Markttransparenz bzgl. entsprechender Angebote und der verbesserten Möglichkeit zur Realisierung unternehmensübergreifender Wertschöpfungs-

Status quo & Entwicklung

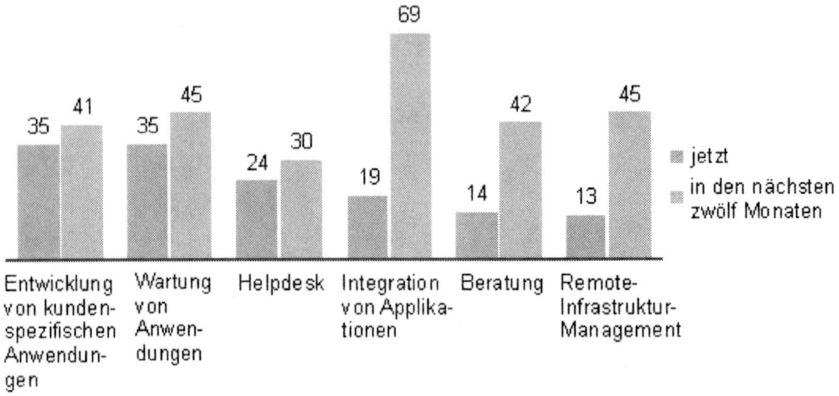
69
35
41
35
45
24
30
19
42
14
45
13
jetzt
in den nächsten zwölf Monaten
Entwicklung von kundenspezifischen Anwendungen
Wartung von Anwendungen
Helpdesk
Integration von Applikationen
Beratung
Remote-Infrastruktur-Management

Abb. 11.7-3: Outsourcing nach Geschäftsprozessen [TNS08].

strukturen, was wiederum auf die kontinuierlich fortschreitende Digitalisierung und Vernetzung zurückzuführen ist. Teile der IT können mittlerweile als komplett marktfähige Inputfaktoren verstanden werden, bei denen individuelle Lösungen eher Wettbewerbsnachteile und Gefährdungen als mögliche Wettbewerbsvorteile für Unternehmungen begründen. Individuell und differenziert muss das Informationsmanagement aber auch bestimmen, welche Teilbereiche der IT und auf ihr basierender Geschäftsprozesse als »strategische Waffe« und Ursache nachhaltiger Wettbewerbsvorteile unternehmensintern gehalten werden sollen. Das Augenmerk ist bei dem Thema *Outsourcing* dabei dringend, neben Kostengesichtspunkten, auch anderen Kriterien zu widmen.

11.8 Web 2.0 **

Prinzipien des Web 2.0

Die Ausgestaltung von IT-Systemen ist momentan dem starken Einfluss einer sich grundlegend ändernden privaten wie beruflichen Nutzung des Internet und der hier verfügbaren Anwendungen ausgesetzt, was eng mit dem Begriff »Web 2.0« verbunden ist. Web 2.0 steht dabei für spezifische Eigenschaften, die kennzeichnend sind für Unternehmungen, Web-Anwendungen und Web-Dienste, die in den letzten Jahren wesentlich zum rasanten Relevanzgewinn des Internets beigetragen haben. Der Zusatz »2.0« deutet dabei nicht etwa als Versionsnummer eine neue technische Ausgestaltung des Internets oder *Web* an, sondern er steht für das veränderte Nutzungsparadigma, welches sich beispielsweise durch eine sehr aktive Rolle des Webnutzers auszeichnet, der selbst in erheblichem Maße das Angebot im *Web* mitbestimmt und mitgestaltet. Kennzeichnend für das Web 2.0 sind nach Tim O'Reilly die folgenden Merkmale, die als Prinzipien des Web 2.0 bezeichnet werden (vgl. [Orei05]):

- **Das Web als Plattform**
  Das Web ist die tragende Plattform für die Web 2.0-Anwendungen, die als *Services* und nicht als Softwarepakete realisiert werden. Eigenständig funktionsfähige Offline-Varianten sind nicht vorhanden.
- **Nutzung kollektiver Intelligenz**
  Im Gegensatz zu bisherigen Web-Angeboten, deren Inhalte zu einem großen Teil redaktionell betreut werden, basieren Web 2.0-Anwendungen zum großen Teil auf Inhalten, die von den Nutzern selbst erstellt oder angereichert werden (»*user generated content*«). Diese hohe Aktivität der Webnutzer wird bei immer mehr Anwendungen und Angeboten im Web zum kritischen Faktor für den letztlich zur Verfügung gestellten Service. So basiert zum Beispiel die Sortierung der Webseiten bei der Suchmaschine Google auf PageRank, einem Algorithmus, der u. a. die Verlinkungen auf Webseiten als positive Wertung für die Zielseite interpretiert. Google nutzt damit für die Relevanzeinstufung von Webseiten die Intelligenz aller Anbieter und Autoren von Webseiten, die für die sich ständig weiterentwickelnden Verlinkungen verantwortlich sind.
- **Einzigartige Datenbestände**
  Web 2.0-Anwendungen bieten oft Zugriff auf einzigartige, individuelle Datenbestände, deren Wert sich durch Beteiligung der Nutzer kontinuierlich steigert. In Anbetracht der freien Verfügbarkeit der Anwendungen und der daraus resultierenden leichten Kopierbarkeit der Funktionalitäten stellen die Daten selbst das wertvolle Gut dar, das Vorteile gegenüber Wettbewerbern liefert. Beispiele für einzigartige Datenbestände sind die zahllosen Bewertungen und Empfehlungen, die zu fast jedem Artikel im größten Online-Versandhaus der Welt, Ama-

zon, verfügbar sind. Amazon wird aufgrund der kritischen Rolle der Nutzerbeiträge auch als *Social Commerce*-Anbieter bezeichnet.

- **Systemübergreifende Software**
  Web 2.0-Anwendungen sind geräteunabhängig und arbeiten systemübergreifend, d. h. die Daten, auf die zugegriffen wird, sind auf mehrere Computersysteme verteilt. Insbesondere auch aufgrund der immer verbreiteteren mobilen Endgeräte, die eine begrenzte Speicherkapazität aufweisen aber bereits über Internetzugriff verfügen, wird eine verteilte Datenhaltung unumgänglich. Das jeweilige Endgerät stellt dann nur noch einen Zugangspunkt zur Anwendung dar, deren Logik und Daten sich gar nicht auf dem System selbst befinden.
- **Software ohne Release-Zyklus**
  Web 2.0-Anwendungen und Dienste werden fortlaufend weiterentwickelt und führen keine Versionsnummern. Da die Anwendungen in der Regel per Internet zur Verfügung gestellt werden, geschieht die Aktualisierung zudem automatisch, ohne dass der Nutzer sie selbst initialisieren muss. Durch dieses Vorgehen wird jeder Nutzer faktisch auch zum Beta-Tester der Anwendung und damit in den Entwicklungsvorgang aktiv mit einbezogen, weshalb dieses Web 2.0-Prinzip auch als *Perpetual Beta* bezeichnet wird.
- **Einfache Programmiermodelle**
  Durch frei zugänglichen *Softwarecode* und standardisierte sowie offene Schnittstellen ist es bei Web 2.0-Anwendungen i. d. R. möglich, auf Daten zuzugreifen und Funktionalitäten wiederzuverwenden, um so neue Anwendungen auf Basis bereits vorhandener Dienste zu kreieren. Im Gegensatz zu traditionellen Anwendungen werden also bewusst die Wiederverwendung von Funktionalitäten und die Weiterverarbeitung von Daten in anderen Kontexten möglich gemacht. Hieraus entstehen dann sog. *Mash-Ups*, wie beispielsweise die Verknüpfung von Fotos mit geografischen Informationen über Google Maps.
- ***Rich User Experience***
  Web 2.0-Anwendungen werden über einen Webbrowser verwendet, wobei sich jedoch die Gestaltung und die Leistungsfähigkeit der Anwendungen immer mehr tradi-

tionellen *Desktop*-Anwendungen annähern. Im Gegensatz zur Verwendung von klassischem HTML erlauben modernere Techniken wie **Ajax** oder **Flash** Funktionen und Darstellungen, die bisher lokal ausgeführten Anwendungen vorbehalten waren.

- ***Social Software***
  Im Folgenden werden ausgewählte Web 2.0-Anwendungen vorgestellt. Eine besondere Relevanz weisen hierbei die Anwendungen aus dem Bereich der sog. *Social Software* auf, da hier gerade das für den Unternehmenskontext interessante gemeinschaftliche Verfassen, Suchen und Kategorisieren von Informationen und Inhalten in den Vordergrund gerückt wird. Zu den bekanntesten Vertretern von *Social Software* gehören Wikis, Blogs und soziale Netzwerke.

Wikis sind Systeme, die es Benutzern ermöglichen Informationen in Textform zu verfassen, zu veröffentlichen und gemeinsam zu bearbeiten. Das bekannteste Wiki ist Wikipedia:

- »Wikis«, S. 288

Anwendungen die es ermöglichen Informationen als *Blog*-Einträge in umgekehrter chronologischer Reihenfolge zu veröffentlichen werden *Blogs* genannt:

- »Blogs«, S. 289

Social Bookmarking-Dienste geben Internetnutzern die Möglichkeit favorisierte Internetseiten im Internet zu speichern, sodass der Zugriff nicht nur lokal vom eigenen Computer, sondern von jedem Internetanschluss möglich ist:

- »Social Bookmarking-Dienste«, S. 290

In Sozialen Netzwerken, wie Facebook, können die Benutzer soziale Strukturen wie Bekanntschaften, Freundschaften oder auch berufliche Beziehungen online pflegen:

- »Soziale Netzwerke«, S. 291

Die Web 2.0-Anwendungen wie Wikis oder Soziale Netzwerke sind nur Beispiele für besonders erfolgreiche Anwendungstypen. Sie werden in den verschiedensten Kontexten immer wieder neu verknüpft. Die daraus resultierenden Kombinationen aus Daten und Funktionen nennt man *Mash-Ups*:

- »Mash-Ups«, S. 293

11.8.1 Wikis ***

Ein System, das es den Benutzern ermöglicht, Informationen zu verfassen, zu veröffentlichen und gemeinsam zu bearbeiten wird im Web 2.0 als Wiki bezeichnet. Das bekannteste Wiki ist die Enzyklopädie Wikipedia.

Wikis als kollaborative Informationsplattform

Bei einem Wiki handelt es sich um ein System, das es den Benutzern ermöglicht, Informationen zu verfassen, zu veröffentlichen und gemeinsam zu bearbeiten.

Die Informationen werden in Form von Textbeiträgen eingegeben, aus denen Internetseiten generiert werden, und können mit Bildern, Querverweisen oder anderen Elementen angereichert werden.

Das Wort Wiki selbst stammt aus dem hawaiianischen und bedeutet übersetzt »schnell«, was sich auf die Dynamik der erfassten Inhalte bezieht, da diese von jedem umgehend geändert oder ergänzt werden können.

Wikipedia

Das bekannteste Wiki ist die Enzyklopädie Wikipedia, die im März 2010 bereits über 3,2 Millionen Artikel, davon ca. 1 Million deutsche Artikel, aufweisen konnte. Zu jedem Eintrag bestehen dabei eine Versionshistorie und eine Diskussionsseite, mithilfe derer Änderungen nachverfolgt und unter den Autoren diskutiert werden können. Ein Benachrichtigungsmechanismus weist den Autor einer Seite zudem auf durchgeführte Änderungen hin.

Neben öffentlich zugänglichen Wikis im Internet werden Wikis zunehmend auch in geschlossenen Umgebungen in Unternehmungen eingesetzt, um Informationen gemeinschaftlich zu erfassen, zu pflegen und verfügbar zu halten.

Vorteile

Wesentliche Vorteile einer Wiki-Nutzung in Unternehmungen, beispielsweise zur Vorbereitung von Projekttreffen und zur Bereitstellung einer Wissensbasis in Bezug auf unternehmensinterne Vorgehensweisen oder Regelwerke, sind die Möglichkeit zur synchronen Zusammenarbeit, die Versionshistorie, die Benachrichtigungsfunktion in Bezug auf Aktualisierungen und die Umkehr der Kontrolle über den Informationsfluss. Letzterer Punkt hilft beispielsweise bei der Eindämmung der E-Mail-Flut, da bei Wikis im Gegensatz zu E-Mails nicht alle potenziell interessierten oder nur indirekt involvierten Personen aktiv in die Kommunikation einbezogen werden müssen, sondern bei Bedarf auf die Informationen im Wiki zugreifen können.

Der Erfolg und die Relevanz von Wikis stehen allerdings in direktem Zusammenhang mit der Aktivität und der Anzahl der aktiven Nutzer des Systems. Die im Vergleich zu öffentlichen Wikis im Internet oft geringe Nutzerzahl eines Wikis selbst in großen Unternehmungen kann schnell zu einem kritischen Erfolgsfaktor werden.

11.8.2 *Blogs* ***

Der Begriff *Blog* beschreibt Anwendungen, die es ermöglichen, Informationen als *Blog*-Einträge in umgekehrter chronologischer Reihenfolge zu veröffentlichen.

Der Begriff *Blog* leitet sich aus der Kombination der beiden Wörter *Web* und *Log* ab und beschreibt Anwendungen, die es ermöglichen, Informationen als *Blog*-Einträge in umgekehrter chronologischer Reihenfolge zu veröffentlichen.

Im Gegensatz zu Wikis werden *Blogs* i. d. R. nur von einer Einzigen oder von wenigen Personen erstellt und können folglich einem Verfasser zugeordnet werden. Die Leser eines *Blogs* können die erstellten Einträge nicht verändern, sie aber kommentieren oder bewerten und dem Verfasser auf diese Weise Rückmeldungen geben.

Permalinks

Blogs bieten zudem die Möglichkeit, einzelne Beiträge explizit mithilfe sog. *Permalinks*[1] zu referenzieren.

RSS

Aktualisierungen lassen sich mit Hilfe von RSS[2] sehr leicht interessierten Lesern zugänglich machen, was als *Syndication* bezeichnet wird.

Microblog

Eine Sonderform des *Blogs* ist der *Microblog*, der vor allem durch den Dienst Twitter bekannt geworden ist. Beim *Mikroblog* sind die Einträge in der Länge limitiert, bei Twitter beispielsweise auf 140 Zeichen, und eignen sich damit für sehr kurzfristige und aktuelle Meldungen. Hierin liegt auch der Grund für die enge Verknüpfung des Dienstes mit mobilen Endgeräten, die das Ausgangsmedium für einen Großteil der Twitter-Nachrichten darstellen.

[1] Jeder Beitrag ist direkt über eine eindeutige URL abrufbar

[2] RSS = *Really Simple Syndication.*

Neben den privaten *Blogs* und *Microblogs* betreiben auch immer mehr Unternehmungen und Institutionen *Blogs*, um etwa regelmäßig Informationen zu einem definierten Thema zu veröffentlichen oder um Produktneuigkeiten vorzustellen.[3] Der hohe Vernetzungsgrad der *Blogger* untereinander stellt einen interessanten Kommunikationskanal dar, der nicht nur zur Verbreitung von Informationen, sondern auch zur Sammlung von Rückmeldungen geeignet ist.

Gefahr

In diesem Zusammenhang ist jedoch unbedingt zu beachten, dass sich auch negative Meldungen sehr schnell und unkontrolliert ausbreiten können, was zu einem enormen Problem für betroffene Unternehmungen werden kann.

11.8.3 *Social Bookmarking*-Dienste ***

Die Speicherung favorisierter Internetseiten im Internet, anstatt lokal auf dem eigenen Computer, ermöglicht den Zugriff von jedem Internetanschluss aus und wird als *Social Bookmarking*-Dienst bezeichnet.

Bei einem *Social Bookmarking*-Dienst speichern Webnutzer die von ihnen favorisierten Internetseiten nicht lokal auf ihrem Computer, sondern im Internet.[4]

Tagging

Die Übersichtlichkeit der Favoriten bleibt dabei durch die Verschlagwortung *(Tagging)* und Kommentierung der jeweiligen Seiten erhalten, was die Suchmöglichkeiten nach Seiten in bestimmten Kontexten, beispielsweise zum Thema Ruhr-Universität Bochum, stark verbessert.

Die *Bookmarking*-Dienste werden dabei als »sozial« bezeichnet, da sie bei einer entsprechenden Erlaubnis auch den Zugriff auf die Favoriten der anderen Nutzer des Services erlauben. Im Kollektiv führt dies zu einem erheblichen Informationsgewinn, da nicht mehr nur die eigenen Favoriten zum Thema »Ruhr-Universität Bochum«, sondern auch die der anderen Nutzer bei einer entsprechenden Suche ausgegeben werden und somit eine schnelle Orientierung in einem Themenbereich erlauben.

---

[3] Siehe bspw. die Blogs zur Microsoft Windows Betriebssystemfamilie: http://windowsteamblog.com.

[4] Beispielsweise bei Delicious (www.delicious.com) oder Mr.Wong (www.mister-wong.de).

Viele Webseiten, insbesondere auch *Blogs*, bieten explizit Möglichkeiten, um eine direkte Erfassung der Seite in *Social Bookmarking*-Diensten mit nur einem Klick zu ermöglichen. Durch die Zusammenarbeit der zahlreichen Nutzer der Dienste werden so die im Internet verfügbaren Webseiten erfasst und um zusätzliche Informationen ergänzt. Im Gegensatz zu dem angesichts der extrem hohen Entwicklungsdynamik des Internets zum Scheitern verurteilten Versuch einer systematischen Katalogisierung von Internetinhalten, stellt die Herangehensweise der *Social Bookmarking*-Dienste eine Bottom up-Klassifizierung von Inhalten dar.

Nutzen in Unternehmen

Auch in Bezug auf die Strukturierung von unternehmensinternen Inhalten ergeben sich aus der Logik der *Social Bookmarking*-Dienste vielfältige neue Möglichkeiten, die in den meisten Unternehmungen noch ungenutzt sind.

11.8.4 Soziale Netzwerke ***

Soziale Netzwerke bieten den Benutzern die Möglichkeit, soziale Strukturen wie Bekanntschaften, Freundschaften oder auch berufliche Beziehungen online abzubilden und zu pflegen.

Identitäts- & Kontakt-management

Unter einem Sozialen Netzwerk versteht man eine Anwendung, die es den Benutzern ermöglicht, soziale Strukturen wie Bekanntschaften, Freundschaften oder auch berufliche Beziehungen online abzubilden und zu pflegen. Soziale Netzwerke bieten den Benutzern primär Funktionalitäten zum Identitätsmanagement sowie zum Aufbau und der Pflege von persönlichen Kontakten (vgl. [RiKo08, Abschnitt 2]).

Abb. 11.8-1 (in Anlehnung an [PrWe11]) zeigt die wesentlichen Funktionen von sozialen Netzwerken, wie sie von Koch und Richter [KoRi08] identifiziert wurden.

Unter **Identitätsmanagement** wird dabei die Möglichkeit verstanden, die eigene Person bewusst und kontrolliert darzustellen. I. d. R. werden hierzu die entsprechenden Informationen in Form eines persönlichen Profils, das man bei der Registrierung anlegen muss, veröffentlicht.

Such-möglichkeiten

Die Netzwerke bieten darauf aufbauend die Möglichkeit, das Netzwerk nach Personen mit bestimmten Interessen oder Fähigkeiten zu durchsuchen (z. B. Expertensuche). Unter dem

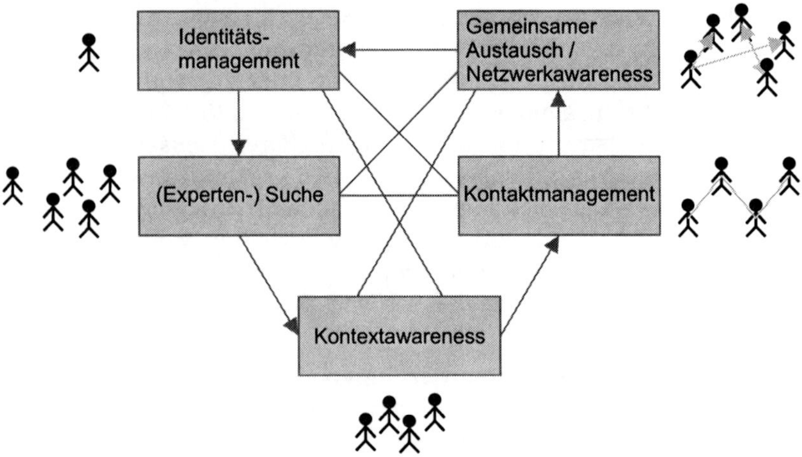
Identitäts-
management
Gemeinsamer
Austausch /
Netzwerkawareness
(Experten-) Suche
Kontaktmanagement
Kontextawareness

Abb. 11.8-1: Funktionen von sozialen Netzwerken.

Kontext *awareness* ist die Förderung von Beziehungen zwischen zwei Personen aufgrund eines sachlichen Zusammenhangs, z. B. gemeinsamen Interessen oder Fähigkeiten, zu verstehen.

awareness

Funktionalitäten, die dem Benutzer helfen, Änderungen in seinem persönlichen Netzwerk zu erfahren und nachzuvollziehen, werden unter dem Begriff Netzwerk*awareness* zusammengefasst. Die Kontaktmanagementfunktionalitäten ermöglichen dem Benutzer den Aufbau und die Pflege eines persönlichen Netzwerks. Darüber hinaus bieten die sozialen Netzwerke ihren Mitgliedern diverse Kommunikationskanäle, wobei neben Diskussionsforen üblicherweise auch Sofort-Nachrichten *(Instant-Messaging)* und *Blog*-Komponenten (z. B. für Status*updates*) zur Verfügung stehen.

Zielgruppen

Es existieren eine Vielzahl sozialer Netzwerke, die häufig bestimmte Personengruppen in den Fokus rücken und ihre Funktionalitäten und Inhalte auf diese Zielgruppen ausrichten. So sind zum Beispiel Xing (aktuell ca. 8 Mio. Nutzer) und LinkedIn (aktuell ca. 65 Mio. Nutzer) auf geschäftliche Kontakte spezialisiert, während die Inhalte von Netzwerken wie Facebook (aktuell ca. 400 Mio. Nutzer) und den VZ-Netzwerken (StudiVZ, SchülerVZ; aktuell ca. 21,5 Mio. Nutzer) auf die Interessen von Privatpersonen bzw. speziell Studierenden oder Schülern ausgerichtet sind.

Nutzen in Unternehmen

Es lassen sich gleich mehrere Anwendungsmöglichkeiten für soziale Netzwerke im Unternehmenskontext ausmachen. In großen, internationalen Unternehmungen stellt beispielsweise die Identifikation der richtigen Ansprechpartner in Bezug auf spezifische Fragestellungen eine große Herausforderung dar. Hier eignen sich interne, geschlossene soziale Netzwerke zur Steigerung der Sichtbarkeit und Auffindbarkeit von Expertise.

Öffentliche soziale Netzwerke sind etwa vor dem Hintergrund der in ihnen vorhandenen Informationen zu Bestandskunden oder auch zu potenziellen Neukunden von großem Interesse, da diese Informationen zudem von den Kunden selbst aktuell gehalten und kontinuierlich ergänzt werden (über die Netzwerkfunktionalitäten zum Beispiel auch um Informationen über Kontakte zu anderen Unternehmungen). Darüber hinaus stellen soziale Netzwerke einen günstigen und äußerst wirksamen Kommunikationskanal dar.

Gefahr

Auch hier gilt es aber zu berücksichtigen, dass auch negative Schlagzeilen in sozialen Netzwerken eine extrem schnelle Verbreitung finden können.

11.8.5 *Mash-Ups* ***

Die angeführten Web 2.0-Anwendungen sind lediglich Beispiele für besonders erfolgreiche Anwendungstypen, die in verschiedensten Kontexten immer wieder neu verknüpft werden. Die daraus resultierenden Kombinationen aus Daten und Funktionen werden als *Mash-Ups* bezeichnet.

Kombination aus Daten & Funktionen

Web 2.0-Anwendungen können in verschiedenen Kontexten immer wieder neu verknüpft werden. Die daraus resultierenden Kombinationen aus Daten und Funktionen werden als *Mash-Ups* bezeichnet und als solche selbst wiederum im Netz angeboten.

Beispiel

Grundlage prominenter Vertreter der *Mash-Ups* ist Google Maps (http://maps.google.de/), das seine geografischen Informationen u. a. mit Fotos des Fotodienstes Panoramio (http://www.panoramio.com) anreichert. Panoramio wiederum nutzt Daten von Google Maps, um den Ort des aufgenommenen Fotos auf einer geografischen Karte anzuzeigen.

Einsatzpotenziale

Web 2.0-Anwendungen durchdringen zunehmend auch die IT-Landschaft und Arbeitspraxis von Unternehmungen. Im Zusammenspiel mit den aus dem privaten Bereich an die Nutzung gewöhnten (vor allem jungen) Mitarbeiter/-innen bietet das Web 2.0 mit seinen zahlreichen Anwendungen enorme Potenziale, stellt das IT-Führungspersonal aber auch vor erhebliche Herausforderungen. Oft stehen konzeptionelle Lösungsansätze für eine sinnvolle und erfolgreiche Integration von Web 2.0-Anwendungen in die IT-Landschaft und die Geschäftsprozesse der Unternehmungen noch aus.

Glossar

Ajax *(Asynchronous Javascript and XML)*
Bei *Asynchronous JavaScrip and XML* (Ajax) handelt es sich um eine Technik, die durch asynchrone Datenübertragung zwischen Browser und Server das dynamische Nachladen von Daten und die partielle Aktualisierung von Webseiten ermöglicht, ohne dass die Webseite nach jeder Benutzerinteraktion komplett neu geladen werden muss.

Ambient Intelligence
Ambient Intelligence beschreibt ein neues Paradigma von Kommunikationssystemen, bei dem sich Gegenstände des Alltags und deren räumliche Umgebungen durch entsprechende technische Ausstattung miteinander vernetzen. Über die so entstehenden Netzwerke können Informationen und/oder Dienste zu jeder Zeit und an jedem Ort in Anspruch genommen werden können. (Syn.: Ubiquitous/Pervasive Computing)

Änderungsdaten
Änderungsdaten dienen der Änderung von Stammdaten, z. B. wenn ein Änderungsbedarf an Stammdaten entsteht, z. B. bei Änderung der Adresse eines Kunden, so wird diese durch Änderungsdaten vorgenommen.

Angewandte Informatik *(applied computer science)*
Die Angewandte Informatik ist ein Teilgebiet der Informatik. Sie verwendet vor allem Kenntnisse aus der Praktischen Informatik, um Anwendungssysteme für spezielle Anwendungsbereiche zu erstellen. Die Wirtschaftsinformatik ist beispielsweise eine Angewandte Informatik, die sich mit dem Einsatz der Informatik in der Wirtschaft beschäftigt, d. h. in Unternehmungen und Organisationen, aber auch in der öffentlichen Verwaltung. (Abk.: AI)

ASCII *(American Standard Code for Information Interchange)*
Der *American Standard Code for Information Interchange* (ASCII) ist ein Zeichenkodierungsstandard, der alphanumerische Zeichen (Buchstaben, Ziffern, Sonderzeichen und Steuerzeichen) in Bitfolgen umwandelt und damit maschinenlesbar macht. Zunächst als 7-Bit-Kodierung gestartet, wurde der ASCII-Code später auf 8 Bit erweitert und erlaubt damit die Kodierung von 256 verschiedenen Zeichen. (Abk.: ASCII)

B2B *(B2B; Business to Business)*
Geschäfte und Beziehungen zwischen Unternehmen, die *nicht* den Endverbraucher betreffen. Beispiele: Groß- und Zwischenhandel, Lieferung von Halbzeugen, Zahlungsverkehr zwischen kommerziellen Partnern. (Syn.: B-to-B)

Bestandsdaten *(inventory data)*
Die Bestandsdaten werden durch die operativen Prozesse in Unternehmungen verändert, d. h. durch die Bewegungsdaten. So wird der aktuelle Bestand eines Artikels im Lager (Bestandsdaten) durch Daten über Zugänge und Abgänge (Bewegungsdaten) geändert, um den neuen Lagerbestand zu erhalten.

Betriebssystem *(operating system)*
Ein Betriebssystem ist ein spezielles Programm eines Computersystems, das alle Komponenten eines Computersystems verwaltet und steuert sowie die Ausführung von Aufträgen veranlasst. (Abk.: BS; Syn.: OS)

Bit
Ein Bit (englisch für binary digit) repräsentiert in der Informatik den Zustand 0 oder 1 und ist die wesentliche Größe des binären Systems Computer. Die Kombination aus 8 Bit wird als 1 Byte bezeichnet, einer typischen Einheit zur Darstellung bzw. Codierung eines Zeichens, wie zum Beispiel eines Buchstabens, einer Ziffer oder eines Sonderzeichens.

Busnetz
Netzwerktopologie, bei der alle Knoten durch ein gemeinsames Übertragungsmedium (Bus) miteinander verbunden sind und jeder angebundene Knoten selbst gefordert ist zu entscheiden, ob die jeweiligen Daten für ihn bestimmt sind. Der Nachrichtenaustausch findet in beiden Richtungen des Busnetzes statt.

Cache *(cache)*
Ein *Cache* ist ein temporärer Zwischenspeicher in Computern, der benutzt wird, um Informationen, auf die öfter zugegriffen wird, schneller wieder zu erhalten, als sie von der Ursprungsquelle neu zu holen. Webbrowser speichern Webseiten, die vom Internet heruntergeladen wurden, auf der Festplatte zwischen, um sie bei einem erneuten Aufruf der URL schneller anzeigen zu können.

Cloud Computing
Konzept, bei dem Daten, Programme und/oder Ressourcen in einer »Wolke« aus Servern verteilt bereitgestellt werden. Die Services sind für die Nutzer des Angebotes »on demand« abrufbar und es kann über das Internet auf sie zugegriffen werden. Daraus resultiert für den Nutzer u. a. eine besondere Elastizität und Flexibilität sowie für den Anbieter die Möglichkeit zur Erreichung effizienter Auslastungsgrade. Cloud Computing lässt sich in verschiedene Servicemodelle untergliedern: IaaS (Infrastructure as a Service), PaaS (Platform as a Service) und SaaS (Software as a Service).

Customer Relationship Management
Der Begriff des Customer Relationship Management beschreibt einen ganzheitlichen Managementansatz, welcher sich mit der Planung, Durchführung, Kontrolle und Anpassung aller Unternehmensaktivitäten beschäftigt, die der Erhöhung der Profitabilität von Kundenbeziehungen dienen. Der systematische Auf- und Ausbau sowie die Pflege nachhaltiger und gewinnbringender Geschäftsbeziehungen sind Hauptbestandteil des Customer Relationship Management. (Abk.: CRM)

Data Warehouse *(Data Warehouse)*
Data Warehouse stellt ein unternehmensweites Konzept dar, das als logisch zentraler Speicher eine einheitliche und konsistente Datenbasis zur Entscheidungsunterstützung von Fach- und Führungskräften aller Bereiche und Ebenen bietet. Diese Datenbasis wird getrennt von den operativen Datenbanken abgelegt und verwaltet. (Abk.: DW)

Daten *(data)*
Daten bestehen aus Zeichen, die nach vorgegebenen Syntaxregeln zusammengesetzt werden. Daten stellen Informationen aufgrund bekannter oder unterstellter Abmachungen in einer maschinell verarbeitbaren Form dar.

Datenbanksprache *(data base query language)*
Das Arbeiten mit einem Datenbanksystem erfolgt mit einer geeigneten Datenbanksprache über die Datenbankkommunikationsschnittstelle. Die Datenbanksprache besteht aus zwei Teilen, der Datendefinitionssprache und der Datenmanipulationssprache.

Datenbanksystem *(data base system)*
Ein Datenbanksystem ist ein System zur Verwaltung, Speicherung und Kontrolle von umfangreichen Datenmengen. Charakteristisch sind die Redundanzarmut und die gleichzeitige Nutzbarkeit durch mehrere Anwender bzw. Anwendungsprogramme. Datenbanksysteme zeichnen sich zudem durch konsistente Datenbestände, Datensicherheit und die Unabhängigkeit von Daten und Programmen aus. (Abk.: DBS)

Datendefinitionssprache *(data definition language)*
Die Datendefinitionssprache dient dem Aufbau der Struktur einer Datenbank. (Abk.: DDL)

Datenmanipulationssprache *(data manipulation language)*
Die Datenmanipulationssprache dient der Bearbeitung von Daten und stellt Sprachelemente zum Einfügen, Verändern und Löschen sowie zur Wiedergewinnung und Verdichtung von Daten zur Verfügung. (Abk.: DML)

Datenschutz *(data privacy)*
Der Datenschutz bezieht sich auf personenbezogene Daten. Ziel ist es zu verhindern, dass bei der Verarbeitung personenbezogener Daten die schutzwürdigen Belange von Personen beeinträchtigt werden (Recht auf informationelle Selbstbestimmung).

Datensicherheit *(data security)*
Ziel der Datensicherheit ist es, die Daten vor Verlust, Verfälschung und unberechtigtem Zugriff zu schützen.

Datenverbund
Gemeinsame Nutzung von zentral gespeicherten oder verteilten Datenbeständen (beispielsweise durch den Zugriff von mehreren Rechnern auf eine zentrale Datenbank).

DDL *(Data Definition Language)*
Teil des SQL-Befehlssatzes zur Definition, Änderung und Löschung der Strukturen von Tabellen in →Datenbanksystemen.

E-Mail *(e-mail; electronic mail)*
Asynchrone Übertragung elektronischer Post, d. h. von Briefen und Nachrichten, zwischen vernetzten Computersystemen. Im Internet wird dazu das SMTP-Übertragungsprotokoll verwendet. Der Empfänger benötigt dazu eine E-Mail-Adresse, die folgendermaßen aufgebaut ist: `empfänger@smtp.server`. (Syn.: Elektronische Post)

Enterprise Resource Planning-System
Ein ERP-System ist ein betriebswirtschaftliches Standardanwendungssoftware-Paket zur Ressourcenplanung einer Unternehmung. Es bietet Lösungen für nahezu alle Aufgabenbereiche und Prozesse, die innerhalb einer Unternehmung anfallen, wobei der Schwerpunkt insbesondere auf der Integration der verschiedenen Anwendungsbereiche liegt. Charaktersitisch für ERP-Systeme sind ein einheitliches Datenbanksystem und die Orientierung an den Geschäftsprozessen der Unternehmung. (Abk.: ERP-System)

Entity-Relationship-Modell *(Entity-Relationship-Modell)*
Das Entity-Relationship-Modell, eine grafische Beschreibungssprache, bietet eine Möglichkeit zur semantischen Datenmodellierung. Es handelt sich um einen weitverbreiteten Formalismus zur Gewährleistung einer Standarddokumentation für relationale Datenbanken. Dabei sind die Entities die Datenobjekte und die Relationships die Beziehungen zwischen den Objekten. (Abk.: ER-Modell)

Extranet *(extranet)*
Ein Extranet ist ein geschlossenes, nicht-öffentliches Computernetzwerk, welches den Geschäftspartnern der Unternehmung als Informations-, Kommunikations- und Anwendungsplattform zur Verfügung steht. Es basiert auf denselben Technologien, wie sie im Internet genutzt werden, sowohl in der Architektur, bei den genutzten Übertragungsprotokollen als auch für die bereitgestellten Dienste und genutzten Anwendungen.

Fernnetz *(wide area network)*
Das Fernnetz ist ein Netzwerk zur Überbrückung großer räumlicher Distanzen über öffentliche oder speziell gemietete Übertragungswege. Der Benutzer ist meist nicht der Betreiber des Netzes (beispielsweise bei der Vernetzung von Unternehmensstandorten). (Abk.: WAN)

File Transfer Protokoll *(File Transfer Protokoll)*
Der Internetdienst *File Transfer Protokoll* bezeichnet das Protokoll zur Übertragung von Dateien zwischen zwei Rechnersystemen sowie die zur Übertragung notwendigen Anwendungen. (Abk.: FTP)

Flash
Proprietäre Programmiersprache der Firma Adobe, die die Erstellung multimedialer und interaktiver Inhalte sowie deren Einbettung in Webseiten erlaubt. Die Wiedergabe von mit Flash erstellten und in Webseiten eingebundenen Elementen im SWF-Format erfordert einen Flash Player, der als Browser Plugin verfügbar ist.

FTP *(ftp; file transfer protocol)*
Erlaubt im Internet die Übertragung kompletter Dateien und Softwarepakete (ist das Pendant zur Paketpost mit »Selbstabholung«).

Funktionsverbund
Innerhalb eines Funktionsverbundes können spezielle Funktionen oder Dienste genutzt werden, die innerhalb eines Netzwerkes von Einzelnen angeboten werden (beispielsweise die Nutzung eines zentralen Druckers oder Speichers).

Geschlossenes Netzwerk
Als geschlossenes Netzwerk bezeichnet man ein nicht-öffentliches Netzwerk mit einer klar definierten Benutzergruppe und klar definierten Zugriffrechten, wie bspw. ein Intranet.

Glasfaserkabel *(glass fibre cable)*
Physikalisches Übertragungsmedium, bei dem die Datenübertragung in Form von Lichtimpulsen über eine Glasfaser erfolgt. Durch die hohe Übertragungskapazität und dem relativ geringen Verlust auf weiten Strecken werden Glasfaserkabel bei Fernnetzen und globalen Netzen eingesetzt.

Globale Netzwerke *(global area network)*
Ein Globales Netzwerk ermöglicht interkontinentale Verbindungen über Kabelverbindungen oder Funkübertragungen via Satellit. Die Nutzungsformen sind vergleichbar mit Fernnetzen, aber der Wirkungskreis ist entsprechend größer. (Abk.: GAN)

Grid-Computing *(grid-computing)*
Unter Grid-Computing ist das verteilte Rechnen lose verbundener Computersysteme zu verstehen. GRID-Computing ist ähnlich dem Cluster-Computing, wobei der Zugriff über das Internet erfolgt. Ziel ist es, der Ressourcen der mit dem Internet verbundene und wenig ausgelastete Computersysteme für bestimmte, sehr rechenintensive Aufgaben, zu nutzen.

Hardware *(hardware)*
Als Hardware bzw. Hardwaretechnologien bezeichnet man vor allem Rechner (Rechnersysteme bzw. Computer) und die Rechnernetze.

HTML *(HTML; hypertext markup language)*
Dokumentenauszeichnungssprache, die es mit Hilfe von HTML-Befehlen erlaubt, inhaltliche Kategorien von HTML-Dokumenten, z. B. Überschriften und Absätze, zu kennzeichnen. So ausgezeichnete Dokumente werden von Web-Browsern interpretiert und dargestellt. Die Dateiendung einer HTML-Datei lautet `.html` bzw. `.htm`.

http *(Hypertext Transfer Protocol)*
Das Hypertext Transfer Protocol ist das grundlegende Protokoll zur Übertragung von Informationen über den WWW-Dienst im Internet, beispielsweise zum Aufruf einer HTML-Seite von einem Web-Server durch einen Web-Browser.

Informationen *(information)*
Im Kontext des Informationsmanagements sind Informationen zweckbezogenes Wissen und stehen immer in direktem Bezug zum Menschen. Sie bereiten Entscheidungen vor und sind somit auch kontextabhängig. Über die Semiotik lassen sich Informationen auf semantischer Ebene von Wissen und Daten unterscheiden.

Internet *(internet)*
Weltweites, dezentralisiertes, allgemein zugängliches Computernetz, in dem eine Vielzahl von Diensten angeboten und genutzt werden. Als Übertragungsprotokoll wird TCP/IP verwendet.

Intranet *(intranet)*
Ein Intranet ist ein organisations- oder unternehmungsinternes geschlossenes, nicht-öffentliches Computernetzwerk auf der Basis der Internet-Technologien und -Anwendungen, welches den Mitarbeitern einer Unternehmung als Informations-, Kommunikations- und Anwendungsplattform zur Verfügung steht.

IRC *(IRC; Internet Relay Chat)*
Mechanismus, der es einer Anzahl von Internet-Benutzern erlaubt, sich mit denselben Netzwerkknoten zu verbinden und sich in Echtzeit zu unterhalten.

ISO/OSI-Modell
Das OSI-Modell *(Open Systems Interconnection Model)* definiert 7 Schichten für die Kommunikation in Netzwerken. Die erste Schicht definiert die physikalische Bit-Übertragung, währen die siebte Schicht die Anwendung (Inhalte) darstellt. Das Abstraktionsniveau steigt von Schicht zu Schicht (Syn.: OSI-Modell)

Kommunikationsverbund
Unterstützung der Mensch-zu-Mensch-Kommunikation bzw. des Informationsaustausches der Nutzer von Rechnern bei räumlicher Trennung (beispielsweise durch E-Mails, Videokonferenzen oder Chat-Programme). (Syn.: Nachrichtenverbund)

Konrad Zuse
Als Computervisionär entwickelte Konrad Zuse 1941 die Rechnermaschine Z3, welche den ersten funktionsfähigen programmierbaren Computer der Welt darstellte. Die Z3 zeichnete sich bereits durch auch heute noch maßgebliche Charakteristika von Computern aus, wie z. B. die Nutzung des Binärsystems sowie die Verwendung einer zentralen Verarbeitungseinheit.

Kupferkabel *(copper cabel)*
Physikalisches Übertragungsmedium, bei dem die Übertragung mittels elektronischer Wellen erfolgt und eine Übertragung von mehreren Kilometern erlaubt. Wird vornehmlich in lokalen Netzwerken eingesetzt.

Lastenheft *(specification book)*
Die Gesamtheit an Informationen und Fakten über die (gewünschten) Leistungen eines Softwareproduktes, die innerhalb der Planung des Einsatzes bzw. der Entwicklung eines Software-Produktes in der Unternehmung gesammelt werden, werden im sogenannten Lastenheft festgehalten. Bei Fremdbezug von Software dient das durch den Auftraggeber erstellte Lastenheft häufig als Grundlage für die Ausschreibung des Auftrags und als Vertragsgrundlage.

Lastenverbund
Bessere Auslastung der Netzwerkressourcen (Hardware und Software) bei Kapazitätsschwankungen durch Verteilung der Aufgaben von überlasteten an weniger ausgelastete Komponenten (beispielsweise durch Umleitung von Anfragen viel frequentierter Webserver an weniger ausgelastete Webserver. Sonderfall: Sicherheitsverbund gegen Ausfälle und GRID-Computing). (Syn.: Kapazitätsverbund)

LOC *(lines of code)*
Anzahl der Programmierzeilen eines Programmcodes.

Lokales Netzwerk *(local area network)*
Bei einem innerhalb der Unternehmung eingesetzten Netzwerk handelt es sich meist um ein lokales Netzwerk. Dies ist erreichbar innerhalb der Unternehmensräume, in einem Gebäude oder auf dem Firmengelände. (Abk.: LAN)

Machbarkeitsstudie *(feasibility study)*
In der ersten Phase (Planungsphase) eines Softwareentwicklungsprozesses ist eine Machbarkeits- bzw. Durchführbarkeitsstudie notwendig, die die technische, die personelle, die organisatorische und die wirtschaftliche Machbarkeit des Projektes sowie die Führungsaufgaben des Projektmanagements überprüft.

Make-or-Buy
(Eigenfertigung oder Fremdbezug) Die Make-or-Buy-Entscheidung repräsentiert mit dem Bestreben einer zielgerichteten Gestaltung der unternehmensspezifischen Leistungstiefe eine der zentralen betriebswirtschaftlichen Herausforderungen und wird im IT-Kontext seit Jahrzehnten intensiv unter dem Gesichtspunkt »Outsourcing« diskutiert. Zu den vielfältigen Entscheidungskriterien zählen u. a. die durch einen Fremdbezug zu erwartenden Konsequenzen in den Bereichen Qualität, Kompetenz, Kosten, Kontrolle und Flexibilität.

Maschennetz
Bei einem Maschennetz handelt es sich um eine Netzwerktopologie, bei der mehrere Knoten des Netzwerkes direkt miteinander verbunden sind. Dabei hat jeder Knoten mindestens eine und beliebig viele direkte Verbindungen mit anderen Knoten im Netzwerk.

Mitarbeitermonate
Unter den Mitarbeitermonaten versteht man im Zuge der Aufwandsschätzung von Software-Produkten die Summe aller Arbeitsmonate aller beteiligten Mitarbeiter, die bis zum Abschluss der Projektes notwendig sind. (Abk.: MM)

Multimedia *(multimedia)*
Multimedia beschreibt die integrierte Verarbeitung mehrerer Informationstypen in einem System. Mögliche Informationstypen sind formatierte Daten, Texte, Ton und Bilder (Grafiken, Fotos, Animationen, Videoclips).

Netzplantechnik *(network planning)*
Die Netzplantechnik ist eine Methode zur Unterstützung des Projektmanagements zur Zeit- und Strukturplanung sowie zur Kapazitäts- und Kostenplanung des Projektes.

Pflichtenheft *(functional specification document)*
Das Pflichtenheft wird in der zweiten Phase des Software Engineering-Prozesses erstellt und beinhaltet eine Auflistung darüber, welche Erwartungen an den Softwareentwickler und welche Benutzeranforderungen an das System gestellt werden sowie eine detaillierte Spezifikation aller Anforderungen an das System. Es dient als vertragliche Grundlage.

Projekt *(project)*
Ein Projekt ist eine einmalige, zeitlich begrenzte Aufgabe zur Erreichung eines konkreten Ziels. Zumeist sind mehrere Personen beteiligt.

Projektmanagement *(project management)*
Die Gestaltung von Software, d. h. vor allem ihre Entwicklung bzw. Beschaffung, wird i.d.R. im Rahmen eines Projektes durchgeführt, wobei das Projektmanagement eine große Rolle spielt. Dies gilt vor allem bei größeren Entwicklungs- bzw. Beschaffungsprojekten, an denen häufig sowohl Mitarbeiter der Unternehmung, in der die Software eingesetzt werden soll, als auch externe Berater und IT-Experten in einem Projektteam zusammenarbeiten. Die Führungsaufgaben zur Planung, Steuerung und Kontrolle eines Projektes werden im Projektmanagement zusammengefasst.

Proxy *(proxy)*
Ein Server, der sich zwischen einer Client-Software, z. B. einem Web-Browser, und einem »echten« Server befindet. Er fängt alle oder festgelegte Anfragen *(requests)* an den »echten« Server, lokal oder entfernt, ab, und prüft, ob er diese Anfrage selbst erledigen kann. Wenn nicht, dann reicht er die Anfrage an den »echten« Server weiter. Durch einen Proxy können damit zwei Aufgaben erledigt werden: Verbesserung der Leistung (häufige Zugriffe auf Webseiten speichert er für eine bestimmte Zeit, er kann sie sofort beantworten) und Filterung von Anfragen z. B. aus Sicherheitsgründen. (Syn.: Stellvertreter)

Pufferspeicher
Pufferspeicher gewährleisten den Ausgleich unterschiedlicher Verarbeitungsgeschwindigkeiten von miteinander verbundenen Bauteilen. Eine sehr wichtige Rolle für die Leistungsfähigkeit eines Computers spielen zum Beispiel die »Cache«-Speicher als Pufferspeicher zwischen Zentralprozessor und Arbeitsspeicher.

RAM
Flüchtiger, wiederbeschreibbarer Speicher, der auch als Arbeitsspeicher bezeichnet wird und sich durch direkt adressierbare Speicherstellen auszeichnet. Der Arbeitsspeicher hält laufende Programme und aktuell verwendete Daten für den Prozessor bereit und hat somit eine besondere Bedeutung für die Arbeitsgeschwindigkeit eines Computers.

Richtfunk
Aufbau einer Punkt-zu-Punkt-Verbindung räumlich entfernter Stationen, welche einen direkten Sichtkontakt miteinander haben. Die maximale Entfernung beträgt 50 km.

Ringnetz
Ein Ringnetz ist eine gerichtete Punkt-zu-Punkt Verbindung, bei der jeder Knoten mit genau einem Vorgänger und einem Nachfolger verbunden ist. Die Übertragungsrichtung ist i.d.R. vorgegeben.

Semantische Datenmodellierung *(semantic data modelling)*
Das semantische Datenmodell ist das Ergebnis der Anforderungsanalyse und stellt das Fachkonzept des Datenbankentwurfs dar, das auch als Informationsstrukturmodell bezeichnet wird. Das semantische Daten-

modell beschreibt die Daten und ihre Strukturen unabhängig von einem bestimmten Datenbanksystem bzw. einer Implementierung in ein technisches System.

Server-Dienste
Dienste die von einem Server angeboten werden (beispielsweise Dateidienste, Datenbankdienste, Druckdienste oder Datensicherungsdienste).

Software *(software)*
Software ist ein Sammelbegriff für in Programmiersprachen verfasste Programme, die zugehörigen Daten und Dokumentationen. Sie lässt sich untergliedern in Systemsoftware, Entwicklungssoftware und in Anwendungssoftware. In der Wirtschaftsinformatik steht die betriebliche Anwendungssoftware im Mittelpunkt, die man auch als betriebliche Informationssysteme bezeichnet.

SQL *(SQL; structured query language)*
Sprache der 4. Generation, heute bei relationalen Datenbanksystemen am weitesten verbreitet und standardisiert. Umfasst Kommandos zur Datendefinition (DDL) und zur Datenmanipulation (DML) sowie Kommandos zum Vergeben von Zugriffsberechtigungen. SQL 99 erweitert das relationale Datenmodell zu einem objekt-relationalen Datenmodell.

Stammdaten *(core data)*
Stammdaten werden nicht durch die operativen Prozesse verändert. Es handelt sich hierbei um Daten, die über einen längeren Zeitraum konstant bleiben, so z. B. die Adressen der Kunden, die Beschreibung der Produkte oder die Daten der Mitarbeiterinnen und Mitarbeiter.

Sternnetz
Netzwerktopologie, bei der alle Computer über einen zentralen Vermittlungsknoten miteinander verbunden sind.

TCP/IP *(Transport Control Protocol / Internet Protocol)*
Sammelbezeichnung für die Familie der Protokolle, auf denen die Datenübertragung im Internet basiert. Das Protokoll IP gehört zur Netzwerkschicht, TCP setzt auf IP auf und gehört zur Transportschicht.

TCP/IP-Referenzmodell
Schichtenmodell zur Beschreibung des Zusammenwirkens der TCP/IP-Protokolle.

Telnet *(Telnet; teletype network)*
Dienst im Internet, der den direkten Zugriff auf andere Computersysteme ermöglicht. Dadurch lassen sich Computersysteme aus der Ferne bedienen.

URL *(uniform resource locator)*
Im Web verwendete standardisierte Darstellung von Internetadressen; Aufbau: `protokoll://domain-Name/Dokumentpfad`.

Verfahren *(process, practice)*
Verfahren beschreiben durch formale Vorschriften einen fest definierten Weg zur Lösung eines Problems.

Verfügbarkeitsverbund
Gewährleistung der Verfügbarkeit von Funktionen und Diensten durch

Übernahme der Aufgaben einer ausgefallenen Netzwerkkomponente durch eine andere im Netzwerk verfügbare Komponenten (beispielsweise durch die Vorhaltung redundanter Router).

Web *(world wide web)*
Das *World Wide Web* (kurz WWW) bildet eine wichtige Grundlage für die Entwicklung und Verbreitung des Internet. Es wurde 1992 am CERN (Schweiz) entwickelte und 1992 an die »Internet-Society« zur freien Nutzung übergebenen. Besonderheit des WWW-Dienstes sind seine Hypermedialität und intuitive Nutzbarkeit mit einem Browser. (Abk.: WWW)

Wi-Fi *(wireless fidelity)*
Neben den konventionellen, leitungsgebundenen Netzwerken gewinnen Funknetzwerke zunehmend an Bedeutung und bergen eine Menge neuer Nutzungsmöglichkeiten. Insbesondere Wi-Fi, welches auch in der IEEE-Norm 802.11 standardisiert ist, zählt zu den etablierten und in der Praxis verbreiteten Verfahren.

Wireless Local Area Network *(wireless local area network)*
Unter Wireless Local Area Network ist ein drahtloses lokales Funknetzwerk zu verstehen. (Abk.: WLAN)

Wirtschaftsinformatik *(business informatics)*
Die Wirtschaftsinformatik, eine Wortbildung aus Wirtschaft(swissenschaft) und Informatik, setzt sich mit den rechnergestützten Informations- und Kommunikationssystemen (IuK-Systemen) auseinander. Informationssysteme sind Systeme, durch die Informationen verarbeitet werden, d. h. Informationen werden beschafft und erfasst, sie werden transformiert (verarbeitet), gespeichert und auch sichtbar gemacht.

Wissensmanagement *(Knowlegdemanagement)*
Das in einer Unternehmung vorhandene Wissen muss klassifiziert, organisiert und verwaltet werden, um es gewinnbringend einzusetzen. Hierzu muss es zunächst gewonnen und strukturiert und anschließend zugänglich gemacht werden. zudem muss es stetig evaluiert und weiterentwickelt werden. Dies sind die Aufgabe des Wissensmanagements.

XHTML *(XHTML; eXtensible HyperText Markup Language)*
Dokumentenbeschreibungssprache, die die Befehle von HTML 4 enthält und der Syntax von XML folgt. Strenger als HTML. Ein XHTML-Dokument kann daraufhin geprüft werden, ob es »wohlgeformt« *(well-formed)* und »gültig« *(valid)* ist. Wohlgeformt bedeutet, dass sich ein Dokument an die syntaktischen Regeln von XHTML hält. Ein Dokument ist gültig, wenn seine Struktur den Vorgaben eines Dokumententyps entspricht. Im Jahr 2000 als W3C-Standard verabschiedet.

XML *(eXtensible Markup Language)*
1 Universell einsetzbare Sprache zum Austausch strukturierter Informationen. Basiert – wie die *Standard Generalized Markup Language* (SGML) – auf der Trennung von Inhalt und Struktur.
2 Eine Sprache (oder Meta-Sprache) zur Beschreibung der inhaltlichen Struktur von Dokumenten. XML ist ein W3C-Standard und in der Industrie weit verbreitet.

Literatur

[AdDr09]
Adelsberger, H.; Drechsler, A; *Die IT-Führungskraft*, 2009.

[Alex11]
Alexa. The Web Information Company, 2011, `http://www.alexa.com/siteinfo/facebook.com#`.

[Allw05]
Allweyer, Thomas; *Geschäftsprozessmanagement*, Herdecke, W3L, 2005.

[Balz00]
Balzert, Helmut; *Lehrbuch der Software-Technik, Software-Entwicklung*, 2. Auflage, Heidelberg, Berlin, Spektrum, 2000.

[Balz08]
Balzert, Helmut; *Lehrbuch der Softwaretechnik – Softwaremanagement*, 2. Auflage, Heidelberg, Spektrum Akademischer Verlag, 2008.

[Balz09]
Balzert, Helmut; *Lehrbuch der Softwaretechnik: Basiskonzepte und Requirements Engineering*, 3. Auflage, Heidelberg/Berlin, Spektrum Akademischer Verlag, 2009.

[Balz10]
Balzert, Helmut; *Java: Objektorientiert programmieren: Vom objektorientierten Analysemodell bis zum objektorientierten Programm*, Witten, W3L Verlag, 2010.

[Balz11]
Balzert, Heide; *Lehrbuch Der Objektmodellierung: Analyse und Entwurf mit der U.M.L. 2*, 2. Auflage, Spektrum Akademischer Verlag, 2011.

[BDH08]
Buxmann, Peter; Diefenbach, Heiner; Hess, Thomas; *Die Softwareindustrie: Ökonomische Prinzipien, Strategien, Perspektiven*, Berlin Heidelberg, Springer Verlag, 2008.

[BITK09a]
o. A.; *Outsourcing: Arbeitsteilung mit dem Besten – Nutzen, Erfolgsfaktoren, Empfehlungen*, Bitkom, 2009, `http://www.bitkom.org`.
Letzter Aufruf: 24.03.2009.

[BITK09b]
o. A.; *Terminologie Outsourcing – Vorschlag zur Vereinheitlichung von Begriffsinhalten im Outsourcing-Umfeld*, BITKOM, 2009, `http://www.bitkom.org`.
Letzter Aufruf: 24.03.2009.

[BMW09]
Becker, Jörg; Mathas, Christoph; Winkelmann, Axel; *Geschäftsprozessmanagement (Informatik im Fokus)*, Berlin/Heidelberg, Springer, 2009.

[BöFu02]
Böhm, Rolf; Emmerich, Fuchs; *System-Entwicklung in der Wirtschaftsinformatik*, Zürich, vdf Hochschulverlag AG, 2002.

[BSI 03]
Leitfaden IT-Sicherheit. IT-Grundschutz kompakt, Bonn, Bundesamt für Sicherheit in der Informationstechnik, 2003, http://www.bsi.bund.de/gshb/Leitfaden/GS-Leitfaden.pdf.

[CIO10]
CIO Magazine; *The State of the CIO – 2010*, CIO Magazine, 2010, http://www.cio.com/documents/pdfs/StateoftheCIO January2010.pdf.

[DaBr07]
Davis, Rob; Brabänder, Eric; *ARIS Design Platform – Getting started with BPM*, London, Springer Verlag, 2007.

[Ditt04]
Dittmar, Carsten; *Knowledge Warehouse: ein integrativer Ansatz des Organisationsgedächnisses und die computergestützte Umsetzung auf Basis des Data Warehouse-Konzeptes*, Wiesbaden, Deutscher Universitätsverlag, 2004.

[ElKo11]
o. A.; *Schnittstellen*, Elektronik-Kompendium, 2011, http://www.elektronik-kompendium.de.
Letzter Aufruf: 02.08.2011.

[EnRe93]
Engelhardt, W.H.; Reckenfelderbäumer, M.; *Trägerschaft und organisatorische Gestaltung industrieller Dienstleistungen, S. 263–293 in Industrielle Dienstleistungen*, Stuttgart, Schäffer-Poeschel Verlag, 1993.

[Ferk96]
Ferk, Hans; *Geschäfts-Prozeßmanagement: Ganzheitliche Prozeßoptimierung durch die Cost-Driver-Analyse. Methodik, Implementierung, Erfahrungen*, München, Vahlen Verlag, 1996.

[Fuch09]
Fuchs, Christian; *Social Networking Sites and theSurveillance Society. A Critical Case Study of the Usage of studiVZ, Facebook, and MySpace by Students in Salzburg in the ContextofElectronic Surveilla, Qce.*, Salzburg/Wien, Research Group UTI, 2009.

[Fuch10]
Fuchs, Christian; *Facebook, Web 2.0 und ökonomische Überwachung*, 2010.

[GaBe03]
Gabriel, Roland; Beier, Dirk; *Informationsmanagement in Organisationen*, Stuttgart, Kohlhammer, 2003.

[Gada05]
Gadatsch, Andreas; *Grundkurs Geschäftsprozess-Management*, Wiesbaden, Vieweg-Teubner, 2005.

[Gada08]
Grundkurs Geschäftsprozess-Management – Methoden und Werkzeuge für die IT-Praxis: eine Einführung für Studenten und Praktiker, Wiesbaden, Springer, 2008.

[GaRö03]
Gabriel, Roland; Röhrs, Heinz-Peter; *Gestaltung und Einsatz von Datenbanksystemen – Data Base Engineering und Datnebankarchitekturen*, Berlin/Heidelberg/New York, Springer, 2003.

[Gers98]
Gersch, Martin; *Vernetzte Geschäftsbeziehungen*, Wiesbaden, Gabler Verlag, 1998.

[GGD08]
Dittmar, Carsten; Gabriel, Roland; Gluchowski, Peter; *Management Support Systeme und Business Intelligence – Computergestützte Informationssysteme für Fach- und Führungskräfte*, 2. Auflage, Berlin, Springer, 2008.

[GGP09]
Gabriel, Roland; Gluchowski, Peter; Pastwa, Alexander; *Data Warehouse & Data Mining*, Witten, W3L, 2009.

[GGW09]
Gabriel, Roland; Gersch, Martin; Weber, Peter; *Leistungstiefenentscheidung und IT-Sourcing – Veränderte Herausforderungen des Strategischen Informationsmanagements*, in: Managed Services: IT-Sourcing der nächsten Generation, Wiesbaden, Gabler, 2009, S. 35–50.

[HaCh03]
Hammer, Michael; Champy, James; Künzel, Patricia; *Business Reengineering: Die Radikalkur für das Unternehmen*, Frankfurt/Main, Campus Verlag, 2003.

[HaNe05]
Hansen, Hans Robert; Neumann, Gustaf; *Wirtschaftsinformatik Wirtschaftsinformatik 2. Informationstechnik*, Stuttgart, Lucius & Lucius, 2005.

[HaNe09]
Hansen, Hans Robert; Neumann, Gustaf; *Wirtschaftsinformatik 1*, Stuttgart, Lucius& Lucius UTB, 2009.

[HeSt09]
Heinrich, Lutz Jürgen; Stelzer, Dirk; *Informationsmanagement – Grundlagen, Aufgaben, Methoden*, München, Oldenbourg Verlag, 2009.

[HoPr03]
Hoppe, Gabriella; Prieß, Andreas; *Sicherheit von Informationssystemen-Gefahren, Maßnahmen und Management im IT-Bereich*, Herne, nwb Verlag Neue Wirtschafts-Briefe GmbH & Co., 2003.

[Inte11]
Moore's Law Inspires Intel Innovation, 2011, `http://www.`

intel.com/content/www/us/en/silicon-innovations/moores-law-embedded-technology.html.

[Jaco05]
Jacobides, M.G.; *Industry Change Trough Vertical Dis-Integration: How and Why Markets Emerged in Mortage Banking, Vol. 48, Nr. 3, S. 456–498*, 2005.

[Kluw90]
Kluwe, R.; *Wissen, S. 174–181 in Management Diagnostik, Hrsg. Sarges,W.*, Göttingen; Toronto; Zürich, Verlag für Psychologie-Dr. C. J. Hogrefe, 1990.

[KnBu91]
Knöll, Heinz-Dieter; Busse, Jürgen; *Aufwandsschätzung von Software-Projekten in der Praxis*, Mannheim/Wien/Zürich, BI Wissenschaftsverlag, 1991.

[KoRi08]
Koch, Michael; Richter, Alexander; *Funktionen von Social-Networking-Diensten*, in: Proceedings Multikonferenz Wirtschaftsinformatik, München, 2008.

[Krcm10]
Krcmar, Helmut; *Informationsmanagement*, Berlin/Heidelberg, Springer, 2010.

[KrUh09]
Krüger, Jörg; Uhlig, Christian; *Praxis der Geschäftsprozessmodellierung: ARIS erfolgreich anwenden*, Berlin, Vde-Verlag, 2009.

[Lehm08]
Lehmann, Frank; *Integrierte Prozessmodellierung mit ARIS*, Heidelberg, dpunkt.verlag, 2008.

[LLS10]
Laudon, Kenneth C.; Laudon, Jane P.; Schoder, Detlef; *Wirtschaftsinformatik – Eine Einführung*, 2. Auflage, München, Pearson, 2010.

[Lux05]
Lux, Thomas; *Intranet Engineering – Einsatzpotenziale und phasenorientierte Gestaltung eines sicheren Intranet in der Unternehmung*, Wiesbaden, Gabler, 2005.

[MaWo12]
Magal, Simha R; Word, Jeffrey; *Integrated Business Processes with ERP Systems*, John Wiley & Sons, 2012.

[Mer+10]
Mertens, Peter; Bodendorf, Freimut; König, Wolfgang; Picot, Arnold; Schumann, Matthias; *Grundzüge der Wirtschaftsinformatik*, Heidelberg, Springer, 2010.

[Mert12]
Mertens, Peter; *Integrierte Informationsverarbeitung 1 – Operative Systeme in der Industrie*, 18. Auflage, Wiesbaden, Gabler Verlag / GWV Fachverlage GmbH Wiesbaden, 2012.

[Mint90]
Mintzberg, Henry; *The Manager's Job: Folklore and Fact*, in: Harvard Business Review, March-April, 1990. Reprint aus Harvard Business Review July-August 1975.

[MoWa13]
Monk, Ellen; Wagner, Bret; *Concepts in Enterprise Resource Planning*, Cengage Learning, 2013.

[Nußd96]
Nußdorfer, Richard; *Management der Vielfalt*, in: Business Computing, 4/1996, 1996, S. 34–36.

[Orei05]
O´Reilly, Tim; *What is web 2.0? Design Patterns and Business moedels for the Next Generation of Software*, http://oreilly.com/web2/archive/what-is-web20.html, 2005. Stand:30.09.2005; Abruf: 11.03.2010.

[PiNe02]
Picot, A.; Neuburger, R.; *Informationsbasierte (Re-)Organisation von Unternehmen, S. 551–568 in Handbuch Electronic Buisness, 2. Auflage, Hrsg. Weiber, R.*, Wiesbaden, 2002.

[PMK04]
Pietsch, Thomas; Martiny, Lutz; Klotz, Michael; *Strategisches Informationsmanagement-Bedeutung, Konzeption und Umsetzung, 4. Auflage*, Berlin, Erich Schmidt Verlag, 2004.

[POR+95]
Perlitz, Manfred; Offinger, Andreas; Reinhardt, Michael; Schug, Klaus; Bufka, Jürgen; *Business Process Reengineering – Ergebnisse einer empirischen Untersuchung*, Mannheim, Univ., Fak. für Betriebswirtschaftslehre, 1995.

[Port99]
Porter, Michael E.; *Wettbewerbsstrategien*, Frankfurt, Campus Verlag, 1999.

[PRW03]
Picot, Arnold; Reichwald, Ralf; Wigand, Rolf.T.; *Die grenzenlose Unternehmung, 5. Auflage*, Wiesbaden, Gabler, 2003.

[PrWe11]
Preckel, Alexander; Weber, Peter; *Social Customer Relationship Management*, 2011. S. 44–52.

[Reif02]
Reif-Mosel, Ane-Kristin; *Die Unternehmung als Informations- und Kommunikationssystem*, Berlin, 2002.

[RiKo08]
Richter, A.; Koch, M.; *Funktionen von Social-Networking-Diensten, in: Proceedings Multikonferenz Wirtschaftsinformatik*, München, 2008.

[Sche01]
Scheer, August-Wilhelm; *ARIS – Modellierungsmethoden, Metamodelle, Anwendungen*, 4. Auflage, Berlin, Springer, 2001.

[Sche98]
Scheer, August-Wilhelm; *ARIS – Modellierungsmethoden, Metamodelle, Anwendungen*, Heidelberg/New York, Springer, 1998.

[Schw00]
Schwarzer, Jochen; *Einführung in die Wirtschaftsinformatik*, 5. Auflage, Herne, Neue Wirtschafts-Briefe, 2000.

[ScKr10]
Schwarzer, Bettina; Krcmar, Helmut; *Wirtschaftsinformatik – Grundlagen betrieblicher Informationssysteme*, Stuttgart, Schäffer Poeschel, 2010.

[ScSe10]
Schmelzer, Hermann J.; Sesselmann, Wolfgang; *Geschäftsprozessmanagement in der Praxis: Kunden zufrieden stellen – Produktivität steigern – Wert erhöhen*, München, Hanser Wirtschaft, 2010.

[ScTh05]
Scheer, August-Wilhelm; Thomas, Oliver; *Geschäftsprozessmodellierung mit der ereignisgesteuerten Prozesskette*, in: WISU, Jg. 34, Heft 8–9, 2005, S. 1065–1077.

[Seid06]
Seidlmeier, Heinrich; *Prozessmodellierung mit ARIS® – Eine beispielorientierte Einführung für Studium und Praxis*, 2. Auflage, Wiesbaden, Vieweg+Teubner Verlag, 2006.

[ShVa99]
Shapiro, Carl; Varian, Hal.; *Information Rules*, Boston, Massachusetts, Harvard Buisness School Press, 1999.

[Stae99]
Staehle, Wolfgang; *Management - Eine Verhaltenswissenschaftliche Perspektive*, 8. Auflage, München, Vahlen Verlag, 1999.

[Stau06]
Staud, Joseph; *Geschäftsprozessanalyse: Ereignisgesteuerte Prozessketten und objektorientierte Geschäftsprozessmodellierung für Betriebswirtschaftliche Standardsoftware*, Berlin/Heidelberg, Springer, 2006.

[StGr09]
CHAOS-Report 2009, Standish Group, 2009, http://www.standishgroup.com/sample_research/chaos_2009.php.

[StHa05]
Stahlknecht, Peter; Hasenkamp, Ulrich; *Einführung in die Wirtschaftsinformatik*, Berlin, Springer, 2005.

[TNS08]
Monitoring Informationswirtschaft, TNS-Infrartest, 11.Faktenbericht 2008, http://www.tns-infratest.com/bmwi/Anforderung_Monitoring_IK_Wirtschaft_2008.asp, 2008.

[Volb97]
Volberda, Henk W.; *Building flexible Organizations for fast-moving Markets*, 30. Jg., Nr. 2, S.169–183, Long Range Planning, 1997.

[WaWe08]
Wagner, Bret; Weidner, Stefan; *GBI-Introductory Course – Vertrieb (SD)*, SAP University Alliances, 2008.

[Weit10]
Weitz, C.; *A balancing act. What Cloud Computing means for Business, and how to capitalize on it*, 2010.

[ZIB11]
o. A.; *Konrad Zuse*, zib, 2011, http://www.zib.de/zuse.
Letzter Aufruf: 02.08.2011.

Sachindex

V

W

X

Z